저팬리뷰 2014

일본의 변용

저팬리뷰 2014

일본의 변용

초판 인쇄 2014년 5월 15일
초판 발행 2014년 5월 30일

엮 은 이 | 김영근·서승원
발 행 인 | 김미화
발 행 처 | 인터북스

주   소 | 서울시 은평구 대조동 221-4 우편번호 122-844
전   화 | (02)356-9903 편집부(02)353-9908
팩   스 | (02)386-8308
홈페이지 | http://hakgobang.co.kr/
전자우편 | interbooks@naver.com, interbooks@chol.com
등록번호 | 제311-2008-000040호

ISBN   978-89-94138-40-4 94330
          978-89-94138-39-8 (세트)

값 : 17,000원

이 저서는 2007년도 정부(교육과학기술부)의 재원으로 한국연구재단의 지원을 받아 연구되었음
(NRF-2007-362-A00019)

고려대학교 일본연구센터 현대일본총서 14

저팬 리뷰 2014

김영근·서승원 엮음

일본의 변용

고려대학교 일본연구센터 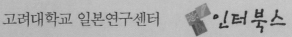 인터북스

총론 | 일본의 사회 현상 및 변용의 이해_김영근

일본의 사회 현상 및
변용의 이해

김영근 | 金暎根 Kim, Young-geun

일본 도쿄대학(東京大学)에서 석사학위와 박사학위(국제관계학 전공)를 받았다. 이후 미국 예일대학 국제지역연구센터(YCIAS) 방문연구원, 일본 아오야마가쿠인대학(青山學院大學) 국제정치경제학부 협력연구원, 현대경제연구원 동북아연구센터 연구위원, 무역투자연구원(ITI) 무역정책연구실장, 계명대학교 국제학대학 일본학과 조교수를 역임하였다. 2011년 8월부터 고려대학교 일본연구센터 부교수로 재직하고 있다. 전공분야는 일본의 외교·통상정책, 국제정치경제론이다. 최근의 주요 연구 관심사는 일본의 경제시스템의 변화 및 세계무역체제와 지역주의/자유무역협정(FTA, APEC, TPP 등)이다. 주요 업적으로는 "대재해 이후 일본 경제정책의 변용: 간토·한신아와지·동일본 대지진, 전후의 비교 분석" 김기석 엮음/김영근 외 『동일본대지진과 일본의 진로: 일본 사회의 패러다임 변화』(한울, 2013년: 공저), "미·일 통상마찰의 정치경제학: GATT/WTO 체제제하의 대립과 협력의 프로세스"(『일본연구논총』2007년) 등이 있으며, 역서로는 『국제적 상호의존』(논형, 2014년), 『일본 대재해의 교훈』(도서출판 문, 2012년), 『일본 원자력 정책의 실패: 후쿠시마 원전 사고 대응과정의 검증과 안전규제에 관한 제언』(고려대학교출판부, 2013년), 『금융권력』(전략과문화, 2008년)』『서브프라임 금융위기 – 21세기형 경제 쇼크의 심층』(전략과문화, 2008년: 공역)』『콤팩트 국제관계학』(전략과문화, 2009년: 공역)』등이 있다.

1. 일본의 변용과 한·일관계

박근혜 정부의 대일정책 기조는 종군위안부·영토분쟁·역사인식 등 한·일 간의 현안문제와 관련하여 일본에 대해 진정한 반성(역사직시)과 사죄에 기초한 역사문제의 해결을 요구하는 엄격한 상호주의 원칙을 중시하고 있다고 평가할 수 있다.

2012년 12월 자민당 아베정권의 탄생 후, 2013년 7월 21일에 치러진 참의원 선거에서의 압승을 통해 더더욱 색채가 강화된 일본의 우경화 및 내셔널리즘으로 인해 한·일 양국관계는 최악의 상태라는 평가가 이어지고 있다. 이러한 일본과의 대립은 일시적인 현상이 아니라 수많은 역사 속에서 반복되어 온 엄연히 해결되어야 할 숙연의 과제임에 틀림없다. 다만, 대일정책의 기조가 개인적인 변수 즉, 대통령의 세계관과 대외인식만으로 형성되고 추진된다면 이는 심각한 국가의 품격(國格)에 영향을 미칠 수도 있을 것이다. 박근혜 정부는 국내적 정책결정과정과 미국·중국 등 국제적 변수 등을 고려하여 보다 더 전략적 차원에서 대일정책을 추진할 필요가 있을 것으로 보인다. 지나친 감정적 대응을 초래하는 행위는 자칫 대일정책 기조를 흔들리게 하며, 한·일 협력이라는 추동력 자체가 약화될 수 있다는 점에 유의해야 할 것이다.

주지하다시피 일본의 참의원 선거에서 연립여당인 자민당과 공명당이 압승을 거둠으로써 아베 정권이 추진 혹은 선호하는 아베노믹스와 내셔널리즘(우경화)의 진로가 더더욱 주목받고 있다. 아베 수상 개인의 정치적 성향 즉, 우경화라는 정치행동과 아울러 아베노믹스를 주축으로 하는 경제정책이 어떻게 연동되어 있는지 논의로 하더라도 이 두 가지가 현재의 일본을 대표하는 이미지라 할 수 있겠다. 다만 아쉬운 점은 일본의 우경화가 더욱 심화될 것이라는 우려의 목소리만이 들릴 뿐 향후 한·일 관계 개선을 위한 방안들은 거의 눈에 띄지 않고 있다는 것이다. 이에 한·일 관계의 진전을 위한 제언을 몇 가지 하고자 한다.

첫째, 대일관계 개선과 관련된 역사적 교훈을 살려야 한다. 한·일간의 역사적 경험으로 살펴보더라도 한·일 교류는 고대사까지 이어진다.

백제문화의 전수, 임진왜란 후 한·일 양국의 국교회복과 교류의 진전계기는 우리에게 일반적으로 알려진 통신사, 대일관계 개선과 관련된 다양한 조선과 일본과의 약조 등으로 큰 역할을 수행했다고 평가받고 있다.

2013년 참의원 선거는 자민당 아베 정권의 아베노믹스 경제정책 성과 혹은 지지여부에 대한 평가에 일본 국민의 관심이 집중되었다. 일본의 경제회복 및 부흥·재생을 열망하는 것을 감안하는 국민의 기대가 높은 아베노믹스의 성공여부는 한·일 관계의 저해 요인으로 작동하는 다양한 이슈들보다 우선되어 향후 대일관계 개선으로 이어질 수 있을 것으로 보인다. 또한 한·일 간 교섭(과정) 및 조약체결이 많아진다면 한·일교류 진전은 나아가 일련의 과정에서 TPP(환태평양경제연계협정), 한·일 FTA, 한·중·일 FTA의 성공이야말로 한·일 관계 개선의 밑거름이 될 수 있다. 향후 아베 정권이 한·일, 한·중·일 FTA 타결, 동아시아지역 경제통합 구상 또는 동아시아공동체 구상 실현을 위한 구체적인 전략과 이미지 제시가 이뤄질 수 있도록 한·일 간 교섭 기회를 늘려나가야 할 것이다.

둘째, 한·일 간 외교교섭 및 교류에 있어서 정경분리 정책의 실시이다. 한국의 외교·안보 및 경제정책의 방향성은 상대국과의 대립과 협력의 프로세스 속에서, 어떻게 한·일 관계를 '경쟁'의 게임에서 '협조의 게임'(cooperation game)으로 진전시켜 나가는가에 대한 문제이며, 협조의 게임으로 전환하는 데 기여할 수 있을 것인가 하는 관점에서 우리가 주목해야할 논리는 정경분리 원칙이다. 특히, 한·일 양국 관계의 외교적 문제 해결을 위해서도 정경분리 원칙이 중요하다 하겠다. 예를 들어 한·일 양국은 에너지·자원개발 협력의 강화 등 외교·안보 분야 이외의 협조적 관계모색이 필요하다. 프랑스의 석학자 '기 소르망(Guy Sorman)' 파리정치대학 교수는 과거사와 독도를 둘러싸고 경색된 한·일 관계에 관해서 독도 문제를 한·일 경제 프로젝트로 풀어나가야 한다는 주장을 하고 있다. "위안부를 포함해 과거사 문제는 가해자인 일본이 한국 등의 피해자들에게 배상하고 자국민들을 상대로 역사 교육을 제대로 해야 한다. 독도 문제는 한·일이 경제·과학 프로젝트로 푸는 것도 한 방법이다." 라고 하는 그의 시점(정경분리원칙)을 바탕으로 한 새로운 한·일 협력의 모델을 구상해야 할 시기임에 분명하다. 정경분리원칙의 추진이 긍정적 방향으로 진행된다면, 한·일 대화 과정 또한 돌발적인 외교교섭이 아니라 한국의 정책의제설정, 정책형성, 정책채택까지 포함한 일련의 정책결정과정이 일반화되고 예상 가능하여 효과적인 정책운영이 가능할 것으로 보인다. 물론 향후 한국 정부의 대일관계는 일본의 대외정책기조 변화 및 동북아질서를 둘러싼 주도권 싸움 등 새로운 여건에 대응하기 위해 보다 유연하면서도 협력적인 전략과 정책이 요구된다.

셋째, 한·일 간 대화채널의 부활 혹은 확대노력이 절실하다. 한·일 관계의 악화는 민간부문에 즉각적으로 영향을 주어 교류 협력이 중단되는 만큼 평소 한·일 정부 간 대화와 함께 민간차원의 교류를 더욱 확대하는 대책을 다양하게 강구하여야 한다. 한·일 간 대화채널의 부활 혹은 확대노력이 절실한 상황이다. 특히 영토분쟁, 역사인식, 종군위안부 문제 등 민감한 정치적 사안보다는 우선 용이한 한·일 간의 경제협력에 관한 대화채널을 유지·확대해 나가야 할 것으로 보인다. 위에서 언급한 정경분리의 원칙에 입각하여 정치적 대화채널에 구속받지 않는 경제이슈논의채널의 지속가동이 중요한 시기이다. 아울러 박근혜 정부가 강조하고 있는 '신뢰 프로세스' 정책을 기조로 한 외교·안보 및 경제정책에 대해 폭넓은 국내지지를 확보하는 것이 중요하다 하겠다. 지금이야말로 유연한 상호주의를 바탕으로 이상의 다양한 노력을 경주하면서 진정한 미래지향적인 한·일 관계 구축에 주력해야 할 때이다.

2. 아베노믹스 1년과 한·일 관계개선을 위한 방안 모색

1 / 김영근, "아베노믹스 1년과 한국경제" 『서울경제신문』 2014. 2.14일자 A39면

일본 아베노믹스가 시행된 지 1년이 지났지만 정책 실효성에 대한 논란은 끊이질 않고 있다. 아베노믹스의 경제성장 전략의 핵심은 일본의 산업개혁, 나아가 구조개혁에 중점을 두고 있다. 이에 반해 박근혜

노믹스는 '새 시장, 새 수요와 새 일자리를 창출'이라는 창조경제 개념을 바탕으로 한 '가치개혁'이라 할 수 있다. 박근혜노믹스와 아베노믹스는 일면 이질적으로 보이지만 서로 보완적 대상이 될 수 있다. 아베노믹스의 성공 여부는 한국으로서도 중요한 정책사례이다.

한국 경제 및 한·일 관계에도 매우 중요한 영향을 미칠 것으로 보인다. 실제로 일본과 경합, 경쟁하고 있는 한국의 자동차, 철강, 조선 산업들은 수출에 큰 타격을 받았다. 그렇다면 한국이 아베노믹스에 대해 어떤 정책적 선택을 할 수 있을까. 우선 가정해볼 수 있는 것은 일본 아베노믹스와 유사한 정책이다. 일본이 실시한 금융완화나 외환당국이 개입을 해서 원화약세(원화가치의 하락)정책을 실시할 필요가 있는 것인지 점검할 것이다. 다른 선택은 엔저를 기존 환경으로 전제하고 한국의 산업경쟁력을 어떻게 끌어올릴 것인지 대책을 강구하는 것이다. 두 가지 경우를 가정했을 때 아베노믹스의 부정적 효과나 부정적인 전망치에 대해서는 어느 가정이든 시사점이 있다.

일본과 같은 정책을 실행한다면 우리의 경제정책도 일본처럼 수많은 난관에 부닥칠 것이며 결국 부정적 전망을 상쇄시키는 대책을 마련해야 할 것이다. 아베노믹스에 대한 대응만 한다하더라도 한국 정부는 엔저의 고통을 겪고 있는 산업계와 기업들에 어떤 식으로든 설득에 나서야 하는 부담을 안게 된다. 앞으로도 아베노믹스의 긍정적·부정적 전망이 교차할 것이다. 아베 정권이 이 상황에서 엔화 약세와 시장금융완화라는 경기부양책만으로 과연 경기회복을 달성할 수 있을 것인가는 한국으로서는 주목할 만한 일이다.

결국 우리에게는 박근혜노믹스를 어떻게 확립하며 일본이 안고 있는 부정적인 전망에 대한 정책을 세울 것인지가 급선무라 할 수 있다. 예컨대 가치개혁을 통해 일자리를 창출하고 내수진작을 위한 구조개혁과 자유무역협정(FTA) 등 경제협력체에 대한 정책수립이 필요하다. 따라서 아베노믹스에서 배운 교훈을 한국의 창조경제를 살리는 데 유용하게 쓸 필요가 있다.

아베노믹스의 부정적인 결과만을 기대할 것이 아니라 오히려 아베노믹스의 정책 효과에 대한 대책마련에 나서야 한다. 또한 창조적 한·일 관계 개선에 도움이 되는 양국의 경제회복이 이뤄진다면 우리 정부도 효과적인 경제정책 관리와 대일정책을 마련할 수 있을 것으로 기대된다.

한·일 간 관계가 악화될수록 정치적으로는 물론 다른 분야에도 불똥이 튄다는 점을 감안한다면 무엇보다도 정치 이슈보다는 사회·문화·경제 분야를 우선시하는 정경분리나 선경후정(先經後政) 전략을 바탕으로 일본과 대화의 길 즉, 한·일 정상회담을 조속히 열어야 한다. 박근혜노믹스와 아베노믹스가 함께 성공할 수 있도록 적극적으로 경제 협력을 모색하는 과정에서 우경화 정국으로 경색된 한·일 관계 개선을 위한 히든카드를 발견해낼 수 있지 않을까 싶다.

3. 일본의 사회 현상 및 변용의 이해

2010년 4월에 창간된『저팬리뷰 2010』이후, 지속적인 논의와 집필진 보강을 통해『저팬리뷰 2011』,『저팬리뷰 2012: 동일본대지진과 일본』,『저팬리뷰 2013』을 발행하였다.『저팬리뷰』는 일본연구에 대한 동시대적 성과를 담아 일본에 대한 최신의 정보를 제공하였고, 이를 인정받아 동일본대지진을 특집으로 한『저팬리뷰 2012: 동일본대지진과 일본』이 대학 학과에서 교재로 사용되기도 하였다. 또한『저팬리뷰 2012: 동일본대지진과 일본』이 일본 간세이가쿠인대학(関西学院大学) 재해부흥제도연구소(災害復興制度研究所)의 출판비 지원을 받아, 2013년 5월 간세이가쿠인대학 출판부에서 일본어판으로 출판되었다. 이는 본 연구센터의 연구 성과를 일본학계에서도 주목하고 있음을 증명하는 단적인 사례로, '외부적 시점'에서 진단한 일본논의를 다시 일본사회에 발신한다는 의미에서 호평을 받고 있다. 특히 종래의 일방행적인 일본 연구에서 탈피하여, 융복합적인 시점에서 현안의 일본문제를 시의적절히 다루고 있다는 점에서도 유용하다.

구체적으로 이 책은 총론 이외에 총4부 12장으로 구성되어 있는데, 먼저 제1부 정치편에서는 〈한·일관계〉, 〈외교/선거〉, 〈행정/관료〉, 〈지방자치〉를 다루고 있다. 제2부 경제편은 아베노믹스에 대한 중간 평가와 전망을 시도하는 〈국내경제〉(일본경제), 〈대외경제〉(미·일 통상교섭과 일본의 구조개혁)을 다루고 있다. 제3부 사회편은 〈사회〉, 〈역사〉, 〈저널리즘〉, 〈교육〉, 〈재일코리안〉으로 구성된다. 제4부 문화편은 〈대중문화 : 방송〉, 〈대중문화 : 영화〉를 주제로 하는 논문을 싣고 있다. 여기에 수록된 글들은 2013년 한 해 동안 일어난 각 분야의 움직임을 개관·정리하고 주된 쟁점을 심도 있게 분석한 다음 향후를 전망하는 방식을 취했다. 그간 간행해 온 〈저팬리뷰〉의 집필 방식을 따른 것이다.

먼저 제1부 정치 분야의 글들은 많은 정치·외교적 변화를 보인 2013년을 세밀하게 들여다보면서 일본의 국가적 변용을 파악하고자 한다. 제1장〈한·일 관계〉은 박근혜 정부와 아베 정권의 한·일 관계, 그리고 야스쿠니 참배의 후폭풍 등 주요 사건을 정리하고 있다. 특히 독도문제, 과거사(위안부문제, 기타 망언, 야스쿠니신사 참배 등), 안보협력(대북정책, 한·미·일 협력, 집단적 자위권), 경제협력·교류, 그리고 양국민의 상호인식 등 2013년 한 해 동안의 주요 이슈 및 사건을 추적하고, 쟁점 분석함으로써 일본 외교의 현재와 미래를 날카롭게 가늠케 하고 있다. 예를 들어, 동아시아 국제관계의 시점에서 아베 총리의 야스쿠니신사 참배에 관한 집중 분석은 매우 신선하다. 저자는 한·일 관계 및 일본의 변용에 가장 큰 자양분을 공급하고 있는 것이 아베 정권의 '수정주의적 국가주의' 노선임을 주장한다. 이러한 저자의 분석은 2014년 한·일 관계, 나아가 박근혜 정부의 대일 외교의 방향성을 생각해 보는 중요한 잣대로 보인다.

제2장〈행정/관료〉에선 일본의 시정촌 합병 흐름과 정치적 의미를 점검한다. 일본의 시정촌 합병이 사회적으로는 물론 정치 행정적으로

매우 중요한 의미를 갖는 것이고, 향후 기초지방 공공단체인 시정촌이 주민의 생활단위로 그 중요성이 더욱더 증대할 것으로 전망한다. 메이지(明治)시대 이후 일본의 시정촌 합병으로 구성원들의 자발적이고 자주적인 참여가 진정한 경쟁력을 확보했다는 전제하에 주민들의 자발적인 참여와 자주적인 요구가 중요한 요소로 부각된다. 앞으로도 다양한 시정촌 합병의 중요성이 더욱더 두드러질 것이라는 저자의 주장은 시정촌 합병의 흐름과 그 내용이 갖는 특징 분석을 통해 설득력 있게 제시된다.

제3장(지방자치)의 논제는 아베정권과 오키나와 미군기지 이전의 정치역학이다. 아베 신조(安倍晋三) 내각 출범 후 오키나와 후텐마(普天間)기지 이전을 추진하면서 나타난 일본 정부와 오키나와(沖繩) 간, 중앙-지방간 관계의 변용은 일본정치에서 중요한 쟁점으로 등장하고 있다. 아베 내각이 중·일 간 영토분쟁과 집단적 자위권 도입을 배경으로 미·일 동맹을 강화하면서 주일미군기지 문제에 대한 정치적 관심이 높아가고 있다. 후텐마기지 이전을 둘러싼 정치적 상호작용에 관한 저자 고유의 분석틀을 바탕으로 제시하고 있는 후텐마기지 이전의 정치과정 분석은 매우 흥미롭다. 특히 오키나와에 있는 후텐마 미군기지 이전을 둘러싸고 미국과 일본정부, 지자체인 오키나와현(沖繩縣)과 나고시(名護市), 지역주민, 언론과 매스컴 등 다양한 행위자들을 통섭하여 분석하는 중앙-지방간 정치과정을 통해 일본 지방자치의 변용을 이해할 수 있기를 기대한다.

2011년에 발생한 3.11 동일본대지진의 여파와 맞물린 일본경제는 여전히 장기적인 침체 즉, '잃어버린 20년의 일본경제'에서 탈피하고, '잃어버린 30년의 일본경제'로 가는 길목에서 벗어나기 위한 다양한 노력이 전개되고 있지만, 아베노믹스를 포함한 다양한 정책의 결과가 그리 밝다고만은 할 수 없다. 과연 아베 자민당 정권은 일본경제의 회복 혹은 '재생'(再生), 부활시킬 수 있는 발판을 마련할 수 있을 것인가? 제

2부 경제 분야의 제4장(대내경제)은 세간의 관심사인 '아베노믹스' 1년을 집중적으로 다룬다. 2013년의 일본 경제 실적은 아베노믹스의 중간 실적이자 향후 아베노믹스의 향방을 가늠해 볼 수 있는 중요한 잣대이다. 특히, 저자는 아베 총리가 자신의 임기 중에 일본의 실질 경제성장률과 물가상승률을 2% 수준으로 끌어올리겠다고 공언한 터라, 2013년의 실질 경제성장률 1.6% 달성은 아베노믹스가 향후에도 지속될 수 있는 토대를 제공하였다는 점에서 의의가 크다고 평가한다. 2014년 일본 경제를 전망하는데 있어서 아베노믹스가 계속 추진될 것인지, 아니면 정치·경제 환경의 급변에 의해 중도 하차할 것인지라는 문제제기는 곱씹어 볼만 하다. 현재 일본의 재정정책을 근거로 아베노믹스가 지속될 확률은 높을 것으로 전망하는 저자의 분석은 일본 경제가 과연 견실한 경제 성장 구조로 탈바꿈 할 수 있을지 여부에 달려있어, 그 정치경제적 결과가 궁금해진다.

이어지는 제5장(대외경제)은 일본의 구조개혁이라는 관점에서 〈아베노믹스의 정치경제학〉이라는 아주 흥미로운 논제를 제시한다. 저자는 아베노믹스 1년의 성과를 주목하면서 전후 미·일 통상 마찰의 프로세스에서 항상 관건이 되어왔던 일본의 구조개혁에 관한 변용을 분석한다. 미·일 간 외교 통상 교섭과정에 있어서 과연 일본의 경제구조와 경제정책에 변화가 발생했는지에 관한 문제의식에서 출발한다. 우선 미·일 통상마찰의 전개에 관해서는 제1기 : 전후-1960년대, 제2기 : 1970년대~80년대 중반, 제3기 : 1980년대 중반~1994년, 제4기 : WTO 설립(1995) 이후, 제5기 : 동일본대지진(2011) 이후로 구분하여 일본의 대미 통상정책 변화에 관해 검토한다. 특히 1980년대 중반 이후 1995년 WTO 설립 이전까지 미·일 경제 분쟁과 마찰이 가장 격렬했던 시기에 논의되었던 미·일 협의에 관한 사례분석, WTO설립을 전후로 한 사례 및 아베노믹스 추진과정을 대상으로 하고 있다. 한편, SII/미·일 구조협의(1989~1991년) 및 미·일 포괄경제협의(1993-1996년) 과정에서 미국이 요구했던 일본의 구조적 문제 및 제도 시정 요구와 맞물린 일본의 구조개혁을 고찰한다. 아울러 2012년 12월 민주당에서 자민당으로의 정권 교체 이후, 아베노믹스의 추진에 따른 미국과의 정책조정 및 일본의 구조개혁에 관해 앞의 두 사례와 비교·분석하고 있다. 결론적으로 일본의 구조개혁의 프로세스와 메커니즘을 비교·분석하고 있는 이 글이 '아베노믹스'의 진로를 점검하고, 나아가 정책의 변용과 연속성에 관한 함의를 같이 고민해 볼 수 있다는 점에서 경제전문가, 기업 관계자 등은 물론 일반 독자들에게도 일독을 권하고 싶다.

제6장(사회)은 '일본은 이민국가를 선택할 것인가'라는 문제제기로 시작된다. 저자는 일본에서의 외국인의 유입 추이와 현황에 대해 점검하고 이들 외국인 거주자들이 직면하고 있는 문제점, 나아가 외국인 거주자에 대한 일본정부와 지자체의 정책이나 지원활동 등을 분석한다. 일본정부가 강한 위기의식을 가지고 고령화를 극복할 대안으로 외국인 노동자의 유입을 적극적으로 추진할 것인지, 아니면 반대 여론에 부딪쳐 미온적으로 대처할 것인지 단언할 수 없지만, 이를 둘러싸고 제기되는 과제와 전망은 흥미진진하다. 다문화사회에 진입하고 있는 한국으로서도 외국인의 유입을 둘러싸고 찬반론이 팽팽한 가운데 일본이 어떤 선택을 할 것인지는 눈여겨볼 만하다.

제7장(역사)은 '3.11 동일본대지진'을 둘러싼 여러 논의가 한국사회는 물론 일본에서도 많이 희석되고 있음을 지적하면서, 새로운 학지(學知)의 개발이라는 주제로 '역사지진학'의 존재에 대해 고찰한다. 저자는 역사지진학은 자연적인 현상인 지진을 과거의 기록을 통해 통시적으로 분석하며, 자연과학과 역사학의 양면성을 띄고 있다는 분석시각을 제시한다. 또한 재해/재난 연구는 지진 주기성에 주목하고 재난의 발생과 피해를 최소화하기 위해 기존 연구를 활용하여 여러 학문 분야가 종합적이고 통섭적으로 접근해야 한다고 주장한다. 그리고 현재적 고민인 재난에 대한 접근에 있어서 종래의 방법론보다는 좀 더 개방적인 생각을 할 필요가 있다고 피력하며, 지진과 쓰나미가 천재라고 한다

면, 후쿠시마 원전사고와 그로 인한 소문에 의한 피해 즉, 풍평피해야 말로 인재라는 정의가 고착화되어 가는 실정에 비추어, 이제부터는 재해/재난이라고 해도 천편일률적인 재해/재난으로 간주해서는 안된다고 지적한다. 다시 말해 천재와 인재를 나누어 분석하고 대응하는 논리를 마련해야 하며, 그런 의미에서 이제 재해/재난 연구는 종합적이고 통섭적인 학문 영역의 벽을 넘어선 접근이 되어야 한다고 한다. 무엇보다도 지진학을 과학이자 역사의 종합이라는 관점에서 분석한 것은 유익하고 흥미로운 지적이 아닐 수 없다.

제8장(저널리즘)에서는 헌법개정을 향한 아베내각의 정치 이벤트와 일본 신문의 보도경향을 분석한다. 저자는 제1부: 정치편에서 논의된 2013년 일본 사회의 주요 갈등 이슈였던 집단적 자위권 행사에 대한 헌법해석 변경, 특정비밀보호법, 아베총리의 야스쿠니신사 참배에 대하여 일본의 신문이 취급한 보도 경향을 분석한다. 이 3가지 핵심 이슈에 대한 일본 신문의 보도 경향은 일본 국민의 여론을 직간접적으로 반영하고 있다고 할 수 있다. 주지하다시피 일본의 신문들은 보수와 진보의 스펙트럼을 분명하게 보여주고 있으며 이 연구에서 다루고 있는 2013년의 3가지 핵심 이슈에 대해서도 신문의 가치에 따라 서로 상이한 주장을 개진할 것으로 전망된다. 신문 간에 나타나는 주장의 주요 입장 차이를 제대로 비교·분석하고 있기에 향후 아베정권과 자민당의 헌법개정 행보에 대해 일본 사회가 어떠한 논의를 전개할 것인지에 관해 시사하는 바가 크다 하겠다.

끝으로 제4부 문화 분야는 재일코리안, 대중문화Ⅰ(방송), 대중문화Ⅱ(문화) 아젠다로 이루어진다.

제9장(재일코리언)에서는 한·일 관계에 새로운 논쟁거리였던 '재특회' 문제를 다루고 있다. 저자는 재특회가 주장하는 '재일한국·조선인'의 4대 특권 중 '생활보호 우대' 문제를 재일고령자 문제와 연결하여 풀어낸다. 특히 재일고령자가 '순수한 일본인'이 아닌 입장에서 고령사

회를 극복하려는 노력 속에 '의존과 자립'의 딜레마를 갖고 새로운 형태의 커뮤니티 가능성이 존재하는 점에 주목했다. 이러한 시도 속에서 발견되는 '국가와 개인'의 문제는, 오히려 재특회가 주장하는 '국민국가 아이덴티티'의 한계점을 역설적으로 보여주고 있다. 그러한 의미에서 일본내부의 타자인 재일고령자 관련 이슈야말로 일본사회를 검증하는 리트머스(litmus)임을 제시하고 있는 것이다.

제10장(대중문화Ⅰ:방송)은 한국콘텐츠진흥원 일본사무소장을 맡고 있는 저자가 현지에서 방송 및 음악 산업과 엔터테인먼트 트렌드를 알기 쉽고 생생하게 설명해 준다. 2013년 일본 엔터테인먼트 시장 동향 및 트렌드를 방송과 음악업계를 중심으로 정리하고 분석함으로써 일본시장의 다양한 소비적 특성과 구조를 파악하고자 하는 저자의 의도가 쉽게 와 닿는다. 특히 저자는 2013년도 일본 엔터테인먼트 트렌드를 관통하는 대표적 흐름으로서 드라마의 부활과 복수 아이돌시대의 개막을 예고하고 있다. 2012년보다 시청률 20% 이상의 드라마가 다수 등장했으며 국민 아이돌 AKB48의 인기가 굳건해진 반면 점차 자매 아이돌의 대두도 두드러졌다고 지적한다. 또한 '내수주도'의 일본 엔터테인먼트 시장이 서서히 글로벌을 의식하기 시작하고 있는 조짐도 진단한다. 일본 내 '신한류 vs. 반(혐)한류 문화'와 맞물려 어떻게 전개될지가 무척이나 궁금하며, 정체된 한·일 관계의 돌파구가 되기를 기원한다.

제11장(대중문화Ⅰ: 영화)은 일본 영화산업의 정체와 '새로운' 시도를 모색한다. 2013년 일본에서는 처음으로 1,000편이 넘는 영화가 개봉되었다. 그리고 국제영화제에서는 일본영화 거장감독들의 회고전이 줄이어 개최되었고, 현재 활동 중인 감독들의 수상도 많았던 '풍성한' 한 해였다. 그렇지만 일본영화계의 영향력은 한국에는 크게 미치지 못했다. 결과적으로 한국 내 일본의 영화산업규모가 중국시장에 밀려 세계 제3위로 하락하는 현황도 점검한다. 저자는 일본영화산업이 더 이상 커지지는 않고 정체되고 있음은 사실이고, 이웃국가에 미치는 영향력도

저하되고 있음을 규명 분석한다. 무엇보다도 2013년의 일본영화는 무엇을 그려내었는가?, 또한 일본 영화산업은 이러한 정체를 어떻게 풀어나가려 하는가?, 라는 두 가지 문제의식을 가지고 저자와 동일한 시점에서 2013년의 일본영화계를 살펴보는 것은 매우 유익할 것이다.

2010년 봄에 〈저팬리뷰 2010〉을 간행한 것을 시작으로 5년이 경과했다. 그간 집필진 구성과 엮은이가 약간 바뀐 것을 제외하곤 큰 변화는 없었다. 굳이 변화에 대해서 언급한다면 이는 내면적·내부적인 것이었다. 더 좋은 글을 작성하고자 하는 집필진들의 열정과 피로감이 겹쳐 본서의 〈외교·안보〉, 〈정치(선거)〉, 〈노동〉, 〈교육〉, 〈문학〉, 〈언어〉, 〈스포츠〉 등 몇몇 분야는 원고 제출이 늦어져 다음 호로 게재를 미루기도 하였다. 이 점 널리 양해바라며, 〈저팬리뷰 2015〉 글에서 뵙기를 기대한다.

마지막으로 고려대학교 일본연구센터의 〈저팬리뷰〉 간행 사업을 물심양면으로 지원해준 한국연구재단(인문한국HK사업단)에 깊은 감사의 말씀을 드리고자 한다. 또한 편집·출판 요청에 힘써주신 인터북스(출판사) 관계자 여러분께도 사의를 표하고 싶다. 그리고 원고 수합, 교정, 편집, 조정 업무에 힘써 준 노다영 대학원생(고려대학교 국제대학원 석사과정), 그리고 유재진 일본연구센터 소장(일어일문학과 교수)의 도움을 빼놓을 수 없다. 이 자리를 빌려 진심으로 감사의 뜻을 전한다. 또한 한국에서의 일본이해를 기치로 삼고, 일본의 변용을 리뷰하는 이 책이 널리 읽혀지기를 기원하는 바이다.

〈저팬리뷰 2014〉 집필진을 대표하여
김영근, 서승원

제1부

정치

박근혜 정부와 아베 정권의
한·일 관계, 그리고 야스쿠니
참배의 후폭풍

서승원 | 徐承元 Suh, Seung-won

일본 게이오대학(慶應義塾大學)에서 법학박사(정치학전공, 2000년 3월)를 취득했다. 이후 고려대 아세아문제 연구소 연구조교수, 일본 간토가쿠인대학(關東學院大學) 법학부 조교수와 교수를 역임하고 2007년 3월부터 고려대학교 일어일문학과에서 교편을 잡고 있다. 2013년 연구년 기간에는 미국 듀크대 방문학자를 지냈다.

전공분야는 일본 정치·외교 및 동아시아 국제관계이다. 주요 연구 관심사는 일본의 대외 국가전략, 현대 한·일, 중·일, 한·중·일 관계 등이다. 최근에는 특히 동아시아 지정학과 한·중·일 관계를 중심으로 연구를 진행하고 있다.

주요 연구업적으로는 『일본의 경제외교와 중국』(게이오대학출판회, 2004)[일서/2005년도 오히라기념상), 『일본의 민주주의』(게이오대학출판회, 2008)[일서/공저], 『북풍과 태양: 일본의 경제외교와 중국, 1945~2005』(고려대학교출판부, 2012)[문화체육관광부 우수학술도서], 『저팬리뷰 2013』(고려대학교출판부, 2013)[공편], 『일본은 지금 무엇을 생각하는가?』(삼성경제연구소, 2013) 등이 있다.

1. 개관

　2012년은 한국 이명박 정권의 대일 종군위안부 문제 해결 요구, 이에 대한 일본 노다 요시히코(野田佳彦) 민주당 정권의 미온적 자세, 이명박 대통령의 전격적인 독도 방문과 일왕 사죄 발언, 그에 대한 일본측의 격렬한 반발과 일련의 강경조치, 그 와중의 한·일 정보보호협정 좌초, 양국 국민 간 상호인식 악화 등으로 점철된 해였다(서승원 2013). 하지만 2012년 12월 26일 일본에서는 자민당이 3년 3개월 만에 재집권에 성공하면서 제2차 아베 신조(安倍晋三) 정권이 들어섰고 그에 이은 2013년 2월 25일에는 보수 새누리당의 박근혜 정부가 출범했다. 한·일 관계 개선에 대한 기대감을 갖게 하는 것이었다.

　그러나 두 정권의 등장은 한·일 관계의 문맥에서 보면 그다지 긍정적인 결과로 이어지지 않았다. 그 보다는 한층 더 악화되었다는 표현이 적절할 것으로 보인다. 취임 전에도 언급한 것처럼 박근혜 대통령은 종군위안부 문제와 독도 문제에서 원칙론적 자세를 견지했다. 아베 정권 또한 구두로는 관계 개선을 외치면서도 과거사 문제에 대해 전향적인 자세를 보이기는커녕 노골적으로 수정주의 사관에 근거한 발언·태도를 일삼았다. 조화나 타협의 여지가 거의 없었던 셈이다.

　연초에 독도문제로 예열(豫熱)된 한·일 관계는 봄과 여름에 걸쳐 종군위안부 문제, 자민당 정권 주요 인사들의 과거사 망언과 야스쿠니신사(靖國神社) 참배로 뜨겁게 달구어졌다. 양국 정부 관계자 사이에 대화 재개를 위한 몇 차례 모색이 있었으나 역부족이었다. 연말에 이르자 한·일 관계는 아베 정권의 군사·안보정책 강화, 그리고 무엇보다도 아베 총리의 전격적인 야스쿠니 참배로 관계 악화의 절정으로 치달았다. 안보협력은 미국 오바마 정권의 적극적인 중재 노력으로 인해 가까스로 유지되었다.

　아래 2절에서는 독도문제, 과거사(위안부문제, 기타 망언, 야스쿠니신사 참배 등), 안보협력(대북정책, 한·미·일 협력, 집단적 자위권), 경제협력·교류, 그리고 양국민의 상호인식 등 2013년 한 해 동안의 주요 이슈 및 사건을 정리하겠다. 다음의 3절에서는 동아시아 국제관계의 시점에서 아베 총리의 야스쿠니신사 참배를 집중 분석해 보고자 한다. 마지막 4절에서는 2014년 한·일 관계를 전망해 보고 몇 가지 제언을 하고자 한다.

2. 주요 이슈 및 사건

1) 노다 정권의 등장과 정책결정구조

2013년은 한·일 양국 간 정상회담은 물론 한중일 정상회담이 단 한 차례도 개최되지 않은 지극히 이례적인 해로 기록되었다. 장관급 이상의 회동도 아소 타로(麻生太郎) 부총리 겸 재무상의 박근혜 대통령 표경 방문(2월 대통령 취임식), 그리고 7월과 9월 ASEAN 외교장관 회합(브루나이)과 유엔총회(미국 뉴욕) 참석을 겸한 두 차례의 외교장관회담이 전부였다. 이러한 와중에 이른바 '외교의 일탈'(aberrations of diplomacy) 현상이 두드러졌다. 한·일 관계가 '관계 중심적'이 아닌 '이슈 중심적'으로 전개되면서 외교가 그 본연의 임무인 교섭이 아니라 자국의 논리를 대외적으로 선전하는 데 역점을 두게 된 상황을 말한다 (Kang and Bang 2013, 123-5).

물론 양국의 정권 출범 직후 정상회담 가능성은 그리 높지 않았다. 아베 정권은 2012년 12월 총선거에서 안보체제 강화(개헌, 국가안보기본법 제정, 국가안전보장회의 설치 등)는 물론 영토·영해 주권에 대한 강경한 대응, 종군위안부 문제에 관련된 고노담화 및 교과서 검정기준의 하나인 근린제국조항 수정 의향 표명 등으로 주변국의 우려를 자아내고 있었다. 박근혜 정부도 앞선 이명박 정부와 마찬가지로 독도 영유권 문제는 교섭 대상이 아니며 종군위안부 문제는 그 어떠한 상황에서라도 정당화될 수 없다는 입장을 분명히 하고 있었다.[1]

이러한 상황에서 아베 총리는 2013년에 들어 여러 경로를 통해 정상회담 개최를 제안하기 시작했다. 연초에는 특사로 누카가 후쿠시로

(額賀福志郎) 전 재무상을 파견하는가 하면(1월 4일), 대통령 취임식에는 총리의 맹우이자 정권 제2인자라 할 수 있는 아소 타로(麻生太郎) 부총리를 참석시켰다(2월 25일).[2] 하지만 박근혜 대통령의 대일 메시지는 명확했다. 일본측이 피해자들의 고통을 이해하고 그 상처를 치유할 수 있도록 노력해야 한다는 것이었다. '3.1절 기념사'(아래 인용문), 그리고 그 직후인 3월 6일 아베 총리와의 최초의 전화회담에서도 그 같은 취지가 언급되었다.

2 / 2월 14일 박근혜 당선자와 고노 요헤이(河野洋平) 전 중의원 의장의 면담에서 두 사람은 역사를 직시하고 역사를 배운다는 진지한 태도가 모두에게 필요하다는 점에 의견이 일치했다(朝日新聞 2013.2.15).

> 역사는 자기 성찰의 거울이자, 희망의 미래를 여는 열쇠입니다. 한국과 일본, 양국 간의 역사도 마찬가지입니다. 지난 역사에 대한 정직한 성찰이 이루어질 때, 공동 번영의 미래도 함께 열어갈 수 있습니다. 가해자와 피해자라는 역사적 입장은 천년의 역사가 흘러도 변할 수 없는 것입니다. 일본이 우리와 동반자가 되어 21세기 동아시아 시대를 함께 이끌어가기 위해서는 역사를 올바르게 직시하고 책임 있는 자세를 가져야 합니다. 그럴 때 비로소 양국 간에 굳건한 신뢰가 쌓일 수 있고, 진정한 화해와 협력도 가능해질 것입니다. 양국의 미래 세대에까지, 과거사의 무거운 짐을 지워서는 안 됩니다. 우리 세대 정치지도자들의 결단과 용기가 필요한 시점입니다. 한국과 일본이 아픈 과거를 하루빨리 치유하고, 공영의 미래로 함께 나갈 수 있도록, 일본 정부는 적극적인 변화와 책임 있는 행동을 해야 할 것입니다.(3.1절 기념사 가운데 일부 발췌)

그러나 아베 정권이 과거사 문제에 대해 전향적 자세를 취하는 일은 없었다. 오히려 아베 정권은 '수정주의적 보통국가론'을 넘어 노골적으로 '수정주의적 국가주의' 방향을 지향하기 시작했다(박영준 2013, 104).[3] 현직 각료의 야스쿠니신사 참배를 중지했던 전 민주당 정권의 방침은 4월 아소 부총리를 비롯한 현직 각료 3명의 야스쿠니신사 참배로 쉽게 번복되었다. 게다가 아베 총리 자신은 역대 정권의 방침을 부정하는 듯한 행보를 계속했다. '고노담화' 문제는 관방장관이 처리할 일이며 자신은 상세한 언급을 자제하겠다, 도쿄재판 판결은 승자들의 정의를 반영한다(3월 14일 국회), 무라야마 담화를 그대로 계승하지는 않을 것이며 전후 70주년인 2015년에 새 담화를 발표할 계획이다(4월 22

3 / 박영준(2013)은 수정주의적 국가주의의 특징으로 개헌, 핵무장 등 궁극적 자력국방, 과거사 긍정, 대중 위협인식을 들고 이를 보통국가론 (호헌 또는 개헌, 미・일 동맹 및 방위력 강화, 과거사 반성, 아시아 각국과의 협력)과 구별한다.

일 국회), 학계에서도 국제사회에서도 '침략의 정의가 확립된 것은 아니며 어떠한 입장에서 보느냐에 따라 다르게 보일 수 있다(4월 23일 국회)는 등의 발언이 잇달았다. 5월에는 731부대를 연상시키는 항공자위대 연습기(731호)에 시승하기도 했다.

이에 대해 박근혜 정부는 정상회담을 비롯한 고위급 대화 거부, 그리고 국제사회에 대한 호소로 맞섰다. 각료의 야스쿠니 참배를 이유로 윤병세 외교부장관의 방일이 전격 취소되었다. 박근혜 대통령 자신도 5월 미국 방문 중 과거사 문제와 관련된 일본의 인식과 태도를 정면 비판했다. 〈워싱턴포스트〉와의 인터뷰에서는 "일본은 주변국의 과거 상처를 끄집어내며 어를 덧나게 해왔다. 이는 진정으로 모멘텀을 만들고자 하는 우리의 역량을 구속하고 있다. 일본의 성찰을 희망한다"고 지적했다(The Washington Post, May 7, 2013). 미 의회 상하원 합동연설에서도 "역사에 눈을 감는 자는 미래를 보지 못한다"면서 '아시아 패러독스' 현상을 어떻게 관리하느냐에 따라 아시아의 새로운 질서가 결정될 것이라고 강조했다. 이어 7월 10일 청와대에서 열린 언론사 논설실장단과의 오찬에서는 대화를 위한 대화는 하지 않겠다는 의도를 분명히 했다. "정상회담을 위한 정상회담을 했는데 끝나자마자 독도, 위안부 문제가 나오면 그 정상회담은 왜 한 것이냐, 관계 발전에 무슨 도움이 되느냐. 더 악화될 수 있다"는 이유였다(데일리안 2013.7.11).

한·일 관계가 악화일로를 걷는 가운데 중재에 나선 것이 미국 오바마 정권이었다. 한·일 간의 과거사 문제에 개입하지 않는다는 기존 방침의 전환이었다. 아베 정권에게는 과거사와 관련된 발언 및 행동을 자제할 것을 요청하는 한편 박근혜 정부에 대해서는 대화를 촉구하는 방식이었다. 미국의 대화 요구에 박근혜 정부도 부득불 호응했다. 그 결과 7월 1일 동아시아정상회담(EAS, 브루나이)을 계기로 최초의 한·일 외교장관회담(윤병세 외교장관, 기시다 후미오岸田文雄 외상)이 열렸다. 외교장관회담은 9개월 만이었다.[4] 양국 외교당국자들 사이의 접촉도 빈번해졌다. 7월 11일 일본 외무성의 사이키 아키타카(齋木昭隆) 사무차관의 방한, 그리고 17일 김규현 한국 외교부 제1차관의 방일이 이어졌다.

4/ 이 자리에서 기시다 외상은 한·일 양국은 가치관을 공유하는 중요한 파트너라고 강조했다. 이에 대해 윤병세 외교장관은 일본측이 역사문제를 적극 해결할 것을 기대한다고 표명함과 아울러 우익단체의 반한시위에 우려를 표명했다. 회담 시간은 약 25분에 불과했다(朝日新聞 2013.7.2).

그리고 9월 26일 유엔총회 참석을 겸해 두 번째 외교장관회담(뉴욕)이 열렸다. 그러나 일련의 외교당국자 회동을 통해 정상회담을 개최하기에는 양측의 입장 차이가 너무 넓었다. 한국측은 일본의 과거사 문제에 대한 성의 있는 대응을 촉구하고, 일본측은 아베 정권이 역대 내각의 역사인식을 이어가고 있다는 종래 입장을 강조하는 일이 반복될 뿐이었다.[5] 9월 초 G20 정상회담(러시아 상크트페테르부르크), 9월 하순 유엔총회, 10월 초 APEC 정상회담(인도네시아), 그리고 ASEAN 관련 정상회담(브루네이) 등 다자 간 정상회담 기회를 이용하여 정상회담을 개최하려는 일본측의 시도는 모두 불발로 끝났다. APEC 정상회담 저녁 만찬에서 박근혜 대통령과 옆자리에 동석하는 것으로 아베 총리는 만족해야 했다.

10월 이후에도 대화를 위한 움직임이 다소 있었다. 미국의 중재 하에 한·미·일 정책기획회의, 한·미·일 공동군사훈련 등 한·미·일 3국 간 안보협력이 진행되었다. 11월 7일 이번에는 한국측의 제안으로 한중일 외무차관협의가 열렸다.[6] 정치적, 외교적 부담이 없지 않았으나 경직된 관계를 푸는 것이 모두의 국익에 유익하다는 판단이었다. 아베 총리는 한·일 협력위원화 일한협력위원회 합동총회(도쿄, 11월 15일)와 한·일의원연맹 총회(11월 30일)에 참석하여 한·일 및 한·미·일 3국의 긴밀한 협력이 전략적으로 중요하다는 점을 강조했다. 박근혜 대통령도 11월 14일 국립외교원 창립 50주년 기념 연설에서 "동북아 공통의 역사교과서를 발간해야 한다"고 제안했다. 하지만 11월 아베 정권의 집단적 자위권 행사 모색, 그리고 12월 중순의 독도 문제를 거론한 국가안보전략 발표가 또 다시 한국측의 반발과 우려를 초래했다. 그런 가운데 12월 26일 아베 총리는 일본의 총리로선 7년 만에 야스쿠니신사를 공식 참배했다. 2014년 정상회담을 향한 여정이 한층 더 험난해지는 순간이었다.

2) 독도 마찰의 지속과 가열되는 홍보 경쟁

한·일 관계는 2012년 8월 이명박 대통령의 전격적인 독도 방문과 그 직후의 일왕사죄 발언 이후 급랭 상태에 빠진 상태였다. 그리고 매

5 / 9월 외교장관회담에서 일본측은 한국에 수산물 수입금지 조치를 철회해 줄 것을 요청했다. 9월 중순 일본 수산청 관계자가 수입금지 조치 해제를 공식 요청한 직후였다. 더불어 일제 징용 피해자들의 배상문제와 관련하여 한국 대법원에서 일본기업의 패소가 확정될 경우 양국 관계가 더욱 나빠질 것이라는 우려를 표명하기도 했다. 한국측은 수산물 수입금지 조치에 대한 요구를 사실상 거부했다.

6 / 외무차관협의에서는 북한문제를 포함한 폭넓은 협력관계가 확인되었다. 하지만 한중일 정상회담에 대해서는 회담 개최가 중요하다는 언급에 머물렀다.

7 / 이가 물론 ICJ 제소
방침 철회를 의미하는
것은 아니다. 12월 17일
아베 정권이 발표한
'국가안전보장전략'은
"독도 영유권에 관한
문제는 국제법에 따라
평화적으로 분쟁을
해결한다는 방침에 입각해
지속적으로 외교노력을
다한다"고 명시하여 ICJ를
통해 해결하자는 기존
방침을 견지했다.

8 / 당국자 파견으로
한국에선 중소 소매업자
단체에 의한 일본제품
판매중지 및 불매운동이
전개되었다.

년 2월에는 시마네(島根)현이 주최하는 '다케시마의 날' 기념행사가 열린다. 아베 정권이 독도 문제에 대해 어떠한 입장을 취하느냐가 새 정권 등장 이후의 한·일 관계를 가름하는 리트머스 시험지가 되었다. 한국측은 아베 총리가 총선거 당시 '다케시마의 날' 행사를 중앙정부 행사로 승격시키겠다는 공약을 내건 점을 예의주시하고 있었다.

아베 정권의 선택은 '반 발짝 전진'이었다. 독도문제의 국제사법재판소(ICJ) 단독 제소와 '다케시마의 날' 중앙정부 행사 승격을 보류함으로써 한국 새 정권과의 관계악화를 회피하고, '다케시마의 날'(2월 22일) 행사에 처음으로 중앙정부 당국자(내각부 정무관)를 파견함으로써 공약의 일부를 실행하는 방식이었다.[7] 두 마리의 토끼를 모두 놓치지 않기 위한 고육지책이라 할 수 있었다.[8] 아베 정권은 3월 말 고등학교 교과서 검정에서도 한국측이 우려한 '한국의 독도 불법 점거'라는 표현의 사용을 자제함으로써 다소 유화적인 자세를 취했다.

하지만 이 같은 분위기는 여름 이후 대내외 홍보 경쟁으로 변모되었다. 아베 정권은 2월 5일 내각부 내각관방 산하에 '영토·주권대책기획조정실'을 설치하는 등 홍보 및 계몽을 위한 체제를 정비했다. 그 일환 가운데 하나가 8월 1일의 '독도에 대한 특별여론조사' 발표였다. 이에 따르면 '다케시마(竹島, 독도의 일본 명칭)를 알고 있다'는 응답자가 94.5%에 달했지만 '역사적으로도 국제법상으로도 일본 고유의 영토다'라는 응답은 상대적으로 저조한 61%에 머물렀다(연합뉴스 2013.8.1). 이후 아베 정권이 대내외 홍보에 박차를 가하기 시작한 것은 물론이다. 일본 외무성은 10월 독도와 센카쿠/댜오위다오 영유권을 주장하는 홍보동영상을 홈페이지에 게시하고 12월 초에는 이를 한국어, 영어 등 9개 국어 버전으로 제작해 유포했다. 11월에는 내각부 영토·주권대책기획조정실이 연내에 동영상 홈페이지를 개설할 것이라고 발표했다. 동영상의 메시지는 '법과 대화를 통한 해결'이었다.

독도 문제에 대해 일본측이 지방정부와 중앙정부 연계를 중심으로 추진했다고 한다면 한국측은 개인, 시민단체, 언론이 선도하고 여야당, 그리고 정부가 호응하는 범국민적 대응이 두드러졌다. 특히 해외 홍보

활동에 앞장 선 것이 서경덕 교수, 가수 김장훈, 사이버 외교사절단 '반크'(VANK, Voluntary Agency Network of Korea. 1999-), 독도사랑운동본부, 독도수호국제연대 등과 같은 시민 · 시민단체였다. 이들은 국제사회에서 일본의 과거사 인식 및 행태를 비판하고 독도 영유권 주장, 동해일본해 병기운동 등을 활발히 전개했다. 민간인의 독도 방문도 급격히 늘었다. 연도별 방문객은 2010년 115,074명, 2011년 179,621명, 2012년 205,778명, 그리고 2013년은 255,838명으로 2005년부터 2013년까지의 방문객 누계는 1,241,311명으로 집계되었다(영남일보 2014.1.6). 광복절을 전후하여 여야당 인사들의 독도 방문도 줄이었다.[9]

박근혜 정부도 독도 홍보활동 강화, 일본에 대한 항의, 그리고 독도경비태세 강화로 대응했다. 한국 외교부는 아베 정권의 독도 동영상 게시에 대해 한 · 일 관계 개선에 대한 일본측의 진의를 의심케하는 것으로 즉각 삭제할 것을 요구하는 한편 2014년 1월 초에는 자체의 홍보 동영상을 게시했다.[10] 12월 아베 정권이 발표한 국가안전보장전략의 독도 관련 내용에 대해서도 몰역사적 조치라면서 즉각 삭제를 요구했다(연합뉴스 2013.12.17). 동영상의 메시지는 일본측 논리의 불합리성, 그리고 '독도가 일본의 한반도 침탈의 첫 희생물'이라는 점이었다. 독도 경비훈련도 전년에 비해 강도 높게 실시되었다. 10월 25일(독도의 날)에 실시된 정례 독도 방어훈련에는 해군, 해경, 육군, 독도경비대, 해군특전대대(UDT) 등이 참가했다.[11] 이번 훈련에 해병대는 참가하지 않았지만 해군병력이 독도에 상륙한 것은 이례적이었다(연합뉴스 2013.10.25).[12]

3) 종군위안부 · 강제징용 문제

5월 들어 종군위안부 문제가 다시 쟁점으로 부상했다. 참의원 선거를 앞두고 일본 보수우파 정치세력들의 망언 경쟁이 시작되었기 때문이다. 선봉에 선 것은 신흥 우익 정당 일본유신회(日本維新會)였다. 동 공동대표이자 오사카시장인 하시모토 도오루(橋下徹)는 5월 13일 "총탄이 오가는 상황에서 정신적으로 신경이 곤두서 있는 강자 집단에 위안부 제도가 필요하다는 것은 누구라도 알 수 있는 일이다", "왜 일본

9 / 8월 12일에는 김한길 대표를 비롯한 민주당 간부 20여명이, 그리고 14일에는 새누리당 중앙여성위원회(위원장 김을동 의원) 소속 당직자 30여명이 독도를 방문했다. 정치인으로서는 이명박 대통령의 방문 이래 1년 만이었다.

10 / 한국 외교부 홈페이지의 동영상(http://dokdo.mofa.go.kr/kor/pds/video_list.jsp), 일본 외무성 홈페이지의 동영상(http://www.mofa.go.jp/mofaj/area/takeshima/index.html) 참조.

11 / 광개토대왕함 등 해군 함정 5척, 해경 경비함 1척, 공군 전투기 2대, 해군 P-3C초계기 1기, 헬기 2대 등이 동원되었다. 이 훈련에 대해 아베 정권측은 외교루트를 통해 항의함과 아울러 국제사법재판소를 통한 해결을 항상 준비하고 있다고 표명했다.

12 / '독도의 날'은 독도에 관련한 대한제국 칙령이 1900년 10월 25일 제정된 것을 기념하여 2000년에 시민단체인 독도수호대가 제안한 날이다. 독도수호대는 이 날을 국가기념일로 지정하기 위해 국회 청원, 정부 촉구 등 적극적인 운동을 전개하고 있다(연합뉴스 2013.10.24).

13 / 그는 국내외 반발이 거세지자 해명을 위해 외신특파원단과 기자회견을 가졌다. 이 자리에서 그는 자신이 종군위안부 제도를 용인하고 있는 것으로 잘못 보도되었다고 주장했다. 덧붙여 그는 종군위안부 배상문제는 한·일 기본 조약에 의해 모두 해결되었으며 한국이 이에 납득할 수 없다면 국제사법재판소에 제소하라고 부언했다. 7월 참의원선거 가두연설 중에는 "(미국이) 오키나와 점령기에 일본정부가 특수위안시설 협회(RAA)를 만든 것은 역사적 사실"이라고도 언급하기도 했다.

14 / 요시미 요시아키(吉見義明) 일본 주오대 교수는 구 일본군이 위안소 시스템을 만들었다는 것 그 자체가 문제이며 강제연행이 없었다고 주장하는 것을 결국 책임을 회피하려는 시도에 불과하고 지적한다. 윤명숙 성균관대 동아시아 역사연구소 책임연구원도 다른 나라와는 달리 일본은 국가 스스로가 업자가 되어 위안소를 운영했다는 점을 강조한다(연합뉴스 2013.5.24).

15 / 2011년 8월 한국 헌법재판소는 종군위안부, 원폭피해자 등을 비롯한 개인의 청구권 문제에 관련하여 한국정부가 일본정부와 적극적으로 외교교섭을 하지 않는 것은 피해자의 기본적 인권을 침해하는 위헌이라는 판결을 내렸다. 이를 계기로 한국 외교통상부는 동년 9월 일본 정부에 대해 청구권협정에 근거한 정부 간 협의 개최를 촉구한 바

의 종군위안부 제도만 문제가 되느냐. 당시는 세계 각국이 갖고 있었다"고 주장해 파문을 불렀다.[13] 그 직후 동 정당의 니시무라 신고(西村眞悟) 중의원 의원, 히라누마 다케오(平沼赳夫) 대표 대행, 그리고 나카야마 나리아키(中山成彬) 중의원 의원단 회장이 "종군위안부는 성노예가 아니라 매춘부였다", "자신의 딸들이 연행되는 것을 보고만 있었다면 조선인들은 겁쟁이"라고 발언하면서 대열에 합류했다. 이시하라 신타로(石原愼太郎) 공동대표도 6월 6일 가두연설에서 "위안부를 알선한 것은 상인들인데 국가가 했다고 한 것이 고노담화"라며 고노담화 폐기를 주장했다.

아베 내각 각료도 동참했다. 이나다 도모미(稻田明美) 행정개혁담당상은 5월 24일 기자회견에서 "지금이든 전시 중이든 여성 인권에 대한 중대한 침해임에는 변함이 없다"면서도 "슬픈 일이긴 하지만 전시 중엔 합법이었다는 점도 사실이라고 생각한다"고 거들었다. 한편, 아베 수상은 9월 26일 유엔총회 일반토론 연설에서 일본이 분쟁·빈곤지역에서 벌어지는 여성에 대한 성적 폭력을 막고자 노력했다고 강조하면서도 정작 종군위안부 문제에 대해서는 일체 언급을 회피했다. 그 기본적 입장은 제1차 아베 내각 당시에 각의 결정한 정부차원의 위안부 강제동원 부정론이었다. '강제동원'의 의미를 극히 좁게 해석하여 당시 일본의 군·관리가 폭행·협박하면서 이들을 연행했다는 증거는 발견되지 않았다는 논리였다.[14]

한국측이 거세게 반발한 것은 물론이다. 이어 2013년 8월 한국 외교부는 한·일 청구권협정에 근거하여 정부 간 협의를 개최하자고 다시금 일본정부에 촉구했다.[15] 그 위에 종군위안부 문제에 관한 국제연대 운동도 한층 더 활발해 졌다. 그 중심 무대는 미국이었다. 가주한인포럼, 한미공공정책위원회, 미주한인의 소리(Voice of Korean Americans, VoKA)를 비롯한 한인단체들은 지역 커뮤니티, 주의회 및 연방의회를 대상으로 종군위안부 의회결의안 청원, 종군위안부 기림비 건립, 동해/일본해 병기 운동을 펼쳐왔다. 8월에는 2007년의 미 하원 종군위안부 결의안 6주년을 기념하여 캘리포니아주 글렌데일(Glendale)에 종군위

안부 기념비를 설치하기도 했다. 수 차례의 주의회 결의안(1999년 캘리포니아주, 2007년 미 하원, 2013년 뉴저지주, 2013년 뉴욕주, 2013년 일리노이주) 및 기념비 설치(2010년 뉴저지주 파이세이즈파크, 2013년 뉴저지주 하켄사크, 2012년 뉴욕주 웨스트베리, 2013년 캘리포니아주 글렌데일)는 그러한 노력의 성과였다.[16]

한편, 한국에선 강제징용 문제가 다시 떠올랐다. 7월 10일 서울고등법원과 부산고등법원은 한국인 강제징용 피해자들이 신일본제철(新日本製鐵)과 미쓰비시중공업(三菱重工業)을 상대로 제기한 소송에서 최초로 일본기업에 대해 손해배상 지불을 명령하는 판결을 내렸다.[17] 이 판결은 징용피해자의 배상소송 청구권이 유효하다는 2012년 5월 대법원 판결에 따른 것이었다. 11월 1일에는 광주지방법원이 여자정신대 피해자 및 그 유족이 미쓰비시중공업을 상대로 제소한 소송에서 위자료 1.5억 원을 지불하라고 명령했다.[18] 참고로 한국정부는 2005년 이후 종군위안부, 사할린억류자, 원폭피해자의 경우는 한·일 기본조약의 대상에 해당되지 않지만 전시 징용은 조약의 대상에 포함된다는 입장을 취해 왔다. 이러한 한국 법원의 판결에 대해 일본정부는 한·일 기본조약으로 해결이 완료되었다는 입장을 견지했다. 일본의 경제 4단체(게이단렌, 일본상공회의소, 경제동우회, 일한경제협회)는 동 판결에 대해 "깊이 우려하며 한국에 대한 투자나 비즈니스에 장애를 초래할 수 있다'는 내용의 담화를 발표했다(朝日新聞 2013.11.7).

3) 미국의 중재, 그리고 한·일 군사·안보협력

이상과 같은 관계 악화는 대북정책 공조는 물론 전반적인 군사·안보협력 정체로 이어졌다. 4월 초 베쇼 고로(別所浩郎) 주한일본대사가 2012년 6월에 좌절된 정보보호협정(GSOMIA) 체결을 다시 제안했지만 한국측으로부터 별다른 반응은 없었다. 5월에는 아베 총리가 사전 조율 없이 비밀리에 이지마 이사오(飯島勳) 내각관방 고문을 평양에 파견하여 한·미 양국이 불쾌감을 표명하는 해프닝이 있었다. 12월 초 한국정부가 처음으로 방공식별권 확대를 발표한 것에 대해서는 미·일

있다. 이에 대해 일본 정부는 청구권 문제는 1965년 청구권협정에 의해 완전하고 최종적으로 해결되었다는 입장을 취하며 협의 개최를 거부해 왔다.

16 / 한편 일부 일본인단체가 위안부 소녀상 철거를 목표로 백악관 청원 서명운동을 전개하면서 한인단체와의 알력도 발생했다.

17 / 서울고등법원 재판부는 여운택(90)씨 등 4명이 신일본제철을 상대로 낸 손해배상소송 파기환송심에서 "피해자 1명에서 1억 원씩 총 4억 원을 지급하라"며 원고승소 판결했다. 재판부는 판결문에서 "신일본제철이 구일본제철과의 동일성을 부정하는 등 책임을 부정하는 것은 대한민국 헌법이 수호하고자 하는 핵심적 가치에 정면으로 반하는 것이며 국제적이고 보편적 질서에 비춰 용납할 수 없다"고 지적했다(법률신문 2013.7.10).

18 / 한국정부의 조사에 따르면 전시 강제동원 피해자는 약 22만 명, 이에 관여한 일본기업은 299개사로 추정되고 있다.

양국 공히 용인한다는 자세를 취했다.

그나마 관계가 유지된 것은 미국을 매개로 한 군사·안보 협력이었다. '아시아 회귀' 전략을 취하는 미 오바마 정권으로서는 아시아 주요 동맹국들과의 관계가 핵심이었다. 하지만 2012년 가을 이후 한·일 관계가 갈수록 악화되자 그에 대한 고민과 우려도 깊어졌다. 게다가 북한의 2012년 12월 로켓발사실험, 그리고 2013년 2월 핵실험은 한·미·일 공조의 중요성을 부각시키는 상황이었다.[19] 오바마 정권이 한·일 간의 과거사 문제에 개입하지 않는다는 종래의 관례를 깬 것도 그 때문이었다. 오바마 정권의 중재는 다음 세 가지 방식으로 진행되었다.

첫째, 과거사 문제와 관련하여 일본측에 대해 상대방을 자극하는 지나친 발언 및 행동을 자제하라고 요청했다. 2013년 1월 16-17일 오바마 정권은 이례적으로 아시아 정책의 핵심 멤버인 커트 캠벨 국무차관보, 마크 립퍼트 국방차관보, 다니엘 러셀 국가안전보장회의 아시아 상급부장 3명을 한·일 양국에 파견하여 한·일 관계 개선을 촉구했다. 한·미 정상회담 직전인 5월 초에는 백악관 NSC 러셀 아시아상급부장이 한·일 양국은 한·일 관계 개선 및 대북 공조를 위해 역사문제에 대처해야 한다고 언급했다(朝日新聞 2013.5.7). 리처드 아미티지 전 국무부 차관보도 "한국 정부가 문제 삼는 가장 큰 이슈는 위안부 문제"라며 "박 대통령은 만약 일본 총리와 정상회담을 했다가 얼마 안 있어 또 일본 정치인이 망언을 하면 난처한 입장에 처하게 되리라고 우려하고 있다"고 지적했다(연합뉴스 2013.5.24).

둘째, 미국측은 북한, 중국문제에 대처하는 데 한·미·일 3국 간의 안보협력이 긴요하다는 점을 강조하면서 한국측에 대화에 나설 것을 거듭 촉구했다. 커트 캠벨 미 국무성 차관보는 "한·미, 미·일 간의 안보협력 관계를 어떻게 해서 '3국화'할 것인가가 중요한 포인트"라고 지적했고(朝日新聞 2013.2.9), 9월 초 방한한 후임 국무성차관보인 다니엘 러셀도 지속적인 대화의 노력이 필요하다면서 한국측을 압박했다. 미 의회 유력 인사들도 비슷한 입장이었다. 8월 말 한국을 방문한 존 메케인 미 공화당 상원의원은 종군위안부 문제는 부도덕하며 비도(非道)이

19 / 이를 계기로 아베 정권은 대북 제재를 한층 더 강화했다. 3월에는 EU와 공동으로 유엔인권위원회(UN Human Rights Council, UNHRC) 결의안을 발의·통과시켰다. 로켓 발사와 관련된 북한의 6개 기관과 인사(4명)에 대한 자금 동결, 조총련 고위간부 재입국 금지, 북한 대외무역은행과 거래하는 금융기관에 제재를 가할 것임을 표명, 대북 제재 2년 연장 발표 등이 이어졌다.

긴 하지만 한·일 관계가 진전되지 않는 것은 잘못이라고 지적했다.

셋째는 다자 간 회담을 활용한 회담 촉구였다. 오바마 정권은 6월 초 아시아안전보장회의(샹그리라대화)를 겸해 한·미·일 국방장관회담(싱가포르, 6월 1일) 개최를 주도했다. 과거사 문제가 중요한 것을 알지만 "(한·미·일 3각형에서) '한·일'이라는 저변을 다져 대북 억지력을 강화하는 것이 중요하다"는 판단이었다(読売新聞 2013.6.2). 한국정부는 국내 여론을 의식해 한·일 국방장관회담은 수용하지 않았으나 미국의 촉구를 고려해 한·미·일 회담에는 응했다. 이어 6월 18일에는 한·미·일 국장급협의(워싱턴)가 개최되었다. 7월 초 부르나이에서 열린 한·미·일 외교장관회담, 한·일 외교장관회담, 한·미·일 국방장관회담도 미국의 적극적인 중재에 의한 것이었다. 한·미·일 합동 해상군사훈련도 5월(규슈 서방 동중국해)과 10월(한국 남해안) 예정대로 실시되었다.

그럼에도 불구하고 한·일 양국 모두 비타협적 태도로 일관했다. 박근혜 정부는 과거사나 영토문제에서 일본측이 성의 있는 조치를 내거는 것이 대화의 전제조건임을 거듭 강조했다.[20] 아베 정권이 꺼내든 카드는 군사·안보정책 강화였다. 사실 미국, 영국, 호주, 유럽연합 등은 일본의 집단적 자위권 행사 모색을 환영하고 있었다. 이를 통해 지역 내 억지력이 한층 더 강화되고 지역의 평화와 안정에 기여할 것이라는 판단 때문이었다. 미국측은 10월 일본과의 외교·국방장관회의(2+2)에서 일본의 집단적 자위권 행사 추진에 지지를 표명했다. 미국-호주 양국도 외교·국방장관 정례연석회의에서 아베 정권의 국가안전보장회의(일본판 NSC) 설치, 집단적 자위권 행사 허용 검토, 방위대강 개정 등을 지지한다는 공동성명을 발표했다(연합뉴스 2013.11.21).[21]

하지만 한국정부의 입장은 상이했다. 일본의 집단적 자위권 행사가 지역의 안정이 아니라 불안을 초래할 소지가 있다는 것이 그 이유였다. "일본이 과거사를 반성하지 않으면서 집단적 자위권을 비롯해 방위력을 강화하는 것에 대해서는 미국 등 우방들에 우리 입장을 적극적으로 설명하고 있다"(11월 20일, 윤병세 외교부장관의 국회 외교·통일·안보분야 대정부질문에 대한 답변), "일본의 집단적 자위권 행사로 지

20 / 박근혜 대통령은 9월 말 방한한 헤겔 미 국방부장관에게는 "역사나 영토문제로 퇴행적 발언을 일삼는 일본의 지도부 때문에 신뢰관계를 구축할 수 없다", 그리고 12월 초에 방한한 바이든 미 부통령에게는 "일본과 미래지향적인 관계를 구축하기를 원한다. 이를 위해선 일본측의 성의 있는 조치를 기대한다"고 응답했다.

21 / 미 전략국제문제 연구소(CSIS)도 최근 발표한 '미국 관점에서 본 일본의 집단자위권' 보고서에서 "일본의 집단적 자위권을 제한하면 역내에서 위기 상황이 발생했을 때 일본 주둔 미군의 방어력을 억제하게 된다"고 강조했다. 헤리티지재단의 한반도 전문가 브루스 클링너 선임연구원 역시 "미국은

역의 불안을 초래해서는 안 되며 한반도 안보와 우리의 국익에 영향을
미치는 사항은 용인할 수 없다," "일본의 방위정책과 관련한 논의는 평
화헌법 정신을 견지하면서 지역의 평화와 안정에 기여해야 하며, 과거
역사적 진실을 토대로 한 반성이 있어야 한다"는 지적이 이어졌다(11월
13일, 백승주 국방부 차관의 한·일 국방차관회담에서의 발언)(연합뉴
스 11.20). 이어 한국정부는 11월 24일 일본의 집단적 자위권과 관련하
여 한국측의 입장과 우려를 담은 '3대 원칙'을 일본측에 구두로 전달했
다.[22]

22 / 김장수 청와대
안보실장은 10월 23–26일
미국 방문 중 미
안보당국자들과의
면담에서 이 같은 입장을
반영해달라고 요구했다고
밝혔다(경향신문
2013.10.27)

① 일본의 집단적 자위권 행사 논의는 한반도를 비롯한 지역 안정
　과 평화에 기여해야 한다.
② 한반도 문제는 어디까지나 한·미 동맹에 입각한다.
③ 일본의 집단적 자위권 행사는 한국 '헌법과 정합성을 갖춰야 한다.

　부연하면 첫째, 아베 정권이 주창하는 '적극적 평화주의'를 둘러싼
해석의 차이가 엄존하고 지역 내에서 우려도 제기되고 있는 만큼 집단
적 자위권 행사가 동북아 지역의 평화라는 절대적 가치를 훼손해선 안
되며 그 입증 책임 또한 일본에 있다는 점, 둘째, 일본의 집단적 자위권
행사가 한반도와 관련된 것일 경우 이는 한·미 동맹의 부속적인 지원
역할에 충실해야 하며 자체 판단에 의한 행동은 결코 허용할 수 없다는
점, 셋째, 대한민국 헌법상 북한도 한국의 영토인 만큼 북한에 대한 어
떠한 집단적 자위권 관련 행위도 한국에 대한 행사로 간주하며 그러한
모든 논의에 있어서도 한국이 주체가 돼야 하고 승인을 얻어야 한다는
점을 강조한 것이다. 한반도에 대한 일본의 집단적 자위권 행사를 극히
제한적인 범위 내에서 용인한 셈이다(중앙일보 2013. 11.25).

4) 야스쿠니신사 참배와 그 여파
　전 민주당 정권은 집권 3년 3개월 기간 동안 총리를 포함한 각료의
야스쿠니신사 참배를 중지했다. 한중 양국과의 관계를 중시하는 하토야

32

마 유키오(鳩山由紀夫), 간 나오토(菅直人) 총리를 비롯한 민주당 지도부의 자세를 반영한 것이었다. 그 전의 자민당 정권의 경우도 고이즈미 준이치로(小泉純一郎) 내각 시기를 제외하고는 제1차 아베내각, 후쿠다 야스오(福田康夫) 내각, 아소 타로 내각 모두 총리에 의한 참배는 없었다.

그러나 이러한 상황은 제2차 아베 정권 출범으로 일변했다. 4월 춘계예대제에 아소 부총리를 포함한 각료 3명, 8월 종전기념일엔 신도 요시타카(新藤義孝) 총무상 등 3명, 그리고 10월 추계예대제에는 신도 총무상 등 2명이 각각 야스쿠니신사를 참배했다. '모두가 야스쿠니신사를 참배하는 모임'에 이름을 올린 자민당, 일본유신회 등 여야당 국회의원들의 참배도 최대 규모로 이루어졌다. 아베 총리는 이 세 차례의 시기 모두 공물 봉납으로 대신했다([표 1] 참조).

[표 1] 2013년 각료 · 국회의원 야스쿠니신사 참배 현황

시기	내각 각료	국회의원
춘계예대제 (4.21~23)	신도 요시타카 총무상 (4.20) 아소 타로(麻生太郎) 부총리 겸 재무상(4.21) 후루야 게이지(古屋圭司) 국가공안위원장 겸 납치문제담당상 (4.21) *공물 봉납: 아베 신조 총리, 다무라(田村憲久) 후생노동상	모두가 야스쿠니신사를 참배하는 국회의원 모임 230명 (4.23) *본인 참배: 자민 107, 일본유신회 24, 민주 2, 모두의당 2, 생활의당 1, 무소속 1(이상 중의원); 자민 23, 일본유신회 1, 민주 3, 모두의당 1, 무소속 1(이상 참의원) **대리 참배: 자민 44, 일본유신회 1, 모두의당 1, 무소속 1(이상 중의원); 자민 12, 일본유신회 1, 신당개혁 1, 무소속 3 ***공물 봉납: 이부키 분메이(伊吹文明) 중의원의장
종전기념일 (8.15)	신도 요시타가 총무상 후루야 게이지 국가공안위원장 겸 납치문제담당상 이나다 도모미(稲田朋美) 행정개혁 · 공무원개혁담당상 *공물 봉납: 아베 신조 총리	모두가 야스쿠니신사를 참배하는 국회의원 모임 216명 (8.15) *본인 참배: 자민 60, 일본유신회 18, 민주 3, 모두의당 1, 무소속 1(이상 중의원); 자민 24, 일본유신회 3, 민주 4, 모두의당 3, 무소속 1(이상 참의원) **대리 참배: 자민 68, 일본유신회 5, 민주 0, 모두의당 1, 생활의당 1, 신당대지 1, 무소속 2(이상 중의원); 자민 19, 일본유신회 1 (이상 참의원)
추계예대제 (10.17~20)	신도 요시타카 총무상(10.18) 후루야 게이지 국가공안위원장 겸 납치문제담당상(10.20) *공물 봉납: 아베 신조 총리	모두가 야스쿠니신사를 참배하는 국회의원 모임 225명 (10.18) *본인 참배: 자민 95, 일본유신회 19, 생활의당 1, 신당대지 1(이상 중의원); 자민 37, 일본유신회 2, 민주 2, 모두의당 2 (이상 참의원) **대리 참배: 자민 45, 일본유신회 5, 무소속 3(이상 중의원); 자민 12, 일본유신회 1(이상 참의원)
	아베 신조 총리 공식 참배(12.26)	

(출처) 일본회의(日本會議) 산하 '영령에 보답하는 모임(英靈にこたえる会)' 등의 홈페이지를 참고로 작성

아베 정권의 야스쿠니신사 참배에 대한 기본적 입장은 '용인'과 '옹호'였다. 춘계예대제 각료 참배와 관련하여 스가 요시히데(菅義偉)

관방장관은 "아베 정권은 간다고도 가지 않는다고도 말하지 않을 것이다. 개인이 참배하는 것은 신념·종교의 자유다. 정부가 나설 문제가 아니다. (참배가) 외교에 영향을 미쳐서는 안 된다"는 입장을 피력했다(朝日新聞 2013.4.23).

게다가 아베 총리는 8월 15일 전국전몰자추도식 기념사에서 20년 만에 처음으로 일본의 '가해 책임' 및 '반성' 언급을 생략했다. "지난 전쟁 당시의 가해책임을 부정하는 것은 아니며 야스쿠니 참배를 정치·외교 쟁점으로 삼고 싶지 않은 총리 자신의 생각에 의한 것"이라는 총리 주변인사의 설명이 뒤따랐다(読売新聞 2013.8.16). 아베 총리는 2007년 동 기념사에서는 전임 총리들과 같은 수준의 언급을 한 바 있다. 야스쿠니를 대체하는 국립추도시설 설립에 대해서도 부정적이었다. "야스쿠니가 문제이기 때문에 다른 것을 만들자는 것은 잘못된 판단"이라는 견해였다(5월 14일 참의원 예산의원회에서의 아베 총리 답변).

일련의 야스쿠니 문제는 12월 26일 아베 총리 본인의 참배로 그 절정에 달했다. 참배 여부를 명확히 하지 않는 그 전까지의 '애매 전술'을 중지하고 총리로서 7년 4개월 만에 '공식' 참배를 결행한 것이다. 참배 직후 아베 총리는 기자단에 대해 "정권 출범 후 1년 동안 아베 정권이 걸어온 길을 보고하고, 두 번 다시 전쟁의 참화로 인해 사람들이 고통당하는 일이 없는 시대를 만들겠다는 맹세, 결의를 전하기 위해 이 날을 선택했다"고 강조한 다음 '항구 평화를 위한 맹세'라는 제목의 총리 담화를 발표했다. 아베 정권의 수정주의적 국가주의 행보가 동아시아 국제관계에 암운을 드리우는 순간이었다.

5) 한·일 무역의 상대적 저하, 그리고 FTA/EPA 교섭 정체

한편 한·일 경제관계는 '정중동'(靜中動)이란 표현이 적절할 듯하다. 정치·외교 관계의 악화에도 불구하고 경제교류는 상대적인 안정성을 보였지만 장기적인 추이에서 보면 서로에 대한 경제의존도의 비중은 공히 저하되었다. 첫째, 한국의 대일 무역의존도는 갈수록 줄어드는 양상을 보였다. 2013년 11월 현재 한국의 대일 수출은 319.96억 달러(전년대비 -10.5%), 대일 수입은 643.63억 달러(전년대비 -5.8%)로 수출입 총액 963.59억 달러를 기록했다(한국무역협회 국가별 수출입 통계 참조). 최근 한·일 간 무역이 완만한 증가세를 보여 온 것을 고려할 때 2013년의 감소는 원고·엔저를 반영한 일시적인 현상으로 여겨진다.

그럼에도 불구하고 한중무역의 급격한 증가를 배경으로 한·일 무역의 상대적 규모가 감소되는 추세는 지속될 것으로 보인다. 같은 기간 한중무역 및 한·미 무역 규모는 각각 2,088.15억 달러, 946.43억 달러에 달했다. 덧붙여 앞으로 3년 이내에 한중무역이 중일무역을 역전할 것이라는 전망도 나오고 있다. 2013년 1월-11월 중일무역액은 전년의 3,337억 달러에서 6.2% 감소한 2,840억 달러를 기록했다(KBS World 2014.1.4).

둘째, 양국 간 대외직접투자는 2013년 급격히 하락했다. 일본의 한국에 대한 직접투자액이 2011년 22.89억 달러, 2012년 45.41억 달러였던 데 비해 2013년에는 전년 대비 40.6% 감소한 26.89억 달러에 머물렀다(산업통상자원부 외국인 투자통계). 이러한 감소는 2011년 3.11 동일본대지진을 계기로 저렴한 전기료, 양질의 산업인프라를 고려하여 2012년 투자를 크게 늘린 것에 따른 기저효과를 반영한 것이라는 견해(조선일보 2013.11.7), 그리고 외국인투자촉진법 개정 지연으로 일본기업의 초대형 투자—예를 들면 JX홀딩스 4,800억 원, 쇼와셸석유&다이요 오일 5,000억 원 등—가 지연되고 있기 때문이라는 견해가 있다(한·일 산업·기술협력재단 2014). 한국의 대일 직접투자의 경우도 2011년 1.97억 달러, 2012년 5.59억 달러로 증가세를 보이다가 2013년(1-9월)에는 0.84억 달러로 급락했다(JETRO 직접투자통계). 이는 아베노믹스로 인해 '원고엔저' 추세가 작동하여 투자 감소로 이어진 것으로 보인다.

셋째, 위와 관련되는 것으로 전년에 이어 한·일 기업 간 제휴가 활발히 진행된 점은 다소 위안이 된다 하겠다. 예를 들어 삼성전자는 샤프에 104억 달러를 투자하여 동 사의 5번째 주식보유자(주식지분 3%)가 되었다. POSCO는 일본에 최초로 강관공장(연간 1만 톤 생산 규모)을 건설할 것이라고 발표했다. 요르단 발전설비에 대해서는 한·일 양국 은행단이 공동출자했다(한국수출입은행 3.2억 달러 융자 및 1.07억 달러 신용보증, 일본 BTMU, Mizuho, SMBC가 1.81억 달러).

한편, 한·일 정부 간 경제협력은 정치·외교관계 악화를 반영하여 답보 또는 후퇴상태를 면치 못했다. 우선 6월 24일 양국 정부는 통화스왑협정 가운데 7월 3일 기한을 맞이하는 30억 달러 분을 연장하지 않을 것임을 발표했다. 최대 700억 달러 통화스왑 틀이 2012년 11월 130억 달러로 축소된 데 이은 것으로 최근 1년 내에 7분의 1로 축소된 셈이다. 2004년 11월에 중단된 한·일 FTA/EPA 교섭도 2013년에 들어서면서 전혀 모멘텀을 마련하지 못했다.

박근혜 정부는 취임 초 국정과제 중 하나로 한중 FTA 및 한중일 FTA를 적극적으로 추진한다고 제시했지만 그에 비해 한·일 FTA에 대한 의지는 희박했다. 2013년 8월 중국 상하이에서 열린 한중일 FTA 제2차 교섭의 경우도 향후 교섭 진행 방식에 대해 대략적으로 논의하는 데 머물렀다. 한편 2013년 9월 본격적인 협상이 개시된 지 1년 4개월 만에 한중 FTA 1차 협상이 타결되었다.[23] 2013년 11월 한국정부가 환태평양경제동반자협정(TPP) 참여에 관심을 보인 이후 참여국가들과 개별적 양자협의를 진행시키기 시작하면서 2014년 1월 중순엔 TPP 대책단를 설치하는 등 적극적인 자세를 보이고 있다. 따라서 향후 일본과는 한·일 FTA 틀보다는 TPP의 틀에서 이루어질 공산이 큰 것으로 보인다.

23 / 주요 합의 내용은 자유화 비율(품목 기준 90%, 수입액 기준 85%), 3가지 품목군 구별(일반-민감-초민감), ISD(투자자-국가소송제) 협정 삽입, 지적재산권과 행정절차 투명성 논의 포함 등이다.

6) 한·일 국민 간 교류 및 상호인식

양국 국민 간 왕래는 2000년 354만 명, 2005년 417만 명, 2010년 546만 명, 그리고 2012년 과거 최대인 556만 명(방한 일본인 352만 명, 방일 한국인 204만 명)을 기록하는 등 꾸준한 증가추세를 보여 왔다. 하지만 2013년은 전년에 비해 약 10% 감소한 약 500만 명으로 감소했다. '원고엔저'를 반영한 것으로 한국인의 일본 방문은 전년 대비 21% 증가한 231만 명을 기록한 반면, 일본인의 한국 방문은 전년에 비해 23.1% 감소한 253만 명(11월까지의 누계)이었다(한국문화관광연구원 2013, 7; 東京連合ニュース 2014.1.9). 중일관계 악화로 중국인의 일본 방문이 대폭 감소한 데 비해 한·일관계 악화가 한국인의 일본 방문에

거의 영향을 미치지 않은 것을 알 수 있다.

참고로 국가·지역별로 보면 2013년 11월까지 한국을 방문한 외국인 수는 1,124만 명으로 중국(405만 명)이 사상 처음으로 일본을 제치고 1위를 차지했고 미국(67만 명), 타이완(50만 명), 홍콩(36만 명)이 그 뒤를 이었다.[24] 한편 방일 외국인 수는 1,125만 명으로 한국이 부동의 1위를 유지하는 가운데 타이완(217만 명), 중국(98만 명), 미국(74만 명), 그리고 홍콩(72만 명)이 그 뒤를 이었다. 외국인 관광객 유치에 있어서는 2009년 한국이 일본을 앞선 이후 한국의 우위가 계속되고 있다(한국산업·기술협력재단 2014, 8).

24 / 한국관광공사의 12월 30일 잠정 집계에 따르면 2013년 방한 외국인 수는 약 1200만 명, 이 가운데 중국인은 전년 대비 52% 증가한 430만 명에 달했다.

한편, 한·일 양국 국민의 상호인식은 어떠한 상황일까? 2013년에 실시된 한·일 공동 여론조사 결과를 통해 그 추이를 관찰해 보기로 하자. 우선 2013년 3월 〈한국일보〉와 일본 〈요미우리신문〉이 공동으로 실시한 '2013 한·일 국민의식' 조사 결과이다(한국일보 2013.4.5; 読売新聞 2013.4.6). 이하 편의상 한국측 응답 결과는 '한국'으로 일본측 응답 결과는 '일본'으로 표기했다. 현재의 한·일 관계, 서로에 대한 신뢰감 및 친근감은 2012년 이후 독도문제를 중심으로 한 정부 간 갈등을 반영하여 지속적으로 악화된 것을 알 수 있다. 양국민의 독도 문제 및 야스쿠니 참배를 보는 입장은 집권 세력의 그것에 매우 근접하다. 또한 중국에 대한 한국의 우호적 견해, 그리고 일본의 비우호적 견해가 경제적 중요성, 군사적 위협도, 안보협력에 관한 우선 순위에 영향을 미치고 있음을 알 수 있다.

- 현재의 한·일 관계─한국('좋다' 19%, '나쁘다' 78%), 일본('좋다' 17%, '나쁘다' 71%)
- 일본/한국에 대한 신뢰감─한국('신뢰한다' 19%, '신뢰하지 않는다' 80%), 일본('신뢰한다' 31%, '신뢰하지 않는다' 55%)
- 일본/한국에 대한 친근감─한국('느낀다' 17%, '느끼지 않는다' 79%), 일본('느낀다' 41%, '느끼지 않는다' 52%)
- 아베 내각 발족과 한·일 관계─한국('플러스다' 2%, '마이너스다' 62%), 일본('플러스다' 30%, '마이너스다' 9%)

- 박근혜 대통령 취임과 한·일 관계―한국('플러스다' 27%, '마이너스다' 17%), 일본('플러스다' 33%, '마이너스다' 7%)
- 이명박 대통령의 독도 방문―한국('적절했다' 67%, '적절하지 않았다' 27%), 일본('적절했다' 6%, '적절하지 않았다' 86%)
- 독도 문제에 대한 일본정부의 국제사법재판소 제소―한국('적절하다' 9%, '적절하지 않다' 87%), 일본('적절하다' 81%, '적절하지 않다' 7%)
- 일본의 한국 식민지 지배가 한·일 관계 발전에 지장을 초래―한국('그렇다' 82%, '그렇지 않다' 16%), 일본('그렇다' 65%, '그렇지 않다' 25%)
- 일본 총리의 야스쿠니 참배―한국('적절하다' 6%, '적절하지 않다' 85%), 일본('적절하다' 65%, '적절하지 않다' 23%)
- 한·일 양국이 협력해야할 분야―'북한의 핵·미사일개발 대응'(한국 52%, 일본 81%), '중국 군비확대 대응'(한국 30%, 일본 64%), '군사정보 교류 등 방위문제'(한국 29%, 일본 59%), '경제적 연계'(한국 44%, 일본 79%), '에너지 안정적 확보'(한국 25%, 일본 71%), '문화교류'(한국 37%, 일본 84%)[이상 복수 응답]
- 한·일관계 발전을 위해 우선적으로 해결해야 할 문제―'독도 문제'(한국 72%, 일본 68%), '일본 총리의 야스쿠니 참배'(한국 30%, 일본 37%), '종군위안부 문제'(한국 69%, 일본 39%), '재일한국인 지방참정권'(한국 21%, 일본 41%), '자유무역협정(FTA) 체결'(한국 25%, 일본 60%)
- 경제적으로 중요한 국가·지역―한국('중국' 62%, '미국' 58%, '일본' 29%, 'EU' 28%, 'ASEAN' 25%, '러시아' 20%, '인도' 19%, '북한' 16%), 일본('미국' 91%, '인도' 80%, 'ASEAN' 79%, 한국 '73%, '중국' 72%, 'EU' 71%, '러시아' 60%, '북한' 6%)
- 군사적 위협을 느끼는 국가―한국('북한' 81%, '중국' 39%, '일본' 27%, '미국' 12%, '러시아' 9%), 일본('북한' 81%, '중국' 79%, '러시아' 50%, '미국' 29%, '한국' 22%)
- 평화와 안전을 위해 협력해야 할 국가―한국('미국' 76%, '중국' 61%, '일본' 39%, '러시아' 33%, '북한' 29%), 일본('미국' 96%, '한국' 76%, '러시아' 60%, '중국' 55%, '북한' 13%)

다음은 동아시아연구원(EAI)과 일본의 언론NPO가 2013년 3-4월 공동으로 실시한 '한·일 국민상호인식조사' 결과이다(동아시아연구원·언론NPO 2013). 상대국의 사회·정치제도 유형에 관련한 응답에서 자국민이 자국에 대해 갖고 있는 이미지와 상대국민이 자국을 바라보는 이미지의 간극이 매우 큰 것이 인상적이다. 일본은 군국주의, 자본주의, 민족주의, 국가주의, 그리고 한국은 민족주의, 군국주의, 자본주의, 국가주의 이미지 순이었다. 일본/한국과 중국에 대한 친근감 부분에선 일본인들의 반중(反中) 감정이 두드러진다. 과거사 문제에 대해서는 양국민 공히 그 해결의 중요성은 인식하고 있지만 바라보는 시점이 상당히 상이한 것으로 미루어 해결을 향한 노정이 결코 쉽지 않을 것임을 시사한다. 2013년 상반기에 위의 두 여론조사가 실시된 이후연말에 이르기까지 과거사를 둘러싼 일본정치인들의 언행, 독도 및 강제징용에 대한 일본정부의 비타협적인 태도, 아베 총리의 야스쿠니신사 공식 참배 등 수 많은 악재가 있었던 점을 고려하면 상대국에 대한 부정적 이미지는 더욱 더 심화되었을 것이다.[25]

- 일본/한국에 대한 인상—한국('좋음' 12.2%, '좋지 않음' 76.6%) 일본('좋음' 31.1%, '좋지 않음' 37.7%)
- 일본/한국에 좋지 않은 인상을 갖는 이유—한국('독도문제' 84.5%, '과거사 반성 부족' 77.0%, '겉과 속이 다른 국민성' 21.4%, '재일한국인 차별' 8.2%, '우경화' 7.3%), 일본('과거사 문제로 일본 비판' 55.8%, '독도문제' 50.1%, '한국인의 감정적 언행' 24.7%, '스포츠 등에서 정치문제 거론' 22.8%, '한국인의 애국주의적 행동 및 사고방식' 20.9%)
- 알고 있는 일본/한국의 역사적 사건—한국('임진왜란' 80.6%, '히로시마·나가사키 원폭투하' 74.8%, '태평양전쟁' 55.4%, '한·일 강제병합' 49.9%), 일본('여성대통령 탄생' 72.4%, '서울올림픽' 71.1%, '한·일 월드컵' 70.0%)
- 일본/한국의 사회·정치제도 유형—한국('군국주의' 50.3%, '자본주의' 46.9%, '민족주의' 34.6%, '국가주의' 26.6%, '민주주의' 24.1%, '패권주의' 22.5%, '대국주의' 22.2%, '자유주의' 15.9%, '사회주의' 11.5%, '평화주의' 8.8%, '국제협조주의' 3.5%), 일본('민족주의' 43.3%, '군국주의' 31.3%, '자본주의' 31.2%, '국가주의' 29.4%, '민주주의' 28.3%, '평화주의' 9.1%, '자유주의' 7.3%, '국제협조주의' 5.3%, '사회주의' 4.4%, '패권주의' 3.6%, '대국주의' 3.4%)
- 일본/한국의 국민성—한국('근면함' 78.5%, '친절함' 69.2%, '이기주

25 / 2013년은 일본측의 과거사에 관련된 퇴행적 행보와 그에 대한 한국측의 반발이 전에 없이 두드러진 한 해였다. 이상의 사례들 이외에도 아소 타로 부총리의 나치의 개헌수법을 배우자고 한 이른바 '나치' 발언(7월 29일, 국가기본문제연구소 강연), 동아시아컵 축구대회 한·일전에서 한국응원단이 내건 대형플래카드("역사를 잊은 민족에게 미래는 없다") 문제, "한국은 교섭이 불가능한 어리석은 나라"라는 아베 총리의 발언을 실은 일본 주간지 〈주간문춘〉(週刊文春)의 11월 중순 기사, 연말 안중근 의사 기념사업(중국 하얼빈)을 둘러싼 양측의 설전(독립운동가 vs. 테러리스트) 등이 언론지상을 장식했다. 참고로 아산정책연구원이 아베 총리의 야스쿠니 참배 직후에 실시한 조사에 따르면 중국의 부상에 대비해 한·일 간 안보협력이 필요하다고 대답한 한국인 응답자가

의' 55.2%, '창조적' 43.9%, '신뢰할 수 없음' 39.5%, '정직하고 성실함' 35.2%, '비협조적' 34.8%, '완고함' 33.9%), 일본('근면함' 57.7%, '완고함' 47.6%, '이기주의' 37.0%, '집단주의' 34.3%, '비협조적' 32.0%)

- 한·일 관계의 중요성—한국('중요하다' 73.6%, '중요하지 않다' 25.3%), 일본('중요하다' 74.0%, '중요하지 않다' 14.1%)

- 한·일 관계와 대중관계의 중요성—한국('한·일 관계가 더 중요하다' 9.3%, '대중관계가 더 중요하다' 35.8%, '둘 다 중요하다' 55.0%), 일본('한·일 관계가 더 중요하다' 13.9%, '대중관계가 더 중요하다' 20.0%, '둘 다 중요하다' 49.6%)

- 일본/한국과 중국에 대한 친근감—한국('일본에 더욱 친근감을 느낀다' 13.5%, '중국에 더욱 친근감을 느낀다' 36.2%, '두나라 모두에게 동일한 친근감을 느낀다' 12.3%, '두 나가 모두에게 친근감을 느끼지 않는다' 38.0%), 일본('한국에 더욱 친근감을 느낀다' 45.5%, '중국에 더욱 친근감을 느낀다' 5.9%, '두나라 모두에게 동일한 친근감을 느낀다' 8.5%, '두 나가 모두에게 친근감을 느끼지 않는다' 24.6%)

- 한·일 정상외교—한국('필요하다' 84.9%, '필요하지 않다' 15.2%), 일본('필요하다' 70.2%, '필요하지 않다' 8.3%)

- 한·일 정상회담에서 논의해야 할 과제—'독도문제'(한국 76.8%, 일본 43.9%), '과거사·위안부문제'(한국 40.9%, 일본 16.7%), '북한핵문제'(한국 37.1%, 일본 31.3%), '북한의 일본인납치문제'(한국 1.5%, 일본 17.5%), '경제협력'(한국 10.4%, 일본 13.5%), '군사안보협력'(한국 10.4%, 일본 9.8%), '원자력발전 안전문제'(한국 13.4%, 일본 4.9%) 등

- 양국 역사문제 중 해결해야할 과제—'침략전쟁에 대한 일본의 인식'(한국 51.1%, 일본 26.8%), '일본 역사교과서 왜곡'(한국 72.4%, 일본 23.3%), '일본의 전쟁배상 및 강제노동 보상'(한국 16.4%, 일본 11.8%), '일본인의 종군위안부에 대한 인식'(한국 42.0%, 일본 24.1%), '일본정치가의 한국에 대한 발언'(한국 24.3%, 일본 8.2%), '일본언론매체의 한국에 대한 보도'(한국 11.9%, 일본 10.6%), '일본인의 과거사에 대한 반성이나 사죄의 부족'(한국 35.4%, 일본 12.4%), '한국의 반일교육 및 교과서의 내용'(한국 7.5%, 일본 54.8%), '한국정치가의 일본에 대한 발언'(한국 4.0%, 일본 25.9%), '한국언론매체의 일본에 대한 보도'(한국 2.4%, 일본 28.5%), '일본

과의 역사문제에 대한 한국인의 과도한 반일행동'(한국 3.6%, 일본 55.2%) 등)

● 일본 총리의 야스쿠니신사 참배—'참배해도 문제될 것이 없다'(한국 5.2%, 일본 47.8%), '개인적으로 참배하는 것이라면 문제될 것이 없다'(한국 34.4%, 일본 27.4%), '어떤 경우든 참배해서는 안 된다'(한국 60.0%, 일본 8.3%), '잘 모르겠다'(한국 0.3%, 일본 16.5%)

● 앞으로 세계정치를 주도할 국가나 지역—'미국'(한국 74.8%, 일본 51.3%), '중국'(한국 71.7%, 일본 18.7%), 'G8'(한국 10.5%, 일본 24.7%), 'G20'(한국 9.9%, 일본 19.3%), EU(한국 4.1%, 일본 11.0%), 한국(한국 5.5%, 일본 1.2%), 일본(한국 4.7%, 일본 9.9%)

● 아시아는 장래에 EU와 같이 하나의 경제권으로 통합될 것인가—'그렇게 생각한다'(한국 21.4%, 일본 4.8%), '그렇게 생각하지 않는다'(한국 41.7%, 일본 52.8%)

● 10년 후의 한반도 정세—'현재 상태 그대로'(한국 21.7%, 일본 20.7%), '북한과의 대립 심각'(한국 15.4%, 일본 20.4%), '남북통일의 조짐'(한국 22.9%, 일본 11.0%), '예상 불가능'(한국 39.8%, 일본 47.1%)

● 한·일 간 영토분쟁—'존재한다'(한국 82.7%, 일본 69.2%), '존재하지 않는다'(한국 6.0%, 일본 9.0%), '잘 모름'(한국 6.4%, 일본 16.9%), '관심 없음'(한국 3.2%, 일본 4.9%)

● 동아시아 해양에서의 군사분쟁 발발 가능성—'수년 이내에 일어날 것'(한국 25.0%, 일본 3.9%), '먼 장래에 일어날 것'(한국 41.5%, 일본 23.0%), '일어나지 않을 것'(한국 32.7%, 일본 41.4%), '잘 모름'(한국 0.8%, 일본 31.7%)

● 한·일 관계에 대한 자국 언론의 객관성·공평성—'그렇게 생각'(한국 33.0%, 일본 31.3%), '그렇게 생각하지 않음'(한국 41.6%, 일본 26.2%), '잘 모름'(한국 25.4%, 일본 42.5%)

3. 쟁점: 야스쿠니, '일본문제'의 전초(前哨)

2013년 한·일 관계, 더 나아가 동아시아 국제관계의 최대 사건으로 아베 총리의 야스쿠니신사 공식 참배를 꼽아도 큰 문제는 없을 것

같다. 아베 총리의 금번 공식 참배로 일본의 한중 양국과의 관계는 한층 더 악화되기 시작했다. 이는 더 나아가 양자관계는 넘어서 과거사와 관련된 한중 양국의 대일 연대를 조장함은 물론 한·미·일 안보협력에 중점을 두고 있는 미국의 아시아·태평양 전략에도 심각한 장애를 초래하게 되었다. 중국의 부상이나 북한문제에 더하여 이른바 '일본문제'(Japan problem)가 동아시아의 중대한 도전과제로 부상한 셈이다. 그렇다면 아베 총리는 과연 어떠한 동기와 배경에서 공식 참배를 단행했으며 그에 대해 관계국들은 어떠한 반응을 보였는가?

1) 야스쿠니 참배를 결행한 이유 및 배경

언론보도를 참고로 참배 당일 아베 총리의 행적을 정리하면 대략 다음과 같다(중앙일보 2013.12.27; 朝日新聞 2013.12.27; 読売新聞 2013.12.27).

- 아베 총리, 오전 7시 야스쿠니신사측에 참배 사실을 통보
- 아베 총리, 이시바 시게루(石破茂) 자민당 간사장에게 전화 통보
- 아베 총리, 야마구치 나쓰오(山口那津男) 공명당 대표에게 전화 통보. 야마구치 대표가 "찬성할 수 없다"며 반대하자 "찬성해주지 않을 거라고 생각했다"고 대답
- 아베 총리, 오전 10시 한국, 중국, 미국 등에 통보. NHK, 속보 보도
- 누카가 후쿠시로(額賀福志郎) 일한의원연맹회장, 전화상으로 한·일 관계가 중요하다며 만류. 아베 총리, "국민과의 약속이기도 하기 때문에 결단했다"고 언급
- 아베 총리, 관용차로 도착. 기장에 '내각총리대신 아베 신조'라고 기입. 본전 입구에 총리 명의의 화환 배치. 헌화비 3만 엔 지불. 신사 배전(拜殿)에 위치한 진령사(鎭靈사) 참배.[26] 신사 본전(本殿) 참배에 참배한 후 곧바로 본전(本殿)에 가서 참배
- 아베 총리, 기자단에 대해 총리담화 발표
- 한국, 중국, 미국 등 관계국 정부의 비판 성명

국내외의 반발을 의식한 듯 아베 총리는 참배 직후 기자단 앞에서

26 / 진령사는 1965년 본전에 합사되지 못한 영령과 외국인 전몰자를 위해 만든 참배 공간을 말함.

'항구적 평화에 대한 다짐'(2013.12.26)이란 제목의 내각총리대신 담화(일본어 및 영어)를 발표했다. 주한일본대사관 홈페이지에 한글로 실린 총리담화 전문은 아래와 같다.

오늘 야스쿠니 신사를 참배하고 나라를 위해 싸우다 소중한 목숨을 희생하신 영령에 대해 진심어린 애도와 존숭(尊崇)의 마음을 표하며 영혼이 편히 잠들도록 명복을 기원하였습니다. 또한 전쟁에서 돌아가셨으나 야스쿠니 신사에 합사되지 않은 국내 및 외국분들을 위령하는 진영사(鎭靈社)에도 참배하였습니다.

영령께 합장을 하면서 현재 일본의 평화로움에 대한 고마움을 가슴 깊이 느꼈습니다.

지금의 일본의 평화와 번영은 현재를 살아가는 사람들만으로 이루어진 것이 아닙니다. 사랑하는 아내와 아이들의 행복을 빌고, 길러주신 아버지와 어머니를 생각하면서 전쟁터에서 쓰러진 수많은 분들. 그 고귀한 희생 위에 우리의 평화와 번영이 있습니다.

오늘은 그것을 다시 생각하며 진심으로 경의와 감사의 뜻을 가지고 참배하였습니다.

일본은 두 번 다시 전쟁을 일으켜서는 안 된다. 저는 과거에 대한 통절한 반성 위에 서서 그렇게 생각하고 있습니다. 전쟁에서 희생되신 분들의 영령 앞에서 앞으로도 부전(不戰)의 맹세를 견지해갈 결의를 새로이 하고 왔습니다.

동시에 두 번 다시 전쟁의 참화로 고통 받는 일이 없는 시대를 만들지 않으면 안 된다. 아시아의 벗, 세계의 벗과 함께 전세계의 평화 실현을 생각하는 나라여야 한다고 다짐하였습니다.

일본은 전후 68년에 걸쳐 자유롭고 민주적인 국가를 만들어 오로지 평화의 길로 매진해 왔습니다. 앞으로도 이 자세를 관철해 가겠다는데 한 점의 거리낌도 없습니다. 세계의 평화와 안정, 그리고 번영을 위해 국제협조 하에 향후 그 책임을 다해 나가겠습니다.

야스쿠니 신사 참배에 대해서는 안타깝게도 정치문제, 외교문제화되고 있는 현실이 있습니다.

야스쿠니 참배에 대해서는 전범을 숭배하는 것이라고 비판하는 사람이 있습니다만, 제가 아베정권이 출범한 바로 이날 참배를 한 것은 영령들께 정권 일년의 발자취와 전쟁의 참화로 사람들이 두 번 다시 고통 받는 일이 없는 시대를 만들겠다는 결의를 전하기 위해서입니다.

중국과 한국 분들의 마음에 상처를 주려는 생각은 추호도 없습니다. 야스쿠니 신사에 참배한 역대 총리가 그랬던 것처럼 인격을 존중하고 자유와 민주주의를 지키며, 중국과 한국에 대해 경의를 가지고 우호관계를 구축해가고자 하는 바람입니다.

국민 여러분의 이해를 부탁드립니다.

신사 참배 가부(可否)를 둘러싸고 일본 국내의 여론은 거의 양분되었다. 집권 자민당은 물론 일본유신회, 모두의 당 등 보수계 정당은 찬성을, 연립정권을 형성하는 중도계 공명당을 비롯하여 민주당, 그리고 좌파계 일본공산당 및 사민당은 비판을 가했다. 일본 국민들의 반응도 이와 유사했다. 교도통신(共同通信)이 12월 28-29일에 실시한 여론조사에 따르면 참배가 "좋았다"는 응답이 43.2%, "좋지 않았다"는 응답이 47.1%였다. 하지만 총리의 참배는 "외교관계에 배려할 필요가 있다"는 응답이 69.8%로 "배려할 필요가 없다"는 응답 25.3%를 크게 웃돌았다. 일본경제신문(日本經濟新聞)의 조사결과도 거의 비슷했다. 참배가 "적절했다"는 응답이 45%, "적절하지 않았다"는 응답이 43%였다. 참배의 계속 여부에 대해서도 "계속해야 한다"가 39%, "계속해선 안 된다"가 47%였다(日本經濟新聞 2014.1.26).[27]

그렇다면 아베 총리가 공식 참배를 결행한 이유 및 배경은 무엇인가? 먼저 무엇보다 결정적인 요인으로 아베 총리 자신의 개인적 신념과 국내정치적 계산을 들어야 할 것 같다. 아베 총리는 2006-7년 제1차 아베 내각 당시 참배하지 못한 것을 "극히 통한(痛恨)스럽다"고 언급하며 총리 재임 중에 참배할 것임을 거듭 피력해 왔다. 이 말을 증명하기라도 하듯 그는 2007년 9월 총리 사임 이후 춘계예대제, 종전기념일, 그리고 추계예대제 시기에 참배를 거의 거르지 않았다. 제2차 아베 내각이 들어선 뒤에도 그의 결심에는 변함이 없었다. 정권 출범 직후인 2012년 12월 27일 비서관을 대동하고 참배할 계획이었으며, 추계예대제에 즈음한 2013년 10월 17-8일에도 주위에 참배 의사를 표명한 바 있었다. 하지만 이 두 차례의 시도는 스가 관방장관을 비롯한 총리 주변 인사들의 만류와 설득으로 보류했다(読売新聞 2013.12.24; 産經新聞 2013.

27 / 참고로 아사히신문(朝日新聞)이 지난 11월 초~12월 중순에 실시한 젊은 세대의 정치사회의식 조사에 따르면 "과저 전쟁은 침략전쟁이었다고 생각하는가?"라는 질문에 '그렇지 않다'는 응답이 20대 33%, 30대 28%, 40-50대 24%였다. "침략전쟁이었다"는 응답은 20대 45%, 30대 47%, 40대 57%, 50대 60%였다(朝日新聞, 2013.12.29).

12.27).

　조금 더 들여다보면 야스쿠니 참배와 아베 총리 자신의 정치적 정체성 사이의 밀접한 관련성을 확인할 수 있다. A급 전범이었던 외조부 기시 노부스케(岸信介) 전총리의 영향도 물론 적지 않았을 것이다. 하지만 그 이상으로 그는 1990년대 중반 이후 소장파 보수우파 정치세력(이른바 수정주의적 국가주의)의 실질적인 리더이자 선봉장이었다. 아베 총리는 나카가와 쇼이치(中川昭一, 2009년 사망) 등과 더불어 '자민당 역사검토위원회', '일본의 앞날과 교육을 생각하는 소장의원 모임', '납치일본인 구출 의원연맹', '역사교과서문제를 생각하는 초당파 의원연맹' 등 이슈별 행동조직에서 중심적 역할을 수행해 왔다(Babb 2013, 358-363). 이외에도 전국적 우익 정치단체인 '일본회의국회의원간담회'(日本會議國會議員懇談會)[28] 부회장, '신헌법제정의원동맹'(新憲法制定議員同盟)[29] 고문, 신도정치연맹국회의원간담회(神道政治連盟國會議員懇談會)[30] 회장직을 맡고 있기도 하다.

　제2차 아베 내각의 구성도 종군위안부, 난징대학살 등을 부정하는 데 앞장서고 한국, 북한, 중국 등 주변국에 대한 강경자세를 주도하는 수정주의적 국가주의 세력이 주류를 차지하게 되었다. 각료 18명 가운데 12명이 '일본회의국회의원간담회', 8명이 '신헌법제정의원동맹', 9명이 '일본의 앞날과 역사교육을 생각하는 의원모임' 등 소속되어 있다(표 2 참조). 게다가 아베 총리는 2012년 12월 중의원선거(480석 중 294석)와 2013년 7월 참의원선거(242석 중 115석)에서 압승을 거둠으로써 자민당 내에서 거의 절대적인 권력을 획득했다. 중의원에선 연립정권 상대인 공명당의 31의식을 합하면 헌법개정 발의 및 재의결이 가능한 2/3 의석을 확보한 셈이다. "예전의 자민당은 그 내부에 다양한 사상과 신념이 공존하는 폭넓은 스펙트럼을 가지고 있었지만 최근에는 한 목소리밖에 존재하지 않는 상황이 되었다. 금번 사태는 아베가 자신을 갖고 전후민주주의를 전면적으로 부정하는 쪽으로 노골적으로 방향을 틀었다고 나중에 회고할지도 모른다"는 지적이 의미심장하다.[31]

32 / 소속정치단체는 괄호 안의 줄임말이다: 일본회의(일본회의국회의 원간담회), 신도정치연맹(신도정치연맹국회의원간담회), 신헌법제정(신헌법제정의 원동맹), 야스쿠니참배모임(모두가 야스쿠니신사에 참배하는 국회의원 모임), 영토수호연맹(일본의 영토를 지키기 위해 행동하는 의원 연맹), 역사교육모임(일본의 앞날과 역사교육을 생각하는 소장파 의원 모임), 보수정책연구회(진·보수정책연구회), 일본인납치연맹(북한에 납치된 일본인을 조기에 구출하기 위해 행동하는 의원연맹).

[표 2] 아베 정권 각료의 우익 정치단체 소속 현황[32]

직위	이름	소속 정치단체(지위)
총리	아베 신조 (安倍晋三)	일본회의(부회장), 신헌법제정(고문), 신도정치연맹(회장), 야스쿠니참배모임, 역사교육모임(초대 사무국장), 보수정책연구회, 일본인납치연맹, 창생일본(회장)
부총리·재무상	아소 타로 (麻生太郎)	일본회의(특별고문), 신헌법제정, 신도정치연맹, 야스쿠니참배모임, 보수정책연구회, 일본인납치연맹, 창생일본
총무상	신도 요시타카 (新藤義孝)	신헌법제정, 신도정치연맹, 보수정책연구회, 야스쿠니참배모임, 영토수호연맹, 창생일본(부간사장)
내각관방장관	스가 요시히데 (菅義偉)	일본회의(부회장), 신도정치연맹, 보수정책연구회, 역사교육모임, 창생일본(회장대리)
법무상	다니가키 사다카즈 (谷垣禎一)	일본회의(상담역), 신헌법제정(고문), 야스쿠니참배모임
외상	기시다 후미오 (岸田文雄)	일본회의, 신도정치연맹, 역사교육모임
문부상	시모무라 하쿠분 (下村博文)	일본회의(간사장), 신헌법제정(회원), 신도정치연맹, 보수정책연구회, 역사교육모임, 창생일본(회장대리)
후생노동상	다무라 노리히사 (田村憲久)	일본회의, 신도정치연맹, 야스쿠니참배모임,
농림수산상	하야시 요시마사 (林芳正)	신헌법제정(사무국차장), 신도정치연맹, 야스쿠니참배모임
경제산업상	모테기 요시미쓰 (茂木敏充)	일본회의(회원), 신도정치연맹
국토교통상	오타 아키히로 (太田昭宏)	국립추도시설을 생각하는 모임(공명당)
환경상	이시하라 노부테루 (石原伸晃)	신헌법제정(부회장), 보수정책연구회, 신도정치연맹, 창생일본
방위상	오노데라 이쓰노리 (小野寺五典)	일본회의, 보수정책연구회, 창생일본
부흥상	네모토 다쿠미 (根本匠)	일본회의, 신도정치연맹, 역사교육모임
국가공안위원장	후루야 게이지 (古屋圭司)	일본회의(부회장), 신도정치연맹, 보수정책연구회(부회장), 야스쿠니참배모임, 역사교육모임(부간사장), 일본인납치연맹(간사장)
오키나와·북방대책담당상	야마모토 이치타 (山本一太)	신도정치연맹, 야스쿠니참배모임, 역사교육모임(사무국차장), 창생일본(부간사장)
소비자·식품안전담당상	모리 마사코 (森まさこ)	신도정치연맹
경제재정정책담당상	아마리 아키라 (甘利明)	일본회의, 신도정치연맹, 야스쿠니참배모임
규제개혁담당상	이나다 도모미 (稲田朋美)	일본회의, 신헌법제정, 보수정책연구회, 신도정치연맹, 야스쿠니참배모임, 창생일본(사무국장대리)

(출처) 일본회의, 신도정치연맹, 창생일본, 영령에 보답하는 모임(英霊にこたえる会) 등의 홈페이지 및 위키페디아(ウィキペディア)를 참조로 작성.

12월 말에 참배한 것은 전술적인 측면에서도 보수진영 결집에 효과적이었던 것으로 보인다. 2012년 11월 자민당 총재선거 및 같은 해 12월 중의원 총선거에서 참배를 공약으로 내걸은 것은 보수층의 지지를 조달하기 위해서였다. 집권 이후 2013년 한 해 동안 아베 총리는 집단적 자위권 행사 모색, 최초의 국가안전보장전략 책정 등 국방이나 안전보장 정책 강화에 박차를 가해 왔다. 하지만 11월 26일 중의원에서 특정비밀보호법안을 강행 처리한 뒤 내각 지지율이 처음으로 50% 밑으로 하락한 상황이었다. 야스쿠니 참배를 통해 한중 양국의 거센 반발을 유도하고 그러한 반발에 대해 단호한 자세를 보임으로써 국내 여론의 지지를 확보함은 물론 국방이나 안전보장에 대한 국민들의 관심을 제고시키는 효과도 기대할 수 있었다(朝日新聞 2013.12.26). 이는 또한 장기집권 발판 강화하기 위해 국면을 전환시키는 데 있어서도 도움이 된다.[33]

33 / 서울대 박철희 일본연구소장의 조선일보 인터뷰(조선일보 2013.12.27).

다음으로 대외적 요인, 즉 관계국의 반응에 대한 고려도 무시할 수 없다. 우선 아베 총리는 참배 유무와 상관없이 당분간 한중 양국과의 정상회담은 불가능하다고 판단한 듯하다. 사실 그는 4월 24일 참의원 예산위원회에서 야스쿠니 참배와 관련하여 "주변국의 반발에 굴복하지 않겠다"고 언급한 바 있으며, 주변 인사들에게 "중국, 한국과의 관계는 지금 바닥이기 때문에 참배한다고 하더라도 더 이상 나빠질 것은 없다. 러시아를 포함한 다른 나라와도 좋은 관계를 구축할 수 있다"고 언급한 것으로 전해진다(朝日新聞 2013.12.26). 아베 총리의 측근도 "취임 후 1년 동안 참배를 하지 않았지만 중일, 한·일 관계가 진전되지 않았다. 더 이상 악화되는 일은 없을 것," 정권이 힘이 있는 "(지금) 참배하지 않으면 정권이 끝날 때까지 가지 못하게 된다"고 언급했다(연합뉴스 2013.12.26; 読売新聞 2013.12.27; 朝日新聞 2013.12.27).

다만 아베 총리가 미국측의 반응을 예의주시한 것은 분명했다. 아베 총리는 11월 에토 세이이치(衛藤晟一) 수상보좌관을 미국으로 파견해 야스쿠니를 참배할 경우 미국이 어떻게 나올지 탐색하도록 밀명을 주었으며, 에토 보좌관은 미국 고위당직자로부터 '중국을 자극하지 않느게 좋다'는 대답을 들었다고 한다(朝日新聞 2013.12.27). 하지만 미국 내에서는 한·일, 중일관계 악화가 일본 때문이 아니라 한중 양국 때문 이라는 논조가 두드러지기 시작하고 있었다. 이러한 미국 내 논조가 참 배에 유리하다고 아베 총리가 판단했을 공산도 없지 않다(朝日新聞 2013.12.26). 미국에 줄 선물도 준비된 상태였다. 참배 직전인 25일 아 베 총리는 나카이마 히로카즈(仲井眞弘多) 오키나와 지사와 회담을 갖 고 현안인 미군 후텐마(普天間) 비행장 이전 문제에 관해 지사의 '승인' 을 이끌어냈다(産経新聞 2013.12.25).

2) 중국과 미국, 그리고 한국의 반발

아베 총리의 야스쿠니 공식 참배에 대해 관계국들은 전에 없이 거 세게 반발했다. 우선 아베 총리의 4월, 8월, 그리고 10월의 공물 봉납에 대해 '우회 참배'라며 반발한 바 있는 중국은 금번 공식 참배에 대해서 는 더욱 더 맹렬하게 비난했다. "인류 양심을 제멋대로 유린한 것이며 공리·정의에 대한 오만한 도발이다. 이런 일본 지도자를 중국 인민은 당연히 환영하지 않으며 중국 지도자는 그와 대면하지 않을 것"이라는 중국 외교부 친강(秦剛) 대변인의 표명에 이어 "만약 일본측이 의도적 으로 중일관계에서 지켜야 할 선을 계속 도전하고 양국 간의 긴장과 대 립을 계속 격화시켜 간다면 중국도 반드시 이에 끝까지 상대해줄 것"이 라는 왕이(王毅) 외교부장의 격한 수사가 이어졌다(人民網 2013.12.27).

이어 2014년 연초 중국 외교부 대변인은 양봉음위로 중국정부와 국민을 희롱하고 중국인민의 감정을 해쳐온 아베 총리와는 일체의 대 화를 하지 않을 것임을 천명했다. 아베 정권을 국제사회에서 고립시키 기 위한 '외교총력전'도 펼쳐졌다. 각국 주재의 중국대사들이 일제히 유 엔을 비롯한 국제기구, 강연, 해외언론 기고 등을 통해 전면적인 아베 비판 여론전을 전개하기 시작한 것도 그 일환이었다.

중국측의 이 같은 반응을 어떻게 이해해야 하는가? 중국의 입장에 서 보면 아베 총리의 참배는 국교정상화 논리를 전면 부정하는 것이었 다. 시진핑(習近平) 정권, 아니 1972년 중일 국교정상화 이후 중국의 역대 정권은 한국 이상으로 야스쿠니신사 문제를 중시해 왔다. 과거의 전쟁은 일본의 일부 군국주의자들이 일으킨 것이며 중국 인민과 일본 국민은 공히 그 전쟁의 피해자라는 것이 당시 국교정상화를 정당화시킨 핵심 논리 중 하나였기 때문이다. 따라서 중국측이 고이즈미 준이치로(小泉純一郎) 전 총리에 의한 일련의 야스쿠니 참배에 대항하여 거의 3년 동안 정상회담을 중지한 것은 당연한 귀결이었다.

게다가 아베 총리의 참배는 그 자신이 2006년 10월 후진타오(胡錦濤) 주석과 합의한 '중일 전략적 호혜관계'와도 양립될 수 없었다. 아베 총리는 제1차 아베 내각(2006.9-2007.9) 당시 고이즈미 정권 시기에 악화된 중일관계를 개선시키기 위해 야스쿠니 참배 중지를 전제조건으로 '전략적 호혜관계' 구축에 합의한 바 있었다. 특히, 고이즈미 전 총리가 정치기반 획득을 위한 도구적 수단으로 참배를 계속한 데 비해 아베 총리는 도쿄재판에 부정적 견해에 근거하여 과거의 침략 전쟁을 정당한 성전(聖戰)으로 승화시킴은 물론 중국위협론을 확산시켜 평화헌법을 수정하고 집단적 자위권을 확보하겠다는 계산을 하고 있다고 판단하고 있다(주펑 2014).

미국 오바마(Obama) 정권도 그 동안의 관례를 깨고 아베 총리의 참배를 비판했다. 참배 당일 캐롤라인 케네디(Caroline Kennedy) 주일 미국대사는 "일본은 중요한 동맹국이며 우호국이지만 일본의 지도자가 주변 국가들과의 관계를 악화시키는 행동을 취한 점에 미국정부는 '실망하고 있다. (...) 총리의 과거에 대한 반성과 일본의 평화에 대한 결의를 재확인하는 표현에 주목할 것"이라는 내용의 성명을 발표했다. 고이즈미 전 총리의 참배에 대해 공식적으로 비판한 적이 없었던 점을 감안하면 이례적인 조치였다. 이 성명은 미 백악관과 국무성 관계자의 협의 과정에 보다 강력한 메시지를 전달하기 위해 유감(regret)이나 우려(concern)가 아닌 '실망'(disappointment)란 용어를 채택했다고 한다(미 국무부 부대변인 언론 브리핑, 2013.12.30; 연합뉴스 2013.12.31).

사실 오바마 정권은 연초부터 여러 경로를 통해 참배 자제를 촉구해 왔다. 2013년 10월 일본을 방문한 존 케리(John Kerry) 국무장관과

34 / 8월 말에는 반기문 유엔사무총장의 일본비판 발언이 문제가 되었다. 반기문 총장은 8월 26일 한국 외교부청사에서 열린 내외신 기자회견에서 "앞으로 역사를 어떻게 인식해서 올바른 역사가 미래 지향적으로 선린 국가관계를 유지할 수 있느냐. 이런 데에 대해 일본 정부 정치 지도자들이 아주 깊은 성찰과 국제적인 미래를 내다보는 비전이 필요하다"며 완곡하게 비판했다.(연합뉴스 2013.8.26). 이에 대해 일본의 스가 요시히데 관방장관은 27일 기자회견에서 "많은 의문을 느낀다"며 "유엔을 통해 진실을 확인한 다음 일본의 입장을 설명하겠다"고 언급했고(共同通信 2013.8.27), 신도 요시타카 총무상은도 "유엔 사무총장은 국제사회에서 가장 중립적이어야 한다"고 반발했다(조선일보 2013.8.28).

35 / 동 양해각서는 11월 13일 제2차 서울안보대화 당시 일본 방위성의 니시 마사노리 사무차관에 제의한 것이었다. 한국측도 정보보호협정을 당장 체결하는 것은 힘들지만 정보교류가 필요하다는 긍정적 기류가 형성된 상황이었다 (연합뉴스 2013.12.29).

척 헤이글(Chuck Hagel) 국방장관이 제2차 세계대전 당시의 전몰자 가운데 신원불명의 무명용사와 민간인 유골을 안치한 도쿄 지도리가후치(千鳥ヶ淵) 전몰자 묘지에 일부러 헌화한 것도 야스쿠니 참배에 반대한다는 메시지를 전달하기 위한 것이었다. 게다가 조 바이든(Joe Biden) 부통령은 11월 하순 방한하여 일본측이 자제하고 있다는 점을 강조하면서 한국측에 대일관계 개선을 거듭 촉구한 상황이었다. 앞의 성명서에 '실망'이란 용어의 삽입을 주도한 것도 바이든 부통령이었다(日本經濟新聞 2013.1.18). 과거사 문제를 부각시킴으로써 한국, 중국과의 긴장관계를 한층 더 고조시키는 행동을 취하지 말라는 미국측의 조언이 무시된 셈이었다.

한국 박근혜 정부도 야스쿠니 참배에 대해 전에 없이 강경한 자세를 천명했다. 지난 4월 각료들의 야스쿠니 참배에 대해서는 윤병세 외교부장관의 방일 취소로 대응했으며, 그에 이은 8월에는 외교부 대변인이 '일본 정치인들은 언제까지 일본을 야스쿠니에 가두어 두려 하는가'는 제목의 논평을 발표한 바 있었다(연합뉴스 2013.8.15).[34] 아베 총리의 참배로 더욱 더 강경해진 것은 물론이다. 참배 당일 유진룡 문화체육관광부 장관은 청와대 국가안보조정회의가 끝난 뒤 정부 대변인 자격으로 규탄 성명을 발표했다. 정부 대변인의 대일비판 성명 발표는 이번이 처음이었다. 이어 12월 30일 박근혜 대통령은 수석비서관회의에서 "국제사회의 보편적 가치와 기준, 인류사회의 양심에 맞지 않는 행동을 반복한다면 그 나라의 경제력이 아무리 부강하다 하더라도 결코 일류국가로 평가받을 수 없을 것"이라고 지적하는가 하면 국방부도 일본 방위성과 추진하려던 정책부서 간 교류를 위한 양해각서(MOU) 논의 계획을 전면 취소했다(연합뉴스 2013.12.30).[35] 12월 26일 발표된 정부 대변인 성명 전문은 아래와 같다(한국 외교부 홈페이지).

1. 아베 신조 일본 총리가 그간 이웃나라들과 국제사회의 우려와 경고에도 불구하고, 12.26(목) 일본의 과거 식민지배와 침략전쟁을 미화하고 전범들을 합사하고 있는 야스쿠니 신사를 참배한 데 대해 우리 정부는 개탄과 분노를 금할 수 없다.

2. 야스쿠니 신사는 동아시아를 전쟁의 참화로 몰고 간 도조 히데키를 비롯하여 조선 총독으로서 징병·징용·공출 등 각종 수탈통치로 우리 민족에게 형언할 수 없는 고통과 피해를 안긴 고이소 쿠니아키 등 용서받을 수 없는 전쟁범죄자들을 합사하고 있는 반역사적 시설물이다.

3. 아베 총리가 이러한 야스쿠니 신사를 참배한 것은 그의 잘못된 역사인식을 그대로 드러낸 것으로서, 한·일관계는 물론 동북아시아의 안정과 협력을 근본부터 훼손시키는 시대착오적 행위이다.

4. 아베 총리가 소위 '적극적 평화주의'라는 이름 아래, 국제사회에 기여하겠다고 하나, 과연 이러한 잘못된 역사관을 갖고 평화 증진에 기여할 수 있다고 생각하는지 되묻지 않을 수 없다.

5. 일본이 진정으로 국제평화에 적극적으로 기여하고자 한다면, 무엇보다도 과거 역사를 부정하고 침략을 미화하는 그릇된 역사인식에서 벗어나, 역사를 직시하면서 일본 군국주의의 침략과 식민지배의 고통을 겪은 인근국과 그 국민들에게 철저한 반성과 사죄를 통해 신뢰부터 구축해 나가야 할 것이다.

돌이켜 보면 연초부터 박근혜 정부는 아베 정권의 과거사 인식과 태도를 이유로 정상회담을 거부해 왔다.[36] 정상회담을 하려면 일본측의 "적극적인 변화와 책임 있는 행동이 필요하다"(3.1절 기념사), "독도 문제며 위안부 문제며 계속 우리 국민들의 상처를 건드리는데 근본적으로 미래지향적으로 가겠다는 분위기 속에서 하더라도 해야 한다"(7월 언론 논설실장단과의 오찬), "정상 간 회담을 하면 양쪽 국민은 모두 좋은 소식이 나오기를 바라는데 그렇게 되지 않으면 더 실망해서 양국 관계가 악화될 수도 있다"는 것이 그 이유였다(연합뉴스 2013.7.10; 연합뉴스 2013.11.9; 중앙일보 2013.12.27).

오바마 정권의 거듭된 관계개선 요구에 대해서도 요지부동이었다. 오히려 박근혜 대통령은 기회가 있을 때마다 아베 정권의 '폭주'(暴走)를 견제할 것을 역설했다. 5월 7일 한·미 정상회담(워싱턴)에서 오바마 대통령이 한·미·일 협력의 중요성을 언급하자 박근혜 대통령은 "동북아의 평화를 위해서는 일본이 올바른 역사인식을 갖지 않으면 안 된다"고 지적했다. 이은 8일의 상하양원 합동회의 연설에서도 "역사를

36 / 아베 정권측은 한·일 외교장관회담이나 외교당국자 협의 등에서 수차례 정상회담 개최를 제안했다. 이가 여의치 않자 2013년 9월 G20 정상회담(러시아), 10월의 APEC 정상회담 (인도네시아 발리)과 ASEAN 관련 정상회담 (브루나이) 등 다자 간 정상회담의 기회를 빌려 양자 간 정상회담을 제안하기도 했다.

무시하는 자는 미래를 볼 수가 없다"고 일침을 가했다. 9월 30일 척 헤이글 국방장관에게는 "(일본 지도부는) 퇴행적인 발언을 하고 (위안부 문제에 대해) 사과는커녕 계속 모욕하고 있다. (...) 거기에 대한 아무런 성의를 보이지 않고 상처에 계속 소금을 뿌리면서 대화를 하면 되지 않느냐고 하는 안타까운 상황"이라며 자신의 심정을 토로했다(연합뉴스 2013. 9.30). 그럼에도 불구하고 박근혜 정부의 대일 자세에 대해 미국 등의 비판이 갈수록 커지고 있던 것도 사실이었다. 하지만 그러한 시점에서의 아베 총리의 참배는 박근혜 정부에게 명백한 정당성을 입증해 주었다(The Wall Street Journal, 2014.12.26).

4. 향후 전망과 과제

아베 외교는 과연 전도양양한가? 대답은 '아니오!'일 듯하다. "아베 총리는 야스쿠니 참배 단 하나의 행동으로 한·미·중·러의 역사인식에 관한 포위망을 만들어버렸다"(朝日新聞 2013.12.29). 전 일본 외무성 고위관료 도고 가즈히코(東鄉和彦)의 비판이다. 그 동안 아베 정권이 보여 온 고노담화 및 무라야마 담화 부정 움직임, 그리고 금번의 야스쿠니 신사 공식 참배로 일본 외교는 갈수록 고립되고 있다. 탈냉전 이후 군사·안보적 제휴, 경제적 지역주의, 그리고 정체성의 정치가 서로 길항(拮抗)해 온 동아시아 국제관계가 '역사전쟁'을 중심으로 한 정체성의 정치의 우위로 변화될 가능성조차 없지 않다.

이러한 변화에 가장 큰 자양분을 공급하고 있는 것이 아베 정권의 '수정주의적 국가주의' 노선임은 분명하다. 만일 수정주의적 국가주의 노선이 앞으로 과거사 긍정, 중국위협론 강조, 개헌, 그리고 더 나아가 자주국방까지 염두에 두고 있다면 이는 제2차 세계대전 이후의 국제질서에 대한 중대한 도전이 될 것이다. 이가 아베 정권이 추진해 온 '가치관' 외교와 상충되는 것은 물론이다. 아베 정권은 그간 중국의 부상 등에 대응하기 위해 유라시아 외연의 국가·지역과 민주주의 연대를 꾀해 왔다. 그러나 아베 총리는 야스쿠니 참배 강행으로 일본이 문제를 일으키는 당사자란 점을 스스로 입증해 버렸다.

금번 야스쿠니 참배의 최대 수혜자는 중국인 것으로 보인다. 시진핑(習近平) 정권은 영유권 분쟁의 존재를 인정시키기 위해 센카쿠열도(尖閣列島)/댜오위다오(釣魚島)와 관련한 대일 압박 수위를 높여 왔다. 그 와중에 대외적으론 센카쿠/댜오위다오 문제가 '역사 문제'라는 점을 부각시키고자 노력해 왔다. 일본이 제2차 세계대전 직후 동 섬을 반환하지 않고 국유화 조치까지 취한 것은 전후 세계질서에 대한 도전이라는 논리였다. 아베의 참배는 이 논리에 정당성을 부여해주었다. 또한 중국측은 미 · 일 양국의 대중 강경노선을 억제 또는 완화하고자 노력해 왔다. 중국의 부상을 견제하기 위한 미 · 일 양국의 군사동맹 강화와 군사적 일체화는 중차대한 과제였다. 미국이 주도하는 한 · 미 · 일 3국 간 안보협력 강화도 문제였다. 한 · 일의 접근을 차단하고 과거사 및 영유권 문제를 매개로 한중 양국의 대일 연대를 모색해 온 중국의 입장을 아베 총리가 도운 셈이 되었다.

한편, 금번의 참배가 낳은 최대 희생자는 한 · 미 · 일 안보협력, 그리고 미 오바마 정권의 '아시아회귀' 전략일 것이다. 그간 한 · 일 관계 악화로 인해 미국은 고래싸움에 끼인 새우와 비슷한 처지에 놓여 왔다고 해도 과언이 아니다(Kang and Bang 2012, 121-2). 오바마 정권의 정책담당자들은 아베 총리가 경제를 최우선과제로 삼으면서 한중 양국에 적극적으로 대화를 제안하는 모습을 호의적으로 파악하고 있었다. 일본의 과거사 도발 자제를 전제로 박근혜 정부에 대해 대일 대화 및 안보협력 강화를 주문한 것이다. 하지만 금번 참배는 그 같은 시도에도 찬물을 끼얹었다.[37] 아베 정권이 사실상 국가주의적 목표를 추구하는 것이 아니냐는 의문도 늘게 되었다.[38] 오바마 정권으로서도 아베 정권의 수정주의적 국가주의 노선에 모종의 제동을 가하지 않으면 안 되는 상황에 처하게 되었다.

박근혜 정부의 입장은 더욱 복잡하다. 우선 한 · 일 정상회담의 모멘텀은 훨씬 더 감소되었다. 2014년 1월 다보스포럼, 3월 3차 핵안보정

37 / 2012년 아미티지 · 나이 보고서도 북한 및 중국문제에 대비하여 한 · 미 · 일 결속이 무엇보다도 중요하며 이를 위해 일본측이 과거사에 관련한 불필요한 발언을 삼가도록 촉구한 바 있다(Armitage and Nye 2012, 7-8; 16).

38 / 미 외교문제평의회 시라 스미스 상급연구원의 인터뷰 발언(朝日新聞 2013.12.28). 참고로 미 의회조사국 보고서도 아베 총리의 강한 내셔널리스트 성향과 과거사에 관련된 발언 · 행동이 미국의 국익을 해치는 방향으로 동아시아의 국제관계에 문제를 일으키고 있다고 지적한 바 있다(Chanlett-Avery et. 2013).

상회의(네덜란드)에서도 상황은 유사할 것이다. 게다가 향후 일정은 지뢰밭 투성이다. 2월 '다케시마의 날' 행사, 3월 일본 역사교과서 검정 결과 발표, 4월 야스쿠니 신사 춘계예대제 및 외교청서 발표, 7월 일본 방위백서 발표, 8월 종전기념일 등 부정적 요소가 산적해 있다. 외교의 일탈 현상이 지속될 것임을 보여주는 대목이다. 반면에 그간 대일 대화를 거부해 온 자세가 대외적으로 명분을 얻게 된 점은 성과라면 성과다. 종군위안부 등 과거사 문제나 독도문제, 그리고 동해·일본해 병기 문제 등 대일 외교전에서 유리한 입장에 처하게 되었다.

동시에 한중 접근의 수위를 어디까지 가져가야 하는가라는 문제는 전략적 신중함과 유연성이 필요한 부분이다. 첫째, 과거사 문제와 관련하여 한중 연대를 바탕으로 아베 정권의 수정주의적 국가주의를 견제하는 것은 동아시아의 '정의'를 위해 필요하다.[39] 하지만 센카쿠/댜오위다오 영유권 문제를 과거사 문제로 간주하는 중국의 입장에 동조하긴 어렵다. 둘째, 한·미·일 3각 안보협력은 북한문제의 해결과 향후 한반도 통일이라는 '국익'을 고려하면 강화되어야 한다. 그러나 3각 협력이 일본측의 의도처럼 적극적인 대중 견제까지를 염두에 둔 것이라면 동참하기 어렵다. 셋째, 중장기적으로 일본의 외교적 고립은 지양해야 한다. 일본의 고립은 한·미·일 안보협력을 저해함은 물론 중일관계, 더 나아가 미중관계에도 악영향을 미칠 개연성이 크다. 한·일 정상회담이 정치적으로 부담이 된다면 일단은 한중일 정상회담 개최를 제안하고 그 틀 안에서 중일 양국 사이의 중재자적 역할을 수행하는 것도 하나의 방법이다. 그리고 정의와 국익 차원을 넘어 유라시아 대륙, 동아시아 대륙-해양 혼성지대, 그리고 아시아·태평양 지대의 상호협력과 신뢰 구축은 우리에게 사활적으로 중요하다.

39/ 6월 27일 중국을 국빈방문한 박근혜 대통령은 시진핑 주석과 회담을 갖고 "역사문제로 역내 국가 간 대립과 불신이 깊어지고 있다. 역내 신뢰와 협력 구축이란 공통목표를 위해 함께 노력하기로 합의했다"고 발표했다. 이 자리에선 한중 FTA협정 조기 체결에도 합의했다.

참고문헌

동아시아연구원·언론NPO "한·일 국민상호인식조사(2013년 5월)"
  http://www.eai.or.kr/data/bbs/kor_event/201305101115230.pdf
박영준 "'수정주의적 보통국가론'의 대두와 일본 외교: 자민당 아베 정권의 재출범과 한반도정책 전

망." 〈한국과 국제정치〉 제29권 제1호 (2013년 봄), pp.91-121

서승원 "'아시아 패러독스', 그리고 한중일 관계 속의 한·일 관계" 서승원·김영근 (공편)〈저팬리뷰 2013〉(고려대학교출판부, 2013), pp.2-32

서승원 "일본의 대 중국 전략, 2006-2013" 박철희 편 〈동아시아 변환기 일본의 대외전략〉 (서울대학 교출판문화원, 근간)

주펑(朱鋒) "中은 아베에게 분노하고 있다" 〈동아일보〉(2014.2.5)

한국문화관광연구원 "관광동향분석(2013년11월)" http://know.tour.go.kr/ptourknow/knowplus/ kChannel/kChannelPeriod/kChannelPeriodDetail.do?seq=101868

한·일 산업·기술협력재단 "2013년도 대일 무역·투자 현황" http://www.kjc.or.kr/jpinfo/report.html? no=41529&qry=read

한·일 산업·기술협력재단 "일본의 관광 및 숙박업계 분석" http://www.kjc.or.kr/jpinfo/report.html? no=41529&qry=read&bid=japankreport&no=41544

〈영어 문헌 및 참고 자료〉

Babb, James. "The New Generation of Conservative Politicians in Japan," *Japanese Journal of Political Science*, Vol.14, Issue.3 (September 2013), pp.355-378.

Chanlett-Avery, Emma, Mark E. Manyin, William H. Cooper, and Ian E. Rinehart "Japan-U.S. Relations: Issues for Congress," *Congressional Research Service(CRS) Report for Congress* (August 2, 2013)

Kang, David and Jiun Bang. "Japan-Korea Relations: Sisyphus," *Comparative Connections*, Vol.14, No.1 (May 2012), pp.129-138

Kang, David and Jiun Bang. "Japan-Korea Relations: No Signs of Improvement over the Summer," *Comparative Connections*, Vol.15, No.2 (September 2013), pp.123-132.

Park, Geun-hye. "A Plan for Peace in North Asia: Cooperation among Korea, China and Japan needs a Correct Understanding of History," *The Wall Street Journal* (November 12, 2012).

일본 시정촌 합병의 흐름과
정치적 의미

이진원 | 李鎭遠 Lee, Jin-won

일본도호쿠대학(東北大学)에서 법학박사(정치학전공) 학위를 받았으며, 현재 서울시립대 정경대학 국제 관계학과 교수로 있다.

전공분야는 일본정치이며, 주요 연구테마는 일본의 지방자치제도, 동아시아공동체 등이다.

주요 연구업적으로는 『동아시아 공동체 논의의 현황과 전망』(동북아역사재단, 2009)(공저), 『한중일 시민사회를 말한다』(이학사, 2006)(공저), 『한중일 기업문화를 말한다』(이학사, 2005)(공저), 『한중일 3국 가족의 의사소통 구조비교』(이학사, 2004)(공저) 등이 있다.

1. 서론

　　일본의 근대화의 시작인 메이지(明治)유신을 통해 수립된 일본 정부는 중세 이후 바쿠후(幕府)를 중심으로 한 중앙세력과 지방의 세력(에도(江戸) 바쿠후의 경우 번(藩)[1]을 축으로 한 막번(幕藩)체제를 중앙정부를 중심으로 집권화하는 작업이 중요한 과제 중의 하나였다. 중앙집권적인 정치 행정체제의 수립은 근대화를 이룩하기 위해서도, 제국주의 팽창을 위해서도 필요한 작업 중의 하나였다. 또한 패전 이후 폐허가 된 일본을 경제적으로 발전시키기 위해서도 중앙정부를 중심으로 한 일사불란한 정치 행정체제는 필요했다. 이러한 중앙정부를 중심으로 한 정치 행정체제 수립은 광역자치단체인 도도부현(都道府縣):[2]까지를 대상으로 하는 것 만은 아니었다. 중앙정부의 정책을 실질적으로 시행하는데 중요한 역할을 하는 곳은 주민이 생활을 하면서 직접 접촉하는 기초자치단체 즉 시정촌(市町村)[3]이었기 때문에 시정촌의 정치행정 운영은 중앙정부의 주요 관심사였다.

　　기초자치단체인 시정촌의 정치 행정 운영은 중앙집권적 정책의 수행에만 필요한 것은 아니다. 고령화 저출산으로 인한 사회의 정체성을 극복하고 사회의 경쟁력을 향상시키기 위해서는 새로운 정책의 필요성이 대두되고 이를 원활하게 시행하는 것이 중요한 과제가 되었다. 지방분권은 이러한 흐름 속에서 등장하였다. 지방의 고유한 환경을 배경으로 주민들의 다양한 요구를 적절하게 반영하는 정책을 수립하고 시행하지 않으면 안 되었다. 그리고 이를 담당하는 시정촌의 정치 행정이 중요하게 되었다. 동시에 정책을 효율적이고 원활하게 수행하기 위해 시정촌의 규모와 권한의 조정이 필요하였다. 시정촌 합병은 이러한 흐름 속에서 진행되었으며 일본의 정치에서도 매우 중요한 이슈였다. 가장 최근의 예로 1996년 제41회 중의원 총선거에서는 주요정당인 자민당(自民党), 신진당(新進党), 민주당(民主党)이 시정촌합병 추진을 공약으로 내세웠으며 2000년 당시 여당인 자민당과 공명당(公明党)이 '기초적 자치체를 강화하는 시점에서 시정촌합병 후의 자치체수를 1000개

1/ 藩: 일본어로 한이라 한다. 본고에서는 번으로 함

2/ 都道府縣: 일본어로 도도후켄이라 한다. 본고에서는 도도부현으로 함

3/ 市町村: 일본어로 시쵸손이라 한다. 본고에서는 시정촌으로 함

4/ 일본의 시정촌
폐치분합(日本の市町村の
廢置分合)
wikipedia http://ja.wiki
pedia.org/wiki/(검색일
2013.10.28)

를 목표로 한다.'는 방침을 세웠다.[4] 즉 정치권에서도 여야를 막론하고 시정촌 합병의 중요성을 인식하고 있으며 이는 국민들에게도 매우 중요한 의미를 갖는 다는 것을 의미한다.

본 고에서는 일본의 시정촌 합병이 사회적으로는 물론 정치 행정적으로 매우 중요한 의미를 갖는 것이고 앞으로는 기초지방공공단체인 시정촌이 주민의 생활단위로 그 중요성이 더욱더 증대할 것으로 생각하여 메이지시대 이후 일본의 시정촌합병의 흐름과 그 내용이 갖는 특징에 대해 살펴 보고자 한다.

2. 시정촌 합병의 흐름

1) 메이지(明治) 대합병

메이지유신 이후 성립된 메이지 정부는 초기에 중앙집권화를 위해 1869년 한세키호칸(版籍奉還)과 1871년 하이한치켄(廢藩置縣)을 실시하여 에도시대의 지방의 광역단체인 번에 대한 정리를 하였지만 기초단체에 해당하는 정촌까지는 영향력을 철저하게 행사하지 못하고 정리를 하지 못했다. 정촌은 자연발생적인 자연공동체로 일본 주민들의 생활 기본 단위이며 운명공동체의 역할을 하였다. 따라서 메이지 초기에는 교토부(京都府)의 "정조오인조시법(町組五人組仕法)"을 비롯하여 "군중제법(郡中制法)" "시중제법(市中制法)" "촌압옥가심득조목(村圧屋可心得条目)" "정역심득조목(町役心得条目)"을 제, 개정하여 전국의 기초단에의 모델로 제시하는데 그치고 이를 단위로 지역을 편성하여 조세부과 징수, 정령시달, 상호부조, 풍속통제 및 대표자인 무라쇼야(村圧屋) 토시요리(年寄)의 업무 등에 대해 규정하였다. 그 이후 주민을 파악하기 위해 제정된 호적법에 기초하여 대구소구(大区小区)제도를 만들고 기존의 정촌을 소구(小区)로 포함하는 정촌합병의 형태를 취하여 행정에 활용하였다. 대구소구제는 각 구에 호장(戸長)과 부호장(副戸長)을 두어 관리하게 하였지만 기존의 자연발생적 공동체인 정촌 주민의 대표이자 관리자인 쇼야(庄屋), 나누시(名主), 토시요리와의 사이에 마찰이 발생하였다. 이에 따라 정부는 1878년 지방삼신법(地方三新法)의 하나로 "군구정촌편제법(郡区町村編制法)"을 제정하여 전국의 행정구역 및 지방단체의 구역을 규정하고 정촌을 기초지방공공단체로 하였다. 즉 행정적 편의를 위해 대구소구제를 만들어 기존의 정촌을 이에 포함시키는 합병의 형태는 실패하였다고 할 수 있다.

그 이후 제국헌법제정과 더불어 지방제도의 체계적인 정비를 위한 지방제도 확립을 추진한 메이지 정부는 1888년 시제(市制) 정촌제(町村制)를 제정하고 이와 동시에 내무대신 훈령으로 정촌합병을 추진하였다. 이 시기의 정촌은 100호 이하의 촌락공동체로 메이지 정부가 수행하고자 하는 행정을 담당하기에는 소규모였다. 따라서 정촌합병으로 정촌의 규모를 키워 시제와 정촌제의 시행에 따른 행정의 편의를 도모할 필요가 있었다. 당시 정촌은 교육, 징세, 토목, 구제, 호적 등의 사무 처리를 담당할 수 있는 능력이 필요했으며, 그 중에서도 특히 소학교를 운영할 규모와 능력이 필요했다. 일본 정부는 1888년 6월 13일 내무대신 훈령 제352호 정촌합병표준을 제시하고 약 300-500호를 표준 규모로 하여 전국적으로 정촌 합병을 실시하였다. 그 결과 기존의 정촌 수의 5분의1로 대폭 감소하였다.[5] 이를 '메이지대합병'이라고 한다. 메이지대합병 이후에도 정촌의 합병은 꾸준히 진행되어 1898년까지 급격한 감소추세를 보이다가 1918년까지는 다소 주춤하였다. 메이지시대 이후 전전까지는 1923년 군제(郡制)가 폐지되면서 정촌합병이 다소 활발하여 1930년까지 지속되었고 1940년에는 일본 기원 2600년을 기념한 합병도 진행되었다.

2) 쇼와(昭和)대합병

제2차세계대전에서 패한 일본은 연합국사령부의 점령하게 들어가게 되었고 패전후 발생하는 경제적 혼란과 이를 극복하기 위한 조치가 필요하였다. 연합국사령부 고문으로 일본의 세 재정에 대한 권고를 한 샤프(Carl Sumner Shoup)의 의견 중의 하나가 지방자치 확립의 본지를

5 / 시정촌의 변천과 쇼와 대합병의 특징 (市町村数の変遷と明治・昭和の大合併の特徴) 총무성(総務省)홈페이지 http://www.soumu.go.jp/gapei/gapei2.html(검색일 2013.10.28)

6 / 쇼와 정촌대합병
(昭和の町村大合倂) 일본
OBS 오이타(大分)방송
홈페이지 http://www.e-
obs.com/top/heo/heodat
a/n476.htm(검색일
2013.12.09)

7 / 쇼와 정촌대합병
(昭和の町村大合倂) 일본
OBS 오이타(大分)방송
홈페이지 http://www.e-
obs.com/top/heo/heodat
a/n476.htm(검색일
2013.12.09)

8 / 총무성은 2005년도의
'시정촌합병특례에 관한
법률'과 구분하여
구합병특례법이라고
말하고 있다. (헤이세이의
합병에 대한 공표(平成の
合倂についての公表)
총무성(総務省)홈페이지
http://www.soumu.go.jp/
gapei/gapei2.html(검색일
2013.10.28))

9 / 일본의 시정촌
폐치분합(日本の市町村の
廃置分合) wikipedia
http://ja.wikipedia.org/
wiki/(검색일 2013.10.28)

실현하기 위한 지방 세재정제도 개혁과 지방행정제도 및 지방행정사무의 재분배를 위해 정촌합병을 시행하는 것이었다. 권고의 내용 중에는 '행정 책임의 명확화의 원칙' '능률의 원칙' '시정촌 우선의 원칙'을 제시하면서 시정촌 우선의 원칙을 실현하기 위해 규모가 작은 정촌의 합병이 필요하다고 하였다. 지방행정사무의 재 분배로 기초지방단체에 대한 사무가 증가하기 때문에 이를 추진할 규모와 능력을 가진 시정촌이 필요했던 것이다.[6] 샤프의 권고에 따라 1949년 정촌합병이 발표되었고 이를 검토하기 위해 1950년 1월 자문기관으로 지방행정조사위원회가 설치되었다. 위원회는 1950년 12월 '인구 7,000-8,000 정도를 표준으로 하여... 규모의 합리화를 추진해야 한다. 이를 실시하기 위해 부현단위로 위원회를 설치하고 지방의 실정에 따라 구체적인 방법을 조사 연구하는 것이 적당하다.'라는 의견을 제시하였고 이에 따라 중앙정부는 정촌합병추진법안을 제정하여 1953(쇼와 昭和 28)년 '정촌합병촉진법(町村合倂促進法)을 공포하였다. 일본 정부를 이 법을 통하여 정촌수를 3분의1로 하는 것을 목표로 강력하게 정촌합병을 추진한다는 방침을 정하였고 정촌합병추진본부를 설치하여 사업을 추진하였다. 또한 내각에서는 정촌합병촉진기본계획을 수립하여 3년간 인구 8,000명미만의 소규모 정촌을 합병하여 1953년도 15%, 1954년도 65%, 1955년도 10%, 1956년도 10%로 진척율을 설정하였다.[7]

이와 함께 1956(쇼와 昭和 31)년에는 정촌합병촉진 기본계획을 달성하기 위해 신시정촌건설촉진법(新市町村建設促進法)이 시행되어 시정촌합병을 추진하였다. 이렇게 함으로써 기초지방공공단체의 수는 3분의 1로 감소하였다. 이를 '쇼와대합병'이라고 한다.

그 후 일본사회는 고도경제성장을 거치게 되고 고도경제성장으로 인한 교통과 통신의 발달로 합병의 필요성이 대두됨에 따라 1965년 '시정촌합병특례에 관한 법률(구합병특례법)[8]이 제정되어 합병을 진행하였다. 고도경제성장기에 맞추어 진행된 이시기의 합병은 거점지역 형성을 위한 합병과 신산업도시 지정을 목표로 한 합병이었고 다른 한편으로는 산간부의 과소지역을 인접도시가 흡수하는 합병도 이루어졌다.[9]

3) 헤이세이(平成)대합병

고도경제성장으로 인한 도시 집중화 현상이 가져오는 주택, 환경, 등의 문제점을 비롯하여 동서냉전체제의 붕괴로 인한 불황의 타개를 위한 효율적인 정책 수립하여 시행해야하고, 중앙집권으로 인한 정치 부패 현상 등 다양한 문제가 발생하면서 지방분권에 대한 목소리가 커지게 되면서 1980년대 말부터 경제계를 비롯한 시민들 사이에서 시정촌합병에 대한 요구가 나왔다. 이에 일본 정부는 임시행정개혁추진심의회, 지방제도조사회, 지방분권추진위원회, 지방분권개혁추진회의, 지방분권개혁추진위원회 등을 통하여 지방분권을 추진하였고 이를 위해 지방분권추진을 위한 관계법령정비 등에 관한 법률(지방분권일괄법)을 시행하였다. 그리고 그 일환으로 '시정촌 합병 특례에 관한 법률'도 개정되어 시정촌합병이 활발하게 추진되었다. 1999(헤이세이 平成 11)년부터 본격적으로 시행된 시정촌합병은 2003(헤이세이 平成15)년과 2005(헤이세이 平成17)년에 이르러 최고조에 이른다. 이로써 시정촌의 수는 급격히 감소하여 약 2분의 1로 감소하였다. 이를 '헤이세이대합병'이라고 한다. 헤이세이대합병을 촉진시켰던 이유 중의 하나는 정부의 합병특례채(合併特例債)[10]와 합병산정체(合併算定替)[11]의 대폭연장이라는 재정 지원 정책과 삼위일체개혁(三位一体改革)[12]으로 인한 지방교부세의 대폭 감축에 따른 것이라 할 수 있다. 즉 재정적으로 풍요롭지 않은 시정촌이 살아남기 위한 방책 중의 하나였던 것이다.

그 이후의 시정촌합병은 2005년 시행된 '시정촌 합병의 특례에 관한 법률(현행 합병특례법; 1965년의 법률은 구합병특례법이라 함)'[13]에 따라 진행되었고 국가와 도도부현이 적극 추진하였다. 그렇지만 과거와 비교해 시정촌의 합병은 활발하게 진행되지 않았으며 2010년 현행 합병특례법이 개정되어 도도부현의 합병추진 규정이 삭제되면서 중앙정부 중심의 시정촌 합병은 종료되었다.

4) 시정촌 합병의 추이

이상의 수차례에 걸친 대합병으로 일본의 기초지방공공단체의 수

10 / 합병한 지방공공단체이 발행할 수 있는 지방채로 합병 후 공공시설 정비 사업이나 지역진흥사업 등을 실시하는 기금으로 활용할 수 있다. 이는 변재금액의 70%를 보통교부세로 교부를 받을 수 있다. (일본 하쿠산(白山)시 홈페이지 http://www.city.hakusan.lg.jp/(검색일 2014.01.06))

11 / 시정촌합병의 경우 경비가 절약되고 재정수요가 감소하여 교부세도 감소되지만 합병후 바로 효과가 나타나지 않는다. 이에 따라 합병후 5년동안 각각의 시정촌이 존재하는 것으로 간주하여 교부세액의 합산금액보다 적지 않게 하여 합병으로 인한 교부세상의 불이익을 입지 않게 하는 배려조치이다.(일본 후쿠오카(福岡)현청 홈페이지 http://www.pref.fukuoka.lg.jp/somu/gappeiweb/pdf/(검색일 2014.01.06)

12 / 지방분권정책의 일환으로 진행된 국가와 지방공공단체간의 행, 재정 시스템이 관한 개혁조치이다. '국가보조부담금의 폐지' '세재원의 이양' '지방교부세의 전반적 검토'의 3개부분의 개혁을 말한다.(삼위일체개혁(三位一體改革) wikipedia http://ja.wikipedia.org/wiki/(검색일 2014.01.06)

13 / 헤이세이의 합병에 대한 공표(平成の合併についての公表) 총무성(總務省)홈페이지 http://www.soumu.go.jp/gapei/gapei2.html(검색일 2013.10.28)

는 급격하게 감소하였다.

　　메이지대합병이 시행된 1889년에는 1888년에 비해 시정촌의 수가 급격히 감소하여 1888년의 71,314개의 정촌(당시 시는 없었다)이 1889년에는 15,859개로 일본정부가 목표로 한 5분1로의 감소를 달성하였다. 또한 쇼와대합병이 진행된 1953년부터 1956년을 비교하여 보면 1953년의 9,868개에서 3,975개로 감소하여 이 또한 일본 정부가 목표로 한 3분의1로의 감소를 달성하였다. 헤이세이대합병의 시작 해인 1999년에서 2005년까지를 비교해 보면 1999년 3,229개였던 시정촌의 수가 2006년에는 1,821개로 2분의 1이 감소하였다. 이렇듯 3회에 걸친 시정촌대합병으로 시정촌의 수는 71,314개에서 1,821개로 거의 40분의 1로 감소하였다.[14]

14 / 총무성(総務省) 홈페이지 http://www. soumu.go.jp/gapei/gapei 2.html(2013.10.28) 참조 작성

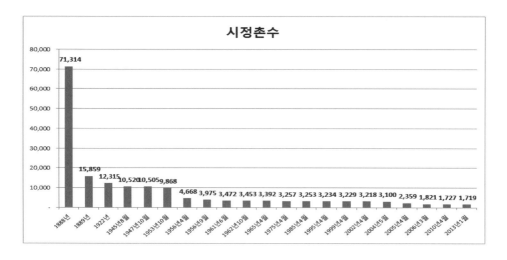

　　이를 시, 정, 촌 별로 나누어 보면 정촌의 수는 줄어드는 반면에 시의 수는 꾸준히 증가하는 경향을 보이고 있다. 시의 수는 1889년 39개에서 1945년 8월에는 205개가 되었고 쇼와대병합 시기인 1953년 10월에는 286개가 1956년 9월에는 498개가 되었다. 헤이세이대병합 시기인 1999년 4월에는 671개에서 2006년 3월에는 777개가 되었다. 그리고 2013년 1월 현재 789개로 증가하였다. 시가 처음 생기고 현재까지의 전체적으로는 20배의 증가율을 보이고 있으며 쇼와대병합 시기에 2배이

상의 증가율을 보였다.

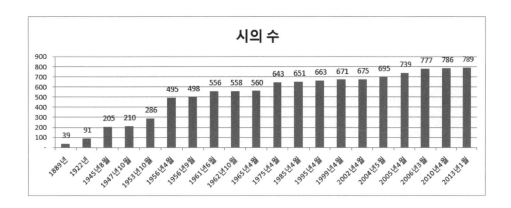

한편 정의 수는 1922년의 1,242개에서 1945년 8월에는 1,797개가
되어 증가하였으나 쇼와대병합 시기인 1953년부터 1956년까지는 1,966
개에서 1,903개로 감소하였다. 헤이세이 대병합 시기인 1999년과 2005
년까지를 보면 1,990개에서 846개가 되어 쇼와대병합과 헤이세이 대병
합 시기에 약간 증가하였다가 헤이세이 대병합이 끝나고 나서는 대강
반으로 줄었다. 그리고 2013년 1월 현재에는 746개가 되었다. 즉 시와
촌사이의 규모를 가진 정은 증가와 감소를 반복하다가 현재에는 매우
급격하게 감소되었다.

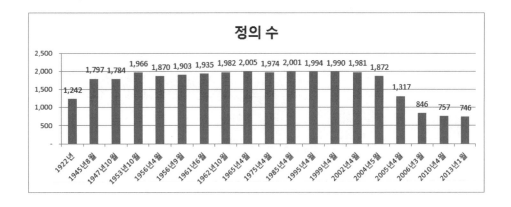

가장 규모가 작은 촌의 변화는 시와는 정반대의 경향을 보인다.

1922년 10,982개였던 촌의 수는 1945년 8월에는 8,518개로 감소하였으면 쇼와대병합 시기에는 더욱더 급격한 감소추세를 보여 1953년 10월 7,616개였던 촌의 수가 1956년9월에는 1,574개로 거의 5분의1로 감소하였다. 그 후 1961년 6월에는 981개로 1,000개 이하가 되었고 헤이세이 대합병 시기를 보면 1999년 4월 568개에서 2006년 3월에는 198개로 되어 2013년 1월에는 184개가 되었다. 즉 일본 시정촌 수의 감소는 촌의 수의 감소가 주축을 이루었다고 할 수 있다.

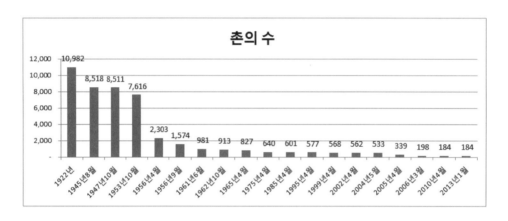

시, 정, 촌의 수의 변화를 비교해 보면 앞에서 시와 정, 촌의 차이점이 명확하게 보인다. 촌의 수가 급격하게 감소하는 것에 비해 정의 수는 감소와 증가를 반복하다 다소 감소하는 경향을 보이고 시의 수는 증가하지만 촌의 수의 감소에 비해서는 감소의 폭이 작은 것을 볼 수 있다. 이러한 현상은 시정촌 합병의 기본적인 목적이 기초지방공공단체의 정치 행정 운영을 위한 규모 확보라는 것을 명확하게 보여주는 것이라고 할 수 있다. 즉 규모가 작은 촌의 수를 줄이고 어느 정도 규모가 되는 시의 수를 늘리는 것이다.

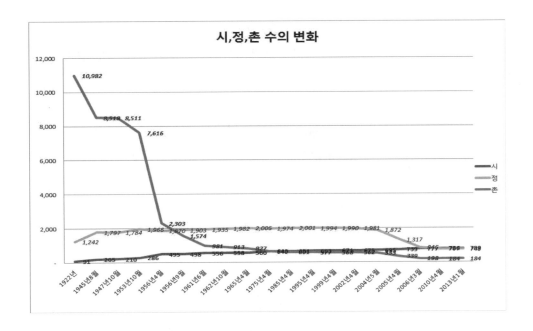

3. 시정촌 합병의 특징

전술한 바와 같이 일본의 시정촌 합병은 크게 셋으로 나누어 볼 수 있으며, 이를 위해서는 일본정부는 필요 제도를 만들어 추진하였다. 메이지대합병의 경우 근대적인 중앙집권 국가 수립을 위한 제도인 시제 정촌제 실시에 따른 내무대신 훈령이 있었고 쇼와대합병의 경우에는 세, 재정 안정을 꾀하기 위한 샤프권고에 따라 정촌합병추진법 등을 설치하면서 시행되었다. 그리고 헤이세이대합병은 지방분권화라는 시대적 흐름 속에서 지방분권 추진을 위한 제도 개혁과 이에 따른 시정촌 합병 특례에 관한 법률 등의 제정을 통하여 시행하였다. 그렇다면 이러한 제도의 특징은 무엇이며 그 의미는 무엇인가?

1) 통치의 원활화

메이지대합병의 경우 당시 제정된 시제 정촌제를 운영하고 특히 시와 정촌이 담당해야 할 소학교 운영을 위해 필요한 것이었다. 근대국가를 건설해야 하는 일본은 가장 기초적인 행정단위인 시와 정촌을 어느 정도 규모와 능력을 갖게 하지 않으면 안 되었다. 중앙정부에서 요구하는 행정을 원활하게 처리함으로써 근대국가 건설에 이바지 하게 할 필요가 있었다. 특히 소학교(小学校)는 일본이 천황중심의 근대국가 건설을 위한 이데올로기를 교육하는데 필수불가결한 조직이었고 재정적으로 여유가 없었던 중앙정부는 소학교의 운영을 시정촌에게 부담시키고 이를 운영할 수 있는 재정적 능력을 확보할 수 있는 규모를 만들 필요가 있었다. 즉 근대국가 건설이라는 커다란 목표 하에 이를 달성하기 위한 중요한 수단의 하나로 시행된 것이라고 할 수 있다.

시정촌 합병의 주체를 보면 메이지 정부는 내무대신의 훈령에 기초하여 광역지방공공단체(부현)의 장이 주민의 의견을 바탕으로 안을 작성하고 내무대신의 인가를 받아 실시하게 하는 광역지방공공단체에 맡기는 형태를 취하였다. 그렇지만 당시의 광역지방공공단체인 부현의 지사는 내무성 소속의 관료였으며 이들을 통하여 적극적인 시정촌합병을 추진하였다. 그 결과 불과 1년 사이에 시정촌의 수가 5분의1로 감소하였다. 표면적으로는 광역지방공공단체의 자율에 따른 시정촌합병이었지만 실질적으로는 중앙정부 내무성 관료에 의한 중앙정부 중심의 강제적인 합병으로 볼 수 있다.

자연적으로 발생하여 주민 생활의 기본단위인 촌락 공동체인 정촌을 근대국가 건설을 위해 중앙정부 중심의 강제적인 합병을 하였다는 것은 메이지정부가 주민의 입장을 생각하고 생활을 향상시키기 위해서보다는 국가를 원활하게 통치하기 위한 방법의 하나로 시정촌합병을 하였다고 볼 수 있다. 이는 메이지대합병 이후의 시정촌의 합병에서도 명확하게 나타난다. 정책연구대학원대학의 요코미치 키요타카(橫道清孝)교수는 메이지 대합병 이후의 시정촌 합병의 형태를 세 가지로 구분하면서 첫 번째로 조합정촌(組合町村) 해소에 따른 합병으로 구분하였다. 조합정촌의 해소에 따른 합병이란 메이지대합병 당시 지리적 조건이나 역사적 대립 등으로 합병이 곤란하여 하나가 될 수는 없지만 복수의 정촌이 사무처리 등 다양한 측면에서 조합을 이루어 공동으로 행정을 운영하는 것인데 이러한 정촌이 시간이 경과함에 따라 조합을 해체하고 합병을 진행하는 것을 말한다.[15] 즉 근대국가 설립에 매진하고 있던 중앙정부는 소규모 정촌으로는 지방 행정운영에 어려움이 있었기 때문에 기존의 정촌의 정체성은 유지한 채 단순한 행정 조직인 조합정촌 통해서 지방행정을 운영하려고 하였다. 그러한 조합정촌이 어느 정도 시간이 지나면서 자연스럽게 합병으로 이루어지는 경우가 발생하였던 것이다.

요코미치 교수는 또 다른 하나의 합병 형태로 전시체제 강화를 위한 합병으로 구분하였다. 원활한 전쟁 수행과 국방체제를 강화하기 위해 강제적으로 구역을 확대하여 어느 정도 규모의 기초지방공공단체를 만들었다는 것이다. 그 대표적인 예로 사세보(佐世保), 요코스카(横須賀), 도쿠야마(德山), 마이쯔루(舞鶴)시를 들고 있다.[16] 이 형태는 명확하게 전쟁수행을 위한 수단으로써의 합병이었다.

이렇듯 메이지대합병은 내용상을 보아 천황을 중심으로 한 근대국가 건설과 제국주의 국가로써의 전쟁수행 등 국가의 통치를 원활하게 하기 위한 수단으로 진행되었다고 할 수 있다.

2) 행정의 효율화

제2차세계대전 이후 진행된 쇼와대합병은 전술한 바와 같이 일본의 패전 처리가 계기가 되었다. 일본국 경제 재건에 필요한 세재정 건전화를 위해서는 행정의 비용을 줄이는 행정의 효율화도 주요한 과제 중의 하나였다. 또한 지방자치의 확립을 위해 중앙정부와 지방정부의의 사무를 재분배하였고 이에 따라 지방공공단체의 사무의 증가와 더불어 효율적인 행정운영을 위한 체제가 필요하였다. 특히 전후 시정촌이 담당해야 할 사무 중 중학교설치 관리, 소방, 사회복지 등은 규모가 작은 시정촌이 감당하기 버거운 사무로 시정촌의 합병이 더욱더 필요성을 더하게 되었다. 전후 일본의 시정촌 합병의 필요성은 이러한 분위기 속에서 증대되었다.

1953년의 '정촌합병촉진법'은 정촌합병이 행정의 효율화를 위한 조

15 / 일본에서의 시정촌합병의 진전 (日本における市町村合併の進展) 일본 정책연구대학원대학(政策研究大學院大學) 홈페이지 http://www3.grips.ac.jp/~coslog/activity/01/03/file/up-to-date-1_jp.pdf(검색일 2013.12.09)

16 / 일본에서의 시정촌합병의 진전(日本における市町村合併の進展) 일본 정책연구대학원대학(政策研究大學院大學) 홈페이지 http://www3.grips.ac.jp/(검색일 2013.12.09)

일본 시정촌 합병의 효율과 정치적 의미 / 이진원

치임을 명확하게 밝히고 있다. 제1조의 목적에서는 '이 법률은 정촌이 정촌 합병으로 조직 및 운영을 합리적, 능률적으로 행하고 주민의 복지를 증진하기 위해 규모를 적정하게 하는 것을 적극적으로 추진하고...'라고 하였다.[17] 그리고 정촌의 규모에 대해 제3조에서 '정촌은 약 8천명이상의 주민을 표준으로 하고 지세, 인구밀도, 경제사정, 기타사정을 고려하여 행정능률을 최대한 고양하고 주민의 복지를 증진하는 규모가될 수 있는 한도로 증대하며 이에 따라 그 적정화를 도모하도록 서로협력해야 한다.'고 규정하여 행정의 효율화를 '행정능률을 최대한 고양'이라는 표현으로 강조하였다. 그리고 여기서 규정한 8,000명의 인구 규모에 대해서는 시정촌이 담당해야 할 중학교 설치 운영과 밀접한 관련이 있는 것으로 중학교의 설치하여 운영할 수 있는 시정촌의 적정 인구규모를 8,000명으로 보았기 때문이다.

1956년의 '신시정촌건설촉진법'에도 신시정촌건설의 기본을 설명하면서 '신시정촌은 기초적인 지방공공단체로서의 기능을 충분히 발휘하여 주민의 복지를 증진하고, 그 지역의 자연적, 경제적, 문화적 기타조건에 따라 종합적으로 그 건설을 추진하는 것을 기본 방침으로 한다.그리고 빠른 시일 안에 일체성을 확립하고 조직 및 운영의 합리화를 도모하여 건전한 재정운영에 노력하며 정촌합병으로 강화된 능력에 따라건설을 계획적이고 효과적으로 추진해야 한다.'라고[18] 하여 새로운 시정촌은 지방공공단체로서의 기능을 발휘해야 하고 조직과 운영을 합리화하여 건전한 재정 운영을 해야 한다고 하였다.

고도경제성장으로 인해 발생한 도시집중화 현상을 비롯한 다양한사회문제의 발생으로 지방분권의 목소리가 커졌고 국가는 경제부양과사회복지 지출의 급증에 따른 재정적자를 타개하기 위해 지방분권을추진하였다. 지방분권이 추진됨에 따라 지방공공단체의 역할은 증가하였고 이에 따른 행정적 부담도 증가하였다. 반면 중앙정부는 재정적 적자를 해소하기 위한 조치의 하나로 지방분권을 활용하여 지방공공단체에 재정적 자립성을 확대하여 중앙정부의 지방공공단체에 대한 각종재정적 보조를 축소하려 하였다. 이를 위해 시정촌은 합병을 통한 행정

17 / 정촌합병촉진법(町村合併促進法) 일본 중의원(衆議院) 홈페이지 http://www.shugiin.go.jp/itdb_housei.nsf/html/houritsu/01619530901258.htm (검색일 2013.12.06)

18 / 신시정촌건설촉진법(新市町村建設促進法) 일본 중의원(衆議院) 홈페이지 http://www.shugiin.go.jp/itdb_housei.nsf/html/houritsu/02419560630164.htm (검색일 2013.12.06)

조직의 축소와 재정 규모의 확대를 추진하였고 정부는 이를 위해 특별법 등을 통하여 지원을 강화하였다.

　　1965년의 '시정촌합병특례에 관한 법률'(구합병특례법)은 제정 당시 법률의 취지에 대해 '시정촌 행정의 광역화 요청에 대처하고 시정촌합병을 원활하게 하기 위한' 당분간의 조치로 설명하여(제1조)[19] 시정촌의 합병을 통한 행정의 광역화를 촉진하려하였고 그 결과로 헤이세이대합병이 시행되었다.

　　사회현상의 변화에 대응하기 위해 시정촌합병을 통하여 효율적인 행정을 추진해야 한다는 내용은 2004년의 '시정촌합병특례에 관한 법률'(현행합병특례법)에서 설명하고 있다. 현행합병특례법 제1조에는 '이 법률은 지방분권 추진 및 경제사회 생활권의 광역화 그리고 저출산 노령화 등의 경제 사회 정세의 변화에 대처하는 시정촌 행정체제 정비 및 확립을 위한 일시적인 조치로...합병시정촌이 지역의 행정을 자주적이고 종합적으로 실시하는 역할을 광범위하게 담당할 수 있게 하는 것을 목적으로 한다.'[20]라고 하였다. 즉 지방분권화와 복지확대라는 사회적 요구와 중앙정부의 압력으로 행정의 효율화를 추진하지 않으면 안 되었던 시정촌이 합병을 통하여 적정한 규모를 확보할 수 있는 법적조치였다. 총무성에서 정리한 헤이세이대합병에 대한 다음의 그림은 이를 명확하게 보여주고 있다.[21]

　　이러한 시정촌의 합병의 목적이 행정의 효율화라는 것은 시정촌합병은 전적으로 중앙정부의 지원과 지방광역공공단체인 도도부현의 주도하에 이루어졌다는 사실로도 알 수 있다. '정촌합병추진법'에서 정촌합병을 촉진하기 위한 중요한 역할을 담당하는 '정촌합병촉진심의회'는 도도부현이 주도하여 도도부현의 지사의 요구로 정촌합병촉진심의회가 정촌합병촉진에 대한 계발 선전 권장 알선을 하게 되어 있다.(町村合併促進法 제4조)[22] 그리고 정촌합병을 위해 정부는 교부금 및 재정상의 원조를 우선적으로 고려하게 하였다.

19 / 시정촌 합병의 특례에 관한 법률(市町村の合併の特例に関する法律) 일본 전자정부 종합창구(電子政府の綜合窓口) 홈페이지 http://law.e-gov.go.jp/haishi/S40HO006.html (검색일 2013.12.06)

20 / 시정촌 합병의 특례에 관한 법률(市町村の合併の特例に関する法律) 일본 전자정부 종합창구(電子政府の綜合窓口) 홈페이지 http://law.e-gov.go.jp/htmldata/H16/H16HO059.html (검색일 2013.12.06)

21 / 헤이세이의 합병에 대한 공표(平成の合併についての公表) 총무성(総務省)홈페이지 http://www.soumu.go.jp/gapei/gapei2.html(검색일 2013.10.28)

22 / 정촌합병촉진법(町村合併促進法) 일본 중의원(衆議院) 홈페이지 http://www.shugiin.go.jp/itdb_housei.nsf/html/houritsu/01619530901258.htm (검색일 2013.12.06)

일본 시정촌 합병의 흐름과 정치적 의미 / 이진원

69

기초자치체인 시정촌의 규모 능력을 충실하게, 행재정 기반의 강화가 필요

시정촌합병의 추진

중앙정부의 재정적 지원책은 구합병특례법에서 확대되었다. 전술한 바와 같이 정부의 지방공공단체에 대한 보조금 규모의 대폭 축소가 예상되는 가운데 합병특례채(合併特例債)와 합병산정체(合併算定替)의 대폭연장 등의 조치에 힘입어 추진되었다. 그리고 현행합병특례법에서는 재정적 지원 조치가 축소되고 도도부현 중심의 합병이 진행되었다. 도도부현은 시정촌합병 추진에 관한 구상의 주체가 되었고 시정촌합병조정위원을 지사가 임명하여 시정촌 합병을 알선 조정하였다.[23]

즉 쇼와대합병과 헤이세이대합병은 사회경제적 배경을 바탕으로 국가와 도도부현이 중심이 되어 행정을 효율화를 목적으로 추진되었다고 할 수 있다.

3) 정치의 원활화

국가와 도도부현 중심의 행정효율화를 목적으로 한 시정촌 합병의 한계에 대해 지적한 것은 제29차 지방제도조사회의 보고서이다.[24] '향후 기초자치체 및 감사·의회 제도에 대한 답신'이라는 이 보고서에서는 향후 시정촌 합병 지원방법에 "1965년에 제정된 구합병특례법은

23/ 헤이세이의 합병에
대한 공표(平成の
合併についての公表)
총무성(総務省)홈페이지
http://www.soumu.go.jp/
gapei/gapei2.html(검색일
2013.10.28)

24/ 향후 기초자치체 및
감사 의회제도에 관한
답신(今後の基礎自治体及
び監査·議会制度のあり
方に関する答申について)
총무성(総務省) 홈페이지
http://www.soumu.go.jp/
main_content/000026968
.pdf(검색일 2014.02.10)

1999년에 재정지원조치가 강화되는 등의 개정이 있었으며 시정촌합병 추진에 커다란 역할을 하였다. 그 후 … 현행합병특례법에서는 도도부현의 역할이 강화되는 등의 조치가 강구되어 시정촌합병이 추진되었다."라고 지금까지의 합병에 대해 설명하면서 "인구감소 저출산 노령화의 진행과 어려워지는 재정상황을 고려하여 기초자치체로서 중요한 역할과 시정촌이 감당해야 할 과제에 대응하기 위해서는 앞으로도 시정촌의 행재정기반을 강화할 필요가 있다."라고 하여 시정촌의 행정적 능력의 향상이 요구된다고 하였다. 그렇지만 "1999년 이래 강화된 재정지원조치 등에 따라 전국적으로 시행된 합병추진운동도 10년이 경과하고 지금까지의 경위와 시정촌을 둘러싼 현재의 상황을 고려하면 종래와 같은 방법을 계속하는 데는 한계가 있다고 생각한다."라고 하여 지금까지의 방법으로는 앞으로의 시대적 변화에 대응하기 어렵다고 판단하고 있다. 그리고 그 방법으로 "자주적 합병을 선택하는 시정촌에 대하여 필요한 지원조치를 강구하는 것이 적당하다."라고 하여 지금까지의 국가와 도도부현 중심으로 실질적인 강제로 추진한 시정촌합병의 방법을 중지할 것을 권고하였다. 그 이유에 대해 '사무처리 방책에 대한 기본적인 생각'을 다음과 같이 설명하고 있다.

현재 시정촌이 처해 있는 상황이나 과제는 다양하고 앞으로 시정촌의 사무처리를 고려하면 현재의 시정촌의 다양성을 전제로 하여 각각 시정촌이 스스로 처해진 현상이나 앞으로의 동향을 보아 가며 그 과제에 적절하게 대응할 수 있게 하는 것이 필요하다.

이를 위해 시정촌합병에 따른 행재정기반 강화 이외에 공동처리방식에 따른 주변 시정촌간의 광역연대 도도부현에 의한 보완 등 다양한 선택지를 마련하고 각각의 시정촌이 이 가운데 적당한 것을 스스로 선택할 수 있게 해야 한다.

나아가 이러한 지방자치제도 상의 제도와 더불어 중심지와 주변시정촌이 체결하는 협정에 따라 시정촌간의 새로운 연대 조직으로 정주자립권 구상을 비롯한 지역활성화 시책을 적극적으로 활용함으로써 각각의 시정촌이 기초자치체로서의 역할을 적절하게 해야 할 필요가 있다.

즉 시정촌은 다양한 모습을 하고 있으며 주민들의 요구사항도 다양하고 환경도 다양하기 때문에 행정운영도 다양할 수 밖에 없다는 것이다. 따라서 지금까지의 실질적인 강제 합병을 지양하고 시정촌의 사정에 맞는 방법으로 행정을 운영할 필요가 있다는 것이다. 그리고 이를 위해 "주민자치나 주민과 행정과의 협동에 대해서는 각각의 지역의 자주적이고 다양한 조직을 기본으로 전개되어야 하고 앞으로 지방자치법에 따른 지역자치구에 대해서는 지역의 실정에 따라 주민자치 등을 추진하는 조직으로 더욱더 활용되는 것을 기대한다."라고 하여 주민들과의 협동을 통한 행정운영을 제시하였다. 더불어 "지역에서는 커뮤니티 조직, NPO 등의 다양한 단체에 의한 활동이 활발하게 전개되고 있고 지역에서 주민 서비스를 담당하는 것은 행정뿐만 아니라는 것이 중요한 점이며 지역 커뮤니티 활성화가 기대된다."라고 하여 행정조직 이외의 조직을 활용하여 지역의 활성화를 기대하고 있다.[25]

이러한 변화에 대한 요구는 시정촌 합병에 대한 여러 가지 조사에서도 나타나고 있다. 전국정촌회(全國町村會)가 조사한 '헤이세이합병을 둘러싼 실태와 평가'에서는 시정촌 합병을 하는 것은 '재정적문제와 국가와 도도부현의 강력한 지도'이라는 점을 거론하면서 합병의 긍정적 효과로 '재정지출의 절약' '직원 능력 향상'이 있는 반면 부정적 효과로 '행정과 주민의 상호 연대 약화' '재정계획과의 괴리' '주변부 쇠퇴'를[26] 언급하고 있어 시정촌합병은 주민들의 의사보다는 재정적문제나 국가와 도도부현 등 상부기관의 의지로 시정촌합병이 추진되었기 때문에 주민들과의 관계가 멀어지는 부정적 현상이 나타나고 있다는 점을 지적하고 있다. 따라서 시정촌합병으로 주민 서비스가 좋아졌느냐는 질문에는 좋아졌다고 생각한다가 25%인 것에 비해 좋아졌다고 생각하지 않는다가 63%였고 행정낭비가 줄었는가에 대한 질문에 대해 줄었다고 생각한다가 42%인 것에 비해 줄었다고 생각하지 않는다가 49%에 달해[27] 합병을 한 시정촌이 주민들은 행정의 주민에 대한 서비스는 물론이고 정부가 목적으로 하고 있던 행정의 효율화에도 효과가 없는 것으로 나타났다.

25/ 향후 기초자치체 및 감사 의회제도에 관한 답신(今後の基礎自治体及び監査·議会制度のあり方に関する答申について) 총무성(總務省) 홈페이지 http://www.soumu.go.jp/main_content/000026968.pdf(검색일 2014.02.10)

26/ 헤이세이의 합병에 대한 공표(平成の合併についての公表) 총무성(総務省)홈페이지 http://www.soumu.go.jp/gapei/gapei2.html(검색일 2013.10.28) 재인용

27/ 요미우리신문이 실시한 전국여론조사 결과(読売新聞が実施した全国世論調査結果)(헤이세이의 합병에 대한 공표(平成の合併についての公表) 총무성(総務省) 홈페이지 http://www.soumu.go.jp/gapei/gapei2.html(검색일 2013.10.28) 재인용)

따라서 지금까지의 행정효율화만을 위한 시정촌합병을 지양하여 주민들의 요구에 의한 시정촌의 자주적 필요에 따라 시정촌 행정 운영화 방안을 모색할 필요가 증가하고 있다. 사실 지금까지 추진된 시정촌합병도 행정의 효율화를 이유로 들고 있는 곳도 있지만 주민의 니즈에 따른 곳도 적지 않다. 시정촌합병 이유에 대한 앙케이트 조사를 보면 재정적상황이 가장 많은 74.5%였고 다음이 지방분권의 추진으로 61.3% 그리고 저출산 노령화가 46.6% 였다. 그리고 다음이 주민의 니즈에 대응이 36.8%로 적지 않은 비율을 보이고 있다.[28]

28 / (재) 일본도시센터의 "시정촌합병에 관한 앙케이트 조사"2008년도, 416단체 회신((財)日本都市センターの " 市町村合併に関するアンケート調査 " (2008年度、416団体より回答) (헤이세이의 합병에 대한 공표(平成の合併についての公表) 총무성(総務省)홈페이지 http://www.soumu.go.jp/gapei/gapei2.html(검색일 2013.10.28) 재인용)

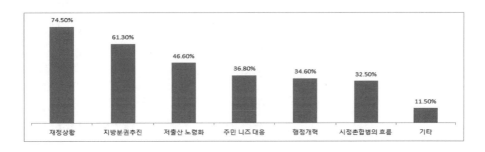

이러한 사실은 앞으로의 시정촌 합병은 주민의 요구에 따라 자주적으로 시행되는 것이 바람직하고 이렇게 함으로써 보다 효과적인 행정운영과 사회의 변화에 대응이 가능하다는 것이다. 즉 행정운영을 주민과 협동하면서 진행하는 정치의 원활화를 모색할 필요가 있다고 할 수 있다.

이러한 분위기는 시정촌합병의 틀이 되는 법률을 개정하였다. 1965년의 '시정촌합병특례에 관한 법률(구합병특례법)'은 제정 당시에는 그 취지에 대해 '시정촌 행정의 광역화 요청에 대처하고 시정촌 합병을 원활하게 하기 위한…'이라고 규정하고 있지만 1995년에는 '시정촌 행정의 광역화 요청에 대처하고 자주적인 시정촌 합병을 추진하며…'[29](제1조)라고 하여 자주적인 시정촌합병을 강조하였다. 또한 2004년의 '시정촌합병특례에 관한 법률(현행합병특례법)'에서는 그 목적을 '…자주적인 시정촌 합병의 원활화 및 합병 시정촌의 운영 확보 그리고

29 / 시정촌 합병의 특례에 관한 법률 (市町村の合併の特例に関する法律) 일본 전자정부 종합창구 (電子政府の綜合窓口) 홈페이지 http://law.e-gov.go.jp/haishi/S40HO006.html (검색일 2013.12.06)

30 / 시정촌 합병의
특례에 관한 법률
(市町村の合併の特例に関
する法律) 일본 전자정부
종합창구(電子政府の綜合
窓口) 홈페이지
http://law.e-gov.go.jp/ht
mldata/H16/H16HO059.ht
ml (검색일 2013.12.06.)

균형잡힌 발전을 도모...'(제1조)[30]라고 하여 시정촌 합병의 자주성에
대해 명확하게 하고 있다.

즉 시정촌 합병의 바람직한 모습은 주민들의 요구에 따른 자주적
인 방법으로 추진하는 것이라는 것이다.

4. 결론

시정촌은 주민 생활의 기본 단위임과 동시에 주민들과 직접 접촉
하는 행정을 수행하는 곳이다. 또한 국가를 운영함에 있어서 주민들의
협조를 얻어 내고 주민들을 동원하는데 매우 중요한 역할을 하는 곳이
기도 하다. 일본 정부는 시정촌의 이러한 성격을 알고 있었기 때문에
시정촌을 중요하게 인식하고 있었고 시정촌의 정치 행정이 원활하게
진행되도록 많은 노력을 하였던 것이다.

메이지유신 이후 근대화 국가의 건설과 제국주의 팽창을 위해서
시정촌을 중요한 수단으로 활용하고자 하였고 이를 위해 시정촌이 국
가의 통치에 적합한 모습을 갖추도록 하였다. 메이지유신 이후 제2차세
계대전에 패할 때까지의 시정촌 합병은 이러한 맥락에서 진행되었다.
즉 국가는 통치의 원활화를 위해 실질적인 강제를 동원하여 시정촌을
합병하였고 그 결과 이 시기에는 시정촌의 수가 7만개에서 1만개로 줄
어드는 성과를 거두었다.

그 후 경제성장을 이룩하고 치열해지는 국제적 경쟁에서 살아남기
위해 일본 정부는 국가 운영의 효율성 제고가 커다란 과제였다. 지방분
권도 그 중의 하나였고 지방공공단체 특히 시정촌의 효율성 제고를 위
해 다양한 정책이 수립, 시행되었다. 이 시기의 시정촌합병은 이러한
분위기를 배경으로 국가와 도도부현이 주도하에 다양한 지원책을 동원
해 가면서 추진되었고 '쇼와대합병' '헤이세이대합병' 이라는 대대적인
시정촌합병이 이루어졌다. 그 결과 2010년 4월 현재의 시정촌의 수는 1
천700개로 감소하였다.

그렇지만 경쟁력 확보가 단순히 효율성 증대라는 측면에서 이루어지는 것만이 아니라는 것이 현재 일본사회의 인식이다. 능률성 향상이 경쟁력 제고라는 인식에서 구성원들의 자발적이고 자주적인 참여가 진정한 경쟁력을 확보할 수 있다는 인식을 갖게 되었다. 시정촌합병도 같은 흐름으로 진행 되어야 한다는 인식이 증가하여 주민들의 자발적인 참여와 자주적인 요구에 의한 시정촌합병으로 방향을 정했다. 즉 시정촌에서의 원활한 정치가 무엇보다도 중요하다는 것이고 이것이 결여된다면 진정한 경쟁력을 확보할 수 없다는 것이다. 이러한 사실을 지적하고 권고한 제29차 지방제도 조사회의 보고서에서는[31] 향후의 시정촌의 모습에 대해 '작은자치'의 중요성을 강조하고 지역자치구, 지역협의회의 구성, 지역 커뮤니티조직, NPO 등 다양한 단체의 중요성이 더욱더 중요하게 될 것이라고 주장하고 있다.

31 / 향후 기초자치체 및 감사 의회제도에 관한 답신(今後の基礎自治体及び監査・議会制度のあり方に関する笒申について) 총무성(總務省) 홈페이지 http://www.soumu.go.jp/main_content/000026968.pdf(검색일 2014.02.10)

참고문헌

〈참고자료〉
위키피디아 wikipedia http://ja.wikipedia.org/
일본 OBS 오이타(大分)방송 홈페이지 http://www.e-obs.com/
일본 전자정부 종합창구(電子政府の綜合窓口) 홈페이지 http://law.e-gov.go.jp/
일본 衆議院 홈페이지 http://www.shugiin.go.jp/
일본 하구산(白山)시 홈페이지 http://www.city.hakusan.lg.jp/
일본 후쿠오카(福岡)현청 홈페이지 http://www.pref.fukuoka.lg.jp/
일본政策研究大學院大學 홈페이지 http://www3.grips.ac.jp/
총무부(總務省) 홈페이지 http://www.soumu.go.jp/

아베정권과 오키나와 미군기지 이전의 정치역학

-일본의 중앙-지방간 관계를 중심으로-

양기호 ┃ 梁起豪 Yang, Kee-ho

연세대학교 정치외교학과와 대학원에서 정치학을 전공하였고, 일본게이오대학(慶應義塾大学)에서 법학박사 (정치학전공) 학위를 받았다. 한국정치학회 한·일 교류위원장, 한국다문화학회 회장, 한국지방자치학회 국 제이사, (사)한·일 미래포럼 운영위원장, 미국 듀크대학교(Duke University) 방문교수, 릿쿄대학과 도호쿠대 학 방문연구원 등을 지냈다. 1996년 3월부터 성공회대학교 일본학과 교수로 있다.

전공분야는 일본정치와 지방자치이며, 주요 저서와 논문으로 "동일본대지진과 일본다문화정책의 과 제"(2012), 『글로벌리즘과 지방정부』(논형, 2010, 한국지방자치학회 학술상 수상), 『2010년 한·일 지성의 대 화』(한걸음더, 2010)(공편), 『한·일 지방자치 비교』(대영문화사, 2010)(공저), 『일본정치론』(논형, 2007)(공 저), 『일본의 지방정부와 정책과정』(서울대출판부, 2003)(학술원추천 우수도서선정) 등이 있다.

1. 미군기지 문제와 분석틀

아베 신조(安倍晋三) 내각이 오키나와 후텐마기지 이전을 추진하면서 나타난 일본정부와 오키나와(沖縄) 간, 중앙-지방 관계의 변용은 일본정치에서 중요한 쟁점으로 등장하고 있다. 아베 내각은 중일간 영토분쟁과 집단적 자위권 도입을 배경으로 미·일 동맹을 강화하면서 주일미군 기지문제에 대한 정치적 관심을 높여가고 있다. 이 글에서는 오키나와에 있는 후텐마(普天間) 미군기지 이전을 둘러싸고 미국과 일본정부, 지자체인 오키나와현(沖縄県)과 나고시(名護市), 지역주민, 언론과 매스컴이 전개해 온 중앙-지방간 정치과정을 소개하고자 한다. 후텐마기지는 1996년 12월 오키나와 특별행동위원회(SACO: Special Action Committee on Okinawa) 최종보고서에 따라 오키나와현내 나고시 헤노코(辺野古) 연안에 새로운 해상기지를 설치하기로 미·일 양국이 결정한 바 있었다([그림 1] 오키나와 후텐마기지 이전안을 참고).

[그림 1] 오키나와 후텐마기지 이전안

(출처: 문화일보 2014년1월10일)

2009년 9월 일본민주당은 55년체제하에서[1] 처음으로 단독정권에 의한 수평적인 정권교체에 성공하였다. 하토야마 유키오(鳩山由紀夫) 수상은, 총선과정에서 미·일 간 대등한 파트너십과 동아시아 공동체를 외교비전으로 내세웠고, 후텐마기지를 적어도 오키나와현 외부로 이전할 것을 약속하였다. 이에 따라 오키나와 지역주민사이에 현외 이전에

1 / 55년체제: 1955년 자유당과 민주당이 합당하여 자유민주당(자민당)을 만든 이래, 지속되어 온 보수당의 우월정당 현상과 자민당의 장기집권 체제를 말한다.

대한 기대감이 매우 높아졌다. 그러나, 미국정부의 반발과 국내비판에 직면한 하토야마 수상은 선거공약을 지키지 못하고 정치자금 의혹까지 겹치면서 취임 9개월만에 사임하였다.

2012년 12월, 자민당정권이 복귀하면서 시작된 제2차 아베내각은 미·일 동맹을 중시하면서 원래안대로 후텐마기지의 현내 이전, 즉, 헤노코 연안에 해상기지 설치를 추진하였다. 그 결과, 오키나와 현지사가 헤노코 이전을 위하여 기지용 해변 매립을 승인하기에 이르렀다. 여기에는 낙후된 오키나와 경제와 지역개발이라는 보상안을 일본정부가 제시한 것이 배경에 있었다. 후텐마 기지이전의 정치적 과정에 나타난 민주당의 하토야마정권과 자민당 아베정권의 극명한 차이는 매우 흥미로운 주제가 아닐 수 없다. 최근들어 동북아지역의 군사적 긴장과 갈등이 높아지면서 후텐마기지 이전을 둘러싼 일본의 중앙-지방간 관계에 적지않은 영향을 미치고 있다.

냉전이후 동아시아 분단체제가 형성된 초기부터 오늘날까지 가장 강력하게 유지되고 있는 지역적 연결망은 미국을 정점으로 한 양자적 동맹관계와 미군기지 네트워크이며, 이것을 동아시아 안보분업 구조(security share network)로 부를 수 있다. 미국은 한국전쟁이후 1950년대 후반에 후방기지로서 일본과 필리핀에 해군과 공군을 배치하고, 전방기지로서 한국에 육군과 공군병력을, 타이완에는 육해공 통합사령부를, 그리고 오키나와에는 해병대와 해군을 배치하여 동아시아 전역에 걸친 방위업무를 분담시켰다. 제2차대전 직후 미국은 1백개가 넘는 각국 또는 자치령에, 2천개가 넘는 미군기지, 3만개 이상의 기지 시설을 보유하고 있었다.[2]

전후 일본은 미군기지를 제공하여 안전을 보장받고, 평화헌법하에서 경제적 성장에 매진해 왔다. 최근들어 미·일 동맹을 통한 글로벌 안보협력, 미국의 아시아지역 회귀(pivot to Asia)와 중국견제를 전제로 한 재균형 정책(rebalancing)이 추진되면서 주일미군의 역할과 미군기지의 가치는 더욱 높아지고 있다. 일본내 미군기지는 대부분 오키나와에 집중되어 있으며, 후텐마(普天間)기지와 가데나(嘉手納) 공군기지는

2 / 정영신 "동아시아 분단체제와 안보 분업구조의 형성" [사회와 역사](2012) 94집, pp.14–16.

지리적으로 가장 중요하고 다양한 시설을 갖춘 미군 기지로 꼽힌다. 오키나와에 미군기지가 집중되면서, 일본정부는 이에 대한 경제적 보상으로 재정지원과 지역개발을 진행시켜 왔다.

오키나와는 미군기지로 덮인 섬이라고 해도 과언이 아닐 정도이다. 일본내 미군기지의 73.8%가 전국토의 0.6% 면적에 해당하는 오키나와에 집중돼 있으며, 미군기지는 오키나와 섬 전체 면적의 18.3%를 차지하고 있다. 후텐마 기지는 기노완(宜野湾) 시내 한복판에 위치하여 항공기 이·착륙 소음과 환경문제, 추락 위험이 도사리고 있다, 미군기지가 많은 오키나와에서 1995년 9월 미 해병대원에 의한 12세 여학생 집단 성폭행 사건이 발생해 주민들의 분노가 폭발하였다. 빌 클린턴 당시 미국 대통령은 일본 국민들에게 공식 사과하였고, 하시모토 류타로(橋本龍太郎) 수상이 미국에 기지반환을 요구하였다. 이에 따라, 오키나와 특별행동위원회(SACO)가 설치되어 미군기지 이전을 둘러싼 미·일 양국정부, 오키나와내 지자체, 지역주민간 정치적 교섭과정이 본격화되었다.

미·일 양국정부간 협의에 따라 헤노코 이전이 결정되었지만, 후텐마 기지이전은 아직까지 현재진행형 문제로 남아 있다. 중앙-지방간 관계에서 후텐마기지 이전과정이 어떻게 전개되어 왔는가를 살펴보기 위하여 다음과 같은 분석틀을 사용하고자 한다. 여기서 주요 액터로 등장하는 미국과 일본정부, 오키나와 현청과 나고시청, 그리고 지역주민과 시민단체들은 상호간 정치적 자원의 교환과 압력을 구사하고 있다. 그러한 관계는 오키나와 미군기지를 최대한 유지하려는 미국과 일본정부의 입장, 일본내 정권교체에 따른 미군기지 정책의 변화, 미군기지를 다른 지역이나 해외로 옮기거나, 보상 댓가로 지역개발을 요구하는 지자체와 지역주민이 참가하는 정치적 과정 속에서 드러나게 된다.

특히, 최근 중국의 군사적 팽창과 미·일 동맹을 통한 대중국 견제로 더욱 중요성이 부각되면서, 아베내각에서 중대한 정치적 쟁점으로 부상한 후텐마 주일 미군기지 이전문제를 중앙-지방간 관계 시각에서 살펴보고자 한다. [그림 2]는 오키나와 기지조정과 관련된 행위자간 상

3 / 남창희·이종성
"오키나와 주일미국
기지조정 정책결정요인에
대한 연구: 미군, 일본정부,
지자체, 주민간
협상과정을 중심으로"
[일본연구논총]
19호(2004), p.79. 내용을
편집, 수정한 것.

호작용의 구조를 알기 쉽게 설명하고 있다. 오키나와 기지이전을 둘러
싸고 미·일 양국의 중앙정부, 오키나와 현청과 지역주민, 그리고 지자
체가 참가한 정치역학이 전개되고 있음을 알 수 있다.[3]

[그림 2] 후텐마기지 이전을 둘러싼 정치적 상호작용

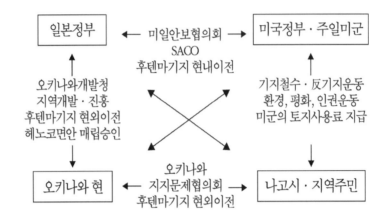

2. 후텐마기지 이전의 정치과정

일본자민당의 아베내각은 적극적인 우경화 행보로 집단적 자위권
도입과 헌법개정을 추진하고 있다. 미·일 동맹에 기반한 글로벌 안보
파트너로서 일본의 국제공헌, 미중 G2체제와 센카쿠 열도 등 영토분쟁
에 필요한 대중 군사억지력을 강화하고자 시도하고 있다. 2006년 11월
당시 아베 신조(安倍晋三) 수상과 아소 타로(麻生太郎) 외상은 미국의
신보수주의 입장을 반영한 가치관외교를 주장한 바 있다. 일본과 인도,
호주, 뉴질랜드를 잇는 '자유와 번영의 호'(the arc of freedom and pro-
sperity)를 제창한 것이다. 이것은 시장경제와 자유민주주의, 인권과 법
치를 공통이념으로 중국을 봉쇄하는 일종의 해상방어선으로 비춰지면
서 중국의 반발을 샀다.

아베내각이 추진하는 미·일 동맹 강화는 동아시아 미군기지 국가

로서 일본의 역할을 높이게 되고, 이것은 필연적으로 일본내 미군기지 역할을 중시하거나 강화하려는 움직임으로 나타난다. 냉전 종결후에도 미국은 미·일 동맹을 강화하고, 주일미군을 포함하여 동아시아 지역에 약 10만명 규모의 미군을 유지한다는 계획안을 발표하였다. 일본내 보수정치가나 매스컴도 미군기지 시설을 안정적으로 확보하는 것이 중요하다는 인식을 분명히 하면서, 기지 축소에 부정적인 입장을 유지하고 있다.

후나바시 요이치(船橋洋一)는 미·일 안보와 오키나와기지의 전략적인 재정의가 이루어진 상황을 설명하고 있는데, 1994년 북한 핵문제로 동아시아에 긴장이 고조되면서 미국이 미·일 간 지위협정이나 방위협력지침을 재검토하기에 이르렀으며, 여기서 쌍무적이고 상호보완적인 방위협력의 구체안이 형성되었다는 것이다. 그 주요 내용은 동아시아에서 중동에 이르기까지 미군의 전방전개 전력을 10만명 수준으로 유지하고, 그 거점을 오키나와 미군기지로 설정한다는 것이다[4].

4 / 船橋洋一, [同盟漂流] (岩波書店, 1997年) 내용을 참조할 것.

[표 1] 해외주둔 미군의 국가별 통계

국가명	미군 숫자	
	1990.09.30	2010.12.31
독 일	227,586명	54,431명
일 본	46,593명	35,329명
한 국	41,344명	24,655명
이탈리아	14,204명	9,779명
영 국	25,111명	9,318명
터 키	4,382명	1,485명
바레인	682명	1,401명
스페인	6,986명	1,345명
벨기에	2,300명	1,248명
지부티	11명	1,373명
해외미군 합계	609,422명	291,651명

출처: 林博史, "米軍基地の世界ネットワークのなかの日本·沖縄", 「平和運動」, 500号(2012.10)

2010년 12월 현재, 해외 주둔중인 미군의 규모와 지역을 정리한 내용이 [표 1]에 나타나 있다. 독일이 가장 많은 5.4만명이며, 이어서 일본,

한국이 그 뒤를 잇고 있다. 일본과 한국내 주둔중인 미군숫자를 합치면 약6만명으로, 유럽에서 가장 많은 독일내 미군의 숫자를 웃돌고 있다. 이어서, 이탈리아 9,779명, 영국 9,318명를 제외하면 기타 국가는 1,500명이하로 나타났다. 1990년에서 2010년까지 20년간 해외미군은 약 61만명에서 약 30만명으로 절반이하로 줄었다. 특히 독일은 통일이후 미군숫자가 1/4수준으로 급감한 반면, 주한, 주일미군은 각각 1.1만명, 1.7만명씩 줄어들었다,

보다 구체적으로 2011년 방위백서에 나타난 주일미군의 배치도를 살펴보기로 하자([그림 3] 주일미군 배치도를 참조할 것). 주일미군은 요코타(横田)에 총본부를 두고 있으며, 요코스카(横須賀)와 사세보(佐世保) 등에 해군총사령부와 해군기지를 각각 배치하고 있다. 오키나와에는 주일미군의 주력부대인 해병대와 공군기지, 그리고 육군기지를 보유하고 있다. 오키나와는 1945년 일본 패전시 유일하게 참혹한 지상전을 치렀던 지역이면서도, 대중국, 대북한 견제용으로 그리고 일본과 한국, 타이완을 군사적으로 보호하는 중요한 요충지로 자리잡고 있다.

오키나와의 전략적 가치를 인식한 미국은 1951년 일본이 독립한 뒤에도 오키나와를 미군 군정하에 두고 지배하였다. 미군사령관 버크너(Simon Buckner) 중장은 오키나와가 "중국대륙을 향한 길목, 러시아 팽창주의에 대항거점으로 미국의 단독지배가 불가결"하다는 점을 강조하였다. 미국은 1945년부터 1972년까지 미군정을 통하여 오키나와를 일본에서 분리시키고자 시도하였다. 1950년대이후 일본 본토와 한국, 필리핀내 미군기지에 반대하는 저항운동이 광범위하게 일어났다. 미국 정부는 1957년 4월 이후 동아시아 지역내 미군을 재편하면서, 철수하는 지상부대를 주로 오키나와로 이전시켰다. 1960년까지 일본 본토의 미군기지는 1/4로 감소한 반면, 오키나와내 미군기지는 2배가까이 증가하였다.

[그림 3] 2011년 현재 주일미군 배치도

아쓰기(厚木)
해군: F/A-18 전투기 등
(항공모함)

샤리키(車力)
육군: BMD용 이동식 레이더
(AN/TPY-2: 이른바 X밴드 레이더)

미사와(三澤)
공군: 제35 전투항공단
F-16 전투기
해군: P-3C 대잠초계기 등

이와쿠니(巖國)
해병대: 제12해병항공군
F/A-18 전투기
A/V-8 해리어 항공기
EA-6 전자전기
CH-53 헬리콥터
UC-12F 등

샤리키

미사와

요코타(橫田)
재일 미군사령부
공군: 제5공군사령부
제374공수항공단
C-130 수송기
C-12 수송기
UH-1 헬리콥터

사세보(佐世保)
해군: 사세보함대 기지대
양육함
양해함
수송함

요코타
아쓰기

자마(座間)
육군: 제1군단 ·
재일 미육군사령부

요코스카(橫須賀)
재일 미해군사령부
해군: 요코스카함대기지대
항공모함
순양함
구축함
양육지휘함

이와쿠니

사세보

요코스카

코트니 등의 해병대시설 · 구역
해병대: 제3해병 기동전개 부대사령부

도리이
육군: 제1특수부대군 제1대대
/제10지원군

가데나(嘉手納)
공군: 제18항공단
F-15전투기
KC-135 공중급유기
HH-60 헬리콥터
E-3 공중경계 · 관제기
해군: P-3C 대잠초계기
육군: 제1방공포병대대
패트리어트 PAC-3

후텐마(普天間)
해병대: 제36해병항공군
CH-46 헬리콥터
CH-53 헬리콥터
AH-1 헬리콥터
UH-1 헬리콥터
KC-130 공중급유기 등

화이트비치 지구
해군: 항만시설, 저유시설

출처: 防衛省. [防衛白書(2011), 메도루마 슌, p.159에서 재인용.

이에 반대하는 오키나와 지역주민의 반(反)기지 운동은 지속적으로 이어져 왔으며, 1995년 미군의 소녀폭행 사건이후 최고조에 달했다.[5] 미·일 양국정부는 1995년 11월 외무대신, 관방장관, 방위청장관 및 오키나와현지사를 구성원으로 하는 [오키나와 미군기지 문제협의회]를 설치하였다. 1995년 11월 미·일 양국간에 오키나와에 있어서 시설 및 구역에 관한 특별행동위원회(SACO: Special Action Committee on Okinawa)가 설치되어, 오키나와의 미군기지의 정리, 통합, 축소를 실효적으로 하기 위한 방법을 검토하게 되었다.

1996년 12월 SACO 최종보고서는 5~7년이내에 후텐마비행장 대체시설을 만들어 운영한 다음에 전면 반환할 것, 해상기지를 오키나와 본섬 동해안에 건설할 것을 제안하였다. 이에 따라, 일본정부는 1997년 11월 오키나와 나고시 헤노코 연안에 해상 헬리포트를 건설하기로 결정하였다. 해당지역인 나고시에서 1997년 12월 실시된 주민투표 결과, 반대 53%, 찬성 45%로 반대가 더 많았으나, 당시 히가 데쓰야(比嘉鉄

5 / 기지반대 운동은 한국은 물론 독일에서도 일어났다. 미군이 다수 주둔중인 독일의 경우, 미군기지로 인한 재난가능성 때문에 지역사회의 기지반대가 심하다. 실제로 람슈타인내 미공군기지에서 비행쇼를 하던 중 사고기가 추락하여 대형 인명사고가 발생하였고 그후, 독일내에 모든 비행쇼가 금지되었다. 2002년2월 프랑크푸르트 미군기지 앞에서 2차 이라크전쟁에 반대하는 수천명의 시민과 단체가 연좌농성을 벌였다. 2002년 슈베린리히 지역에서는 독일정부를 상대로 낸 비트스톡 군사훈련장 사용허가 취소 긴급조정 신청이 법원에 받아들여져서 군사훈련이 중단되기도 하였다. 독일에서는 미군기지 확장에 대한 반대운동이 거세지고 있다. 독일녹색당은 환경과 군축문제에 대한 시민운동을 지원하고 있다. 또한 미군기지 철수 이후 활용방법을 연구하기도 한다(임종헌, pp.508-510).

[그림 4] 후텐마기지와 기노완시

* 후텐마기지는 기노완시 총면적의 25%를 차지하고 있다.

也) 나고(名護)시장은 일본정부의 지역개발 약속을 조건부로로, 해상기지 건설에 찬성한 뒤 사임하였다.

1996년 4월과 1997년 5월 새로운 군용지 사용권한을 취득하고자 일본방위청은 당시 오타 마사히데(太田昌秀) 오키나와 현지사에게 군용지 사용결재에 필요한 토지와 물건조사서에 서명할 것을 요구하였다. 그러나 오타지사는 이를 거부하였고, 일본정부는 12월 오키나와 현지사를 상대로 직무집행 명령소송을 제기하였다. 오키나와현은 1996년 3월 후쿠오카 고등재판소 나하지부에서, 8월 최고재판소에서 패소하였다. 결국, 오타지사는 어쩔 수 없이 9월13일 대리서명을 받아들이게 되었다. 게다가 일본정부는 1999년 3월, 주둔군용지 특별조치법의 개정을 통하여 토지조사 등에 대한 서명 날인, 신청서 공고열람 등의 지방사무를 국가사무로 이전하였다. 주일미군 기지를 확보하기 위하여 지방사무를 중앙사무로 집권화시키는 법률 개정마저 주저하지 않았던 것이다.[6]

후텐마기지가 오키나와 지역내 다른 곳으로 이전함에 따라, 주민들은 기피시설 입지문제라는 새로운 고통을 다시 안게 되었다. 오키나와 주민들과 시민단체는 헤노코 해상기지 저지협의회를 결성하고 이에 반대하는 주민투표 실시를 요구하는 등, 본격적인 반대운동을 시작하였다. 그러나, 1999년 11월 신임 이나미네 게이이치(稲嶺惠一) 오키나와 현지사는 군민공용, 15년사용을 조건으로 헤노코 매립을 수용하였다. 거대한 산호초를 매립하여 자연환경을 파괴하고 2,500미터나 되는 고정 활주로를 설치하는 현실에 지역주민들은 크게 분노하였다.

오키나와 반기지 시민단체의 성명은 다음과 같다. "오키나와 미군기지는 환경파괴, 소음과 사건사고, 생활파괴, 인권침해 등 주민들에게 수많은 피해를 주고 있다. 우리는 단지 피해자일 뿐만 아니라, 기지가 소재한 지역주민으로서 출동하는 전투기와 군대가 현지에서 자행하는 파괴와 살육에 가담한 가해자 인식이 던지는 또 다른 고통속에서 신음하고 있다. 우리는 피해자가 되기도 가해자가 되기도 원하지 않는다. 미군재편이 진행되고 일본이 미국의 글로벌 협력자로서 가담하는 현실에서, 헤노코 기

6 / 정영신. "오키나와의 기지화·군사화에 관한 연구" [사회와 역사](2007), 73집, pp.177~178.

7/ 우라시마 에쓰코,
"오키나와 헤노코
미군기지 건설 저지투쟁",
[과거청산 포럼자료집]
(2005), pp.39~41.

지건설 반대 투쟁은 아시아의 친구들에게 총부리를 겨누는 일을 거부하고 함께 살아가는 미래를 만드는 일이라고 생각한다."[7]

일본정부는 내각회의에서 [후텐마비행장 이전에 따른 정부방침]을 결정하고, 2002년 7월, 후텐마 비행장 대체시설 기본계획으로 헤노코 연안에 매립방식으로 군민 공용 공항을 설립할 것을 결정하였다. 일본 정부, 오키나와현, 기초단체 3자 공동으로 [대체시설의 사용협정에 따른 기본합의서]에 서명하였다. 2001년 9.11 이후 미군재편 논의가 진행되면서 미·일 양국 정부는 2005년 10월 미·일 안보협의회 공동문서로 대체시설을 L자형으로 설치하기로 하였다. 2006년 5월 미·일 정부는 최종보고서인 [미군재편 실시를 위한 미·일 로드맵]을 발표하고, 후텐마비행장 대체시설로서 1,800미터 활주로를 헤노코 연안에 2014년까지 완성하기로 하였다.

일본정부는 오키나와내 미군기지에 대한 경제적 보상으로서 다양한 지역개발 정책을 제공해 왔다. 오키나와 진흥과 개발정책은 1972년 이래 약 30년간 지속되어 왔다. 일본정부는 오키나와진흥개발특별법을 제정하고, 내각부 오키나와개발청을 설치하여 홋카이도와 마찬가지로 많은 재정적인 지원을 지속해 왔다. 보조금 총액은 과거 40년간 약 10조엔(2014년1월 현재 환율로 한화 약 105조원)에 이른다.[8]

8/ 山崎幹根ほか.
"新たな沖縄振興政策の比
較研究"[北海道開発協会研
究報告書](2012)를 참고할
것.

오키나와 개발은 10년마다 세차례로 나뉘어 진행되어 왔다. 제1차 오키나와 진흥개발계획은 1972~1981년간 추진된 것으로 일본 본토복귀 후 낙후된 지역인프라를 개선하고 대기업을 유치하는데 중점이 두어져 있었다. 제2차 진흥계획은 1982년~1991년간 추진된 것으로 오키나와내 보수정당이 개발주도권을 확보하면서 자민당정권과 밀접한 관계를 만들고 중앙정부로부터 대량의 공공사업비를 유치하였다.

제3차 진흥개발계획은 1992년~2001년간 계획으로 혁신정당인 오타지사가 등장하면서 오키나와현의 독자성을 강조하는 현청의 계획이 책정되었다. 지역격차 시정, 자립경제 모색 등이 포함되었으며, 동아시아의 교류거점으로서 미래비젼을 검토하게 되었다. 이 시기에는 엄청난 재정투자에도 불구하고 제조업의 미발달, 전국 평균 2배에 이르는 고실업율, 경제자립의 곤란함 등이 지적되면서 지역개발에 대한 의문과 비판이 일어났다.

　실제로 일본정부의 엄청난 재정지원에도 불구하고 오키나와의 경제적 상황은 개선되지 않고 있다. 오키나와는 제3차 산업의 비율이 지나치게 높고, 그나마 얼마 안되는 제조업 비중은 더욱 줄어들고 있다. 오키나와현내 1인당 주민소득은 전국 평균의 70% 수준에 머물러 있으며, 실업율은 7%이상으로 전국에서 가장 높은 편이다([표 2], [그림 5]를 참고할 것). 일본정부의 오키나와에 대한 재정지원도 지난 10년간 거의 절반수준으로 떨어져, 경제 상태는 호전될 전망이 보이지 않고 있다 ([그림 6]을 참고할 것).

[표 2] 오키나와현과 전국평균 1인당 주민소득(년, 천엔,%)

	1975	1982	1987	1992	1997	2002	2006	2008
오키나와현 (A)	826	1,363	1,735	2,057	2,086	2,066	2,045	2,039
전국평균 (B)	1,118	1,898	2,415	3,083	3,208	2,972	3,057	2,916
비율(%) A/B	73.9%	71.8%	71.8%	66.7%	65.0%	69.5%	66.9%	69.9%

[그림 5] 각 년도별 실업율(오키나와현, 전국평균)

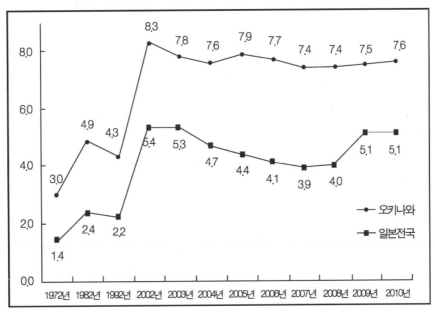

[그림 6] 일본정부의 오키나와 재정지원의 대폭 감소

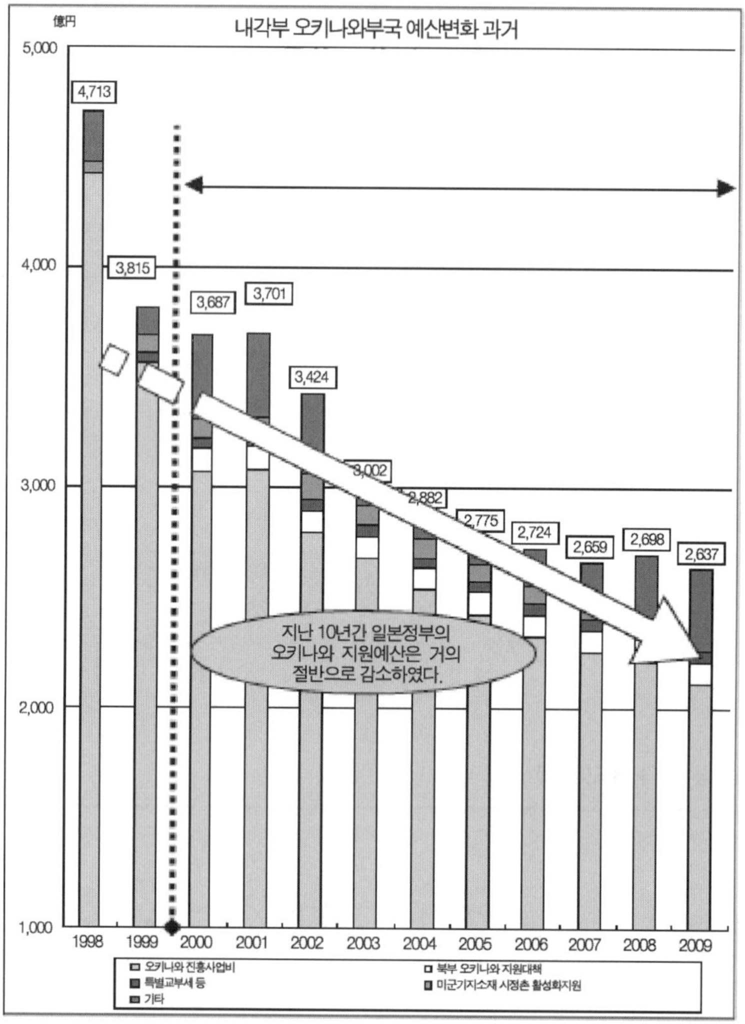

億円   내각부 오키나와부국 예산변화 과거

5,000

4,713

4,000   3,815

3,687   3,701

3,424

3,002
2,882
2,775
2,724
2,659   2,698
2,637

지난 10년간 일본정부의
오키나와 지원예산은 거의
절반으로 감소하였다.

3,000

2,000

1,000   1998 1999 2000 2001 2002 2003 2004 2005 2006 2007 2008 2009

오키나와진흥사업비   북부 오키나와 지원대책
특별교부세 등   미군기지소재 시정촌 활성화지원
기타

3. 하토야마정권과 기지이전의 실패

2009년 9월 일본민주당이 정권교체에 성공하면서 새로 하토야마
정권이 발족하였다. 하토야마 수상은 선거유세 과정에서 "후텐마기지
를 적어도 해외지역이나 오키나와현 외부로 이전하겠다"고 약속하였고,
후텐마기지 이전 문제가 새로운 정치적 쟁점으로 부상하였다. 하토야

마 수상은 지금까지 이전문제가 제대로 추진되지 않았다면서 재검토해야한다고 강조하였다. 2010년 1월, 하토야마 수상은 오키나와현내 헤노코 해안이 아닌 새로운 이전 후보지를 5월말까지 결정하겠다고 중의원 본회의에서 발언하였다.

일본정부의 입장이 바뀌면서 오키나와에서도 현외 이전에 대한 기대가 높아졌다. 2010년 1월 나고시장 선거에서 헤노코 이전 반대파인 이나미네 스스무(稲嶺進) 시장이 당선되었다. 2월 현의회가 현외이전 요청서를 가결시켰고, 4월 현외 이전을 바라는 시민대회 등, 미군기지에 대한 오키나와의 정치적 흐름이 크게 바뀌었다. 한편, 새로운 이전 후보지로 거론된 규슈 도쿠노시마(徳之島)에서는 이전 반대집회가 열리는 등, 현외 이전은 다시 뜨거운 쟁점으로 떠올랐다.[9]

후텐마기지의 현외 이전은 SACO가 설립된 초기부터 방위청에서 검토한 적이 있었다. 일본정부는 헬기기지뿐만 아니라, 지상 보병부대까지 포함하여 일괄 이전하는 것이 필요하다고 인식하고 있었다. 당시 모리야 다케마사(守屋 武昌) 방위차관은 비행장과 지상부대, 연습장 3개를 모두 수용할 장소가 있어야 함을 전제로 하였다. 그는 3개요소를 모두 확보할 수 있는 공간으로 홋카이도(北海道)가 유일한 이전장소라고 보았다.[10] 그러나 현지주민들의 반대로 일본 본토내 용지확보가 어려워졌고, 후텐마기지는 결국 오키나와내부 이전으로 귀결되었다. 후텐마 헬기기지 기능을 가데나 공군기지로 통합하는 안이나, 헤노코 이전 안이 유력하게 검토되었다. 가데나 공군기지에 공군과 해병대를 동시 유치하기 어려운 점, 헬기와 전투기 운용상의 안전문제, 그리고 가데나 주변 지역주민들의 반대로 가데안 이전안은 결국 폐기되었다.[11]

후텐마기지를 예정대로 오키나와현내 헤노코(辺野古)로 이전해야 한다는 주장에 따르면, 1996년 미·일 간 합의된 약속을 지켜야 한다는 것, 미·일 동맹을 강화하고 군사 억지력을 유지하기 위하여 미해병대의 오키나와 주둔이 불가피하다는 것이다. 그러나, 후텐마기지의 해외 이전을 주장하는 그룹은 하토야마 수상이 내건 국민과의 약속이고, 일본내 요코스카(橫須賀), 사세보(佐世保), 미사와(三沢), 요코타(橫田),

9 / 笹本浩.
"普天間飛行場移設問題の
経緯と最近の動向"
「立法と調査」(2013.07)
342号.

10 / 琉球新報
2009년10월25일자 보도.

11 / 琉球新報
2009년10월25일자 보도.

12/ 마고사키 우케루저, 양기호 역, [미국은 동아시아를 어떻게 지배했나] (메디치미디어, 2013).

가데나(嘉手納) 같은 미해군과 공군기지는 해외 미군기지의 약 30%의 가치에 해당하며, 일본이 해외 미군기지 경비가운데 절반이상이나 과중 부담하고 있다는 것, 미해병대는 긴급시 전개부대이며 평상시에는 일본 자위대만으로 본토 방위가 가능하다는 점을 강조하였다.[12]

일본민주당과 오키나와 지자체가 후텐마기지의 현외 이전을 주장하자, 미국 로버트 게이츠 국방장관은 일찌감치 반대의사를 표명하였다. 그는 2009년 10월 일본을 방문하여, 11월 예정된 버락 오바마 대통령의 방일 때까지 문제를 해결하도록 요구하였다. 산케이신문 2009년 12월 5일자 내용은, "루스 주일 미국대사가 오카다(岡田)외상, 기타자와(北沢) 방위상을 불러서 얼굴을 붉히면서 설전을 벌였다. 내년까지 해결을 미룬 일본측에 강한 분노를 표시했다."고 보도한 바 있다. 미국은 빠른 시일내에 헤노코 연안으로 이전하기로 결론을 내려줄 것을 요청하고 있었다. 반면, 오키나와 주민과 연립여당인 사민당은 해외이전을 강하게 요구하였다. 2009년 12월 일본정부는 이전방침 결정을 미루고, 연립여당 3당간 실무자협의회 설치, 헤노코를 포함한 새로운 이전시설 선정을 논의할 오키나와 기지문제 검토위원회를 설치하였다.

미국의 대일 압력과 민주당내 정책혼선은 문제해결을 더욱 어렵게 만들었다. 미·일 양국정부는 장관급 회의를 열어서 그 해법을 논의하기로 했지만, 양측 입장차를 좁히는데 실패하였다. 미국정부는 연내까지 미·일 간 기존합의를 승인할 것을 강력히 요구하였다. 연립여당인 사민당의 당수인 후쿠시마 미즈호(福島瑞穂) 소비자담당상은 하토야마 총리가 '최소한 오키나와 밖으로 이전한다'는 대국민 약속을 지키지 못한 점을 비난하였다. 오키나와 지역주민들도 미·일 양국 정부에 의한 일방적인 결정으로 심한 실망감을 느끼면서 납득할 수 없으며, 즉시 현외 이전을 강력히 요구하였다.

2010년 5월 4일, 하토야마 수상은 오키나와를 방문하여, 나카이마 히로카즈(仲井間弘多) 현지사와 회담을 통하여 미·일 동맹과 주일미군의 전시억지력을 검토한 결과, 현외 이전을 단념하였다고 설명하고, 현내이전을 수용할 것을 요청하였다. 5월23일 오키나와 현지에서 하토야마 수상이 헤노코 이전을 재차 요청하였으나, 나카이마 지사는 매우 유감이며, 수용하기 어렵다고 답변하였다. 일본과 미국 정부는 5월 28일 오전 외무, 국방장관(2+2) 협의체인 '미·일 안전보장협의회' 명의로 후텐마(普天間)기지를 오키나와내 나고시 헤노코로 이전한다는 내용이 담긴 공동성명을 발표하였다.

결국 후텐마기지 이전 계획은 실패로 마무리되었는데, 그 이유는 군사적 전략적인 위치가 오키나와보다 열악하다는 이유 외에도 기지를 수용할 정치가나 지자체가 나타나지 않았기 때문이었다. 미군재편을 협의할 때에도 다시 홋카이도(北海道)가 후보지로 부상하였으나, 선거에 미칠 영향을 우려한 일본 본토내 정치가들은 거의 무대응으로 일관하였다.[13] 미국정부와 보수언론의 압력, 민주당내 정치적 이해관계 대립, 오키나와 지역주민, 사민당의 현외 이전 주장이 엇갈리면서 결국 하토야마 수상은 선거공약을 번복하게 되었다.[14] 하토야마 수상은 후텐마기지 약속 불이행과 개인적인 정치자금 의혹 등으로 2010년 6월 2일 사임을 발표하였다.

당시 동아시아 공동체구상과 후텐마기지의 해외 이전을 강조하였던 하토야마 수상이나, 630여명의 국회의원과 대규모 방문단을 이끌고 중일관계 복원을 과시하였던 오자와 이치로(小沢一郎) 간사장을 비롯한 민주당 지도부는 미국의 동아시아 회귀(pivot to Asia), 대중국 견제와 아시아 재균형(Rebalancing) 정책에 대한 충분한 이해가 부족하였다. 미국의 아시아 회귀 정책에도 불구하고 부상하는 중국에 편승하는 정책을 취함으로서 미·일 갈등을 야기했던 것이다.[15]

2010년 6월 후임 수상으로 취임한 간 나오토(菅直人) 내각은 미·일 공동발표와 각의결정을 승계한다는 내용을 언급하였다. 그러나 오키나와에서는 현내 이전에 반대한 나고시 이나미네 시장이 당선되었고, 9월 시의회선거에서도 반대파가 과반수를 차지하였다. 2010년 11월 28일 오키나와 현지사선거에서 조건부 헤노코 이전을 용인한 나카이마 지사가 다시 현외이전으로 주장을 바꾸어 출마 후, 재선되었다. 헤노코 이전은 더욱 지역내 반발이 심해지면서 어려워지게 되었다. 2012년 2월

13 / 琉球新報 2009년10월25일자 보도.

14 / 김미연, "주일미군 후텐마기지의 재배치에 따른 딜레마 분석" [한국거버넌스학회보](2013.04) 20(1), p.164.

15 / 최운도, "일본 민주당의 대미 외교정책에 대한 평가" [일본연구논총] 제38호(2013), p.250.

미·일 양국 정부는 주일 미군의 괌 이전과 가데나 공군기지 반환, 후텐마 기지이전을 분리할 것, 미해병대 괌이전의 재검토 등을 결정하였다. 당시 겐바 코이치로(玄葉光一郎) 외상은 미군의 군사억지력을 유지하면서 오키나와 부담을 줄인다는 관점에서, 미군의 괌 철수 이전에 가데나기지를 반환해 줄 것을 요청하였다.

4. 아베정권의 미·일 동맹 강화, 후텐마 기지이전

2010년 6월, 민주당의 하토야마 수상은 후텐마기지 이전문제와 정치자금 의혹으로 취임한지 불과 9개월만에 퇴진하였다. 3.11 동일본대지진 수습과정에서 난맥상을 보인데다 민주당은 야당인 자민당, 공명당과 연합하여 소비세인상에 합의하면서 민주당의 정체성을 상실하였다. 결국, 후텐마기지 이전문제와 동아시아공동체 구상으로 흔들렸던 일본민주당의 미·일 관계는 3년 3개월에 걸친 정치실험으로 마감하였다. 2012년 12월 일본자민당은 총선에서 압승하여 정권에 복귀하였다.
2013년 2월 22일 미국 워싱턴을 방문한 아베수상은 미·일 정상회

[그림 7] 미·일 정상회담 종합계획 발표사진(2013년 2월)

담을 마친 뒤 특별강연회에서 "일본이 돌아왔다(Japan is Back)"고 선언하였다. 민주당정권하에서 크게 흔들렸던 미·일 동맹의 완전한 회복을 강조한 셈이다. 아베내각은 미·일 동맹을 다시한번 강화할 것을 약속하고 TPP(환태평양경제연계협정)에 적극 참여하겠다는 의사를 공식적으로 밝혔다. 여기에는 후텐마기지의 오키나와 현내 이전이라는 미·일 동맹의 약속이행이 전제로 되고 있음은 두말할 나위도 없다.

　　17년을 끌어온 후텐마기지 이전 문제는 미·일 동맹 강화를 중시하는 아베정권의 출범과 함께 빠른 속도로 추진되었다. 아베수상은 취임 후 얼마 안 되어 2012년 2월 오키나와를 찾아 나카이마 지사를 만난 것을 시작으로 수차례 회담을 갖고 미군기지의 오키나와 현내 이전을 시도하였다. 그는 일단 후텐마기지의 고정화에 반대하고, 오키나와 지역주민의 부담경감에 최대한 노력할 것을 강조하였다.[16] 2013년 2월 미·일 정상회담에서 아베수상은 오키나와 미군기지를 반환하는 종합계획을 조기에 추진하기로 미국정부와 합의하였다. 이에 따라 오노데라 이쓰노리(小野寺五典) 방위상은 후텐마 기지예정지인 헤노코 해안 매립을 요청하였다. 그러나, 나카이마 지사는 현재 상태에서 사실상 불가능하며, 오키나와현내 41개 기초단체장이 반대한다는 생각을 전달하였다.

　　일본정부는 해안매립 조항은 중앙정부가 현지사에게 승인을 요청한 법정수탁사무로, 지자체가 반대할 경우, 지방자치법에 따라 수정을 지시하거나 중앙정부가 대리집행 하겠다는 의사를 내비쳤다. 오키나와현은 일단 관련서류를 확인하고 나서, 2013년 3월말 서류를 수리하였다. 후텐마기지 이전문제를 해결함으로서 미·일 동맹을 강화하려는 아베정권은 교착상태를 타개하고자 시도하였으며, 결국 나카이마 히로카즈(仲井間弘多) 오키나와 현지사가 매립안을 승인하기에 이르렀다.

　　아베수상은 나카이마 지사와의 회담에서 일본정부로서 가능한 모든 것을 한다는 것이 기본자세라고 설명하였다.[17] 이에 대하여 나카이마 지사는 기자회견에서 오키나와에 대한 아베내각의 배려가 이전 내각보다 매우 강하다고 느꼈다고 발언하였다.[18] 나카이마 지사는 현외 이전의 원칙은 전혀 바뀌지 않았다는 것을 전제로, 후텐마기지 사용정

16 / 第183回国会衆議院本会議録(第2号) 2013.01.30. p.12.

17 / 朝日新聞 2013년12월25일자 보도.

18 / 朝日新聞 2013년12월27일자 보도.

아베정권과 오키나와의 미군기지 이전의 정치역학 / 양기호

19 / 朝日新聞
2013년12월29일자 보도.

지가 5년이내 달성된다면, 헤노코 매립을 인정해도 대체로 선거공약은 지킬 수 있다고 판단한 것이다. 자민당 오키나와현 연합회도 헤노코 수용으로 입장을 바꾸면서 5년내 후텐마기지 사용정지를 요청한 바 있었다.[19]

헤노코 이전을 위한 작업이 진행되면서, 스가 요시히데(菅義偉) 관방장관과 나카이마 지사는 12월 22일 도쿄에서 극비회담을 가졌다. 스가 관방장관은 대미교섭의 상황을 설명하였고, 이에 대하여 나카이나 지사도 헤노코 매립을 승인하겠다는 의사를 표시하였다. 12월 25일 아베수상과의 회담후에 나카이마 지사는 헤노코 매립에 반대해 온 이나미네 나고 시장에게 전화를 걸어서 헤노코 연안 매립을 승인하였음을 전화로 통보하였다.

그러나, 아사히신문사가 2013년 12월 오키나와현에서 실시한 여론 조사에 따르면, 응답자의 64%가 매립을 승인해서는 안된다고 대답하였다. 나카이마 지사는 3년전 선거에서 현외 이전을 공약으로 내걸어서 당선된 바 있으며, 나고시장이나 시의회도 헤노코 매립에 반대하였다.. 아사히신문 사설도 아베수상이 미·일 동맹을 강화시키고 싶다면, 우선 오키나와의 기지 부담을 줄여야 한다고 지적하고 있다. 미·일 동맹에 불가결한 것은 집단적 자위권의 행사가 아니고, 미군 주둔지역 주민들의 이해도를 높여가야 한다는 것이다.

아베수상은 12월 25일 나카이마 오키나와 현지사와 수상관저에서 회담하여 주일 미군기지에서 지자체가 환경조사를 할수 있도록 미국측과 교섭을 시작하는 등, 새로운 기지부담 경감대책을 설명하였다. 나카이마 지사는 놀랄 만큼 새로운 내용이라고 평가하면서 헤노코지역 매립을 승인하였다. 아베수상은 오키나와현이 요구하던 후텐마기지 5년내 운용정지, 조기반환을 구체화하기 위하여 방위성에 작업팀을 만들도록 지시하였다. 미군기지 환경조사를 위하여 미·일 지위협정을 갱신하고자 대미교섭을 개시하기로 하였다. 또한, 2014년도 3,501억엔에 달하는 오키나와 진흥예산을 포함하여, 앞으로 2021년까지 매년 3천억엔대의 예산을 확보하기로 약속하였다.[20]

20 / 朝日新聞
2013년12월26일자 보도.

나카이마 히로카즈(仲井間弘多) 오키나와 현지사의 의도는 일단 후텐마기지 운용을 5년내 정지하는 것이 더 중요하다고 인식하고 있는 것으로 보인다. 그는 기자회견에서 후텐마기지가 기노완시 한가운데 있으며 위험도를 줄이는 것이 더욱 중요하다, 이 점에 수상이 공감하고 있다는 점을 중시하고 있다고 언급하였다. 일본정부가 헤노코 이전에 9년반 소요된다고 발표한 점을 지적하면서 후텐마기지를 더욱 빠른 시기내에 이전할 것을 요구하였다.

나카이마 지사의 결정에 반발한 오키나와 주민들의 이전 반대 목소리는 높아졌다. 당초 '현외 이전'을 공약으로 내세웠던 나카이마 지사에 대해 변절자라는 비판까지 나왔다. 헤노코 이전 승인 직후 2천여명의 주민들이 오키나와현청으로 몰려들어 나카이마 지사를 비난하였다. 오키나와 주민들은 후텐마 기지 이전 승인 취소를 요구하는 행정소송을 제기한다는 방침이어서 법정 공방으로 확산될 가능성이 높다.

헤노코 이전을 직접 승인한 나카이마 지사 스스로도 "헤노코 기지 건설 완료까지는 9년 반이 걸리기 때문에 아베수상 약속대로 5년내에 후텐마 기지를 이전하려면 현외로 나가는 수밖에 없다"며 앞으로도 현외 이전을 추진하겠다는 모호한 입장을 밝히고 있다. NHK는 "나카이마 지사가 현외 이전을 계속 요구하는 것은 헤노코 이전의 실현 가능성에 의문을 느끼고 있기 때문"이라며 "후텐마 기지 이전 문제가 겨우 진행되기 시작했다고 말할 수 있을지 모르지만, 예정대로 진행될 것인지는 불투명하다"고 지적하였다.

한편, 후텐마기지의 오키나와 현내 이전에 대하여 미국, 캐나다, 호주, 유럽 등 외국의 저명한 진보인사들은 이를 비난하는 성명을 발표하였다. 언어학자인 노암 촘스키, 역사학자 존 다우어, 인류학자인 노마 필드 등이 참여한 성명서는 "2013년말 아베 수상과 나카이마 현지사 간 합의는 인간 환경을 희생하면서 오키나와의 군사적 식민화를 더욱 심화시키는 조치"라고 지적하면서, "아베 총리는 나카이마 지사를 경제개발을 미끼로 유혹해 대규모 미해병대 기지 건설을 위한 헤노코 해안 매립을 승인하도록 했다"고 비판하였다.[21]

21 / 경향신문
2014년1월8일자 보도.

5. 중앙-지방간 관계의 변용

1980년대이후 전세계 75개국가운데 12개국가를 제외한 63개국가가 지방이양을 추진해왔을 정도로 지방분권은 중요한 화두였다. 한국과 일본은 대표적인 경우라 할 수 있으며, 특히 일본의 지방분권은 1990년대 이후 상당한 개혁성과를 거두었다. 2000년 4월부터 지방분권 추진일괄법이 시행되고 470여개에 이르는 법률이 개정되었다. 중앙과 지방간관계는 대등한 관계임을 전제로, 기관위임사무는 폐지되고 법정수탁사무로 바뀌어, 중앙-지방간 계약에 따라 중앙정부가 지방정부에 위탁한 사무로 명기되었다. 법정수탁사무의 처리와 재원을 둘러싼 중앙과 지방정부간 갈등은 1차적으로 분쟁조정위원회에서, 최종적으로는 고등법원에서 다루어지게 되었다.

일본의 지방분권이 빠른 속도로 진행되어 온 것과 달리, 일본정부와 오키나와현과의 관계는 전전의 중앙집권적이며, 종속적인 중앙-지방관계가 왜곡되고 심화되어지는 과정을 보여주고 있다. 일본정부는 오키나와 미군기지를 유지하고자 평화헌법에서 규정한 지방자치의 본지를 거스르면서 중앙정부의 권한을 강화해 왔다. 오키나와 미군기지의 문제는 일본에서 미국으로, 그리고 다시 일본으로 거듭되는 통치주체의 전환과정을 거치면서 종속되어 온 오키나와의 사회, 정치, 경제구조의 제약에서 그 원인을 찾을 수 있다. 일본의 지방제도가 중앙집권에서 지방분권으로 발전해 온 것과 달리, 오키나와와 일본정부와의 관계는 다른 양상으로 전개되고 있는 것이다.[22]

18년이상 논쟁과 대립을 거듭해 온 후텐마기지 이전문제는 나카이마 현지사가 후텐마기지 조기 운용 정지와 대규모 지역개발이라는 중앙정부의 제안을 수용하면서 또 다시 새로운 전환점에 접어들고 있다. 그러나, 미군기지를 둘러싼 정치액터간 갈등구조는 전혀 변하지 않고 있다. 오키나와 현의회는 2014년 1월 10일 임시본회의에서 나카이마 지사의 공약위반을 지적하면서 야당을 포함한 찬성다수로 사임요구안을 가결시켰다. 나카이마 지사는 결의안에 대하여 매우 유감이라는 코멘

22 / 장은주 "지방정부와 중앙정부 관계에서 본 오키나와 문제" 정근식외 편저. [기지의 섬, 오키나와 현실과 운동](논형, 2008), p.262.

트를 발표하였다. 그는 기지부담의 경감이나 오키나와개발 등 주요 정책 실현에 매진할 것이며, 사임하지 않겠다는 의사를 분명히 하였다.[23]

일본정부는 후텐마기지 이전문제가 어디까지나 중앙정부의 권한이라고 강조하고 있다. 자민당 이시바 시게루(石場茂) 간사장은 후텐마 기지이전과 장소 선정은 중앙정부가 결정해야 한다고 발언하기까지 하였다. 이에 대하여 오키나와현 내부에서는 민의를 경시한 강행책이며, 지방자치 부정이라는 반발하는 목소리가 높아지고 있다. 지역 시민단체도 중앙정부가 지방자치를 부정하고 있으며, 오키나와주민을 차별하고 제멋대로 기지를 이전하려는 일방적인 처사라고 비난하였다. 자민당출신의 오키나와현 의회의장도 지역주권도 민주주의도 부정하는 망언이며, 오키나와는 일본정부에 있어서 무엇인가, 오키나와 주민을 일본인으로 여기지 않는 증거라고 맹비난하였다.[24]

오키나와현의 헤노코 이전 승인에 대하여 일본민주당 가이에다 반리(海江田万里) 대표는 국회에서 다음과 같이 언급하였다. "나카이마 오키나와 현지사가 헤노코 매설을 타당하다고 승인한 것은 오랫동안 고민한 결과로 판단하며, 그 결정을 무겁게 받아들여야 한다. 어디까지나 미군 후텐마기지 조기반환을 전제로 한 만큼, 오키나와의 기지부담 경감을 전제로 일본정부는 미국정부와 교섭해가야 한다"고 강조하였다. 일본민주당도 하루빨리 후텐마기지가 운용 정지되도록 지원할 뜻을 내비쳤다.[25]

2014년 1월 후텐마 기지의 헤노코 이전에 큰 영향을 끼칠 오키나와현 나고시장 선거전이 기지이전 찬성파인 스에마쓰 분신(末松文信) 현의회 의원과 반대파인 이나미네 스스무(稲嶺進) 시장 사이의 1대 1 대결로 실시되었다. 둘다 무소속 출마이지만, 이전 반대파인 이나미네 시장은 공산당·사회당 등 진보진영의 압도적인 지지를 받고 있는 반면, 찬성파인 스에마쓰 현의원은 집권 자민당 등 보수세력의 지원을 받고 있었다. 일본사회를 좌우로 가르는 거대 쟁점인 '미군기지 이전'을 둘러싸고 일본 진보와 보수가 대리전을 치른 셈이다.

나고시장 선거결과, 기지반대파인 이나미네 시장이 당선되었다.

23 / 琉球新報 2014년1월10일자 보도.

24 / 沖縄タイムス 2014년1월14일자 보도.

25 / 일본민주당 홈페이지에서 검색(http://www.dpj.or.jp/article/103732/) (검색일: 2014년1월15일).

후텐마기지 이전을 둘러싼 아베정권과 기초단체인 나고시 간 갈등이
재점화된 것이다. 기지이전과 관련한 각종 공사의 인허가권을 갖고 있
는 이나미네 시장은 시민의 안전과 안심을 지킬 책임을 들면서, 기지이
전을 위한 매립작업을 거부하였다. 그러나 오노데라 이쓰노리(小野寺
五典) 방위상은 나고시장 선거 결과에 대해 지방선거이기 때문에 기지
이전 문제에 직결되지 않는다고 언급하면서 기지이전을 강행할 방침을
밝혔다.[26]

26 / 연합뉴스
2014년1월20일자 보도.

나고시장 선거는 헤노코 기지수용인가 반대인가를 결정하는 선거
이기도 하였다. 자민당의 엄청난 압력, 오키나와 현지사의 매립 승인이
라는 과정에 대하여 지역주민들이 강한 반발을 표시한 선거결과이기도
하였다. 이나미네 시장은 이렇게 지역주민이 반대하는데도 강행하는
것은 지방자치를 침해하는 것이며, 나고 시민의 인권문제라고 지적하
면서 자민당 아베정권을 강하게 견제하였다.[27]

27 / 朝日新聞
2014년1월20일자 보도.

[표 3] 나고시장 선거 정책비교

주요정책	이나미네 스스무(稻嶺進)(기지반대)	스에마쓰 분신(末松文信)(기지수용)
후텐마기지의 헤노코 이전	새로운 기지 만들지 않는다 자손세대에까지 기지 유산을 물려주지 않음	중앙정부와 공동으로 기지이전 보조금으로 지역활성화
재정, 고용대책	중소기업 활성화 청소년 기술습득 지원 금융, 정보특구 설치	교부금 40억엔 일괄 지급 북부지역 활성화 기지 종업원 지역주민 우선고용
지역만들기	박물관 구상 스포츠 콘벤션 유치	나고-나하간 철도정비 리조트 유치
산업	농업의 6차산업화 농축산, 임업 육성	수산업과 관광산업 연계 고급수산물 양식산업 육성
의료와 복지	의료복지센터 설치 고령장애자 사회참가 촉진	병원 정비, 고교졸업까지 무상의료

스가 요시히데(菅義偉) 아베내각 관방장관은 2014년 1월 20일 기
자회견에서 후텐마 기지 이전 문제는 지역주민의 이해를 얻으면서 그
대로 진행하겠다고 언급하였다. 기지이전에 있어서 나고시장의 권한은
제한되어 있으며, 별다른 장애물이 되지 않을 것이라고 강조하였다. 자
민당 이시바 시게루(石場茂) 간사장도 나고시장의 정치적인 반대는 정

당하지 않다고 비판하였다. 아시아태평양 지역 전체를 위하여 일정한 미군의 군사억지력이 필요하며, 헤노코 이전이 불가피함을 설득해 가겠다고 답변하였다.[28]

28 / 每日新聞
2014년1월20일자 보도.

오키나와 후텐마기지의 이전문제는 여전히 현재진행형으로 일본 정치의 쟁점으로 남아있다. 동북아 군사전략과 미·일 동맹 강화, 중국과 북한 견제, 일본의 안보전략을 위한 오키나와 미군기지의 중요성이 커지는 반면, 수십년 세월동안 기지부담에 시달려온 오키나와 주민의 기지반대 요구는 더욱 강해지고 있다. 1990년대 이래 세계적인 흐름으로 정착된 지방분권, 그리고 일본에서 더욱 강력하게 추진되어 온 지방분권의 흐름은 오키나와 미군기지 이전과정에서 왜곡되고 굴곡된 비정상적인 현상으로 나타나고 있다. 영토분쟁과 정치이데올로기의 갈등이 빚어내는 심각한 동북아 안보지형의 변화는 오키나와 미군기지의 이전문제를 둘러싼 일본의 중앙-지방간 관계의 과거, 현재, 미래에 암울한 그림자를 드리우고 있다고 하겠다.

참고문헌

〈한국어 문헌 및 참고 자료〉
김미연(2013.04) "주일미군 후텐마기지의 재배치에 따른 딜레마 분석" 『한국거버넌스학회보』 제20-1호
김순태 외(2009) "한국과 일본의 대미 동맹정책 비교연구" 『국제정치논총』 제49-4호
남창희·이종성(2004) "오키나와 주일미국 기지조정 정책결정요인에 대한 연구: 미군, 일본정부, 지자체, 주민간 협상과정을 중심으로" 『일본연구논총』 제19호
마고사키 우케루 저, 양기호 역(2013) 『미국은 동아시아를 어떻게 지배했나: 1945-2012년』 메디치 미디어
메도루마 슌 저(2013) 『오키나와의 눈물』 논형
사사키 다쓰오(2010). "야마토는 더 이상 오키나와 인민을 괴롭히지 마라" 『정세와 노동』
양기호(2013.10.28.) "아베내각의 재무장노선과 한·일 관계" 코리아정책연구원 원고
양기호(2001). "오키나와 미군기지와 중앙-지방간 관계" 『한림 일본학 연구』
양기호(2013.12.05.) "미래지향적 동반자 관계발전과 한·일 협력" 『제3회 김대중평화학술회의 논문집』 김대중도서관
우라시마 에쓰코(2005) "오키나와 헤노코 미군기지건설 저지투쟁" 『과거청산포럼자료집』
임종헌(2008) "독일 미군기지의 역사와 현황" 정근식외 편저 『기지의 섬, 오키나와 현실과 운동』 논형
장은주(2008) "지방정부와 중앙정부 관계에서 본 오키나와 문제" 정근식외 편저 『기지의 섬, 오키나와 현실과 운동』 논형
정영신(2012) "동아시아 분단체제와 안보 분업구조의 형성" 『사회와 역사』 제94집

정영신(2007) "오키나와의 기지화·군사화에 관한 연구" 『사회와 역사』 제73집

최운도(2013) "일본 민주당의 대미 외교정책에 대한 평가" 『일본연구논총』 제38호 경향신문, 문화일
        보, 한겨레

<일본어 문헌 및 참고 자료>

미야모토 켄이치(宮本憲一)(2000) "沖縄の維持可能な発展のために" 『沖縄·21世紀への挑戦』

방위성(防衛省)(2013) 『防衛白書』

사사모토 히로시(笹本浩)(2013.07) "普天間飛行場異説問題の経緯と最近の動向" 『立法と調査』 342号

야마자키 미키네 외(山崎幹根ほか)(2012) "新たな沖縄振興政策の比較研究", 『北海道開発協会研究報告書』
일본경제신문출판사(日本経済新聞出版社) www.hkk.or.jp/kenkyusho/file/jyosei_rep24-08.pdf
        (검색일: 2014.01.27.)

일본민주당(日本民主党) Homepage (http://www.dpj.or.jp/article/103732/) (검색일: 2014.01.15.)

하야시 히로후미(林博史)(2012.10) "米軍基地の世界ネットワークのなかの日本·沖縄" 『平和運動』 500号

후나바시 요이치(船橋洋一)(1997) 『同盟漂流』 岩波書店

켄토 카루다(ケント·カルダー)(2008) 『米軍再編の政治学: 駐留米軍と海外基地のゆくえ』 아사히신문(朝
        日新聞)

오키나와 타임즈(沖縄タイムス)

마이니치신문(毎日新聞)

류큐신보(琉球新報)

<영어 문헌 및 참고 자료>

Chalmers Johnson ed(1999). *Okinawa : Cold War Island*, Tokyo: Japan Policy Research
        Institute

"부록" 후텐마기지 이전과정 주요일지

일 정	주요 내용
1996년4월	하시모토 수상, 먼데일 미국대사 회담후 후텐마기지 전면반환 표명
1996년12월	SACO 최종보고서 제출
1999년11월	이나미네 현지사 군민공용을 조건상 헤노코연안 이전을 결정
1999년12월	기시모토 나고시장, 헤노코 제안을 수용 후텐마기지 이전에 대한 정부방침을 각의결정
2002년7월	방위청장관과 오키나와현 지사 [대체시설 사용협정 기본합의서] 체결 후텐마기지 대체시설 기본계획 책정
2003년11월	럼스펠드 국방장관 오키나와 방문
2004년8월	오키나와대학 구내 미군헬기 추락
2005년10월	미·일 안보협의회(2+2 : 미·일 외교+국방) 공동발표 헤노코연안 활주로설치 합의
2006년4월	방위청장관, 나고시장, 기노자촌장: [후텐마기지 대체시설 건설 기본합의서] 체결, V자형 설치 합의
2006년5월	미·일 안보협의회 공동발표 [미군기지 재편을 위한 로드맵] 최종보고, V자안을 승인 방위청장관, 오키나와 현지사 [미군기지 재편 기본확인서] 체결 각의결정 [주일미군 병력구성 재편 정부방침]
2006년8월	후텐마기지 이전조치 협의회 설치
2008년3월	환경영향평가 조사실시
2009년5월	오키나와 미군해병대의 괌이전 협정을 일본국회가 승인
2009년9월	민주당정권과 연립정권 3당합의서 체결, 미군기지 재검토를 상호확인
2009년11월	미·일 정상회담 후텐마기지 이전을 위한 실무협의회 설치후 신속히 해결하기로 일치
2010년1월	미·일 안보협의회 공동발표 오키나와 지역부담을 경감하되, 전시억지력을 유지하기로 합의
2011년6월	미·일 안보협의회 공동발표 후텐마기지를 나고시 헤코노 연안으로 이전을 재확인 2014년이후 조속히 대체시설 완성하기로 합의
2012년2월	주일미군 재편을 위한 미·일 공동 발표 해병대의 괌이전이후 가데나기지 토지반환은 대체시설 건설과 분리하여 검토
2012년4월	미·일 안보협의회 공동발표 후텐마기지의 헤노코 이전이 유일한 대안임을 확인
2012년12월	환경영향평가서를 나카이마 오키나와 현지사에게 송부
2013년3월22일	일본정부가 수면매립 신청서를 오키나와 현지사에게 제출
2013년4월3일	스가 관방장관이 오키나와를 방문후 나카이마 지사와 회담
2013년11월27일	자민당 오키나와현연합회가 헤노코 수용으로 방침변경
2013년12월17일	나카이마 지사가 일본정부에 후텐마기지 5년내 사용정지를 요청
2013년12월24일	아베정권이 내년예산에 3,501억엔 오키나와 진흥예산 배정 2021년까지 매년3천억엔씩 예산 배정을 지시함
2013년12월25일	아베수상이 오키나와 기지부담, 재정지원 대책발표, 2014년1월 나고시장 선거에서 헤노코 수용으로 후보 단일화
2013년12월27일	오키나와현 나카이마 지사가 헤노코 수면매립 신청 승인을 발표 5년내 후텐마기지 사용정지, 아베내각의 오키나와 진흥책 지원 강조
2014년1월19일	헤노코 이전을 둘러싼 나고시장 선거에서 반대파인 이나미네 스스무 후보가 당선

출처: 防衛省(2013) 『防衛白書』 p.159, [朝日新聞(2013.12.29.) 보도내용을 편집하였음.

제2부

경제

아베노믹스에 대한
중간평가와 전망

김규판 | 金奎坂 Kim, Gyu-pan

일본 게이오대학(慶應義塾大學)에서 경제학 박사(응용미시경제학전공) 학위를 받았다. 이후 주택산업연구원 책임연구원, 감사원 연구관을 거쳐 2009년 5월부터 대외경제정책연구원(KIEP) 일본팀에 연구위원으로 재직 중이다.

　전공분야는 기업경제이며 최근의 연구 관심은 일본의 거시경제, 재정, 통상정책 등이다.

　주요업적으로는 『G2 시대 일본의 대중(對中) 경제협력 현황과 시사점』 (대외경제정책연구원, 2012) (공저), 『일본 제조업의 경쟁력 실태분석과 시사점』 (대외경제정책연구원, 2011) (공저), 『일본과 EU의 환경 분야 대외협력 전략과 시사점』 (대외경제정책연구원, 2010) (공저), 『일본의 아시아신흥시장 진출전략과 시사점』 (대외경제정책연구원, 2010) (공저)등이 있다.

1. 2013년 일본경제

　2012년 12월 중의원 선거와 2013년 8월의 참의원 선거에서의 자민당 승리, 아베내각에 대한 높은 지지율을 바탕으로 한 평화헌법 개정 시도, 과거사를 둘러싼 한·중·일 관계악화라는 흐름 속에서, 2013년 일본경제에 대한 '화두'는 아베노믹스로 시작해서 아베노믹스로 끝났다 해도 과언이 아니다. 일본 뿐 아니라 세계 여론은 현 아베(安倍晋三) 내각의 경제정책, 아베노믹스가 '잃어버린 20년'으로 표현되는 일본경제의 장기침체를 극복하여 새로운 경제성장 모델로서 자리매김할 수 있을지 매우 높은 관심을 표명하였다.

　2013년 일본의 경제력을 나타내는 GDP 총액은 2005년을 기준으로 한 실질지표로 보자면 2008년 글로벌 이전 수준으로 회복한 것으로 나타나나, 명목지표로 보면 전혀 그렇지 못하다. 글로벌 금융위기로 일본의 실질 GDP는 2007년 523.7조 엔에서 2009년 489.6조 엔으로까지 하락하였으나, 2013년에는 525.5조 엔으로 2007년 수준을 회복하였지만, 2013년 명목 GDP는 478.4조 엔으로 2007년의 512.9조 엔에 크게 미치지 못하였다. 그만큼 일본경제가 디플레이션에서 벗어나지 못하고 있지만, 아베노믹스 덕분으로 일본경제가 서서히 되살아나고 있다고 주장할 수 있는 근거라 할 수 있다.

[표 1] 일본의 주요 거시경제지표 추이　　　　(단위: 전기대비 증가율, 연율, %)

	2009년	2010년	2011년	2012년	2013년	2013년			
						Q1	Q2	Q3	Q4
실질 GDP[1]	−5.5 (489.6)	4.7 (512.4)	−0.5 (510.0)	1.4 (517.4)	1.6 (525.5)	4.8	3.9	1.1	1.0
개인소비	−0.7	2.8	0.3	2.0	2.0	4.2	2.6	0.9	2.0
주택투자	−16.6	−4.5	5.1	2.9	8.9	7.2	3.6	13.9	17.8
설비투자	−14.3	0.3	4.1	3.7	−1.4	−3.5	4.4	0.8	5.3
정부지출	2.3	1.9	1.2	1.7	2.1	2.8	2.6	0.9	2.0
공공투자	7.0	0.7	−8.2	2.8	11.4	13.3	30.3	31.9	9.3
수　출	−24.2	24.4	−0.4	−0.1	1.6	17.8	12.3	−2.7	1.7
수　입	−15.7	11.1	5.9	5.3	3.4	4.5	7.2	10.1	14.9

주: ( )안 수치는 실질 GDP 총액. 단위는 조 엔.
자료: 내각부(內閣府)(2014). 「国民経済計算(GDP統計)」

2013년 일본경제는 [표 1]에서 확인할 수 있듯이, 개인소비와 주택투자, 정부의 공공투자와 같은 내수가 성장을 견인한 반면, 아베노믹스의 양적완화에 따른 엔화가치 약세(이하, 엔저)는 의외로 수출증가에 크게 기여하지 못하였다는 점이 특징이다. 일본 내각부가 발표한 자료[1]에 따르면, 2013년 실질 GDP 성장률에 대한 기여도는 개인소비 1.2%, 주택투자 0.3%, 설비투자 -0.2%, 정부지출 0.4%, 공공투자 0.5%, 순수출(net export) -0.3%로 나타났다. 2014년 4월 소비세율 인상(5%→8%)을 앞두고 내구재를 중심으로 개인소비가 크게 늘어났고, 2011년 발생한 동일본대지진과 후쿠시마 원전사고의 재해를 복구한다는 명분으로 정부의 공공투자가 대폭 늘어난 점이 2013년 일본경제를 견인하였다고 요약할 수 있다.

2013년 일본경제 실적은 2012년 12월 출범과 동시에 세계적으로 높은 관심을 모으고 있는 아베노믹스의 중간실적이자 향후 아베노믹스의 향방을 가늠해 볼 수 있는 잣대라는 점에서 의미가 크다. 특히, 아베 총리가 자신의 임기 중에 일본의 실질 경제성장률과 물가상승률을 2% 수준으로 끌어올리겠다고 공언한 터라, 2013년의 1.6% 실질 경제성장률 달성은 아베노믹스가 향후에도 지속될 수 있는 토대를 제공하였다는 점에서 의의가 크다[2].

2. 아베노믹스의 추진 현황

아베노믹스의 3개 '화살'은 대담한 금융완화, 즉 양적완화, 기동적인 재정운영, 즉 재정확대, 민간투자를 끌어내는 성장전략으로 구성되어 있다.

아베노믹스의 첫 번째 화살, 양적완화는 2013년 1월 21일 일본은행이 '2년 이내, 2%'의 물가안정목표(price stability target) 도입과 무기한(open-ended) 자산매입 계획을 선언하면서 본격화되었고, 구로다(黒田東彦) 일본은행 신임 총재가 4월 4일 '차원이 다른 양적완화'를 발표함으로써 그 윤곽이 구체화되었다. 미국 연방준비제도이사회(FRB)가 2008년 글로벌 금융위기 이후 3차례에 걸쳐 실시한 양적완화(quantitative easing)처럼, 중앙은행인 일본은행이 시중에 유통 중인 국채와, ETF와 J-REIT와 같은 리스크 자산을 2014년 말까지 집중 매입하여 통화량을 늘리겠다는 것이 양적완화의 핵심이다.([표 2] 참조)

[표 2] 아베노믹스의 양적완화 추진 현황

주요 정책	비고
- 2년 이내, 2%의 물가안정목표 실현을 위해, 과거와는 차원이 다른 양적완화 실시 · 본원통화(monetary base) 증대: 138조 엔(2012년 말)→270조 엔(2014년 말) · 장기국채 매입 확대: 매월 4조 엔→7조 엔, 일본은행의 장기국채 보유액: 89조 엔(2012년 말)→190조 엔(2014년 말), 일본은행의 보유 국채 평균잔존기간: 약 3년→7년 · 리스크 자산매입 확대: ETF 연간 5,000억 엔→1조엔, 일본은행의 EFT 보유액: 1.5조 엔(2012년 말)→3.5조 엔(2014년 말), J-REIT 매입: 연간 100억 엔→300억 엔, 2012년 말 1,100억 엔→2014년 말 1,700억 엔	- 2013.1.22일 일본 정부와 일본은행이 물가안정목표(price stability target) 도입에 관한 공동성명 발표 - 2013.4.4일 일본은행의 양적완화 조치 발표

주: 본원통화(Monetary Base)=현금통화+법정준비예금, ETF(Exchange Traded Funds): 상장투자신탁,
J-REIT(Japanese Real Estate Investment Trust): 부동산투자신탁
자료: 일본은행(日本銀行),「2%の物価安定目標と量的・質的金融緩和」

이번 아베노믹스의 양적완화는 2008년 글로벌 금융위기 직후의 양적완화와 비교하면 일본은행의 국채·민간자산 매입 규모가 2배 정도 많고, '2년 이내, 2% 물가상승률'이라는 명확한 목표를 제시한 점에서 차이가 크다[3]. 단, 아베노믹스의 양적완화는 [그림 1]에서와 같이 일본은행의 국채매입 확대에 따른 본원통화 확대로 가시화되고 있고, 후술하는 바와 같이 엔화가치 약세(이하, 엔저)·주가상승·저금리와 같은 성과를 내고 있지만, M2와 M3의 통화량 지표[4]는 본원통화에 비해 증가폭이 낮은 것으로 보아 기업이나 가계의 화폐수요에 큰 변화가 있는가에 대해서는 검증이 곤란한 상태라 할 수 있다. 또한, 일각에서는 장기적으로 보아 물가가 상승하였을 때 과연 일본은행이 어떻게 정상상태로 되돌아올 수 있을 것인지, 즉 미국 FRB처럼 어떠한 출구전략을 구사할 것인지 대해 우려를 제기하고 있는 것도 사실이다(코미네(小峰隆夫)

3 / 아베노믹스의 양적완화와 과거 일본은행이 취한 양적완화의 차이점에 대해서는 김규판(2013, pp.118~119)을 참조. 시라카와(白川方明) 전임 일본은행 총재는 "디플레이션은 화폐현상이 아니라 실물현상"이라는 인식하에 양적완화를 통한 디플레이션 해소에 매우 회의적이었으나, 신임 구로다 총재는 디플레이션은 화폐현상으로서 양적완화를 통해 해소할 수 있다는 입장을 취하고 있다.

4 / 통화량을 산정할 때 M2와 M3는 현금, 요구불예금, 정기성예금, 외화예금, 양도성예금을 포함한다는 점에서 같지만, M2는 대상 금융기관을 일본은행, 국내은행 등으로 한정한 반면 M3는 우체국 저금은행 등을 포괄한다는 점에서 다르다.

(2014), p.10.) 인플레이션이 급진전할 경우 일본은행은 그간 대량 매입한 국채를 매각하기 어려울 것이며, 그대로 방치할 경우에는 물가와 금리가 더욱 상승할 것이기 때문이다.

[그림 1] 일본의 통화량 추이   (단위: 월 평잔액, 조 엔)

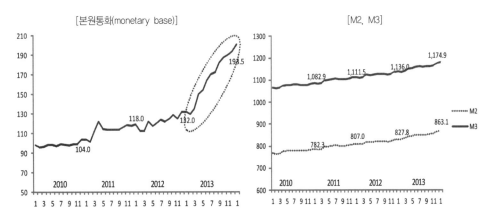

자료: 일본은행(日本銀行), 「時系列統計データ検索サイト」

아베노믹스의 2번째 화살인 '기동적인 재정정책'은 동일본대지진 및 후쿠시마 원전사고 복구와 재해방지에 대규모 예산을 투입하겠다는 확대 재정정책에 다름 아니다. 2013년 1월 아베 내각은 긴급경제대책으로서 10.2조 엔의 2012년도 추경예산을 편성하고, 이 중 3.8조 엔을 재해복구·방재 등 공공투자 분야에 배정한데 이어, 2013년 12월에는 산업경쟁력강화(1.4조 엔), 여성·청년·고령자·장애인 지원(0.3조 엔), 재해복구(3.1조 엔), 소비세인상 보완책(0.6조 엔)에 총 5.5조 엔의 2013년도 추경예산을 편성하였다(내각부(內閣府):2013a 및 2013b 참조). 이로써 2012년도 및 2013년도 일본의 본예산 규모가 각각 90.3조 엔, 92.6조 엔이었고 추경예산은 각각 10.2조 엔, 5.5조 엔인 점을 감안하면, 아베 내각은 2012년도에 이어 2013년도에도 재정지출 축소를 통한 재정건전화보다는 재해복구를 명분으로 한 확대 재정정책을 계속 유지하겠다는 의사를 명확히 밝혔다고 볼 수 있다.

아베 내각이 위와 같은 확대 재정정책을 포기하지 않는 이유는 [그림 2]에서 알 수 있듯이, 일본의 GDP 대비 국가채무 비율이 2011년을 기점으로 200%를 넘어서 세계에서 유래가 없을 정도로 높음에도 불구하고, 2000년대 이후의 저금리정책과 아베노믹스의 양적완화 덕분으로 1% 미만의 저금리 추세가 장기간 유지되고 있는 데서 찾을 수 있다. 일본 정부가 신규국채를 아무리 많이 발행하더라도 국내 기관투자자가 항상 이를 소화하고 있는 상황에서, 일본 정부의 실제 국채상환 부담은 그다지 크지 않아 재정의 지속가능성(sustainability)에 전혀 의심을 하지 않고 있는 것이다.

[그림 2] 일본의 국가채무와 금리 추이

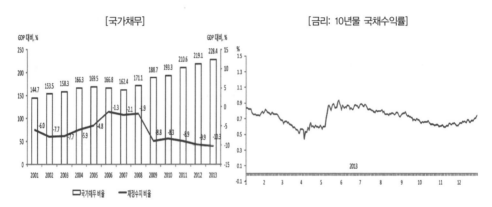

주: 2013년 국가채무 비율과 재정수지 비율은 OECD의 예측치임.
자료: OECD, Economic Outlook No.93, OECD. StatExtracts(http://stats.oecd.org) 및 재무성(財務省),
「国債金利情報」((https://www.mof.go.jp/jgbs/reference/interest_rate/index.htm)

그렇지만 아베노믹스의 '기동적인 재정정책'은 재정건전화와 모순되는 근시안적 시책이라는 지적을 피할 수 없다. 아베노믹스의 양적완화를 지지하는 논자들조차 1990년대 초반 버블경제 붕괴 이후의 일본경제를 '자산디플레이션 함정'에 빠져 있다고 진단한 다음, 확대 재정정책은 경기순환의 후퇴국면에서 민간수요가 자율적으로 회복되기까지만 수요부족을 메우는데 유용한 것이지, 정부의 공공지출 확대에 의존한 경기회복 정책은 경제성장 논리에 휩싸여 끊임없는 재정지출을 요구하

5 / 가장 대표적인
논자로는 이와타
(岩田規久男)(2001) 참조.

고 결국은 국가채무 누적을 초래하기 때문에 그다지 좋은 정책수단은 아니라고 주장한다.[5] 국가채무가 누적되면 장래 증세를 예측하는 가계가 현재의 소비를 줄인다는 점에서도 확대 재정정책은 결코 바람직하지 않다는 입장이다.

아베노믹스의 '기동적인 재정정책'은 아베 총리 자신의 재정건전화에 대한 국제적 약속과도 배치된다. 아베 총리는 2014년 1월 다보스 포럼에서 그간 국내 공식석상에서 수차례에 걸쳐 강조한 일본재정의 건전화를 역설하였다. 아베 내각이 상정하고 있는 재정건전화 플랜은 2010년 일본 민주당 정권이 제시한, "2015년도 GDP 대비 기초 재정수지 적자를 2010년도 수준의 절반으로 낮추고, 2020년도에는 기초재정수지를 흑자화하며, 그 이후에는 GDP 대비 국가채무 비율을 안정적으로 낮추겠다"는 것이다. 그렇지만 그 목표를 어떻게 실행에 옮길 것인지에 대해서는 아직 뚜렷한 논의가 보이지 않고 있다.

아베노믹스의 3번째 화살인 성장전략은 2013년 6월 아베내각이 각의결정한 '일본부흥전략'과 그 이후의 유관 법률의 입법화로 구체화되고 있는데, 규제개혁과 이노베이션을 강조하면서, 산업재생, 전략시장 육성, 대내외 투자환경 개선에 초점을 맞추고 있다.([표 3] 참조)

[표 3] 아베노믹스의 성장전략

분야		목표	시책
산업재생 (일본산업 부흥플랜)	기업지원	벤처창업률, 폐업률→년간 10%대	산업경쟁력강화 법안을 조만간 국회제출 개인보증제도(기업도산관련)의 수정
		설비투자→70조 엔(10%↑, 3년 이내)	
		흑자 중소기업 수→140만개(2배↑, 2020년)	
	고용·인력	20~64세 취업률→80%(2020년)	Hellowork(공적 직업소개소)의 정보 공개 전직자 수용기업에 대한 보조금 신설
		6개월 이상의 실업자 수→20%↓(5년 이내)	
		고급 외국인 인력 수용	
	과학기술·IT	기술력 세계순위→1위(5년 이내)	정부 전체의 과학기술관련 예산을 전략적으로 책정 제4세대 핸드폰 실용화를 위한 제도개선
		정부 정보시스템 운영비→30% 압축(8년 내)	
	입지경쟁력	World Bank의 비즈니스 환경 평가순위→세계 3위(2020년)	「국가전략특구」 창설 공공시설 운영을 민간기업에 개방 공항·항만 등 산업인프라 정비

분야		목표	시책
전략시장 육성 (전략시장 창조플랜)	의료·건강	건강검진 수검률→80%(2020년) 내장지방증후군인구→25%↓(20년, 08년 대비)	의료정보의 전자화 추진·번호제 도입
	농업	농림수산물·식품의 수출액→1조엔(2020년)	경작포기농지 등 농지 집약
		농업·농촌의 소득→2배↑(10년 이내)	
	관광	외국인 관광객→년간 3,000만 명(2030년)	비자 발급요건의 완화
대내외 투자환경 개선 (국제전기 전략)	무역	FTA 비율→70%(2018년)	TPP 등 무역자유화 확대
		대내직접투자 잔액→35조 엔(2020년)	외국인이 거주하기 좋은 환경 조성
		인프라수출 수주액→약 30조 엔(2020년)	해외진출 지원창구의 일원화

자료: 수상관저(首相官邸)(2013) 참조.

산업재생 분야에서는 산업경쟁력강화 법안의 국회 통과(2013.12.4일), 창업률·폐업률의 제고, 고급 외국인 인력의 수용 확대, 국가전략특구의 창설(국가전략특별구역법, 2013.12.7일 성립)을 핵심 내용으로 삼고 있다. 특히, 국가전략특구는 법인세 인하, 규제완화, 공공시설 운영의 민간개방 확대 등을 통해 해외투자 유치를 확대하고 민간기업의 투자활동을 적극 지원하겠다는 구상인데, 일본 정부는 2014년 3월에 3~5곳의 대도시를 특구로 지정한다는 계획이다.

전략시장육성 분야에서는 일본 정부가 의료·건강, 농업, 관광 산업을 전략시장으로 지정하였다. 마지막으로 대내외 투자환경 개선 분야에서는 FTA 체결 확대[6], 인프라수출의 수주강화, 대내직접투자 환경 개선 등을 주요 시책으로 내세우고 있고, 특히 일본 국내에 외국인직접투자를 유치하는 데 가장 큰 걸림돌로 지적되고 있는 법인세율 인하와 관련해서는 2014년 4월부터 기본세율을 2.4% 인하한다는 방침을 밝히고 있다[7].

위와 같은 아베노믹스의 성장전략은 2020년 도쿄올림픽 개최를 앞두고 아베 내각이 대대적인 국가개발에 나서고 있다는 점에서 의의가 크다. 특히 국가전략특구의 창설이나 법인세율 인하, 농업과 의료분야를 중심으로 한 규제완화 등 외국인직접투자 유치의 확대 정책과, TPP

6 / 2012년 일본의 기체결 FTA 체결국과의 무역비중은 18.6%인데, 미국(37.8%), 한국(33.9%), EU(26.9%), 중국(23.9%) 등 주요 경제권에 비해 FTA 체결 실적이 낮다.(경제산업성(經濟産業省)(2013), p.60. 참조.) 아베노믹스의 성장전략에서는 2018년까지 그 비율을 70%로 확대하겠다고 밝히고 있다.

7 / 일본 정부는 법인세의 기본세율에 대해서는 1990년 40%에서 37.5%로 인하하였고, 1998년과 1999년에는 각각 34.5%, 30%, 그리고 2012년에는 25.5%로 인하하였으나, 지방세분을 합한 실효세율은 2013년 1월 현재 35.64%로 미국(40.75%)을 제외하곤 한국(24.2%) 등 다른 주요국에 비해 매우 높다. 재무성(財務省)(2013) 참조.

가입이나 EU와의 FTA 협상 추진과 같은 FTA 정책은 과거 정권과는 차별화되는 것으로서, 일본의 경제체질을 바꿀 수 있다는 점에서 귀추가 주목되고 있다.

3. 아베노믹스를 둘러싼 주요 쟁점

1) 기대 인플레이션율의 상승과 디플레이션 탈피

2013년 말 현재, 아베노믹스의 첫 번째 가시적 성과는 기대 인플레이션율 상승에서 나타나고 있다고 할 수 있다. 아베노믹스의 양적완화가 기대하는 경제효과란, 본원통화(monetary base) 증가→기대 인플레이션율 상승, 명목금리 불변 혹은 하락→실질 금리 인하→엔저(Yen depreciation), 주가상승→수출, 설비투자, 소비 등 유효수요 증가라는 메커니즘으로 '정식화'할 수 있는데, 기대 인플레이션율이 상승하고 있음은 '2년 내 2%의 물가상승률' 달성, 즉 디플레이션 탈피라는 목표에 '청신호'라 할 수 있을 것이다.

일본의 기대 인플레이션율 추이를 보면, [그림 3]에서 알 수 있듯이, 2012년 3월부터 플러스(0.277)로 전환된 다음, 아베노믹스의 양적완화가 본격화된 2013년 4월 이후에는 1.5%대 전후를 보이고 있다. 여기서 기대인플레이션율은 국채시장에 참여하는 투자자가 예상하는 장래 물가상승률을 나타내는데, 일반적으로 사용하는 지표는 국채 수익률과 물가연동채(채권의 원금 자체가 물가에 연동되는 국채) 수익률의 차이로 구하는 break even inflation rate(BEI)이다[8].

8 / 2000년대 들어 일본의 금융시장에서 관찰되는 제로금리(단기 명목이자율 기준) 상황에서 일본은행의 양적완화가 어떠한 경로를 통해 생산과 같은 실물분야에 영향을 줄 것인가를 둘러싸고는 많은 논쟁이 있었으나, 아베노믹스의 지지자이자 일본은행 부총재인 이와타(岩田規久男)는 일본은행의 양적완화가 본원통화 증가, 기대 인플레이션 상승을 거쳐 결국은 수출, 생산 증가에도 유용한 정책임을 VAR 모형 분석을 통해 실증하고 있다. 이와타·하라다(岩田規久男·原田泰)(2013) 참조.

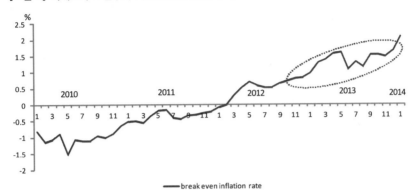

[그림 3] 아베노믹스 전후의 기대인플레이션율 추이

주: break even inflation rate=국채 수익률-물가연동채 수익률. 단, 2009년 7월 이후는 5년물 기준이고,
그 이전은 10년물 기준임. 수익률은 월말 거래일 기준임.
자료: Bloomberg

　　나아가, [그림 4]에서 지금까지의 실제 물가상승률 추이를 보면, 2013년 4월 구로다 일본은행 총재가 양적완화를 발표하였을 때, 일본은행이 시장(market)의 기대 인플레이션율이 상승하도록 양적완화를 단행하면 실제 물가상승률도 거기에 맞춰 상승할 것이라고 예상하였던 것이 그대로 현실화되고 있음을 알 수 있다. 아직 디플레이션 탈피인지 단언하기에는 시기상조이지만, 소비자물가지수(CPI)는 2013년 6월부터 전년동기 대비 플러스('13.6월: 0.2%) 상승으로 전환되었고 2013년 12월에는 전년동기 대비 1.3%의 증가율을 기록하였다. 일본의 무역구조상 수입(import) 비중이 높은 식품과 에너지를 제외하여 환율변동에 따른 국내 물가변동 효과를 통제한 '근원 물가상승률(core inflation rate: OECD 기준)'을 보더라도 2013년 10월부터 플러스 상승('13.10월: 0.3%)으로 전환하였고 2013년 12월에는 전년 동기에 비해 0.7% 상승하였다.

[그림 4] 아베노믹스를 전후로 한 물가상승률 추이

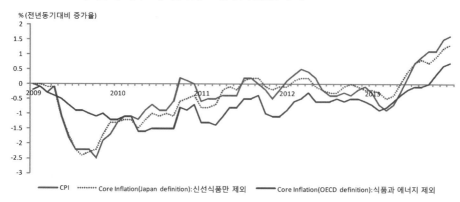

주: Core Inflation(Japan definiton): 소비자물가지수(CPI) 작성 시 신선식품만을 제외한 지수, Core
Inflation(OECD definition): 소비자물가지수 작성 시 식품과 에너지를 제외한 지수
자료: 총무성 통계국(総務省統計局), 「統計表」

2) 엔화가치 약세와 주가 상승

2008년 글로벌 금융위기와 2011년 동일본대지진을 계기로 가속화
되었던 엔화가치 상승(이하, 엔고)은 2012년 11월 노다(野田佳彦) 민주
당 총리가 중의원 해산을 선언하면서부터 그 흐름이 역전되어 엔저 국
면으로 정착하였다. 세계경기가 악화되면 국제금융시장에서 투자자들
은 리스크가 적은 엔화에 대한 수요를 늘리고, 반대로 세계경기가 호전
되면 리스크가 큰 다른 국가의 통화를 선호한다는 일종의 경험법칙을
보여주었다고 할 수 있다.

그런데 2013년 1년 동안 달러화 대비 엔화 가치는 무려 약 30% 하
락하였는데, 이러한 엔저현상은 아베노믹스의 양적완화가 초래한 것이
라는데 이견이 없다. 앞에서 언급한대로, 아베노믹스의 첫 번째 가시적
성과는 기대 인플레이션율의 상승이라 할 수 있다. 아베노믹스의 양적
완화 결과 일본의 기대인플레이션이 상승함에 따라, 명목금리에서 기
대인플레이션율을 뺀 일본의 실질금리는 더욱 낮아졌고, 미국의 실질
금리와 비교했을 때 그 차이는 아베노믹스의 양적완화와 함께 더욱 커
지게 되었던 것이다. 여기서 실질금리를 계산할 때, 금리 지표는 5년물
국채와 물가연동채 수익률을 사용하였는데, 일본의 실질금리는 2013년

1월 -0.814%에서 2014년 1월에는 -1.886%로 하락하였고, 미국의 실질금리는 같은 기간 동안 -1.456%에서 -0.399%로 상승한 것으로 나타났다.

논의를 단순화하자면, 미국의 실질금리가 일본에 비해 높아짐에 따라 투자자들은 수익률이 높은 미국 채권에 대한 수요를 늘릴 것이므로, 이 과정에서 엔화를 매각하고 달러화를 매입할 것이므로 달러화 대비 엔화 가치가 하락하는 엔저현상을 예상할 수 있을 것이다. 엔/달러 환율은 2013년 1월 평균 89.15엔에서 2014년 1월에는 103.9엔으로 하락하였고, 미 · 일 실질금리 차와 엔/달러 환율 간의 상관관계는 대략 [그림 5]에서 확인할 수 있다.

[그림 5] 엔/달러 환율과 미 · 일 실질금리 차 추이

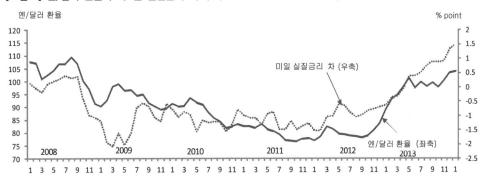

주: 1)엔/달러 환율은 도쿄 외환시장에서의 월중 평균치, 2)실질금리는 2009년 7월 이후는 5년물
국채수익율 기준이고, 그 이전은 10년물 기준임. 수익률은 월말 거래일 기준임.
자료: 일본은행(日本銀行), 「時系列統計データ検索サイト」 및 Bloomberg

지난 1년간의 엔저현상은 일본의 무역수지가 적자폭을 넓힘에 따라 실물부문에서 엔화에 대한 수요가 감소한 데 따른 결과이기도 하다. 일본은 이미 2011년 동일본대지진과 후쿠시마 원전사고를 계기로 무역수지가 적자로 전환되었는데, 2013년의 경우, 수출은 자동차, 유기화합물 등의 대미수출 증가 덕에 전년에 비해 9.5% 증가한 반면, 수입은 원유, 액화천연가스(LNG) 등의 증가로 전년대비 15.0% 증가한 결과, 무역수지 적자가 사상최고인 11.47조 엔의 적자를 기록하였다. [표 4]에서 알 수 있듯이, 2011년 이후에도 일본은 소득수지 흑자를 늘려가 경상수

지는 여전히 흑자를 유지하고 있지만, 무역수지 적자가 3년째 이어지고 있음은 그만큼 엔화에 대한 수요를 줄임으로써 엔화가치를 하락시키는 요인이 되고 있는 것이다.

[표 4] 일본의 무역수지 및 경상수지 추이
(단위: 조 엔)

		2009	2010	2011	2012	2013[2)
무역수지		2.67	6.63	-2.56	-6.94	-11.47
수출	금액	54.17	67.39	65.55	63.75	69.79
	수량지수[1)	80.5	100.0	96.2	91.6	90.2
수입	금액	51.49	60.76	68.11	70.69	81.26
	수량지수[1)	87.8	100.0	102.6	104.9	105.4
경상수지		13.7	17.9	9.6	4.8	3.3
소득수지		12.8	12.4	14.0	14.2	16.5

주: 1) 수량지수란 2010년의 수출입 물량을 100으로 놓고 금액이 아닌 수출입 물량의 증감을 표시.
2) 2013년 실적은 재무성이 2012.1.30일 발표한 속보치에 근거.
자료: 재무성(財務省), 「貿易統計」(http://www.customs.go.jp/toukei/info/index.htm)

이제 논의를 아베노믹스의 양적완화에 따른 엔저의 경제적 효과, 즉 수출 확대 효과로 옮겨 보면, 과연 엔저는 일본의 수출확대에 기여하였는가라는 문제를 제기할 수 있다. 아베노믹스 지지자들뿐만 아니라 일반 이코노미스트들은 양적완화로 엔저가 급속히 진행되면, 일본 수출품의 가격경쟁력이 강화되어 수출 수량이 늘 것이며, 이는 국내 생산량 증가, 설비투자 증가, 임금 및 고용 증가를 초래하여 아베노믹스의 궁극적 목표인 디플레이션 탈피를 달성할 수 있다는 논리를 펼쳤다.

그런데 [표 4]를 보면 2013년 일본의 수출액은 전년에 비해 약 6조 엔 증가하였지만, 수출 수량지수는 2010년에 비해 10%가까이 감소하였고, [그림 6]을 보면 2013년 엔저 속에서도 2010년 평균값을 100으로 한 2013년의 월별 실질수출 지수 역시 엔고국면이었던 2011년 수준으로 회복하지 못하고 있음을 알 수 있다. 일본경제연구센터의 코지마(小島明; 2014)는 2013년 1년 동안 엔화가치의 약세에도 불구하고 이처럼 수출 수량이 증가하지 않는 현상에 대해, 경제학에서 말하는 'J커브론'이 적용되지 않았다고 설명한다.[9] 그는 그 이유를 다음 4가지로 정리한다.

첫째, 일본 기업들이 엔저에도 불구하고 달러화 표시의 현지가격을 낮추지 않아 가격경쟁력 강화효과를 보고 있지 못하다는 점, 둘째 해외로 생산거점을 옮긴 일본 기업들이 현지 조달 비율을 높임으로써 해외 생산용 자본재나 부품을 일본으로부터 수입하는 경향이 줄어들었다는 점, 셋째 전기·전자 분야를 중심으로 일본 제조업의 국제경쟁력이 크게 약화됨에 따라 수출 증가효과가 나타날 수 없다는 점, 넷째 전 세계적으로 설비투자가 감소함에 따라 일본 기업이 경쟁력을 갖고 있는 자본재 분야의 수출이 크게 늘어나지 못하고 있는 점이다.

[그림 6] 일본의 실질수출 지수 추이

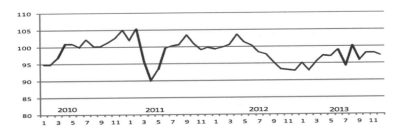

주: 일본은행이 공표하는 실질수출 지수란, 재무성이 발표하는 무역통계 분류를 참고하여 수출 부문을 8개 그룹으로 나눈 다음, 각각의 그룹에 대응하는 수출액을 디플레이터로 실질화한 다음 계절조정 작업을 거쳐 2010년 평균값을 100으로 놓고 지수화한 것임.
자료: 日本銀行, 『時系列統計データ検索サイト』(http://www.stat-search.boj.or.jp/index.html)

[그림 7] 일본 Nikkei 225 지수 추이(2010.1~2013.12)

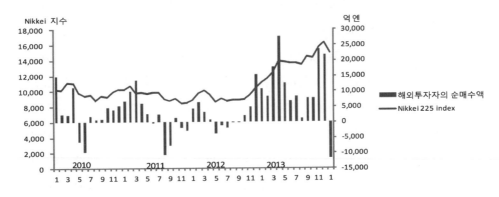

자료: Bloomberg 및 東京証券取引所.

[그림 7]은 2012년부터 2014년 1월까지 월별 Nikkei 225 지수와 도쿄증권거래소에서 해외투자자의 일본 주식 순매수액 추이를 보여주고 있다. 2013년 1년 동안 Nikkei 225 지수는 11,000대에서 16,000대로 거의 수직 상승하였음을 알 수 있는데, 이는 아베노믹스의 양적완화가 엔저를 초래할 것이고, 이에 따라 일본 기업의 수익성이 대폭 개선될 것이라는 기대심리에 의한 것이라고 해석할 수 있다. 특히, 투자자 중에서도 해외투자자의 일본 주식 순매수는 2013년 1년 동안 15.4조 엔에 달하였는데, 이 규모는 2011년의 약 2조 엔과 2012년의 약 3조 엔에 비교하면 각각 7.5배, 5배에 달한다. 반면, 일본 국내 투자자들은 8.7조 엔에 달하는 주식을 2013년 1년 동안 순매도하였다. 이와 같은 주가 급등을 놓고, 과연 이것이 아베노믹스의 경제적 효과를 제대로 반영한 흐름인가에 대한 의문을 제기할 수 있다. 그 징후는 2013년 말부터 미국 연방준비제도이사회(FRB)가 양적완화 축소(tapering) 계획을 시사하자, 해외투자자들이 2014년 1월 한달 동안 총 1.1조 엔의 주식을 순매도한 것으로 나타났다고 할 수 있다. 다시 말해, 아베노믹스의 경제적 효과보다는 기대심리를 이용한 해외투자자들의 일본 주식 매매가 일본의 주가지수를 좌우하는 것 아니냐는 우려이다.

3) 양적완화의 실물부문 개선 효과

(1) 설비투자

앞에서 언급한 대로 아베노믹스의 양적완화는 기대인플레이션 상승에 따른 디플레이션 완화와, 엔화가치 약세, 그리고 주가상승을 초래하였다. 그런데 아베노믹스가 실물부문에서도 성과를 내기 위해서는 일련의 양적완화 효과가 기업의 수익성 개선과, 설비투자 확대, 그리고 노동자의 임금과 소비 증가로 연결되어야 할 것이고, 이러한 소비증가가 다시 기업의 수익성을 개선시키는 '선순환' 구조의 정착이 가시화되어야 할 것이다. 아베노믹스가 지향하는 궁극적인 목표는 이와 같은 경제의 선순환 구조의 정착을 통해 일본경제가 만성적인 디플레이션 상태에서 벗어나는 것이기도 하다.

[그림 8] 일본기업의 설비투자액 추이(분기)

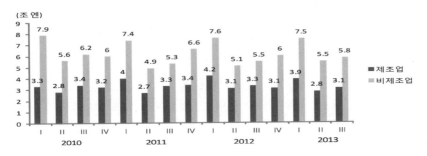

자료: 재무성(財務省), 「法人企業統計」(http://www.mof.go.jp/pri/reference/ssc/)

[그림 8]은 일본 재무성이 발표하고 있는 법인기업통계상 일본기업 들의 설비투자액 추이를 분기별로 보여주고 있다. 2013년 2분기와 3분기 일본 기업의 설비투자는 각각 8.3조 엔, 8.9조 엔으로, 엔고국면이었던 2012년 동기에 비해 각각 0.0%(8.3조 엔), 1.5%(8.8조 엔) 증가하는데 그치고 있다. 양적완화가 시행된 지 5개월밖에 지나지 않아 실물부문에 대한 효과를 평가하기에는 시기상조일 수 있지만, 그래도 아직까지는 그 효과가 가시화되고 있다고 보기에는 근거가 없어 보인다. 특히, 제조업과 비제조업으로 나누었을 때, 제조업 부문의 2013년 2분기와 3분기 설비투자는 2.8조 엔, 3.1조 엔으로 엔고국면이었던 2012년 동기에 비해 각각 9.1%(3.1조 엔), 6.7%(3.3조 엔)씩 감소하였다.

일본 기업의 설비투자에 대한 선행지표인 기계수주(선박·전력을 제외한 민간수요) 동향을 보더라도 아베노믹스 시행으로 일본기업들의 설비투자가 획기적으로 증가할 것이라는 기대를 충족하기에는 어려울 것으로 보인다. 글로벌 금융위기 이전인 2007년 실적은 11.2조 엔이었고, 그 이후에는 10조 엔 이하로 하락하였다가 2013년에는 9.3조 엔으로 미미한 회복세를 보였다. 이 중 제조업 분야에서의 2013년 수주액은 3.7조 엔으로 2007년 5.6조 엔에 크게 미치지 못하고 있고 2012년과 거의 같은 수준에 머물렀다. 단, 비제조업 분야에서의 기계수주는 2013년 5.7조 엔으로 2007년 수준인 5.6엔을 회복한 것으로 나타났다.

[표 5] 일본의 기계수주 실적 (단위: 조 엔)

	2007	2008	2009	2010	2011	2012	2013
수주총액	29.7	28.1	19.1	23.2	24.7	23.7	25.6
민간수요(선박·전력 제외)	11.2	10.6	7.7	8.3	8.9	8.8	9.3
제조업(〃)	5.6	5.1	2.9	3.6	3.9	3.7	3.7
비제조업(〃)	5.6	5.6	4.8	4.7	5.0	5.2	5.7

주: 수주총액은 국내기업의 수주와 외국기업의 수주, 그리고 일본 정부의 수주로 구성됨.
자료: 내각부(內閣府), 「機械受注統計調査報告」(http://www.esri.cao.go.jp/jp/stat/juchu/1312juchu.html)

아베노믹스의 양적완화 결과 엔저현상이 가속화됨에도 불구하고, 일본 기업의 국내 설비투자가 크게 증가하지 않는 이유는 기업의 수익률이 높아진다 하더라도 일본 국내의 높은 노동비용과 법인세율을 감안하여 국내보다는 해외투자를 선호할 가능성이 높다는 점에서 찾을 수 있을 것 같다.[10]

(2) 임금인상

앞에서 언급한 대로 아베노믹스가 디플레이션 탈피라는 목표를 달성하기 위해서는 소비증가의 원천이라 할 수 있는 노동자의 급여소득 증가가 매우 중요한 관건 중의 하나이다[11]. 일본 기업에 종사하는 노동자의 급여소득은 기본급여(所定内給与)와 잔업수당(所定外給与)을 포함하는 '정기급여 혹은 월례임금(月例賃金)'과 성과급 등의 '일시금' 2가지로 구성된다. 월례임금은 정기승급과 근속년수에 따라 인상되는데, 일본의 노동조합이 매년 봄에 전개하는 노사협상, 즉 춘투(春闘)는 근속년수에 해당하는 급여수준을 인상하려는 기본급 인상(base-up) 협상이다. 이 기본급 인상 협상이 여론의 관심을 끄는 이유는 정기승급분은 노동자수가 일정하게 유지되면 기업에게 부담이 되지 않지만, 기본급인상 부분은 기업실적과 무관하게 경기가 좋지 않을 때에도 지급해야 하므로 기업에게 큰 부담이 될 수 있기 때문이다. 이러한 연유로 2013년 4월 아베노믹스가 본격화될 때 경단련(経団連)이나 일본 정부가 기업들의 임금인상을 촉구하였음에도, 실제 기업이 임금인상을 기본급인상으로 할지 성과급과 같은 일시금으로 할지는 기업에 따라 사정이다를 수밖에 없다[12].

　그렇지만 정기급여든 일시금이든 형태와 상관없이 임금인상이 이루어진다 하더라도, 이러한 임금인상이 기업의 수익성을 악화시킨다면 기업의 임금인상은 오래 지속되지 못할 것이다. 따라서 임금인상과 기업의 수익성을 양립시키기 위해서는 임금인상분을 판매가격에 전가시켜 인상하는 작업이 필요하다. 그런데 기업으로서는 이러한 가격전가가 쉽지 않을 것이고, 이 점이 아베노믹스로서는 또 하나의 관건이라 할 수 있을 것이다.

4) 소비세 인상

　일본 정부는 이미 2012년 8월 민주당 정권 시절 때 저출산·고령화에 따른 복지수요를 충당하기 위해서는 소비세 인상이 불가피하다는 인식 아래, 국가에 귀속되는 소비세 수입(revenue)을 사회보장 4대 경비라 부르는 연금, 의료 및 간병 보험의 사회보장지출과 저출산 대책 경비에 충당하겠다는 법률을 국회에 제출하였고, 2013년 10월 아베 내각은 2014년 4월의 소비세 인상계획을 확정하였다.([표 6] 참조)

[표 6] 일본의 소비세 인상 계획

	현행	2014년 4월 1일	2015년 10월 1일
소비세율(국가에 귀속)	4.0%	6.3%	7.8%
지방소비세율	1.0%(소비세액의 25/100)	1.7%(소비세액의 17/63)	2.2%(소비세액의 22/78)
합계	5.0%	8.0%	10.0%

자료: 일본 국세청(国税庁)(2013)

　물론 일본정부가 2014년 4월부터 소비세를 3% 인상하면 정부의 1년간 세수(tax revenue)는 GDP의 1.5%, 즉 약 7.5조 엔 증가하지만[13, 14], 가계의 실질 소득 감소에 따른 소비감소로 경기를 냉각시킬 소지가 충분하다는 점에서 아베노믹스의 리스크 요인이라 할 수 있다. 1997년 4월 3%에서 5%로 소비세가 인상되었을 당시의 경험을 보면, 1996년 4/4분기와 1997년 1/4분기 경제성장률이 각각 6.2%(전기대비 연률), 3.0%

12 / 일본생산성본부의 일본 경영자들을 대상으로 한 설문조사 결과, 경영자의 30% 정도만이 2014년 '춘투'에서 기본급 인상 협상에 응한다고 응답(日本経済新聞, 2014.2.6일자)한 것을 보면, 대부분의 경우 기업실적이 개선되었다 하더라도 일시금 인상으로 대응할 것으로 예상된다.

13 / 소비세 증세의 재정건전화에 대한 영향에 대해서는 일본 내각부조차 현행 5%의 소비세를 2015년 10월까지 단계적으로 10%로까지 인상하고 명목 GDP 성장률을 3%로 가정한다 하더라도 2020년 기초 재정수지는 GDP 대비 2.0%의 적자가 예상된다고 추정결과를 내놓은 바 있다. 내각부(内閣府)(2012) 참조.

14 / 소비세 인상이 재정건전화의 해답이 될 수 없다는 입장에서, 소비세와 같은 조세개혁보다는 세출삭감을 통한 재정건전화를 주장하는 논자는 와세다대학의 하라다(原田泰:2013) 교수와 정책연구대학원 대학의 마쓰타니(松谷昭彦:2013) 교수가 대표적이다.

(〃)이었던 반면, 1997년 2/4분기는 -3.7%(〃)로 급감하였다.

2014년 4월 소비세 인상이 2014년도 일본의 GDP에 어느 정도 영향을 미치는가에 대해, 일본의 이코노미스트들은 소비세 인상을 앞두고 주택이나 자동차와 같은 내구재를 중심으로 한 가계의 '사재기' 수요로 2013년도(2013년 1/4분기~2014년 1/4분기) GDP는 0.5% 증가하고, 실제 소비세가 인상되면 2014년도 중에는 GDP의 0.5%만큼 소비가 감소할 것이나, GDP 성장률로 환산하면 2014년도(2014년 2/4분기~2015년 1/4분기) GDP는 소비감소로 인한 0.5%의 하락에 그치지 않고, 2013년도 대비 1%가 추가로 하락하여, 2013년도 대비 GDP 성장률을 1.5% 하락시킬 것으로 예상하고 있다.[15, 16]

한편, 그간 일본의 소비세제가 안고 있는 문제점을 해결하기 위한 대안으로 제시되었던, 근로장려세제 도입 문제나 복수세율의 도입, 간소한 급부조치, 전가대책[17]으로서 세제상 조치, 의료기관에 대한 소비세 과세 문제, 주택취득과 관련한 필요 조치, 자동차 취득세·중량세의 간소화, 세입청 설립 등 많은 문제가 앞으로의 논의를 기다리고 있다. 일본 경제 관점에서 보자면, 이와 같은 제도보완도 중요하겠지만, 과연 소비세 인상만으로 재정건전화가 가능할 것인지, 그리고 1997년 4월 소비세 인상 이후의 논쟁에서 알 수 있듯이 2014년의 소비세 인상이 자칫 경기를 악화시키는 것은 아닌지 등은 아베노믹스의 향배를 결정짓는 중요한 변수가 될 것 같다.

4. 2014년 아베노믹스의 향배

2014년 일본경제를 전망하는데 가장 큰 변수는 그간 1년 가까이 진행된 아베노믹스가 계속 추진될 것인지, 아니면 정치·경제 환경의 급변에 의해 '중도낙마'하게 될 것인지, 그 향배라 할 수 있다.

첫째, 2014년 4월 1일부터 시행되는 소비세 인상은 1997년 4월의 소비세 인상 때와 마찬가지로 국내 경제를 냉각시킬 소지가 큰 것은 사

---

15 / 소비세 인상에 따라 2013년도 GDP가 0.5% 증가하고 2014년도 GDP가 0.5% 감소한다고 할 때, 2014년도의 전년대비 GDP 성장률은 0.5% 하락하는 것이 아니고 1% 하락하는 것에 유의해야 한다. (코미네다카오(小峰隆夫) (2014) p.8. 참조) 미즈호종합연구소(みずほ総合研究所)의 다카다(高田創)(2013) 역시 2014년 4월의 소비세 증세는 2013년도 중에 개인소비와 주택투자에 대한 '사재기' 수요 효과(약 3조 엔 GDP의 0.6%)를 예상하고, 2014년도 GDP를 전년대비 1.3% 하락시킬 것으로 예상하였다. 한편, 다이와소켄(大和総研)의 사이토(齋藤勉)(2013)는 소비세 인상은 2014년도 GDP를 전년대비 1.42% 하락시킬 것으로 예상하였다.

16 / 단, 시마나카(嶋中雄二: 2013)는 2014년도의 소비세 추가 인상은 아베노믹스의 양적완화와 기동적인 재정정책이 소비세 인상에 따른 경기냉각을 충분히 상쇄할 수 있다는 입장을 피력하였다.

17 / 일본 소비세는 제품·서비스의 각 거래단계에서 해당 사업주가 소비세를 납세하는 방식이나, 가격지배력이 낮은 영세사업자나 하청업자는 판매처에 소비세를 제대로 전가하지 못해, 소비세 인상은 이들에게 더 큰 부담을 안겨준다는 지적을 말한다.

실이나, 일본은행이 양적완화를 계속 추진하겠다는 의사를 내비치고 있는 점이나, 추경예산 편성을 통해 확대 재정정책을 계속 추진할 여지가 충분하다는 점에 비추어, 다른 경제적 변수가 없는 한 아베노믹스는 지속될 확률이 높은 것으로 보인다.

둘째, 미국 연방제도이사회(FRB)의 양적완화 축소(tapering)로 인해 아시아 신흥국이 경제적으로 타격으로 받게 될 경우, 그간 아베노믹스의 양적완화에 대한 기대심리로 일본 주식시장에 유입된 자금들이 대거 이탈할 가능성이 높은 점 역시 아베노믹스가 계속 추진될 가능성을 높이고 있다. 다시 말해, 아베노믹스의 양적완화는 그간 실물부문에 뚜렷한 경제적 효과를 수반하지 못한 채, 주가상승과 엔화약세를 통한 '자산효과(wealth effect)'에 그 경제적 효과가 치중되었다고 할 수 있는데, 일본 정부로서는 양적완화를 지속하여 외국자본을 국내로 유인해야 하는 인센티브를 갖고 있는 것이다.

셋째, 아베노믹스의 리스크 요인으로 지적된 국채금리의 폭등 가능성 역시 낮다는 점에서 아베노믹스는 지속될 가능성이 높다. 일본의 국채금리 폭등 가능성을 낮게 보는 이유는 일본은행이 양적완화 기조를 유지하는 가운데, 일본의 상업은행이니 생명보험회사와 같은 기관투자자들이 국채를 계속해서 소화할 것이라는 전망에서 그렇다. 국채시장의 안정은 일본은행의 양적완화를 지탱하는 버팀목이 될 것이다.

마지막으로 아베노믹스가 기업의 설비투자나 임금, 고용, 소비 등 실물부문에 거의 영향을 주지 못한 채, 엔화약세 영향으로 국내 물가만 인상되고 있다는 비판이 격화될 경우에는 아베노믹스의 양적완화나 확대 재정정책은 궤도수정이 불가피할 것이다. 그럼에도 현재 일본의 물가상승률이 년 1%에도 미치지 못하고 있는 점을 감안하면, 이러한 지적 역시 아직 실현가능성은 낮아 보인다. 결국, 현재로서는 아베노믹스가 2014년 중에 중도 하차할 여지는 매우 낮아 보이는데, 문제는 아베노믹스가 당초 목표대로 일본경제를 실질 경제성장률 2%대, 물가상승률 2%대의 견실한 경제성장 구조로 탈바꿈시킬 수 있을지 여부라 할 수 있을 것이다.

참고문헌

〈한국어 문헌 및 주요 참고 자료〉

김규판(2013), "아베노믹스, 일본 경제 부활의 신호탄인가?", 서승원·김영근 엮음 『저팬리뷰 2013』, 고려대학교출판부.

〈일본어 문헌 및 주요 참고 자료〉

경제산업성(経済産業省)(2013), 『通商白書 2013』

국세청(国税庁)(2013), "消費税法改正のお知らせ", 2013.3.

내각부(内閣府)(2012), "経済財政の中長期試算", 2012.8.12
    (http://www5.cao.go.jp/keizai2/keizai-syakai/shisan.html)(검색일: 2013.12.10)

_____(2013a), "日本経済再生に向けた緊急経済対策"について"2013.1.11.
    (http://www5.cao.go.jp/keizai1/keizaitaisaku/2013/0111_01taisaku.pdf)(검색일:2014.1.14

_____(2013b), "好循環実現のための経済対策について", 2013.12.5.
    (http://www5.cao.go.jp/keizai1/keizaitaisaku/2013/131205_koujyunkan.pdf)(검색일:2014.1.14)

_____(2014), "国民経済計算(GDP統計)"
    (http://www.esri.cao.go.jp/jp/sna/data/data_list/sokuhou/files/2013/qe134/gdemenuja.html)(검색일:2014.2.18)

노구치유키오(野口悠紀雄)(2013), "なぜ円安なのに、設備投資は増加しないのか"『週刊東洋経済』, 2013.6.22.

다이와소켄(大和総研)(2013), "2014年の日本経済見通し：経済の好循環は本当におきるのか？", 『日本経済予測Monthly』, 2013.12.19.

다카다하지메(高田創)(2013), "消費税増税について～予定通りの税率引き上げが望ましい～", みずほ総合研究所. 2013.8.31.

마쓰타니아키히코(松谷昭彦)(2013), "増税は日本財政の真の論点ではない", 『金融財政事情』, 2013.9.16.

사사키토오루(佐々木融)(2014), "ドル・円の決定要因", 『エコノミスト』. 2014.2.11

사이토쓰토무(齋藤勉)(2013), "消費税増税が経済に与える影響, 『経済分析レポート』大和総研. 2013.9.3

수상관저(首相官邸)(2013), "日本再興戦略の概要", 2013.6.14.
    (http://www.kantei.go.jp/jp/headline/seicho_senryaku2013.html#c4)(검색일:2013.12.12)

시마나카유우지(嶋中雄二)(2013), "13,14年度の内外経済展望", 『金融財政事情』, 2013.9.16.

이와타기쿠오(岩田規久男)(2001), "インフレ目標付長期国債買い切りオペの提案", ESRI-経済政策FORUM 第一回基調講演, (http://www.esri.go.jp/jp/workshop/forum/010301/kicho.html)(검색일: 2014.2.3)

이와타기쿠오·하라다유카타(岩田規久男·原田泰)(2013), 『金融政策と生産：予-想インフレ率の経路』, Working paper J-series No.1202, 早稲田大学 現代政治経済研究所. 2013.3.

일본경제연구센터(日本経済研究センター)(2014), "フォーキャスト調査", 2014.1.15.
    (http://www.jcer.or.jp/esp/result.html)(검색일: 2014.2.17.)

일본은행(日本銀行), "2%の物価安定目標と量的・質的金融緩和"
    (http://www.boj.or.jp/mopo/outline/qqe.htm)(검색일:2013.10.15)

_____, "時系列統計データ検索サイト"(http://www.stat-search.boj.or.jp/index.html)(검색일: 2014.2.10)

재무성(財務省)(2013), "法人所得課税の実効税率の国際比較"

(http://www.mof.go.jp/tax_policy/summary/corporation/084.htm)(검색일: 2014.1.15.)

재무성(財務省), "国債金利情報"

    (https://www.mof.go.jp/jgbs/reference/interest_rate/index.htm)(검색일:2014.2.20)

_____, "貿易統計"(http://www.customs.go.jp/toukei/info/index.htm)(검색일: 2014.2.18)

_____, "法人企業統計"(http://www.mof.go.jp/pri/reference/ssc/)(검색일: 2014.2.20)

총무성 통계국(総務省統計局), "統計表"

    (http://www.e-stat.go.jp/SG1/estat/List.do?bid=000001033702&cycode=0)(검색일:2014.2.15.)

코미네다카오(小峰隆夫)(2014), "2014年度日本経済：成長率は落ちるが景気の勢いは悪くない", 『エコノミスト』, 2014.2.10.

코지마아키라(小島明)(2014), "消えたJカーブ効果？：双子の赤字"化への内外の懸念", 『小島明のGlobal Watch』, 2014.2.19. (http://www.jcer.or.jp/column/kojima/index595.html)(검색일: 2014.2.1)

하라다유카타(原田泰)(2013), "消費税増税へ：財政再建には歳出の抑制が肝心", 『WEDGE』, 2013.9.14.)

〈영어 문헌 및 참고 자료〉

OECD, *Economic Outlook No.93*, OECD. StatExtracts.(http://stats.oecd.org)(검색일: 2014.1.15)

아베노믹스의 정치경제학*
— 미·일 통상교섭과 일본의 구조개혁을 중심으로 —

김영근 | 金暎根 Kim, Young-geun

일본 도쿄대학(東京大学)에서 석사학위와 박사학위(국제관계학 전공)를 받았다. 이후 미국 예일대학 국제지역연구센터(YCIAS) 방문연구원, 일본 아오야마가쿠인대학(青山學院大學) 국제정치경제학부 협력연구원, 현대경제연구원 동북아연구센터 연구위원, 무역투자연구원(ITI) 무역정책연구실장, 계명대학교 국제학대학 일본학과 조교수를 역임하였다. 2011년 8월부터 고려대학교 일본연구센터 부교수로 재직하고 있다. 전공분야는 일본의 외교·통상정책, 국제정치경제론이다. 최근의 주요 연구 관심사는 일본의 경제시스템의 변화 및 세계무역체제와 지역주의/자유무역협정(FTA, APEC, TPP 등)이다. 주요 업적으로는 "대재해 이후 일본 경제 정책의 변용: 간토·한신아와지·동일본 대지진, 전후의 비교 분석" 김기석 엮음/김영근 외 『동일본대지진과 일본의 진로: 일본 사회의 패러다임 변화』(한울, 2013년: 공저), "미·일 통상마찰의 정치경제학: GATT/WTO 체제하의 대립과 협력의 프로세스"(『일본연구논총』2007년) 등이 있으며, 역서로는 『국제적 상호의존』(논형, 2014년), 『일본 대재해의 교훈』(도서출판 문, 2012년), 『일본 원자력 정책의 실패: 후쿠시마 원전 사고 대응 과정의 검증과 안전규제에 관한 제언』(고려대학교출판부, 2013년), 『금융권력』(전략과문화, 2008년)』 『서브프라임 금융위기 — 21세기형 경제 쇼크의 심층』(전략과문화, 2008년: 공역)』 『콤팩트 국제관계학』(전략과문화, 2009년: 공역)』등이 있다.

1. 서론: 연구의 필요성

본 논문의 목적은 아베노믹스의 1년 성과를 주목하면서 전후 미·일 통상 마찰의 프로세스에서 항상 관건이 되어왔던 일본의 구조개혁에 관한 변용을 고찰하는 데 있다.[1] 미·일 간 외교 통상 교섭과정에 있어서 과연 일본의 경제구조와 경제정책에 변화가 발생했는지에 관한 문제의식에서 출발했다. 우선 미·일 통상마찰의 전개에 관해서는 제1기 : 전후~1960년대, 제2기 : 1970년대~80년대 중반, 제3기 : 1980년대 중반~1994년, 제4기 : WTO 설립(1995) 이후, 제5기 : 동일본대지진(2011) 이후로 구분하여 일본의 대미 통상정책 변화에 관해 검토하고자 한다. 특히 1980년대 중반 이후 1995년 WTO 설립 이전까지 미·일 경제 분쟁과 마찰이 가장 격렬했던 시기에 논의되었던 미·일 협의에 관한 사례분석, WTO설립을 전후로 한 사례 및 아베노믹스의 추진과정을 대상으로 하고자 한다. 첫째, SII/미·일 구조협의(1989~1991년) 둘째, 미·일 포괄경제협의(1993~1996년) 과정을 다루고자 한다. 미국이 요구했던 일본의 구조적 문제 및 제도 시정 요구와 맞물린 일본의 구조개혁을 고찰하고자 한다. 셋째, 아베노믹스(2012년 12월)의 추진에 따른 미국과의 정책조정 및 일본의 구조개혁에 관해 앞의 두 사례와 비교·분석하고 있다. 결론적으로 본 연구는 일본의 구조개혁의 프로세스와 메커니즘을 비교·분석함으로써, '아베노믹스'의 진로를 점검하고, 나아가 정책의 변용과 연속성에 관한 함의를 제시한다.

우선 본 논문의 분석시기인 '잃어버린 20년'을 포함하여 1989년 이후 일본의 주요 정치·경제적 변화를 점검해 보기로 하자([표 1] 참조).

1 / 구조개혁 및 아베노믹스에 관한 대표적인 연구로는, I. M. Destler(2005), *American Trade Politics, Fourth Edition*, Institute for International Economics.; 浜田宏一(2013), 『アベノミクスとTPPが創る日本』講談社; 八代尚宏(2013), 『日本経済論·入門 : 戦後復興からアベノミクスまで』有斐閣; 池尾和人(2013), 『連続講義·デフレと経済政策 : アベノミクスの経済分析』日経BP社; 若田部昌澄(2013), 『解剖アベノミクス : 日本経済復活の論点』日本経済新聞出版社 등을 들 수 있다.

[표 1] 일본의 주요 정치·경제 변화: '잃어버린 20년'

- 1989년 : 자민당 다케시타 내각(1987.11.6~1989.6.3) 소비세(3%) 도입(4월 1일)
- 1990년 : 가이후(海部俊樹) 내각(1989.8.10~1991.11.5)
- 1991년 : 미야자와 내각(1991.11.5~1993.8.9)
- 1992년 : 버블경제의 붕괴 및 금융불안의 가시화
- 1993년 : 사회주의 정당 주도의 연립정당(호소카 내각)으로 정권교체: 총선에서 자민당 정권창출 실패 (8월 9일)
- 1994년 : 자민당 11개월의 정권재탈환(6월 29일)/GATT UR교섭 타결(12월 15일 타결-16일 서명)
- 1995년 : WTO(세계무역기구) 출범
- 1997년 : 자민당(하시모토 내각) 소비세 인상(3%→5%)으로 일본경제의 침체국면(1월 1일)
- 1998년 : 민주당 창당(4월 27일)
- 2000년 : 자민당 총선 승리로 모리(森喜朗) 수상 정권유지(6월 25일)
- 2001년 : 고이즈미(小泉純一郎) 신사참배(8월 13일)
- 2005년 : 우정민영화 법안 통과(10월 11일)
- 2007년 : 자민당 참의원 선거 패배(7월 29일), 아베(安倍晋三)총리 사임(9월 26일)
- 2008년 : 후쿠다(福田康夫) 총리 사임(9월 1일)
- 2009년 : 민주당 총선 승리로 하토야마(鳩山由紀夫) 총리체제로 54년만의 정권교체(8월 30일)
- 2010년 : 민주당은 간(菅直人) 총리 체제(6월 8일)로 2011년 3.11 동일본대지진 후 부흥정책 실시
- 2011년 : 민주당은 노다(野田佳彦) 총리 체제(9월 2일)로 정권유지
- 2012년 : 자민당 총선 승리로 아베총리 체제로 정권교체(중의원해산 11월 16일, 선거 12월 16일)
- 2013년 : 자민당 참의원 선거 압승(7월 21일)

출처: 필자 작성

특히 1993년 8월 9일 총선에서 자민당은 정권창출에 실패함으로써 사회주의 정당 주도의 연립정당으로 정권이 교체되었다. 2012년 11월 16일 중의원해산 이후 자민당이 12월 16일 총선 승리함으로써 아베총리 체제로 정권이 교체되기까지 20여 년의 세월은 '잃어버린 일본경제 20년' 시기와 맞물린다.

일본 내의 아베노믹스의 전망 자체는 2012년 선거공약집(매니페스토)을 통해 관심을 불러 일으켰다. 무엇보다 세 화살 중 '집중적 양적 완화' 및 '재정 지출 확대 전략'으로 요약될 수 있다. 특히 아베노믹스에 관해 일본에서는 긍정적인 기대 효과를 집중적으로 보도하고 있다고 한다면, 한국 언론은 (2007년 서브프라임 금융위기에 대해 전망했던 많은 사람들이) 일본(엔화)의 환율위기 및 금융위기 등 다양한 부정적인 전망치를 내놓으면서 아베노믹스의 부작용에도 관심이 쏠리고 있다.

아베노믹스의 세 번째 화살이라고 강조가 되고 있는 신성장동력(新成長動力) 자체는 그야말로 하나의 산업개혁, 나아가 일본의 구조개혁 부분에 중점을 두고 있다. 이 글에서는 그 이유(배경)와 일본의 변용

과는 어떻게 관련되어 있는지, 또한 어떠한 프로세스와 메커니즘을 통해 시도되었으며 결과는 무엇인지에 대하여 고찰하고 싶다. 이 부분은 아베노믹스의 정책에 대해서 2013년 5월 9일 G7의 재무장관 중앙은행 총재 회의에서 심층 있는 논의가 이루어진 것으로 알려지고 있다. 특히 엔저 현상에 대해서는 미국은 일본 경기회복의 대책 혹은 일환으로 용인해주겠다는 대안(trade-off)으로써 일본의 구조개혁을 요구하고 있다. 결국 엔저의 용인 대신에 일본이 감수해야 할 상황 자체가 일본이 앞으로 극복해야 하는 아베노믹스의 성공여부에 달려있는 부분이다. 곧 이것이 일본(아베 정권)이 신성장전략으로 삼겠다는 세 번째 화살에 해당한다. 또한 이러한 부분이 3.11 동일본대지진 이후의 일본이 처한 경기회복, (일본)재생이라는 과제와 아울러 일본의 잃어버린 20년의 지속 혹은 30년의 터널 진입이라는 상황으로 빠지지 않기 위한 탈출구 혹은 수단으로 여겨지고 있다. 과연 일본이 어떠한 요소를 신성장동력의 기점으로 삼고 있는지에 관한 것은 TPP(Trans-Pacific Strategic Economic Partnership 환태평양경제동반자협력체제) 논의와 밀접하게 연관되어 있다. 실제 포스코경영연구소나 미국 피터슨국제경제연구소(PIIE)의 제프리 숏(Jeffrey Schott)의 분석은 일본의 TPP 전략과 비슷한 상황이 아베노믹스에서도 엿보인다는 점을 지적하고 있다. 특히 TPP에 찬성하고 반대하는 주요 정책 추진 의도 및 그 배경(요인)이, 아베노믹스 추진파와 아베노믹스 반대파의 지지 세력과 배경, 이유, 결과에 대해서 상당히 일치하는 부분이 많다.

선행연구에서 지적하는 바와 같이, 과연 엔화의 약세 또는 시장금융의 완화라는 정책 자체가 경기회복으로 이어져 위축되어 있던 혹은 자숙했던 소비 상황에서 탈피하여, 일본경제가 실제 내년(2014년) 4월에 앞두고 있는 소비세 인상과 제도변화와는 상관없이 투자심리 회복, 소비의 회복으로 바로 연결될 것인가가 관건이라 할 수 있겠다. 이 부분에 대해서는 굉장히 많은 저해요인들이 내재하고 있다는 점이 TPP 반대파 또는, 아베노믹스 반대파의 주장과도 일치되는 부분이 있을 것이다. 양적완화에 대해서는 단순히 아베노믹스의 정책에서만 나타난 것은 아니다. 2010년 민주당 시절부터 포괄적 금융완화 정책을 도입해서 이미 글로벌 금융위기의 시기 즉, 2007년 서브프라임 금융위기, 2008년의 리먼쇼크 이후에 금융완화 정책 혹은 양적 완화정책을 시도해보았으나, 결과적으로 일본이 과연 그러한 위기를 잘 극복했는가에 관한 평가는 논외로 하자.[2] 만약 그 당시 상황과 지금의 상황이 비슷하다면 결과적으로 아베노믹스의 정책이 기대한 만큼 수출회복, 주가회복, 부동산 하락 등에 관해서 어느 정도 단기적인 효과는 기대할 수 있겠지만, 다양한 부정적 요소 및 리스크 요인을 안고 있는 부분 자체가 오히려 글로벌 금융 위기로 확산될 우려가 있다. 또한 실질적으로 수입가격의 인상으로 인한 일본 내의 물가인상, 일본의 경제생활 부분에 있어서의 생활고(生活苦)로 연결되는 부정적인 부분으로 작용할 수도 있다. 결국은 단순한 양적 완화 정책시행의 결과로 정부 부채가 오히려 확대되고, 금리가 급등하는 등 아베노믹스 정책이 초래할 우려사항 뿐만 아니라, 아베노믹스의 가장 관건이 되는 것은 아시아의 지역주의에서 일본의 역할, 또는 세계무역구조 내에서의 일본이 금융위기라는 부분에 대해서 어떤 식으로 대응할 것인가라는 것이 과제가 될 것이다. 더불어 일본의 경제 재생을 위한 거버넌스와 연동이 되지 않으면 사실 아베노믹스의 장기적인 기대치 자체가 낮아지지 않을까하는 부정적인 측면에 관한 대응 그 자체에도 관심을 가져야 할 것으로 생각된다.

본 논문의 구성은 다음과 같다. 먼저 제2장에서는 아베 1기와 아베 2기의 경제정책을 비교 · 분석함으로써 아베노믹스와 일본 국내정치의 특징 및 동향을 분석하고 있다. 제3장에서는 우선 미 · 일 통상마찰의 기원과 전개를 점검한 후, 일본의 구조개혁에 관한 사례, i)미 · 일 구조협의(SII: 1989~1991년), ii)미 · 일 포괄경제협의(1993~1996년), iii)아베노믹스의 세 번째 화살에 관해서 분석한다. 마지막으로 아베노믹스 추진을 통한 구조개혁에 일본의 진로(경제재생)에 주는 시사점을 도출한다.

2. 아베노믹스와 일본의 국내정치: 아베 1기와 아베 2기의 경제정책 비교분석

1) 자민당 아베 1기 vs. 아베 2기의 주요 정책 비교

자민당 아베 1기와 아베 2기의 주요 정책을 비교([표 2], [표 3] 참조)해 보면, 우선 성장중심의 전략을 위해 저금리 및 무역 활성화를 위한 경제협력을 중시하는 정책기조(스탠스)는 유사하다. 다만 고이즈미(小泉純一郎)·아베 1기는 세계 및 일본경제가 호황이었던 점에 비하면, 아베 2기는 금융위기 이후 대내외 성장 침체 상황이라는 점이 대비적이다. 특히 아베 2기는 글로벌 금융위기 이후 세계경제의 악화가 지속되는 시기로 아베의 경제정책 대응은 더욱더 주목받고 있다. 구체적으로 자민당 아베 1기와 아베 2기의 주요 경제 현황 및 정책을 비교해 보기로 하자.([표 2]참조)

(1) 아베정권 1기의 자민당 경제정책: '성장 없이는 일본의 미래가 없다'(성장주의)

자민당의 고이즈미 정권은 특히 성장주의를 강조하며, 경제철학(신자유주의 노선)을 유지시키기 위하여 국가의 경제적 성장에 따른 국민들 간의 빈부격차를 해소시키기 위한 다양한 정책들을 시도하였다. 고이즈미 정권 이후의 아베(2006년 9월 26일~2007년 9월 12일)수상과, 후쿠다 정권(2007년 9월 13일~2008년 9월 1일)은 '구조개혁 추진을 통한 일본경제의 성장'이라는 고이즈미 수상의 경제철학을 계승하였지만, 고이즈미 개혁의 후퇴로 인해 자민당(정당) 정책의 일관성은 상실되고 말았다. 결과적으로 아베 1기의 경제정책 목표와는 달리 실질적 결실을 맺지 못하였고, 정책 추진에도 불구하고 자민당 정권하의 '일본의 잃어버린 10년'의 지속이라는 장기간의 경기침체로 인해 사회양극화가 심화되었던 이유로 자민당에 대한 불만은 증가하였다. 그리고 이는 결국 민주당으로의 정권교체를 초래하였다.

(2) 아베정권 2기의 **新**경제정책: 일본의 경제회생을 위한 금융완화
    와 경기부양책 실시

아베정권 2기 탄생의 배경으로는 고이즈미 개혁 이후 지속적으로
악화되어 온 소득·자산·지역의 양극화 심화에 대한 불만해소 방안이
관건이었다. 또한 일본국민들은 단순히 정책성향으로 당이 바뀌는 정
권교체보다는 강력한 리더십이 발휘되어 경제회복과 재생으로 이어지
는 경제정책의 추진을 기대하였다. 따라서 국정운영의 경험이 없었던
민주당의 '불안'한 경제정책의 운영과 이에 대한 실망감의 극복 방안으
로서 자민당 아베 정권이 제시한 정책이 바로 아베노믹스이다. 1955년
이후 장기 집권해 온 자민당에 대한 개혁 요구사항의 반복 또는 장기경
기침체로 인한 경제위기(잃어버린 20년)에 대한 민주당의 경제정책에
대한 실망감의 극복 수단으로 아베노믹스가 제대로 작동하느냐에 관해
주목할 필요가 있다.

[표 2] 고이즈미·아베 1기 vs. 아베2기의 일본경제 현황 비교

		고이즈미·아베 1기*('04~'07년): 엔저(19%)	아베 2기 2012.12~ :엔저(21%)
유사점	금리·환율정책	• 저금리 정책과 엔화 약세 기조 (고이즈미 정책의 연속성)	• 저금리 정책, 엔화 약세 위해 총력→무제한 양 적완화 등
	통상정책	• 동아시아포괄적경제동반자관계(CEPEA) 추진	• 아태지역의 무역제도(규범) 주도와 미국과의 새 로운 경제권 구축
	아베 집권 시기	• '07.7월 참의원 선거 1년전 포퓰리즘적 성격	• '13.7월 참의원 선거 반년전 포퓰리즘적 성격
차이점	세계성장률 /수출량	• '04~'07년 평균 3.9%(GI 기준) • 세계 수출량 '04~'07년 16.7%	• 성장률: '12~'13년 2.3% • 수출량: '12~'13년 2.1%
	일본경제	• 4년 평균 GDP 1.9% • 헤이세이 경기확대('02.2~'07.11)	• 2년 평균 1.3% • '08년 이후 마이너스 성장
	일본 무역수지	• 무역수지 흑자 (4년평균 1,020억달러 흑자)	• 무역수지 적자 지속 (2년평균 700억달러 적자)
	원/달러	• 기간 월평균 984원/달러 1,087→928 원화 14.6% 강세	• 기간 월평균 1,093원/달러 1,124→1,104 원화 1.8% 강세

주: *고이즈미 수상은 2001년 4월 26일부터 2006년 9월 26일까지 재임(통산1980일)하였으며,
아베(安倍晋三) 수상은 2006년 9월 26일부터 2007년 9월 26일까지 제1차 아베내각을 구성하였으며,
2012년 12월 26일 이후 현재 제2차 아베내각 집권중이다.
자료: 필자작성

아베 2기의 정책은 일본의 경제회생을 우선순위로 두며, 디플레이

션 극복을 위한 공격적인 금융(통화)완화 및 유화 정책을 구상하며 시
장부양 정책 및 엔저(円安: 엔화의 가치절하)를 목표로 하였다.

[표 3] 자민당 아베 1기 vs. 아베2기의 주요 정책 대비

	자민당 아베 1기(2006.9~2007.9)	자민당 아베 2기(2012.12~)
경제재생/부흥 정책	– 고이즈미의 구조개혁 노선 계승 – 시장원리에 입각한 이노베이션 – 개혁·개방을 통한 경제성장	– 일본경제재생본부(日本経済再生本部) 설치 – 일본 경제재생·산업경쟁력강화법 제정 – 국토강인화 정책(물류네트워크복선화, 기간도로정비, 노후화 된 인프라의 계획적 유지갱신, 주택·건축물의 내진화, Com- pact City 등의 추진)
경제안정화 정책 (세금·소비세)	– 10년 이내 정부의 기초재정수지 흑 자화 – 소비세 증세(인상) 보류: 경기회복 후 검토	– 대담한 금융완화정책과 토목건설 투자 등 고강도 경기부양책 실시 – 장기자금에 대한 정책금융 강화 – 소비세(잠정10%)를 포함한 재무행정발본 개혁을 가속화, 소비 세수는 사회보장 이외의 사용불가
경제성장 정책	– 이노베이션에 의한 성장중시 노선 – 연 2% 경제성장의 실현(2010년도 말)	– 명목 3% 이상의 경제성장 달성 – 디플레이션 대응: 물가인상 목표 2% 달성* – 대규모 인프라 투자 실시, 규제완화, 법인세 인하 등으로 산업 경쟁력 회복
외교·통상 (대외정책)	– '전후체제로부터의 탈피' – EPA(경제연대협정) 추진과 동시에 WTO DDA 협상 주도권(리더십) 확보 – 브릭스 및 아시아 시장을 포괄할 수 있는 투자 환경 정비	– WTO도하라운드의 조기타결 착수, EPA/FTA의 피해산업에 대 한 국경조치(관세) 유지하면서, 국내경제 및 지역대책을 강구 (일본의 국익을 전제로 판단) – TPP교섭참가 소극적(「성역없는 관세철폐」를 전제로 할 경우 교섭참여 반대)
에너지	– 자원 확보의 다변화 및 적극적인 자 원 개발 프로젝트 실시	– 원전 재가동 기준은 순차적 판단(3년 이내 결론) – 10년 이내에 지속가능한 원전 운영원직의 구축

주: * 일본의 만성적 디플레이션에서 벗어나기 위해 1%인 소비자물가(인플레이션) 목표치를 2%로
인상한다는 공약(2012년 12월 선거공약 당시/현재)
자료: 양당의 정책공약집(매니페스토)을 참조하여 필자작성

2) 아베노믹스와 일본경제

아베 2기 정권은 재정지출 확대에 따른 양적 완화와 서비스 산업
개혁(신성장 전략)을 통하여 '경제성장에 의한 부의 창출', 다시 말해 분
배 중심에서 성장 중심으로 정책을 전환하였다. 아베의 최우선 정책과
제로서 디플레이션 및 엔고 문제 해결을 목표로 설정하였고, 집권기간
내에 명목 3% 이상의 경제성장을 달성하겠다고 선언하였다.[3]

3 / 자민당 정책공약집,
自民党(2012)

2007년 서브프라임 금융위기, 2008년 리먼쇼크 이후 글로벌 금융
위기 및 유럽 재정위기의 확산 과정에서 미국의 양적완화정책이 일본

경제에 미친 영향으로, 일본의 통화(円)는 평가절상의 압력으로 엔고 상황이 지속되었다[그림 1] 참조). 바꾸어 말하면 일본의 정책은 시장(미국)의 요구대로 환율의 평가절상(円高) 및 시장개입을 통한 달러화 축적이라는 '외압 순응형' 대응이었다고 할 수 있다. 이 때 "문제의 발단은 분명 미국의 국내경제 사정이었고, 그것을 극복하기 위한 방책은 미국의 급진적인 통화정책이었다(김기수 2013, 31).[4] '잃어버린 20년'이라는 침체된 일본경제가 지속되는 상황이었음에도 불구하고, 엔화가 70엔대를 기록했다는 것은 상대적으로 미국이나 유럽의 정책요구에 융합하는 정책결과로 이어졌다고 할 수 있다. 그러나 아베노믹스의 추진 과정에서는 결과적으로 2007년부터 2012까지 약 5년에 걸쳐 일본이 엔고 정책을 용인해주었던 대가로 아베노믹스 추진(2012년 12월) 이후 금융패권국(미국이나 유럽) 혹은 국제통화체제에서 엔저 정책을 용인했다는 점은 미·일 간 교섭에 있어서 상호작용의 결과(개연성)로 해석할 수 있다.

4/ 김기수(2013) "미국 금융위기와 통화전쟁론(currency wars): 양적완화정책(QE)의 영향력 메커니즘", 세종연구소 연구과제 보고서

[그림 1] 1985년 플라자 합의 이후 3차례의 엔高 발생 및 원인 비교

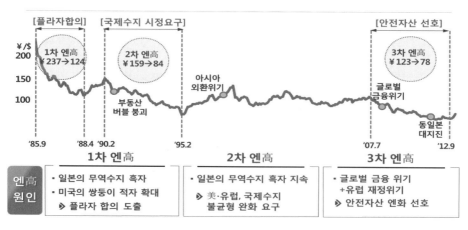

자료: 필자작성

아베노믹스의 구상에 대해서는 일본은행의 총재 선임과도 관련되어 있다. 현재 하마다 고이치(浜田宏一)와 이와타 가즈마사(岩田一政),

그리고 이토 모토시게(伊藤元重),[5] 이들 3명은 아베노믹스의 멘토로서, 아베 신조(安倍晋三) 총리의 경제자문역을 맡아 아베노믹스를 설계한 것으로 알려진 하마다 예일대 명예교수와 이토 일본 총합연구개발기구(NIRA) 이사장 겸 도쿄대 교수, 이와타(岩田)[6] 일본경제연구소장 겸 전 도쿄대 교수 3인 이다. 다만 이 멘토들과 정책적 스탠스를 같이하고 있는 현 구로다 일본은행 총재와는 달리, 시라카와 마사아키(白川方明) 전 일본은행 총재는 디플레이션 자체의 원인이 반드시 장기불황의 원인으로 작용하는 것은 아니라고 보고 있다. 그 이유를 다른 시각으로, 공급 측면에서 소비자의 투자의욕 저하에서, 돈을 빌려서 그 투자 의욕을 고취시키려고 했지만 효과는 없었다는 점이다. 결국 무조건 돈을 투자하면 된다는 식의 정책추진은 실물경제와의 괴리를 읽지 못하는 '뒤틀림(어긋남)' 이 가장 큰 관점이다. 이 어긋남은 여성노동력이나 고령화된 산업사회에 대한 대응책 마련과 일련의 경제정책을 어떤 식으로 소비와 투자로 연동시킬 것인가의 문제는 내수확대와 밀접하게 연관되어 있는데, 일본은 오히려 반대의 정책을 실시했다고 할 수 있다. 예를 들어 일본은 위기상황이 오면 그 반대의 소비위축으로 이어질 만한 소비세 인상이라는 정책을 가지고 나온다는 것이다. 1995년 한신·아와지대지진(阪神淡路大震災) 발생시 3~5%의 소비세 인상(1997년)을 시도했고,[7] 2011년 3.11 동일본대지진(東日本大震災) 발생 이후 2014년 4월에는 8%로 인상될 예정이다. 전체적으로 일본의 재생을 위해 재해라는 특수 상황 하에서의 (진재)부흥채, 즉 국채의 형태가 아닌 부흥재원을 마련하기 위한 별다른 수가 없다보니 돈은 남아있지만 소비세 인상이라는 정책을 시행하는 것이다. 그리고 이점에 관해서는 "걱정하지 마라 잘만 되면 소비세 인상과 상관없이, 임금이 인상된 상태에서 소비세 인상했다고 소비 안할 것이냐" 라는 자신감을 보인다. 이 부분에 대해서는 2014년 4월의 예정된 소비세 인상과 맞물려서 그 이후에 다시 소비위축이나 소비자숙으로 이어진다면, 아베노믹스는 그 상황에서 대처하기 어려워질 가능성도 존재한다.[8]

5/ 하마다·와카타베·가츠마(浜田·若田部·勝間)(2010) 참조할 것. 하라다(原田)(2013)는 글로벌 금융위기 이후 미국 연방준비제도이사회(FRB)나 영란은행(BOE), 유럽중앙은행(ECB)이 본원통화 공급량을 2~3배 늘린 반면, 일본은행은 겨우 30%밖에 늘리지 않아 엔고를 초래함은 물론 디플레이션 극복에도 실패하였다고 진단하면서, 아베노믹스의 대담한 금융완화가 필요하다고 역설한다.

6/ 후쿠이(福井俊彦) 전전 일본은행 총재 재임 당시의 부총재

7/ 1997년 소비세 인상에 대해서는 (부흥)재원을 마련하기 위한 원인도 작용하였지만 당시에 일본의 일시적인 경기회복에 대한 자신감이 배경이었다는 분석도 존재한다.

8/ 시라카와(白川方明) 전 일본은행 총재가 대표 논자라 할 수 있는데, 그는 디플레이션은 장기불황의 원인이 아니라 결과라는 견해를 반복해서 표명하였고, 일본경제가 디플레이션에서 쉽게 벗어나지 못하는 이유는 경제성장에 대한 기대감 부족과 소비나 투자 의욕 감퇴에서 비롯되는 수요부족에 있다고 강조한다(일본경제신문(日本経済新聞), 2010.12.11).

[표 4] 금융완화 정책-양적완화의 효과와 부작용

	아베노믹스 추진파(찬성파)	아베노믹스 반대파
행위자 (지지세력)	- 現 일본은행 구로다 총재 - 前 시라카와(白川方明) 총재 - 이와타, 이토, 하마다 등	- 우에다 植田(2012) ***수입물가 상승·국채가격 급락 등 엔저 역효과**
배경 (이유)	- **금융정책을 통한 디플레이션 해소(물가안정)** - '**일본 재생**'의 기점(제3의 개국): '잃어버린 10(20)년'이라는 약화된 일본의 위상에서 탈피 수단으로 활용 - 엔저로 인한 수출의 증대 효과 - 지가 상승으로 소비가 증가(wealth effect) - 미·일 간 경제협력(經濟連携)의 일환으로 **TPP 교섭**에 활용	- '실물경제' 효과 미비(부정적 효과) vs.글로벌 금융위기 이후의 양적완화 정책의 효과 미흡 - **수입물가 상승 및 국채금리 급등** - 수입피해는 실업자 증가의 초래 등의 부정적 효과 - 가계 실질소득 저하 - 민간소비 위축
결과 (전망)	- 주가상승과 엔화약세 - 엔저로 인한 기업이익의 증가 - 소비세 인상(2014년 4월 예정) 가능 - 경기회복에 따른 세수확대 - GDP 대비 국가채무 비율이 하락	일본의 **디플레이션** 현상≠**화폐** 현상(금융정책) =**'실물 현상'**: 생산가능인구의 감소나 저출산·고령화 등에 따른 잠재성장률 저하, 소비·투자와 같은 수요부족을 그 원인으로 규정

자료: 필자작성

한편 자민당의 주요 경제정책으로서 일본의 경제회생을 위한 강력한 금융완화와 과감한 경기부양(=장기물가하락/디플레이션 해결)책을 제시하고 있다. 특히, 일본경제재생본부(日本経済再生本部)를 설치하고, 일본 경제재생·산업경쟁력강화법 제정 등을 통한 일본의 경제회생을 최우선 정책으로 추진한다는 것이다. 통상정책에 있어서 TPP 교섭 참가에는 소극적인 입장을 보이고 있으며, '성역없는 관세철폐'를 전제로 할 경우에는 교섭참여에 반대하는 입장을 표명한바 있다. 그러나 일본 정부는 참의원 선거 전의 TPP 협상 개시가 선거에 악영향을 미치지 않을 것이라는 판단 하에, 2013년 4월 20일 미·일 간 TPP 협상 개시에 합의하였으며, 7월 23일부터 TPP 제 18차 회의부터 본격적인 협상에 참여했다.[9]

일본의 TPP 참여라는 정책결정과 관련하여 국내 정치는 매우 복잡하다. 간 나오토 전 수상이 TPP 참가 검토를 공표하면서 시작된 TPP에 대한 찬반 논쟁은 3.11 대지진 이후 일본의 경제부흥과 맞물려 논의되면서 가속화되었다. 일본은 한·미 FTA(자유무역협정) 발효에 따른 미국 시장에서의 자국기업의 경쟁열위를 만회하기 위한 사전포석으로서 TPP 교섭을 전략적으로 추진했다. 하지만 국내정치와 밀접하게 연계되어 있는 TPP 참가표명 이후 일본 내 찬반 여론에 대해서는 해석이 다양하다([표 5] 참조).

[표 5] 일본의 TPP 정책과 국내정치

	TPP 추진파(찬성파)	TPP 반대파
주요 행위자 (지지 세력)	- 일본 경제산업성 및 제조업체(경쟁우위 산업계) - 다나카아키히코(田中明彦)도쿄대교수 - [재단법인]일본국제경제교류재단(財団法人国際経済交流財団)관련경제단체 등	- 농·수·축산업 등 비교열위산업 - 농업단체, 의료단체 - 마쓰바라류이치로(松原隆一郎)도쿄대 교수
배경 (이유)	- TPP 참가를 통해 일본의 국제경쟁력을 활용하고 일본경제를 재편 - '일본 재생'의 기점(제3의 개국): '잃어버린 10(20)년'이라는 약화된 일본의 위상에서 탈피 수단으로 활용 - 관세 철폐로 인한 수출의 증대 효과 - 수출부진 및 경제불황에서 벗어나기 위한 수단으로 TPP 교섭 참가가 우선 - 경제협력(経済連携)의 활용수단으로 TPP에 대한 높은 지지도	- TPP 교섭이 3·11 대지진 복구와 경제 부흥에 있어서 오히려 장애 요인으로 작용 - 수입품의 가격하락으로 인한 일본 소비생활에 타격이 우려 - 수입피해는 물론이며 실업자 증가의 초래 등의 부정적 효과 - "비교열위에 있는 농업이나 他산업이라도 국내에 존재하는 것이 사회적으로 의미가 있는 분야는 지속적으로 존재(보호)해야 한다"

자료: 필자작성, 김영근(2013, 95 표 2) 재인용

　　TPP 참가를 통해 일본의 국제경쟁력을 활용하고 일본경제를 재편히려는 찬성파외, 수입품의 기격하락으로 타격이 우려되는 농업단체, 의료단체 등의 강력한 반대파가 존재한다. 구체적인 TPP 추진파와 반대파의 논리를 살펴보면, 특히 아베 정부가 TPP를 추진하는 가장 큰 이유는 일본의 구조개혁과 연계된 것으로, TPP를 외압으로 활용함으로써 일본 내의 구조를 개선하려는 정책의도가 반영된 것으로 해석된다. 또한 아베노믹스와 TPP 교섭 추진파(찬성파)는 동일한 행위자 혹은 지지세력에 의해 추진되었다고 할 수 있다.

　　일본의 TPP 전략에 있어서 민주당의 간 나오토(菅直人) 때부터 TPP에 대한 관심을 표명하는 과정에 있어서 주요 전망이나 분석(주장)들은 일본은 결코 TPP에 참여하지 않을 것이라는 입장이 지배적이었다. 그러나 미국의 입장으로서는 TPP 교섭에 일본을 끌어들이려는 의도가 강했던 것으로 보인다. TPP 자체를 놓고 보았을 때, TPP(교섭)를 제대로 돌릴 수 있는 능력, 즉 '아젠다 세팅', '이슈 선정' 혹은 TPP라는

10 / TPP 참여 국가: 미국,
페루, 칠레, 뉴질랜드,
브루나이, 호주, 싱가포르,
말레이시아, 베트남,
일본(신규), 멕시코(신규),
캐나다(신규)

11 / 일본 경제산업성
통상정책담당
과장(익명)과의 인터뷰

교섭 자체를 운영할 수 있는 능력을 가진 나라는 미국 이외에는 한 나라도 없다고 판단함으로써, 일본이 절대적으로 필요한 상황이 반영된 것으로 해석된다. 즉 당시 9개 국가[10]에서는 캐나다가 참가하는 것을 제외하고, TPP를 제대로 운영하기 위해서는 (미국의) 조력자가 필요한데, 그 역할을 수행하는 데 있어서 일본이 반드시 필요하다는 생각이 지배적이었을 것이다[11]. 특히 이런 상황에 대해 많은 선행연구들은 중국을 견제하기 위해서 일본을 TPP 교섭 틀에 참가시켰다는 견해를 내놓고 있다. 주로 '중국 견제론'이라는 해석들이 많지만, '중국 견제론'은 하나의 제스처이며 사실은 TPP 교섭에 있어서의 '일본 역할론'이 더 적합한 배경(요인)으로 작동한 것이라 할 수 있다.

　　TPP가 최종적인 제도의 단계가 아니라, FTAAP(Free Trade Area of the Asia-Pacific) APEC(Asia Pacific Economic Cooperation)이 제도적으로 진화된 단계가 TPP이며, TPP라는 제도는 중간 정차역의 성격을 띠고 있고, TPP가 진화된 마지막 단계는 자유무역협정(FTA) 형태로 아시아-태평양 자유무역지대(FTAAP: Free Trade Area of the Asia-Pacific)라 할 수 있다. 이 때문에, 일본이 미국과의 역할 및 정책조율은 더더욱 중요해질 전망이다. 이런 상황에서 이미 미·일 간 조건의 교환(barter)이 이뤄졌을 가능성도 높다. 예를 들어, 일본의 농산물 시장을 보호해 달라는 요구조건에 대해서 향후 20년간 미국의 대일 자동차 수입관세 유지를 용인하겠다는 교섭(거래)이 있었을 수도 있다. 또한 셰일가스와 관련해서 셰일가스의 수출에 관한 승인, 즉 일본으로서는 미국의 셰일가스 수출 승인을 획득하면 비용 측면에서 이득을 얻을 수 있다는 점이다. 결과적으로 셰일가스의 수입 가격의 상당부분을 절감할 수 있다는 이익 교환이 그 배경으로 작동했을 것으로 보인다.

　　일본이 TPP에 참가함으로써 얻는 이익에 관해 미국이 분명히 다른 옵션을 걸었을 것(trade-off)이라 상정할 경우, 미국이 일본에게 숙제로 부여한 것이 (일본의) 구조개혁이라 할 수 있다. 특히 미·일 간의 교섭과정에서 양국 간의 균형점을 만들려는 어떠한 메커니즘이 작동했을 가능성이 높다. 실제로는 간 나오토 총리가 TPP를 '제3의 개국'으로 선언하고 관심을 표명한 2010년 당시 일본의 신문 사설 등 미디어에서 이제는 일본의 농업 보호 등 자국보호 시스템 혹은 여러 기득권을 포기할 시점이 왔다는 점이 강조된 바 있다. 그러나 2012년 12월 중의원 선거에 있어서 자민당은 TPP교섭 참가에는 소극적 입장으로 '성역 없는 관세 철폐'를 전제로 할 경우, 교섭참여에 반대하는 입장을 표명하였다. 비록 성역(예외조치)을 전제로 한 TPP에 찬성한다는 입장으로 민주당과는 조금 다른 입장 표명으로 보이지만, 매니페스토에 나타난 민주당의 경제정책과 자민당의 경제정책은 거의 유사하다고 할 수 있다(김영근, 2013, 165~203).

또한 1980년대 미·일 경제마찰 속에서 다양한 경험들이 TPP를 둘러싼 미·일 간의 교섭 과정에 있어서도 그대로 반영(적용)되었다는 점에 주목하고 싶다. 예를 들어, G7 혹은 G8 국가들 특히 미국이 엔저를 용인해주는 배경에는 이웃 국가를 힘들게 만드는 '근린국가 궁핍화 정책(beggar my neighbor policy)'의 일환으로써, 1930년대 당시 '보복적 상호주의'를 용인해주었던 것처럼 일본국가 내부를 보호할 수 있도록 엔저를 통해서 수출경제력을 확보하는 보호정책을 용인해주는 형태라 할 수 있겠다. 이 부분에 관해서는 미국의 의도가 개입되었을 가능성, 그리고 일본이 처한 국내외적인 환경 변화(국내조건)를 제대로 잘 활용하여 TPP 관심 표명이라는 대외경제정책으로 연계(linkage)시킨 아베의 정책능력도 가미된 것이라 할 수 있다.

한편, 아베노믹스의 다음과 같은 부작용에 주목하는 논의도 존재한다(삼성경제연구소, 2013.03.12). 예를 들어, 첫째, 일본의 강력한 통화완화 정책은 개인의 소득 개선은 이루지 못한 채, 수입물가만 끌어올리고 국채금리를 급등시키는 등 부작용을 양산하거나, 둘째, 엔저로 인해 기업의 이익이 증가하더라도 근로자들의 임금 인상으로 연결되지 않으면 가계의 실질소득이 저하되고 민간소비가 위축되는 결과를 낳을 수도 있다는 것이다.

3. 일본의 구조개혁과 미·일 교섭

이번 장에서는 아베노믹스의 구조개혁을 보다 잘 이해하기 위해서 미·일 통상교섭 과정에서의 일본의 구조개혁 논의를 살펴보고자 한다. 일본 구조개혁의 기원과 전개에 관한 사례분석을 통해 정책의 변용과 지속에 관해 고찰한다.

GATT(관세 및 무역에 관한 일반협정) 체제하 클린턴 정권의 대일 정책 결정에 대해서는 제1기와 제2기로 나누어 논의할 필요가 있다. 우선 제1기는 미·일 시장분야별협의(MOSS: Market Oriented Sector Selective 1985~1991년)[12], 미·일구조협의(SII: Structural Impediments Initiative 1989~1990년) 등에서 논의된 구조 자체가 장벽이라는 인식이 클린턴 정권에서 개시된 제2기의 '미·일 포괄경제협의(US-Japan Framework Talks on Bilateral Trade: 美日包括經濟協議)'로 이어졌다. 특히 새로 설치된 '국가경제회의(NEC)'가 대일 통상 부문을 총괄하고 있다. 게다가 클린턴 정권은 무엇보다도 미·일 간의 경제·통상정책을 최우선으로 하며 안전보장 정책과는 선을 긋고, 대일 통상 정책이 국내 정책의 한 부문으로 자리매김한 것이 큰 특징이다. 즉 이 시기의 특징은 80년대의 상호주의 일탈에서 보인 정책 스탠스가 그대로 유지되었다. 그러나 제2기 전후로 국제 제도의 법제도화 진전, 미국의 호경기 등의 요인으로 미국의 통상 정책에 있어서의 상호주의 스탠스는 변화를 보이기 시작한다. 대일 통상정책에 있어서 일본의 구조개혁 요구 내용도 1980년대 중반 이전의 모습과 사뭇 다르다. 구체적으로 미·일 통상교섭과 맞물린 일본의 구조개혁에 관해서 분석해 보기로 하자.

1) 미·일 통상마찰(경제분쟁)의 기원과 전개

우선 미·일 통상마찰의 전개에 관해서는 제1기 : 전후~1960년대, 제2기 : 1970년대~1980년대 중반, 제3기 : 1980년대 중반~1994년, 제4기 : WTO 설립(1995) 이후, 제5기 : 동일본대지진(2011)이후로 구분하여 일본의 대미 통상 정책 변화에 관해 검토하고자 한다(표 6) 참조). 전후

12 / 미국이 일본의 시장 개방 문제를 협의할 때 사용한 방법으로 특정한 품목별·시장별로 시장 개방 문제를 논의·협의한 바 있다. 즉 '시장중시형 개별 통상협의'를 의미한다.

의 미·일 경제 관계는 분쟁과 마찰의 역사라 할 수 있다.

[표 6] 미·일 통상 마찰 프로세스에서의 일본 경제정책 비교

	제1기 : 전후~1960년대	제2기 : 1970년대 ~80년대 중반	제3기 : 1980년대 중반~1994년	제4기 : WTO 설립(1995) 이후	제5기 : 동일본대지진 (2011)이후
글로벌 환경변화	- GATT 체제 ·무역자유화 ·조선 특수	- GATT 체제 vs. 지역주의 확산	- GATT 체제의 제도화 진전 : UR 타결	- WTO(세계무역기구) 성립 ·WTO의 침체와 FTA의 확산	- 세계금융위기
일본의 경제 구조	- 전후개혁과 경제부흥 - 전후 인플레이션	- 경제대국으로 부상	- 경제대국 - '버블 경제'	- 거품경제의 붕괴 - '잃어버린 10년'	- '잃어버린 20년' (산업공동화 가속화)
일본 경제 정책의 변화	- 경제 '비군사화' 및 '민주화' - 도지 라인 - 경제자립 : · 재벌해체·농지개혁·노동개혁	- 정부주도의 전략적 무역·산업정책에 관한 미·일 마찰	- 엔고정책 용인	- 구조개혁(금융, 재정 등) - 디플레이션 탈출	- TPP교섭참가선언 (2011.12) ·TPP 협상 참가국(P9) 과의 협상개시(2013.7) - 디플레이션 탈출과 중장기적 경제재정 운영
재정 (재원조달)	- 전후 특수 ·군수 경기	- 무역수지 흑자	- 무역수지흑자확대 - 소비세 인상(1989)	- 증세 - 소비세인상(1997)	- 부흥채 - 소비세인상(2014.4)
무역마찰 분야	1950년대 : 면제품, 1969~1971년 : 섬유	1976~1977년 : 철강, 컬러 TV 1980~1981년 : 자동차	1980년대 중반: 반도체, 쇠고기·오렌지, 공작기계, 건설 1980년대 후반: 인공위성 등의 정부조달, 나무제품	1990년대 전반: 자동차 및 부품, 의료기기 등의 정부조달, 보험 WTO체제: 농업·서비스·지적재산권 무역	시장접근(공업, 섬유·의료품, 농업), 원산지규정, 무역원활화, SPS, 위생 및 검역조치, TBT 등
마찰의 특징	〉일본의 비교우위산업이 미국의 쇠퇴산업에 위협 요소 〉미·일간 정치적 해결	〉미국의 기간산업을 일본제품이 뒤흔드는 형태 〉미국 '총력전'자세로 일본 비난	일본의 유통 장벽, 계열 문제(기업지배구조로 일본어로는 게이레츠/系列), 배타적 거래관행 등	- WTO체제하의 분쟁해결(제2차 미·일자동차분쟁 및 후지·코닥 필름분쟁	-

출처: 필자 작성

우선 미·일 통상마찰의 발생 메커니즘에 관해서는 무역마찰이 일어나는 근본적 이유로 일본의 일방적인 무역수지 흑자 누적을 지목하고, 미·일 간 무역마찰 해당 산업분야를 살펴보기로 하자. 관련된 미·일 무역마찰의 경로(분야)를 간단히 요약하자면, 1950년대의 면제품, 1969~1971년의 섬유, 1976~1977년의 철강, 컬러TV, 1980~1981년의 자동차, 1980년대 중반의 반도체, 쇠고기, 오렌지, 공작기계, 건설, 1980년대 후반의 인공위성 등의 정부조달, 나무제품, 1990년대 전반의 자동차 및 부품, 의료기기 등의 정부조달, 보험 등이 대표적인 분쟁 사례이다([표 6]참고).

제1기: 전후-1960년대

이 시기는 일본정부(통산성)의 역할이 강했다. 예를 들어, 변화하는 세계경제 환경에 적응하도록 섬유산업을 지도육성함으로써 교역을 통한 장기적인 이윤을 획득하도록 하는 적극적인 개입 정책을 실시하였다. 전후 1960년대까지 발생한 분쟁사례로는 1950년대의 면제품, 1969~1971년의 섬유 마찰이 대표적이다. 주지하다시피 일본의 '1달러 블라우스' 대미수출로 인한 미·일 간 섬유마찰이 발생하자, 1972년 1월이 되어 일본 정부가 '수출자율규제(VER)'[13]를 실시하는 형태로 '미·일 섬유협정'이 체결되어 문제해결에 이르렀다.

13 / 적용된 분쟁사례로는 '섬유' 및 '철강', '자동차' 및 '반도체' 분야에서 수출규제조치를 실시하였다.

제2기: 1970년대~80년대 중반

이 시기는 미·일 간의 경제분쟁이나 마찰이 일상화되어 가는 특징을 보인다. 경제분쟁의 배경으로는 미·일 경제의 호조와 부진이 이전과는 달리, 미·일 간의 산업분야별 비교우위의 변화로 작용한 점을 들 수 있다. 대표적인 분쟁사례로는 1970년대 종반부터 80년대 초반에 걸쳐 발생한 자동차 무역마찰이 있다. 석유위기로 인해 원유가격이 급등하자 미국시장에서 소형차에 대한 수요의 확대가 그 배경이 되었다. 결국 일본 측이 양보해 일본이 대미 수출을 자주적으로 규제(대미수출 자주규제)하는 것으로 해결(1981년 5월)되었다. 1977~1979년에 발생한 분쟁사례로는 철강, 컬러TV 분야 등으로 미국의 기간산업을 일본제품이 뒤흔드는 형태(미국내 시장점유율 확대)로, 이에 대해 미국은 '총력전'의 자세로 일본과의 무역분쟁에 힘을 쏟았다. 이 시기의 통상마찰 사례에서 활용한 미·일 양국간 협상기법으로는, 1977년 철강 분쟁의 경우 '트리거 가격제도', 컬러TV 마찰의 경우 시장질서유지협정(OMA)을 통한 '수출자주(자율)규제' 등이 있다. 미국으로서는 일본의 '비관세 장벽' 혹은 '보이지 않는 장벽'의 존재를 제거하는 것이 정책 목표였다.

제3기: 1980년대 중반~1994년

이 시기는 미·일 경제분쟁과 마찰이 가장 격렬하여 미국의 정책대응 또한 이전과는 전혀 다른 강력해진 무역교섭 수단이 동원되어 일본의 구조적 문제 및 제도 시정 등이 요구되었다. 1980년대 중반이 되면서 그때까지는 개별 분야가 중심이었던 미·일 교섭은 일본의 경제구조 자체와 제도적 측면을 둘러싼 교섭으로 전환되었다. 그 배경으로는 아무리 개별 분야에서 2국간 교섭을 추진해 왔으나 미·일 간 마찰 분야가 지속적으로 확대되는 것에 대한 미국의 불만이 고조되었기 때문이다. 일본의 유통장벽, 계열 문제(기업지배구조로 일본어로는 게이레츠/系列), 배타적 거래관행 등이 교섭의 대상이 되었다. 이를 해결(논의)하기 위해 만들어진 교섭틀이 1989년부터 1991년에 걸쳐 진행된 '미·일 구조문제협의(SII: Structural Impediments Initiative)'이다. 자동차 및 반도체, 고도통신 시스템 등의 하이테크산업 등 80년대 후반까지는 미국이 비교우위가 있다고 생각되는 고도첨단 분야에서의 마찰이 격화된 시기이다. 또한 금융·자본시장, 유통업 등 서비스 분야에서도 미·일 마찰이 발생하였다.

제4기 : WTO 설립(1995) 이후 및 제5기 : 동일본대지진(2011) 이후

이 시기의 분쟁사례로는 미·일 통신 분야의 마찰을 들 수 있는데, 접속료 장벽 등의 시장접근(진입) 장벽 개선 요구 등 일본의 구조적 요인이 주 대상으로 제3기의 분쟁이 지속되었다. 주목할만한 점은 미·일 양국의 경제 상황은 제3기와는 반대의(역전된) 상황이 전개된다. 일본은 '잃어버린 10년'이라는 경기침체 시기에 접어든 반면, 미국 경제는 IT혁명 등에 힘입어 경쟁력을 회복해 경제성장 국면으로 전환되었다. 이러한 미·일 경제 상황의 역전이라는 국내환경의 변화 및 WTO 설립(1995)은 미·일 통상 마찰의 해결 프로세스에도 영향을 미쳤다.

일본의 통상정책을 이해하는 데 주목해야 할 점은 WTO 성립 이후 일본의 통상정책이 과거 미국 통상법 301조를 바탕으로 한 양국 간 교섭에 응하는 수동적인 대응에서 벗어나, 능동적이고 적극적으로 WTO 체제를 이용하려는 방향으로 정책 전환이 이루어졌다는 것이다. 예를 들어 미·일 후지·코닥 필름분쟁 과정에서 일본 정부와 공정거래위원회(公正取引委員會, Japan Fair Trade Commission) 등은 구체적이고 실증적인 자료를 제시하였을 뿐만 아니라, WTO의 분쟁해결제도를 통한 대응이라는 정책기조를 바탕으로 하여 자국 내의 분쟁해결 요구에 대해서도 적극적으로 응하였다. 또한, 미·일 필름 마찰 초기에 미국은 후지사의 행위를 WTO 관할 이외의 분야로 규정하고 301조의 틀 안에서 해결을 도모하려고 했지만 일본이 이에 응하지 않았다.[14]

한편 미·일 필름 협상과정에서 WTO의 성립(국제 제도의 법제도화)이 결정적인 역할을 했다는 점에 관해서는 일본 정책결정자들의 인식 및 담론(발언)을 통해서 잘 알 수 있다. 예를 들어, WTO 설립 이후를 보면 하시모토 류타로(橋本龍太郎) 통상산업성(通商産業省, 현재경제산업성(経済産業省)) 장관은 1995년 6월 28일 미·일 간의 자동차 및 자동차부품 협의가 약 2년간에 걸친 협상 끝에 합의에 도달한 점에 대해서 "WTO의 자유무역원칙을 통해 일본 정부의 주장을 관철시킬 수 있었다. 이에 일본 정부는 WTO의 국제규범을 준수하여 앞으로도 규제완화를 한층 더 진행해 시장개방을 노력해 나갈 생각이며, 또한 세계무역의 발전에 공헌을 해 나갈 생각이다"라고 언급하였다(하시모토 통산성 장관의 담화 1995.6.28). 1995년 이후 엄격한 법제도화를 가져온 WTO의 성립으로 인해 일본은 WTO 제도를 적극적으로 지지하는 정책으로 변화시켰다. 그 배경에는 WTO 분쟁해결절차가 강화됨에 따른 90년대 중반 이후 WTO의 분쟁 메커니즘을 통한 분쟁해결 도모가 시작되었기 때문이다. 특히 빈번한 통상마찰사례를 일으킨 미국의 301조는 WTO와 정합성이 있는 것으로 간주하지 않았다. 따라서 미국의 301조 정책의 정통성에 대한 불신감이 WTO 가맹국 간에 확산되었고, WTO(제도)의 영향력이 증대된 현 상황에서 일본의 WTO 이용이 가시화되었음을 알 수 있다.[15]

2) 미·일구조협의(SII: 1989–91년)

미·일구조협의(SII: 1989–91년)의 논의를 위해서는 미·일 간의

14 / 이에 미국은 관련 문제를 WTO에 호소하였으나, 결국은 WTO 분쟁해결절차의 패널에서 패소한다. 이후 WTO가 커버하는 분야 이외 분쟁사례에서 301조가 발동되는 사례는 없었다.

15 / 법제도화(legalization)의 진전에 관한 대표적인 논의로는 Judith Goldstein, Miles Kahler, Robert O. Keohane, and Ann-Marie Slaughter, eds, *Legalization and World Politics*, Cambridge, MA: MIT Press, 2001 등을 들 수 있다. 일반적으로 법제도화(legalization)는 규범이나 원칙(혹은 룰)의 명확화, 준수, 그리고 제3자의 판정이라는 3가지 요소로 정의되고 있다.

무역마찰이 첨예화되었던 1985년에 양국 간 교섭수단으로 작동(실시)되었던 '시장 지향·분야선택형(MOSS: Market-Oriented Sector Selective) 협의'에 관해 점검해 볼 필요가 있다. 이는 미·일 마찰 교섭을 위해 1985년 1월 양국정상회담에서 채택한 것으로 포괄적 협의와는 별도로 분야별 협상을 진행하는 협의방식을 채택하고 있다. 당초 전기통신, 의약품의료기기, 전자, 임산물 등 4개 분야를 대상으로 했으나 1986년 자동차부품을 포함한 수송기기 부문을 추가하여 5개 분야로 확대되었다. 1985년 교섭결과 목재의 관세인하, 반도체칩 보호법 제정, 통신기기의 기술기준 완화 등의 합의에 도달했다. 1986년 말에는 전자부문에 슈퍼컴퓨터를 포함시켰으며, 1991년 완제품 자동차 부문에도 MOSS의 설치·운용을 결정했다.

1980년대 전반까지는 일본제품의 대미수출 증대가 미·일 마찰의 주된 원인이 되었지만 1980년대 중반부터는 미·일 무역수지 불균형을 배경으로 하여, 미국은 자국기업의 일본 시장진입(market access) 장벽과 동시에 일본의 구조적 문제가 여러 분야에서 동시에 나타났다. 그 결과 MOSS 협의에 이어 1989~1991년의 '미·일 구조(문제)협의'(SII: Structural Impediments Initiative)를 통해 미·일 간 통상마찰 문제를 처리하기 위한 당국자간 협의의 제도적 구조가 설정됨과 동시에 미·일 구조협의에서는 일본의 저축과잉, 유통제도 등 거시경제 문제와 일본의 국내제도가 협의의 대상이 되었다.

1989년 7월 미·일 정상회담(파리)에서 부시(George H. W. Bush) 대통령의 제안으로 채택된 미·일 구조협의는 거시경제정책의 관점에서 미·일 간에 긴밀한 정책조정을 꾀함으로써, 보호주의적인 개별 제재조치를 회피 하자는데 목적이 있다. MOSS협의가 정부규제에 따른 무역 장벽을 없애는데 중점을 두었다면 이 협의에서는 계열화나 유통 구조와 같이 눈에 보이지 않는 장벽제거를 새롭게 다루게 되었다.[16] 1980년대 중반까지 미·일 양자간 교섭 혹은 무역·통상협의에도 불구하고 일본시장이 개방되지 않는 것에 부시 정권은 개별 상품의 분야별 협상이 아니라 그것들의 배후에 있는 구조장벽을 철폐할 것을 요구하였다.

16 / 1989년 9월부터 미·일 양국간에 개최된 무역상의 구조장벽을 철폐하기 위한 협의가 4회 개최되었다. 『21세기 정치학대사전』〈미일 무역마찰(U.S.A- Japan Trade Friction)〉

배타적 거래관행, 일본기업의 계열, 폐쇄적인 유통 제도 등이 그 일례였지만 일본 측에서는 독자적 문화, 사회관습까지도 문제점으로 지적하고 시정을 요구해 온 미국에 대해 당초 감정적인 반발도 있었다. 그러나 일본도 미국의 재정적자 축소, 저축률의 향상 등을 미국 측에 요구함으로써 협상이 시작되었다. 결과적으로는 대점포법(大店鋪法)의 규제완화, 430억엔에 이르는 공공투자 10개년 계획 등 미국의 요구를 일본이 일방적으로 수용한 협상이었다. 그 후 WTO가 설립되기 전까지의 미·일 경제마찰의 성격을 형성하였다는 의미에서 중요하다.

미국의 대일 통상정책에 있어서 일본의 구조개혁을 요구하는 중요한 교섭수단은 미통상법 301조이다. 미국은 1988년 슈퍼 301조를 도입하여 계속되는 무역적자가 미국의 경쟁력 약화가 아닌 교역상대국의 국가중심적 패러다임에 입각한 불공정무역 관행때문인 것으로 판단하였다. 일본, 브라질, 인도 등을 우선협상대상국으로 지정하고 슈퍼 301조를 통한 미국식 전략적 무역정책을 실시하였다. 여기서 일본의 전략적 무역정책이란 "특정산업에 대한 국가적 개입을 통해 수출경쟁력을 향상시키고, 이를 통해 해당 국민들이 더 많은 수혜를 거둘 수 있도록 하는 정책, 말하자면 '자유주의 정책'과 '국가개입 정책을 혼합한 형태"를 의미한다. 무엇보다도 적절한 '정치적 리더십'이 발휘되어 '자원 활용의 효율성 극대화'로 이어지고, 결과적으로는 '기회비용의 최소화' 및 '이윤 극대화(국민복지 증대)'를 목적으로 하고 있다. 소수 기업만이 경쟁에 참여 하는 과점산업을 육성하거나, 한 국가가 산업기반이나 보조금 지급 등을 통해 특정산업을 신속하게 육성함으로써 '선착자 이익 취득'을 중요시하는 정책이다. 실제 적용사례를 살펴보면, 한국이나 일본의 반도체산업, 일본의 자동차산업, 프랑스의 항공산업, 미국의 정보통신산업 등을 들 수 있다.

3) 미·일 포괄경제협의(1993-96년)
(1) 미통상법 301조를 둘러싼 국내정치와 대외정책
우선 슈퍼 301조의 부활 논의과정에서 나타난 미국 의회의 요구를 요약하면 다음과 같다. 88년 포괄통상법에서 슈퍼 301조가 1990년 6월 까지의 한시적 법규(限時法)로 만들어졌고, 실효된 후에도 미국의 정계에는 이 조치를 부활시키려는 시도가 끊임없이 제기되었다. 이 후 UR (우루과이라운드) 교섭타결 및 각국의 의회비준 과정에서 특히 미국의 제103회 의회(1993~1994년)에서는 슈퍼 301조를 항구적으로 부활시키려는 다양한 법안이 제출되었다. 그러나 통과한 법안은 없었다.

다음으로 WTO 설립 이전의 클린턴 정권의 통상정책에 관해서 301조와 GATT를 중심으로 개관해 보기로 하자. 클린턴 정권의 대일 정책 결정에 대해서는 제1기와 제2기로 나누어 논의할 필요가 있다. 우선 제1기는 SII(1989~1990년), MOSS(미·일 시장 분야별 협의) 등에서 논의된 구조 자체가 장벽이라는 인식이 클린턴 정권에서 개시된 '포괄 경제 협의'로 이어졌다. 특히 새로 설치된 '국가경제 회의(NEC)'가 대일 통상 부문을 총괄하고 있다. 게다가 클린턴 정권은 무엇보다도 미·일 간의 경제·통상정책을 최우선으로 하여 안전 보장 정책과는 선을 긋고, 대일 통상정책을 국내 정책의 한 부문으로 자리매김하도록 한 것이 큰 특징이다. 즉 이 시기의 특징은 80년대의 상호주의 일탈에서 보인 스탠스가 그대로 유지되었던 점이다. 그렇지만 제2기를 전후로 법제도화의 진전, 미국의 호경기 등의 요인으로 미국의 통상정책에 있어서의 상호주의 스탠스는 변화를 보이기 시작한다.

(2) 미·일 포괄경제협의(1993-96년)와 일본의 구조개혁

일본정부는 국내의 기득권 이익에 큰 타격을 주지 않고 미국의 요구에 대응한다는 방법을 취하였기 때문에 불만이 격화되어 부시 정권에서는 개별 분야의 배후에 있는 구조개혁을, 클린턴 정권에서는 수치 목표를 달성하도록 요구하였다.[17] 그러나 일본시장의 개방이 일부 진행되고 1990년대 이후 미국의 경기회복을 배경으로 미·일 마찰이 진정되어가는 과정에서, 1993년 7월 미야자와 기이치 수상과 클린턴 대통령은 무역의 불균형이 얼마나 시정되고 있는가에 중점을 둔 미·일 포괄경제협의(US-Japan Framework Talks on Bilateral Trade)를 설치하기로

17 / 미국 공화당 부시 정권에서 미·일 구조협의 (SII)가 미·일 교섭을 담당하였다면 민주당 클린턴 정권에서는 미·일 무역에 관해 미·일 포괄경제협의가 그 역할을 대신하였다고 할 수 있다.

합의하였다.

'미·일 포괄경제협의'는 미국과 일본이 무역수지문제 등 경제전반을 논의하는 양국 간 가장 중요한 경제협의체라 할 수 있다. 이전의 미·일 구조조정협의를 대신하는 역할로 일본 측에서도 미국의 과잉소비와 기업행동 등을 문제제기하는 장이 되었고, 이는 '미·일 포괄경제협의'에도 이어졌다. 이 협의는 연 2회 정상회담을 개최하여 공통 의제에 대해 그동안 달성한 성과를 협의하자는 것으로 이를 평가하기 위해 '객관기준'이란 개념이 도입되었다.[18] 결과를 중요시한(target-oriented) 클린턴 대통령은 일본의 경상수지 흑자폭을 3년 후에 국내총생산의 1% 이내로 삭감하고, 일본이 자동차, 반도체 등의 시장에 목표치를 설정하여 수입을 확장시킬 것을 요구하였다. 그러나 일본 측은 이를 위험한 관리무역이라 비판하고 수치목표 설정에 반대하는 구조문제 이외에도 지구환경, 인적자원 개발문제 등까지 폭넓게 논의할 것을 요구하였다. 특히 미국은 일본이 설정한 목표수치에 도달하지 못할 경우, 협정위반으로 간주하여 슈퍼 301조 등 강경한 제재(보복)수단을 동원할 수 있다는 강경입장을 취했으나 일본은 미국의 '수치목표' 요구를 단호히 거부하였다. 통신·의료기기 등의 정부조달, 보험, 자동차 및 부품 등을 주요 의제로 하는 '미·일 포괄협의'는 창설 이후 여러 차례의 회담에도 불구하고, 일본시장의 개방도를 측정할 수 있는 '수치목표'를 설정하자는 미국과 이에 반대하는 일본 간의 의견이 팽팽하게 맞서 난항을 거듭했다.[19] 결과적으로 미국은 1994년 일본과의 경제협의가 무산된 후 2년 한시법이던 슈퍼 301조를 부활시켜 일본의 전략적 무역정책에 대한 미국식의 전략적 무역정책으로 맞대응하였다. 다만, 미·일 경제마찰은 미국이 결과중시의 통상정책을 실시함으로써 GATT의 자유무역원칙에 위배되는 교섭으로 이어질 우려가 있었다. 그러나 일본으로서는 국내 제도를 국제적(외압)으로 조정하는 형태의 순응형(혹은 타협형) 정책반응(미국의 요구수용)으로 미·일 간의 마찰이 수습된 것으로 해석할 수 있다.

18 / '객관기준'이란 일본시장에서 외국제품이 어느 정도 판매되고 있는가를 나타내는 '시장진출도'를 측정하기 위해 만들어진 척도(지표)로서, 양국 간 합의서에는 "양국은 (협의의) 진전을 도모하는 지표를 설정한다."라고만 되어 있기 때문에 이것이 구체적으로 무엇을 의미하는지 명확하지 않았고, 그 결과 문구의 해석을 둘러싸고 미·일 양국은 엄청난 견해차를 보였다.

19 / 클린턴 정권은 개별품목의 배후에 있는 시스템을 개혁한다는 구조협의가 일본시장을 개방하는데 충분하지 않다고 생각하여 대일 협의의 방법을 변경하였다. 1993년 4월의 미·일 정상회담에서 미국은 일본의 경상수지 흑자를 3년 후에 GDP의 2%로 하고, 제품수입을 GDP비에 있어서 1/3로 늘리는 등의 수치목표를 요구하였다. 또한 미국은 일본에 대해 정부조달, 보험, 자동차 및 그 부품 등의 우선협상분야를 명확히 하고 전기통신·의약품, 금융서비스 등 규제완화 요구도 실행하였다.

4. 아베노믹스와 일본의 구조개혁

고이즈미 수상(2001.4.26~2006.9.26)이 추진하는 일본의 구조개혁 정책은 2001년 초까지 경제성장을 위해서 국가 자원의 분배를 결정하였던 대장성(大藏省)의 해체와 맞물려 가속화된 듯이 보였다. 그러나 구조개혁을 완성하지는 못하고 아베 1기 내각으로 개혁정책이 승계되었다. 고이즈미의 구조개혁 노선을 이어받은 아베 자민당 정권이 아베노믹스를 추진하려하는 목적은 일본이 잃어버린 20년의 장기고착화에서 탈피하려는 노력의 일환으로써 평가할 수 있으며, 아베노믹스의 성공 및 TPP 기조의 통상정책을 발판삼아 일본 경제 재생의 돌파구로 삼으려 했다고 할 수 있다. 또한 TPP 추진을 통해 기업의 투자를 활성화 및 일본 기업들이 요구해 왔던 기존의 노동규제, 환경규제 등의 개선 또한 동시에 달성한다는 기업관련 구조개혁을 도모한 것으로 평가할 수 있다.

[표 7] 일본의 구조개혁과 미·일 통상 교섭

	SII미·일 구조협의 (1989~1991년)	미·일 포괄경제협의 (1993~1996년)	아베노믹스의 구조개혁 (2012년 12월~)
일본의 시스템	버블경제 체제	잃어버린10년 체제	재후(災後)부흥 체제
글로벌 환경변화	- GATT 체제	- WTO 설립(1995.1) ·WTO 교섭의 정체	- 세계금융위기 이후 경기침체 ·WTO의 침체와 FTA의 확산
일본의 경제 구조	- 경제대국 - '버블 경제'	- 거품 경제의 붕괴 - '잃어버린 10년'	- '잃어버린 20년'의 연속vs.탈피 (산업공동화의 가속화)
일본 경제 정책의 변화	- 전략적 무역정책	- 디플레이션 가시화	- 아베노믹스 제3의 화살 ·일본의 구조개혁 - TPP교섭참가·협상개시 (2013.7) - 디플레이션 탈출과 중장기적 경제재정 운영
미·일 마찰의 형태 및 분야	·GATT체제하의 미·일 2국간 교섭 정부조달 부문 등에서의 유통 장벽, 계열 문제	·WTO체제하의 국제(다국간)제도(DSU) 활용 : 후지·코닥 필름 분쟁	·소(小)다자주의(TPP) 체제하의 미·일교섭: 농산물
일본의 구조개혁	- 대장성 주도의 국가자원 배분→정부 주도의 산업 정책 변화	- 일본의 유통구조(리베이트 등) → 하시모토내각(1996.1.7~ 1998. 7.30) : 금융개혁, 행정개혁, 재정개혁 → 대장성 해체(2001년)	- 신성장전략 - 일본 기업의 규제완화 : 경영환경 개선

출처: 필자 작성

20/ 産業競争力会議(의장
:아베 수상) 민간인 10人의
멤버: ·秋山咲恵:
サキコーポレーション社長,
·岡素之:住友商事相談役,
·榊原定征:東レ会長,
·坂根正弘:コマツ相談役·
特別顧問(経団連副会長),
·佐藤康博:みずほ
フィナンシャルグループ社
長·竹中平蔵:慶應義塾
大学 総合政策学部
教授(元経済財政相)·
新浪剛史:ローソンCEO
(経済同友会副代表幹事)·
橋本和仁:東京大学大学院
工学系研究科教授(応用化学)
·長谷川閑史: 武田薬品
工業社長(経済同友会代表幹
事)·三木谷浩史:
楽天会長兼社長
(新経済連盟代理事)

21/ 아베 정권은 '3.11
동일본대지진(대재해)으로
부터의 복구·재생·부흥을
위한 일본판 뉴딜정책'
구상을 제시하고 향후
10년간 200조 엔을 지진과
쓰나미, 태풍 등에 대비한
방재 인프라에 집중
투자한다는 정책강령을
제시하고 있다(자민당의
정책공약집(2012) 참조).

22/ 아울러 3.11 대지진의
부흥에 힘을 쏟아야할
자민당의 정치적 리더십이
TPP 교섭 혹은 한중일 FTA,
한·일 FTA 교섭 추진
프로세스를 통해서 극복될
수 있을지에 대한 의문은
여전히 남아있다. 2012년
12월 16일에 실시된 중의원
선거에서 자민당이
정권교체를 달성한 현재,
민주당이 추진해왔던
국내문제를 안고 있는
TPP에 관한 정책스탠스를
어떻게 변화시켜 나아갈지에
대한 기대감과 동시에,
세계무역체제에서의
리더십(지위) 확보 등 여러
과제를 해결해야 한다.

아베노믹스를 통한 일본 구조개혁의 진로를 점검하는 데 있어서, 아베 수상의 지휘하에서 구조개혁의 청사진을 그리고 있는 '산업경쟁력회의[20]를 주목할 필요가 있다. 구조개혁과 성장전략 실행을 위한 구체적인 로드맵과 방안이 제시될지가 관건이다. 최근 국제통화기금(IMF)이 발표한 보고서에 의하면 "오랜 침체를 겪은 일본 경제가 본격적인 성장의 시동을 걸기 위해선 시장 중심적이고 근본적인 개혁이 필요하다"고 촉구했다. 농업 부문 규제완화, 외국인투자 촉진, 노동력 이동 증대, 유연한 이민 규제 등이 있다(월스트리트저널(WSJ), 2013년 10월 23일자 재인용).

5. 결론: 아베노믹스와 일본의 진로

1) 아베노믹스와 일본의 경제재생 시나리오

일본 자민당 정권이 아베노믹스의 추진 과정에서 가장 큰 관심사였던 일본의 경제회생을 위해서는, 3.11 동일본대지진으로부터의 부흥전략의 재구축[21], 미·일 간의 신뢰회복(혹은 강화), 그리고 일본의 국내적 대응(농업문제 해결 등)과 구체적 실천방안 제시 등 많은 저해요인들을 어떻게 해결할 것인가가 최대의 관건이라고 할 수 있다.[22] 아베 정권이 한·일, 한·중·일 FTA 타결, 동아시아지역 경제통합 구상 또는 동아시아공동체 구상 실현을 위한 구체적인 전략과 이미지 제시가 미비한 현 상황 하에서 엔화 약세와 시장금융완화라는 경기부양책만으로 과연 경기 회복(투자심리와 소비심리의 부활)을 달성할 수 있을 것인가가 관건이다. 무엇보다도 일본경제 부활을 위한 경제운영(거버넌스)을 위한 추동력 확보 문제에 관심을 기울여야 한다. 과연 엔화 약세 정책 등의 실현으로 디플레이션을 극복하고 일본경제의 부활이 가능한가, 다시 말해서 아베의 新정책이 '잃어버린 20년의 일본경제'에서 탈피하고, '잃어버린 30년의 일본경제'로 가는 길목에서 벗어나기 위한 구체적인 해결책으로 작동할 것인가에 관해서는 주목할 만하다. 이는 일본

의 행정개혁 등을 포함한 구조개혁 및 사회보장개혁 단행여부가 시금
석이 될 듯하다. 또한 민주당이 적극적으로 추진해 왔던 TPP에 관해 자
민당 아베 新정권이 불분명한 통상정책 스탠스에서 탈피하여 TPP 교섭
이 개시된 현상황하에서, 일본으로서는 WTO 등 국제무역체제의 활용
방안을 제시하고 나아가 지역주의 추진의 걸림돌을 제거해 나갈 수 있
을 것인지에 대해서도 고찰해야 한다.

2) 아베노믹스와 일본의 구조개혁, 그리고 미·일 관계

본 논문에서는 아베노믹스의 1년의 성과를 주목하면서 전후 미·
일 통상 마찰의 프로세스에서 항상 관건이 되어왔으며 일본이 안고 있
었던 구조개혁에 관해 분석하였다. 미·일 간 외교 통상 교섭과정에 있
어서 과연 일본의 경제구조와 경제정책에 변화가 발생했는지에 관한
문제의식에서 출발하여, 특히 1980년대 중반 이후 1995년 WTO 설립 이
전까지 미·일 경제 분쟁과 마찰이 가장 격렬했던 시기에 논의되었던
미·일 협의 사례분석 결과를 요약하면 다음과 같다.

첫째, 'SII/미·일구조협의(1989~1991년)' 및 '미·일 포괄경제협의
(1993~1996년)' 과정에 있어서는 미국의 개혁요구에 일본이 순응하는
'외압 반응형 국가(reactive state)' 모델이 설득적이다.[23] 즉, 일본이 미·
일마찰 과정에서 자발적으로 변화를 모색하기 보다는 일본의 구조적
문제 및 제도 시정 등 미국의 요구(외압)에 대응하는 형태의 수동적 일
본의 구조개혁이라 할 수 있다.

둘째, SII 혹은 미·일 포괄경제협의에서 미국의 대외정책 결정패
턴이었던 '내압–투사형 국가[24]' 모델을 아베노믹스(2012년 12월-)의 추
진 과정에서는, 일본이 활용하고 있는 것으로 해석된다. 즉 일본 정부
는 단지 한 국가의 이익을 대표할 뿐 아니라 '외압'을 국내에, '내압'을
국제(미국)에 설명하고 나아가 양자를 조정하는 역할을 수행하려 했다
는 것이다. TPP 교섭 의제 중의 일본의 농산물 개방(무역자유화)에 관
해 미국과의 정책조정 과정에서 일본의 구조개혁을 연계하려는 움직임
이 있었다는 가설검증이 절실한 대목이다. 이점에 관해서는 이른바 국

23 / Kent Calder(1988),
"Japanese Foreign
Economic Policy
Formation: Explaining the
Reactive State" *World
Politics*, Vol.40, No.4,
pp.517–541

24 / "국내 여러 집단의
이익이 정부 정책결정에
큰 영향을 주며 이것이
국제시스템에
투사(投射)된다. 물론
국제시스템에 투사되는
정도는 그 나라의
영향력에 좌우될 것이다."
야마모토 저/김영근
옮김(2014) 「국제적
상호의존」논형, p.101

제 정치와 국내 정치의 상호작용에 주안을 둔 '연계정치(Linkage Politics)'를 기조로 하여 일본의 구조개혁을 시도하고 있는 것으로 해석된다.

참고문헌

〈한국어 문헌 및 참고 자료〉

김기수 "미국 금융위기와 통화전쟁론(currency wars): 양적완화정책(QE)의 영향력 메커니즘" 세종연구소 연구과제보고서, 2013.

김영근 "일본 민주당의 대외경제정책: 정권교체하의 변용과 지속" 『일본연구논총』현대일본학회, 2013, Vol.38, pp.165-203.

민병길, 조성종, 이정훈 "아베노믹스와 아베리더십 : 중간평가와 전망"경기개발연구원, 2013.

박종규 "아베노믹스 이후의 일본경제" 『주간금융브리프』한국금융연구원, 2013, pp.3-11.

삼성경제연구소 "아베노믹스, 일본경제 부활의 신호탄인가?" 『SERI 경제 포커스』 2013, 제412호.

송석원·공정승 "아베노믹스 1년의 평가와 한국경제" 『한림일본학』한림대 일본학연구소, 2013, pp.253-277.

야마모토 저/김영근 옮김 『국제적 상호의존』논형, 2014.

한국무역협회 "아베노믹스, 6개월의 변화" 『Trade Focus』2013, Vol.12, No.34, 2013. 6월호.

김영근(金暎根)"東日本大震災の日本経済と北東アジア経済協力の進路：TPPを中心として"関西学院大学災害復興制度研究所·高麗大学校日本研究センター編『東日本大震と日本：韓国から見た3.11』関西学院大学出版会, 2013, pp.83-110.

〈일본어 문헌 및 참고 자료〉

우라니시 도모요시(浦西友義)(1995)『日米包括経済協議をめぐって』講演録, 損害保険事業総合研究所.

야시로 나오히로(八代尚宏) (2013)『日本経済論·入門: 戦後復興からアベノミクスまで』有斐閣.

이케오 가즈토(池尾和人)(2013)『連続講義·デフレと経済政策:アベノミクスの経済分析』日経BP社

다시로 요이치(田代洋一)(2013)『TPP=アベノミクス農政:批判と対抗』筑波書房.

와카타베 마사즈미(若田部昌澄)(2013)『解剖アベノミクス:日本経済復活の論点』日本経済新聞出版社.

하마다 고이치·와카타베 마사즈미·가쓰마 가즈요(浜田宏一·若田部昌澄·勝間和代)(2010)『伝説の教授に学べ!:本当の経済学がわかる本』東洋経済新報社

하마다 고이치(浜田宏一)(2013)『アベノミクスとTPPが創る日本』講談社

일본무역진흥회(ジェトロ) (1993)"アメリカの通商政策と日米関係"『ジェトロセンサ』JETRO

미야자토 세이겐 편(宮里政玄編)(1994)『クリントン政権の内政と外交』同文館

일본무역진흥회 편/후쿠시마 에이이치 감수(福島栄一監修)(1997)『解説米国ウルグアイ·ラウンド協定法』日本貿易振興会.

자민당 정책공약집(自民党自民党政権公約)(2012) https://www.jimin.jp/policy/manifest/

21세기 정치학대사전 〈미·일 무역마찰(U.S.A-Japan Trade Friction)〉

일본 외무성(http://www.mofa.go.jp)

일본 내각부(http://www.cao.go.jp)

일본 재무성(http://www.mof.go.jp)

일본은행(http://www.boj.or.jp)

일본 아사히신문(朝日新聞)
일본 게이자이신문(日本経済新聞)

〈영어 문헌 및 참고 자료〉

Calder, Kent. "Japanese Foreign Economic Policy Formation: Explaining the Reactive State", *World Politics*, 1988, Vol.40, No.4, pp.517-541.

Clinton, Bill. *Remarks*, American University Centennial Celebration, *Putting People First*, 1993.

Destler, I. M. *American Trade Politics, Fourth Edition*, Institute for International Economics, 2005.

Hearing before the Committee on Finance. United States Senate, 103rd Congress, 1st Session, 1993, January 12.

Naka, Norio. *Predicting Outcomes in United States-Japan Trade Negotiations: The Political Process of the Structural Impediments Initiative(SII)*, 1996, Quorum.

Schoppa, Leonard J. *Bargaining with Japan: What American Pressure Can and Cannot Do*, Columbia University Press, 1998.

사회, 역사, 그리고 교육

일본은 이민국가를 선택할 것인가?

정현숙 | 鄭賢淑 Jeong, Hyeon-suk

일본 도쿄대학(東京大學)에서 사회학 박사 취득 이후 한국방송통신대학교 일본학과에서 교수로 재직하고 있다.
전공분야는 사회계층, 사회운동, 일본문화론이며, 최근 일본의 시민운동, 일본의 대중문화에 대한 연구를 진행하고 있다.
주요 연구업적으로 『日本の自營業層』(東京大學出版會, 2002), 『일본만화의 사회학』(문학과지성사, 2004), 『일본학개론』(한국방송통신대학교출판부, 2007, 공저) 등이 있으며, 역서로 『일본의 사회계층』(한울, 2002), 『일본은 사죄하고 싶다』(전략과문화, 2008) 『일본의 평화주의를 묻는다』(논형, 2012) 등이 있다.

1. 개관

　세계에서 가장 빠르게 고령화가 진행되고 있는 일본은 이제 인구감소시대를 맞고 있다. 1955년에 8,411만 명이던 일본 인구는 고도성장기에 크게 증가해 1980년에 1억 1,706만 명에 이르렀고, 이후 인구증가가 둔화되면서 2008년의 1억 2,808만 명을 정점으로 매년 조금씩 감소하고 있다.[1] 일본 국립사회보장·인구문제연구소(國立社會保障·人口問題硏究所)의 추산에 따르면 일본 인구는 2030년에 1억 1,662만 명, 2060년에 8,674만 명으로 크게 감소할 것으로 예상된다. 이와 더불어 15-64세의 생산연령인구도 크게 감소할 것으로 예상된다. 생산연령인구는 이미 1995년을 정점으로 이후 감소하기 시작하였으며, 앞으로도 지속적으로 감소할 것으로 예상된다. 급속한 고령화로 인해 2060년에 전체 인구에서 65세 이상 고령자가 차지하는 비율은 39.9%에 이를 것으로 추산된다.

　급속한 고령화와 이로 인한 인구감소는 아직까지 인류사회가 경험하지 못한 새로운 상황이다. 인구감소는 필연적으로 국내 소비시장의 규모를 축소시키고, 기업의 생산규모를 축소시킨다. 생산연령인구의 감소는 심각한 노동력 부족과 생산성 저하를 가져옴으로써 경제활동의 근본을 약화시킨다. 나아가 세금과 사회복지비용을 부담할 사람이 감소하면서 심각한 재정난을 초래할 것이다.

　반면 의료보험이나 연금 등 사회복지비용은 크게 증가한다. 일본의 의료비는 1970년에 2.1조 엔이었으나 매년 지속적으로 증가해 1990년에 18.4조 엔, 2012년에 35.1조 엔을 나타내고 있다(厚生労働省, 2012). 전체 의료비의 절반 이상이 고령자에게 지출되는 비용이다. 연금의 증가는 더욱 폭발적이다. 1970년에 연금 수급액은 0.9조 엔이었지만 1990년에 24.0조 엔, 2012년에 53.8조 엔으로 매우 빠르게 증가하고 있다.

　이처럼 매년 큰 폭으로 늘어나는 사회보장비용은 국가의 재정수지를 크게 악화시키고 있다. 일본의 사회보장급부는 이미 수입과 지출의

1 / 인구에 관한 통계 수치는 총무성 통계국(総務省統計局)의 『日本の統計』(2013)에 의함. 총무성 통계국 홈페이지(http://www.stat.go.jp/data/nihon/02.htm)에서 인용.

균형이 무너져 필요 재원의 상당 부분을 막대한 빚으로 충당하고 있다. 2013년도 일본정부의 세출 총액(일반회계 기준)은 92.6조 엔으로, 이 중 세수에 의해 충당되는 금액은 43.1조 엔에 불과하고, 국채 발행에 의해 충당되는 금액은 42.9조 엔이나 된다(內閣府, 2013). 국가 세출의 3분의 1을 사회보장 관계비가 차지하고 있다. 장기간의 경기침체 속에서 세수가 크게 늘어날 전망이 없는 가운데 부족한 세수를 메우기 위해 앞으로도 매년 수십조 엔의 국채를 발행해야 하는 것이 일본의 현실이다. 이런 점에서 고령화는 일본의 현재와 미래를 크게 압박하고 있다.

최근 일본에서는 이런 상황을 근본적으로 타개하기 위해 적극적인 이민(移民)정책을 펼쳐야 한다는 주장이 활발하게 제기되고 있다. 고령화 속도를 늦추고 경제성장을 지속하기 위해서는 외국인 노동자를 적극적으로 받아들여야 하며, 만약 그렇게 하지 못할 경우 일본은 심각한 침체의 위기에서 벗어나지 못할 것이라는 주장이 제기되고 있다. 2008년 후쿠다수상은 '유학생 30만 명 계획'을 발표하고, '고도인재유입추진회의'를 발족시키기도 하였다. 또한 같은 해 자민당의 외국인재교류추진의원연맹에서는 '이민 1천만 명 계획'을 제시하기도 하였다. 이런 계획이 반대하는 목소리에 부딪쳐 아직까지 본격적으로 추진되고 있지는 않지만, 더 이상 외국인 노동자의 유입을 늦추어서는 일본의 미래가 암담하다는 위기의식이 널리 확산되고 있다.

외국인 노동자의 유입에 찬성하는 사람들은 외국인 노동자를 적극적으로 받아들임으로써 노동력 부족문제가 해소되고 경제성장이 촉진될 것이라고 주장한다. 또한 외국인 노동자가 소비자로서 내수시장의 소비를 뒷받침하게 될 것이라고 주장한다. 나아가 이들이 지방세와 연금이나 의료보험 등을 납부함으로써 세수와 사회보험의 재정을 뒷받침하는 역할을 할 것이라고 주장한다.

2013년 현재 일본에서는 건설업에서의 인력 부족이 심각하게 나타나고 있다. 동일본대지진 복구를 위해 일본정부는 거액의 예산을 편성해 공공사업을 추진하고 있다. 그런데 2012년도 동일본대지진 복구·부흥 관계 경비의 집행률은 64.8%로 낮으며, 이 중에서 2013년도로 이

158

월된 금액이 2조 2,030억 엔, 불용액으로 처리된 금액이 1조 2,240억 엔이나 되는 것으로 보도되고 있다.[2] 이러한 공공사업의 집행 부진에는 건설 노동력의 부족이 중요한 요인 중의 하나로 지적되고 있다.

또한 2020년에 도쿄가 올림픽 개최지로 선정되면서 경기장 및 관련시설 등의 인프라 건설에도 많은 건설인력이 필요할 것으로 예상되고 있다. 앞으로 본격적인 건설이 시작되면 심각한 인력부족이 예상되는데, 수도권의 건설 현장에서는 이미 어학연수를 명목으로 동남아시아에서 온 입국자가 건설인력으로 일하고 있다고 한다.[3] 이에 대해 일본정부도 대책 마련을 서두르고 있으며, 한시적으로 단순기능직의 유입을 허용해 건설인력을 충당할 것이라는 예측도 나오고 있다(每日新聞, 2014.1.4).

한편 반대론도 만만치 않다. 외국인 노동자가 대량으로 들어오게 되면 이들이 일본인의 일자리를 빼앗을 것이라는 주장이 제기된다. 아직도 많은 젊은이들이 일자리를 찾지 못하고 있는 상황에서 젊은이가 일자리를 얻을 수 있도록 해야 하고, 또한 여성과 고령자를 잘 활용하는 것이 외국인 노동자의 유입에 우선되어야 한다는 주장도 있다. 나아가 외국인을 받아들이게 되면 치안이 악화되고 범죄가 증가하게 될 것이라는 주장도 제기된다. 심지어 외국인의 유입은 일본을 망하게 할 것이라는 극단적인 주장도 제기된다.

외국인에 배타적인 일본인들의 움직임도 눈에 띤다. 2013년에는 인터넷을 중심으로 활동하던 우익들이 재일한국인을 비방하고 공격하는 집회를 빈번하게 개최하였다. '재일한국인의 특권을 허용하지 않는 시민모임(在日特権を許さない市民の会)'이라는 단체는 한국계 상점이 모여 있는 신오쿠보(新大久保)에서 자주 집회를 열고 증오에 가득찬 연설과 폭력적인 행동을 자행하였다. 이들은 영토문제로 대립하고 있는 중국에도 증오의 화살을 돌리고 있으며, 외국인을 적극적으로 받아들여야 한다는 주장에 대해서도 거세게 반대하고 있다. 비록 소수이기는 하지만 이들의 존재를 통해 일본인 사이에 외국인에 대한 차별과 배제 의식이 여전히 남아 있음을 알 수 있다.

2 / 로이터(http://jp.reuters.com/article/marketEyeNews/idJPL3N0KJ06020140109)의 다마키 가즈히코(田巻一彦)의 2014년 1월 9일 칼럼 "外国人労働者受け入れ拡大にカジ切るべき、日本株急騰も成長のネック解消で"에서 인용.

3 / 주 2)와 같은 기사에서 인용.

159

이처럼 외국인의 유입을 둘러싸고 찬반론이 팽팽한 가운데 일본이 어떤 선택을 할 것인지는 지켜보아야 할 것이다. 일본정부가 강한 위기의식을 가지고 고령화를 극복할 대안으로 외국인 노동자의 유입을 적극적으로 추진할 것인지, 아니면 반대 여론에 부딪쳐 미온적으로 대처할 것인지 아직은 알 수 없다. 일본정부는 노동력 부족과 같은 당장의 상황을 타개하기 위한 유입의 필요성은 어느 정도 인정하면서도 단순 기능직 노동자의 본격적인 유입에는 신중한 입장이다. 또한 고급인력에 대해서는 1990년대부터 적극적으로 받아들인다는 입장을 표명해왔지만 이를 실현하기 위한 구체적인 정책은 제시하지 않고 있다. 일본의 사례는 일본보다 더 빠르게 고령화가 진행되고 있는 한국에 대해서도 시사하는 바가 크다고 할 것이다.

본고에서는 일본에서의 외국인의 유입 추이와 현황에 대해 살펴보고 이들 외국인 거주자들이 직면하고 있는 문제점에 대해 살펴본다. 그리고 외국인 거주자에 대한 일본정부와 지자체의 정책이나 지원활동 등을 살펴본다. 나아가 외국인의 유입을 둘러싸고 제기되는 과제와 앞으로의 방향에 대해 전망해본다.

2. 외국인 유입의 추이와 현황

1) 중장기 체류 외국인의 추이

먼저 일본에 어느 정도의 외국인이 체류하고 있는지를 살펴보기로 하자. 2012년 7월 이전까지 일본에 90일 이상 체류하는 외국인은 외국인등록을 하도록 의무화되어 있었다. 2009년에 개정된 출입국관리법에 의거해 2012년에 외국인등록제도가 폐지되고 재류(在留)카드제도가 시행되었다. 이에 따라 중장기 체류를 목적으로 입국하는 외국인은 입국 시에 법무성으로부터 재류카드를 발급받고, 주소지의 지자체에 이를 신고해 주민기본대장에 등록되게 되었다.

[그림 1]은 일본에 중장기 체류하는 외국인의 추이를 나타낸 것이

다. 이를 보면 1955년부터 1980년까지는 외국인의 수가 큰 변화를 보이지 않고 있다. 1980년대에 와서 조금씩 증가하기 시작해 1990년대, 2000년대를 거치면서 그 수가 매우 크게 증가하고 있다. 2000년대에 와서도 지속적으로 증가하다가 2008년의 2,144,682명을 정점으로 이후 조금씩 감소하고 있다. 이러한 증가 추세를 반영하여 총인구에서 차지하는 외국인의 비율은 1950년에 0.7%였지만 조금씩 증가해 1995년에 1.08%, 2012년에 1.7%를 나타내고 있다.

[그림 1] 중장기 체류 외국인의 추이

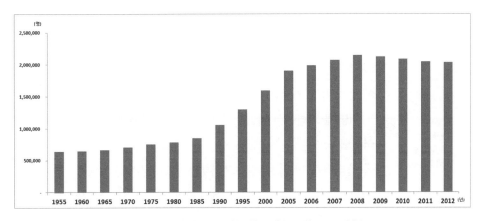

출처: 法務省入國管理局 편, 『出入國管理』(2013年版) 46쪽.

그런데 [그림 1]에는 1945년 이전부터 일본에서 거주하였던 한국인 및 대만인과 그 자손도 포함되어 있다. 일본정부는 1952년에 평화조약의 발효와 더불어 이들의 일본국적을 박탈하고 외국인으로 등록하도록 하였다. 그리고 1991년에 와서 이들의 불안정한 법적 지위를 개선하기 위해 입국관리특례법을 제정해 특별영주허가제도를 창설하였다. 2012년 현재 특별영주자는 381,364명으로 전체 외국인의 19.0%를 차지한다. 1980년대 이전까지는 전체 외국인 중에서 압도적 다수가 올드커머인 특별영주자였는데, 1980년대 이후 뉴커머로서 외국인이 본격적으로 일본에 들어오게 되면서 이들 올드커머의 비중은 크게 낮아지게 되었다.

한편 이들 이외에 불법체류자도 존재한다. 불법체류자의 숫자를 정확하게 파악하기는 어렵다. 이런 한계가 있기는 하지만 일본정부가 제시하는 통계를 통해 불법체류자의 수를 보면, 불법체류자는 1980년대 후반부터 1990년대 중반까지 크게 증가하기 시작해 1991년에 159,818명, 1993년에 298,646명에 이르렀다. 이후 일본정부가 단속을 강화하면서 2003년에 220,552명, 2008년에 149,785명으로 지속적으로 감소하였고, 2013년에는 62,009명으로 크게 감소하였다.

그렇다면 이번에는 중장기 체류 외국인을 국적별로 살펴보기로 하자. [그림 2]를 보면 2012년 중국인이 652,555명으로 가장 많아 전체 외국인의 32.1%를 차지한다. 그 다음으로 한국·조선인이 530,046명으로 26.1%를 차지하며, 필리핀인이 202,974명으로 10.0%, 브라질인이 190,581명으로 9.4%, 베트남인이 52,364명으로 2.6%를 차지한다.[4] 이들 5개국 외국인이 전체 외국인의 80.2%를 차지한다. 이런 점에서 특정 국가에 편중되어 외국인이 입국하고 있음을 알 수 있다.

이밖에 그림에서 나타내지는 않았지만 일본에서 중장기 체류하는 외국인의 국적은 총 192개국이다. 대륙별로 그 숫자를 나타내면 아시아 대륙 출신자가 1,638,344명, 북미 대륙 출신자가 61,062명(그 중 미국은 48,357명), 남미 대륙 출신자가 253,199명, 유럽 대륙 출신자가 56,891명, 아프리카 대륙 출신자가 10,879명, 오세아니아 대륙 출신자가 12,535명이다.

[그림 2]에서 알 수 있듯이 중국인은 1980년대 중반부터 매년 큰 폭으로 증가하고 있다. 개혁·개방 조치로 해외에 자유롭게 나갈 수 있게 되면서 유학생, 취학생 등이 크게 증가하였다. 한국·조선인의 경우, 지속적으로 감소하고 있는 것으로 나타나는데, 이는 특별영주자가 매년 1만 명 정도 귀화하고 있기 때문이다. 특별영주자를 제외한 한국인의 수는 1998년의 110,378명에서 조금씩 증가해 2012년에 152,696명을 나타내고 있다. 브라질인은 일본에서 이민 간 일본계 2세, 3세 등이 대부분으로, 1990년에 출입국관리법이 개정되어 취업이 합법화되면서 크게 증가하기 시작하였다. 필리핀 출신자의 경우, 예전에는 댄서가 흥행 비자로 입국하는 경우가 많았는데, 법무성이 심사를 엄격히 하면서 흥

4 / 한국·조선은 국적이 '대한민국' 또는 '조선적(朝鮮籍)'인 경우를 말한다. 식민지 시대부터 일본에 거주하던 한반도 출신자들은 미점령하인 1947년에 잠정적으로 내려진 외국인 등록령에 따라 외국인 등록을 하게 되었는데, 이 때 국적란에 출신지를 가리키는 '조선'이라는 명칭이 사용되었다. 대한민국 정부 수립 이후 자신의 국적을 '한국'으로 변경하지 않은 사람들은 그대로 국적란에 '조선'이라는 표기가 유지되었고, 여기에서 유래해 편의적으로 '조선적'이라는 명칭이 사용되고 있다.

행 비자에 의한 입국 수는 최근 크게 감소하였다.

[그림 2] 국적별로 본 중장기 체류 외국인의 추이

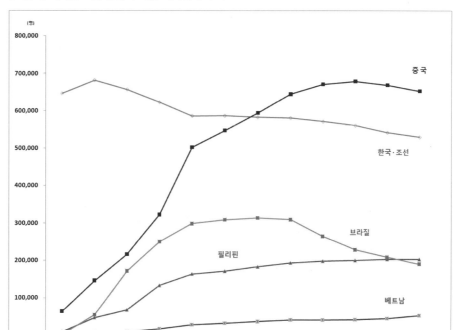

출처: 法務省入國管理局 편, 『出入國管理』(2013年版) 47쪽.

2) 재류자격으로 본 외국인내의 분화

그렇다면 일본에 중장기 체류하는 외국인의 분포를 재류자격별로 살펴보기로 하자. 재류자격이란 일본정부가 외국인의 중장기 체류를 허가할 때 그 사람이 가지고 있는 직업적 능력이나 자격 등을 고려해 부여하는 것이다. 이는 일본의 노동시장에서의 지위를 규정하는 중요한 요인이기도 하다.

[표 1]은 재류자격별로 외국인 수를 나타낸 것이다. 여기에서는 취업할 수 있는지의 여부와 취업 직종에 제한이 있는지 없는지를 표시하였다.

일본정부는 전문적, 기술적 능력을 가지고 있는 고급인력은 적극적으로 받아들인다는 입장을 취하고 있는데, 이러한 고급인력에 해당되는 재류자격으로는 교수, 예술, 종교, 보도, 투자·경영, 법률·회계업무, 의료, 연구, 교육, 기술, 인문지식·국제업무, 기업내 전근, 흥행, 기능 등이 있다. 이들은 허가받은 범위내에서의 취업이 인정된다. 이들 전문·기술직은 상대적으로 급여나 처우 면에서 일본인과 큰 차이가 없다. 대학 교수나 연구소의 연구원, 대기업의 전문직이나 기술직, 관리직, 기업경영자, 통역, 영어 강사, 예술가, 종교인 등 직종이 매우 다양하다.

그런데 이러한 고급인력에 해당되는 사람은 2012년에 총 200,140명으로 전체 외국인에서 차지하는 비율이 9.8% 정도에 불과하다. 그 수는 1998년의 118,996명에서 조금씩 증가해 2008년에 211,535명으로 증가하였지만 이후 경기침체의 영향으로 약간 감소하고 있다. 일본정부가 고급인재는 적극적으로 받아들이겠다는 입장을 표명하고 있지만 아직까지 전체 외국인 노동자에서 차지하는 비중은 낮다.

[표 1] 재류자격별 중장기 체류 외국인 (2012년)

	취업	재류외국인 수	비율 (%)		취업	재류외국인 수	비율 (%)
합계		2,033,656	100.0	흥행	○	1,646	0.0
교수	○	7,787	0.4	기능	○	33,863	1.7
예술	○	438	0.0	기능실습	○	151,477	7.4
종교	○	4,051	0.2	문화활동	×	2,320	0.1
보도	○	223	0.0	유학	×	180,919	8.9
투자·경영	○	12,609	0.6	연수	×	1,804	0.0
법률·회계업무	○	159	0.0	가족체류	×	120,693	5.9
의료	○	412	0.0	특정활동	○	20,159	1.0
연구	○	1,970	0.1	영주자	◎	624,501	30.7
교육	○	10,121	0.5	일본인의 배우자 등	◎	162,332	8.0
기술	○	42,273	2.1	영주자의 배우자 등	◎	22,946	1.1
인문지식·국제업무	○	69,721	3.4	정주자	◎	165,001	8.1
기업내 전근	○	14,867	0.7	특별영주자	◎	381,364	18.7

출처: 法務省, 「外国人在留統計」(2012)를 이용해 필자가 작성.
주: ○는 자격 범위 내에서 취업 가능. ◎는 취업 직종에 제한 없음. ×는 취업 불가능.

한편 일본정부는 신분 또는 지위에 의거한 재류자격도 부여하고 있다. 영주자, 일본인의 배우자 등, 영주자의 배우자 등, 정주자(定住者), 특별영주자 등이 여기에 해당된다. 이들은 업종이나 직종에 상관없이 모든 분야에 취업이 가능하다. 본인이 원하면 장기적으로 일본에 거주할 수 있다는 점에서 사실상 이민자와 다름없다고 할 수 있다. 이에 해당하는 사람들은 2012년에 총 1,356,144명(특별영주자를 제외하면 974,780명)으로 중장기 체류 외국인의 압도적 다수를 차지하고 있다.

영주자는 매년 지속적으로 증가하는 추세이다. 일본정부는 체류기간과 일본사회에 대한 공헌도 등을 고려해 영주자 자격을 부여한다.

정주자는 대체로 일본계 남미인에게 자격이 부여된다. 이들은 파견업자나 청부업자에 의해 간접고용되는 경우가 많다. 자동차 부품이나 전기·전자 부품조립, 기계조립 등의 공장에서 단순기능직으로 종사하는 경우가 많으며, 건설 현장이나 항만작업 등에 종사하는 경우도 있다. 제조업의 경기 변동에 따라 가장 먼저 해고될 위험에 노출돼 있어 고용상의 지위가 불안정하다.

연수생과 기능실습생은 개발도상국의 인재육성에 대한 협력을 목적으로 시작되었다. 1981년에 기능과 기술을 배우는 것을 목적으로 외국인 연수제도가 도입되었고, 1993년에 연수가 종료된 외국인 연수생이 연수에서 얻은 기능을 연마하기 위해 기능실습제도가 도입되었다. 연수·기능실습을 합해 최대 3년간 체류가 가능하다. 중국이나 인도네시아 등 아시아에서 온 외국인이 대다수이며, 중소기업에서 저임금 노동력 확보를 위해 기능실습제도를 이용하는 경우가 많아 인권침해라는 비판이 제기되기도 한다.

문화활동, 유학, 연수, 가족체류의 경우, 원칙적으로 취업이 인정되지 않는다. 다만 유학이나 가족체류의 경우, 자격외 활동의 허가를 받으면 제한된 시간 범위 안에서 아르바이트가 가능하다.

이와 같이 재류자격으로 살펴볼 때 외국인 노동자 내에서도 상당히 차이가 있는 것을 알 수 있다. 고급인력이라고 할 수 있는 사람들은 임금이나 처우에 있어서 일본인과의 격차가 적으며 상대적으로 안정된 지위에 있다. 반면 단순기능직에 속하는 사람들은 장시간 노동, 저임금, 해고의 위험에 노출되어 있다.

3) 외국인 노동자의 고용실태

재류자격별 통계를 통해 압도적 다수가 단순기능직에 종사하는 노동자임을 알 수 있다. 현재 일본에서 사회문제가 되고 있는 것은 바로 열악한 지위에 있는 단순기능직 노동자이다.

그렇다면 여기에서는 외국인 노동자의 고용실태를 구체적으로 살펴보자. 이에 대해 알 수 있는 자료로는 후생노동성의 「외국인고용상황의 보고상황(外国人雇用状況の届出状況)」이 있다.[5] 이에 따르면 2012년 외국인 노동자를 고용하고 있는 사업소는 119,731개소이고, 여기에 고용되어 있는 외국인 노동자는 682,450명인 것으로 나타난다. 1년 전에 비해 3,796명이 감소하였는데, 고용사정이 악화되어 자동차 등의 수송용 기계, 전기기계산업 등을 중심으로 이직자가 증가하였다.

이 조사를 통해 몇 가지 주목할 만한 점을 지적하면 다음과 같다.

첫째, 외국인 노동자의 재류자격별 분포를 보면, 전문적 · 기술적 분야의 재류자격 18.2%, 특정활동 1.0%, 기능실습 19.7%, 자격외 활동 15.9%, 신분에 의거한 재류자격 45.2% 등으로 나타난다. 절반에 가까운 외국인 노동자가 정주자나 일본인 배우자 등 신분에 의거한 재류자격자이다.

둘째, 산업별 외국인 노동자의 비율을 보면 제조업에 종사하는 노동자가 38.2%로 가장 많고, 그 다음으로 서비스업 12.5%, 숙박 · 음식서비스업 11.0%, 도소매업 10.6%, 교육 · 학습지원업 7.0%, 정보통신업 3.9% 등으로 나타난다.

셋째, 외국인 노동자가 종사하고 있는 사업소의 규모별 분포를 보면 외국인 노동자의 다수가 영세기업, 중소기업에 근무하고 있다. 규모별 분포를 보면, 30인 미만 규모 33.8%, 30-99인 규모 19.9%, 100-499인 규모 24.1%, 500인 이상 규모 17.2% 등으로 나타난다.

넷째, 노동자 파견 · 청부업을 실시하고 있는 사업소에서 종사하고

5/ 후생노동성은 1993년부터 외국인을 고용하고 있는 사업주에 대해 외국인 노동자의 고용상황에 관해 연 1회 보고하도록 하였다. 외교, 공용, 연수, 영주자(특별영주자 포함)를 제외한 나머지 노동자가 대상이며, 대상이 되는 사업소가 한정되어 있고 정식 통계자료가 아니어서 전체 외국인 노동자를 포괄하는 비율이 다소 낮다. 2007년부터 외국인 노동자의 고용관리 개선 및 재취직지원을 목적으로 모든 사업주에 대해 제출을 의무화하였다.

있는 외국인 노동자의 비율은 24.8%에 이른다. 이를 산업별로 보면 제조업에서는 22.9%의 노동자가, 서비스업에서는 70.0%의 외국인 노동자가 파견·청부업을 실시하고 있는 사업소에서 일하고 있다.

이런 조사결과를 통해 외국인 노동자가 제조업이나 서비스업 등 특정 산업에 편중되어 있으며, 사업소 규모도 대체로 영세기업, 중소기업이 많음을 알 수 있다. 나아가 파견·청부업을 통해 비정규직으로 고용되어 있는 경우가 많다는 것도 알 수 있다.

이러한 통계 데이터로부터는 잘 드러나지 않지만 외국인 노동자를 둘러싼 열악한 고용상황을 드러내는 사례가 여전히 있다(安田, 2010; 関東弁護士会連合会, 2012). 악덕업주가 임금을 체불한다든지, 열악한 노동환경 속에서 안전사고가 빈발한다. 사회보험에 가입하지 않아 의료보험이나 고용보험 등의 혜택을 받지 못하는 사례도 있다. 그리고 여권을 강제로 빼앗는다든지, 식비나 기타 비용을 부과해 약속한 임금의 절반밖에 지급하지 않는 사례도 보도되고 있다. 나아가 경기변동에 가장 먼저 영향을 받는 비정규직으로 가장 먼저 해고되는 사례도 속출하고 있다.

3. 지역사회에서의 외국인 거주자

1) 지역별 거주 분포

외국인은 특정 지역에 모여 사는 경향이 강하다. 일자리가 있는 곳을 중심으로 모여 살거나, 주거비가 싸다든지, 주택을 임대하기 쉽다든지 하는 등 주거조건이 편한 지역에 모여 살기도 한다. 아니면 친분관계가 있는 먼저 정착한 모국인을 따라 그 주변에 모여 사는 경우도 있다. 소수집단으로서 받는 차별이나 생활상의 어려움을 극복하고 직업 소개나 주택 임대 등에서 도움을 받을 수 있기 때문이다. 사회적 네트워크가 잘 발달되어 있는 에스닉그룹의 경우, 소식지를 발행하거나 집회 공간 등을 마련해 활발하게 모임을 가짐으로써 독자적인 커뮤니티를 형성하기도 한다.

그렇다면 외국인은 어느 지역에 주로 거주하고 있는가? 법무성의 「외국인재류통계」에 따르면 외국인은 특정지역에 편중되어 거주하고 있는 것으로 나타난다. 2012년 외국인이 많이 거주하고 있는 도도부현을 열거하면 다음과 같다. 도쿄도 393,585명, 오사카부 203,288명, 아이치현 195,970명, 가나가와현 162,142명, 사이타마현 117,845명, 치바현 105,523명, 효고현 97,164명, 시즈오카현 77,353명, 후쿠오카현 53,356명, 교토부 52,096명, 이바라키현 50,562명이다. 이처럼 광역자치체 수준에서 살펴본 수치만을 통해서도 외국인들이 대도시가 발달되어 있는 도쿄권이나 오사카권, 나고야권 등의 3대 도시권이나 제조공장이 몰려 있는 공업지역에 주로 거주하고 있음을 확인할 수 있다.

[표 2] 외국인 거주자가 많은 시정촌 (2012년)

순위	시구정촌	재류외국인 총수	순위	시구정촌	재류외국인 총수
1	新宿区	32,984	21	神戸市中央区	11,899
2	大阪市生野区	28,884	22	市川市	11,441
3	江戸川区	23,333	23	尼崎市	11,370
4	足立区	22,637	24	川崎市川崎区	11,053
5	川口市	21,535	25	船橋市	11,031
6	江東区	20,625	26	松戸市	10,721
7	港区	18,995	27	品川区	10,688
8	豊島区	18,918	28	中野区	10,662
9	大田区	18,323	29	杉並区	10,600
10	東大阪市	16,948	30	姫路市	10,154
11	板橋区	16,542	31	伊勢崎市	10,040
12	荒川区	15,358	32	浜松市中区	9,768
13	横浜市中区	15,103	33	岡崎市	9,447
14	世田谷区	15,066	34	渋谷区	9,327
15	豊橋市	14,645	35	墨田区	9,319
16	北区	14,245	36	横浜市鶴見区	9,184
17	豊田市	13,923	37	八王子市	9,000
18	葛飾区	13,790	38	岐阜市	8,743
19	練馬区	12,860	39	京都市伏見区	8,258
20	台東区	12,679	40	四日市市	7,997

출처: 法務省, 「外国人在留統計」 (2012).

그렇다면 이번에는 범위를 좁혀서 외국인이 많이 거주하는 시정촌(市町村)을 살펴보기로 하자. [표 2]는 외국인 거주자 수가 많은 시정촌 40개를 제시하였다. 이를 통해 도쿄 23구에 외국인이 많이 거주하고 있는 것을 알 수 있다. 가장 외국인이 많은 신주쿠구(新宿区)를 포함해 에도가와구(江戶川区), 아다치구(足立区), 고토구(江東区), 미나토구(港区) 등 모두 19개의 구가 포함되어 있다. 이는 서비스업이나 도소매업 등이 발달해 있어 일자리가 많은 대도시에 외국인이 많이 거주함을 보여주는 것이다.

이러한 상황을 반영해 도쿄 23구에는 다양한 에스닉 커뮤니티가 형성되어 있다.[6] 이케부크로(池袋)에는 중국계 상점이 300-400개나 몰려있으며, 이케부크로를 중심으로 도시마구(豊島区)에는 약 12,000명의 중국인이 산다. 이케부크로에는 음식점을 비롯해 잡화점, 여행사, 부동산 중개소, 미용실, 자동차학교, PC방, 무역회사, 번역·통역회사, 신문사, 출판사 등 다양한 업종의 가게가 있다. 1980년대, 90년대에 유학생으로 왔다가 정착한 뉴커머를 중심으로 형성되어 있다.

신오쿠보에는 한국계 상점이 100여 개가 넘는다. 신주쿠의 한국인학교를 중심으로 그 주변에 주재원들이 모여 살았는데, 2002년 한·일월드컵 공동개최와 그 이후의 한류 붐이 이어지면서 오늘날과 같이 대규모의 상점가가 형성되었다.

에도가와구 니시카사이(西葛西)에는 약 2천 명의 인도인이 모여살고 있다. 2000년대 전반 IT기술자에 대한 수요가 커지면서 인도인이 대거 입국해 이 지역에 인도인 커뮤니티가 형성되었다. 이들은 인도국제학교를 설립하고, 문화센터와 힌두교 사원을 개설해 활발한 커뮤니티 활동을 하고 있다.

이밖에 다카다노바바(高田馬場)에는 미얀마계 커뮤니티가, 가츠시카구(葛飾区)에는 이디오피아계 커뮤니티가 형성돼 있는 것으로 알려져 있다.

[표 2]에서 또 하나 눈에 띄는 것은 제조공장이 몰려 있는 공업지역이 많다는 점이다. 도요하시시(豊橋市), 도요타시(豊田市), 이세사키

6 / 도쿄 23구의 에스닉 커뮤니티에 대해서는 닛케이비즈니스 온라인(http://business.nikkeibp.co.jp)의 후지마키 히데키(藤巻秀樹)의 "東京移民街探訪ーすぐ隣にある異国を歩く"라는 연속 취재기사 "IT技術者への需要が西葛西にインド人街を生んだ"(2012.6.6), "池袋北口に広がる本当の中国"(2012.6.13), "東京のリトル·ヤンゴン, 高田馬場"(2012.6.20), "葛飾区に集まるエチオピア人難民"(2012.6.27), "大久保はネパール人コミュニティーでもある"(2012.7.3)를 참고하였다.

시(伊勢崎市), 하마마츠시(浜松市), 기후시(岐阜市), 요카이치시(四日市市) 등은 간토지방이나 주부지방, 긴키지방에 있는 대표적인 공업지역으로 이 곳에는 일본계 남미인들이 많이 산다. 도요타시의 호미단지(保見團地)라는 지역은 외국인이 전 주민의 절반 가까이를 차지하며, 외국인 아동의 비율이 60%나 되는 초등학교도 있다고 한다(外国人集住都市会議, 2012). 군마현의 오이즈미마치(大泉町)에는 외국인의 비율이 전체 인구의 15%에 이른다(外国人集住都市会議, 2012).

일본계 남미인을 중심으로 외국인이 다수 거주하는 지역에서는 외국인 주민과 관련된 시책이나 활동상황에 대한 정보를 교환하고, 지역에서 발생하는 문제에 대처하기 위해 2001년 외국인집주도시회의(外国人集住都市会議)를 결성하였다. 현재 27개 도시가 회원으로 가입하고 있는데, 이들 회원도시가 바로 외국인이 집중적으로 거주하는 대표적인 지역이다. 회원도시로는 군마현의 이세사키시, 오타시(太田市), 오이즈미마치, 나가노현의 우에다시(上田市), 이이다시(飯田市), 기후현의 오가키시(大垣市), 미노카모시(美濃加茂市), 시즈오카현의 하마마츠시, 후지시(富士市), 이와타시(磐田市), 가케가와시(掛川市), 후쿠로이시(袋井市), 고사이시(湖西市), 기쿠가와시(菊川市), 아이치현의 도요하시시, 도요타시, 고마키시(小牧市), 미에현의 츠시(津市), 요카이치시, 스즈카시(鈴鹿市), 가메야마시(亀山市), 이가시(伊賀市), 시가현의 나가하마시(長浜市), 고카시(甲賀市), 고난시(湖南市), 아이쇼초(愛荘町), 오카야마현의 소자시(総社市) 등이 있다.

2) 지역사회에서 직면하는 문제

외국인은 지역에서 거주하는 지역주민이기도 하다. 이들은 지역에서 살면서 주거문제라든지 자녀교육, 의료, 사회보장 등 생활 전반에 걸쳐 여러 문제에 부딪치게 된다. 언어소통의 어려움이나 생활관습의 차이로 인해 현지주민과 갈등을 일으키기도 한다. 특히 일본계 남미인이 대거 모여사는 지역에서는 여러 문제들이 집중적으로 일어나고 있다. 위에서 언급한 외국인집주도시회의는 외국인이 지역에서 직면하는 여러 문제에 대해 지방자치단체 차원에서 적극적으로 대응하기 위해 결성된 것인데, 이하에서는 외국인집주도시회의에서 거론되고 있는 문제를 중심으로 살펴보기로 하자.[7]

첫째, 일본어를 이해하지 못해 겪는 생활상의 어려움이 많다. 외국인 중에는 일본어 능력이 부족해 의사소통을 제대로 하지 못하고, 생활이나 취업에 필요한 정보를 제대로 습득하지 못해 곤란에 처하는 경우가 많다. 일본의 문화나 관습을 이해하지 못해서 일본인 주민과 마찰을 일으키기도 한다. 그 대표적인 예가 쓰레기나 폐기물의 분리수거를 둘러싼 갈등이다.

둘째, 고용상의 지위가 불안정해 안정적인 생활기반을 갖고 있지 못하다. 일본계 남미인의 다수가 청부업자나 파견업자를 통해 취업하고 있기 때문에 경기변동에 따라 가장 먼저 해고되는 위험에 노출돼 있다. 해고된 사람은 재취직의 기회를 잡기 어려워 사실상 빈곤층으로 전락하기 쉽다. 더욱이 이들 중에는 고용보험이나 의료보험, 연금 등의 사회보험에 가입하고 있지 않은 경우가 많아서 더욱 더 빈곤층으로 떨어질 가능성이 높다. 외국인 주민 중에는 주민세나 자동차세를 체납하는 경우도 많다.

셋째, 자녀교육의 문제이다. 10년 이상 또는 5년 이상 장기간 일본에서 거주하는 외국인이 늘면서 자녀교육 문제가 크게 대두되고 있다. 수업을 이해하는 데 필요한 일본어 능력을 충분히 갖추지 못해 학교에 적응하지 못하는 아동, 중도에 자퇴하거나 등교를 거부하는 아동도 상당수 있다. 외국인 노동자의 경우 잔업이나 휴일도 마다하지 않고 일에 몰두하기 때문에 자녀교육에 무관심하고 사실상 방치하고 있는 경우도 많다. 따라서 외국인 자녀의 중학교 또는 고등학교 진학률은 일본인 학생에 비해 전반적으로 낮다. 이로 인해 외국인 자녀가 안정적인 일자리를 얻는 데 필요한 준비를 제대로 하지 못함으로써 빈곤이 대물림될 가능성이 높아진다고 할 수 있다.

넷째, 외국인 거주자는 지역주민과 교류를 갖지 못하고 지역커뮤니티로부터도 소외되고 있다. 외국인 중에는 자신은 일시적 체류자라

7/ 외국인 거주자가 지역사회에서 직면하는 문제에 대해서는 外国人集住都市会議의 홈페이지(http://www.shujutoshi.jp/)에 소개되어 있는 다양한 자료와 매년 회의 결과물로 발간되고 있는 『外国人集住都市会議報告書』를 참고하였다.

고 생각해 지역의 커뮤니티활동에 무관심한 경우가 많다. 또한 잔업이나 휴일근무 등으로 바빠서 실질적으로 지역활동에 참가할 시간적 여유가 없는 경우가 많다. 이로 인해 지역주민과 알력이 생기기도 하고, 재해시의 대피나 안전정보 등에서 소외되어 있는 경우도 많다.

4. 일본정부와 지자체의 정책과 지원활동

1) 외국인 유입정책의 변천

일본에서 외국인 유입정책의 기본방향이 설정되기 시작한 것은 1980년대부터이다. 이 시기에 국제화가 진행되면서 일본을 찾는 입국자 수가 증가하고 입국 목적도 다양해졌다. 1981년 일본정부는 출입국관리법을 개정해 단기체류자의 재류자격을 확대하였고, 개발도상국의 경제발전을 목적으로 외국인 연수제도를 마련해 기술연수생의 재류자격을 신설하였다. 1983년에는 '유학생 10만 명 계획'을 제시하기도 하였다.

한편 1980년대에는 거품경기가 지속되고 단순노동을 기피하는 사회적 분위기가 확산되면서 현장에서는 심각한 노동력 부족 문제가 생기게 되었다. 또한 엔화의 가치가 크게 오르면서 유입처로서 일본의 매력이 높아졌다. 이에 따라 1980년대 후반에는 관광이나 연수, 유학생 비자로 들어온 사람들이 건설업이나 제조업 등에서 불법으로 취업하는 경우가 증가하였다.

이에 따라 1989년에 일본정부는 불법체류자에 보다 적극적으로 대응하기 위해 출입국관리법을 대폭적으로 개정하였다. 개정을 통해 단순기능자의 유입은 인정하지 않으면서 고급인력의 재류자격을 대폭 확대하고 금지되어 있는 자격외 활동을 명확히 하였다. 또한 위반자에 대한 강제퇴거 절차 및 벌칙 규정을 정비하였다. 그리고 일본계 남미인을 받아들이기 위한 정주자 재류자격을 신설해 업종이나 직종의 제한 없이 취업하는 것이 가능하도록 하였다. 나아가 일본어학교 등에 재학하는 학생에게 부여하는 취학 재류자격을 신설하였다. 이러한 조치를 통해 27개 종류의 재류자격이 정비되었다.

그렇지만 이러한 개정에도 불구하고 1990년대에 와서 불법체류자는 계속 증가하였고, 1993년에는 그 수가 23만 명에 이르러 최고조에 달하였다. 또한 취업을 목적으로 취학 비자를 얻는 사람들이 많아서 사회문제가 되기도 하였다.

1993년에는 1년의 연수를 마친 후에 1년의 취업을 인정하는 기능실습제도를 도입하였다. 그 배경에는 해외진출이 활발해진 중소기업에서 외국인의 유입을 적극적으로 요청하는 목소리가 커졌기 때문이다. 1997년에는 2년간의 실습이 인정되어 합계 3년간 체류가 가능해졌다.

한편 2000년대에 와서 고령화가 급속히 진행되는 가운데 인구감소에 따른 노동력 부족을 해결하기 위해, 그리고 일본사회의 활력을 유지하기 위해 외국인 노동자의 유입이 긴급한 과제라는 인식이 확산되고 있다. 또한 외국인 노동자의 장기간 거주화가 진행되면서 외국인 노동자의 사실상의 이민상태가 생겨나고 있다.

이런 상황을 고려해 2005년 총무성에서는 다문화공생을 이념으로 제시하면서 다문화공생추진에 관한 연구회를 발족시켜 외국인 정책의 기본틀이 되는 다양한 정책을 제언하고 있다. 문부과학성에서도 일본어 능력이 부족한 외국인 자녀의 학습을 위해 일본어 교사를 배치하는 등의 조치를 취하고 있으며, 자치성이나 내각부 등 각 정부기관에서도 외국인에 관한 다양한 방침을 제시하고 있다.

2009년에는 출입국관리법과 주민기본대장법을 개정하였다. 개정을 통해 외국인 관리를 법무성에 일원화하고, 외국인등록제도를 폐지하였다. 법무성이 입국시에 재류카드를 발행하고 외국인도 주민기본대장에 등록하도록 하여 입국관리국과 자치체가 정보를 공유할 수 있게 하였다. 한편 유학생에 대해서는 졸업 후 취직활동 기간으로 1년간 '특정활동'의 재류자격을 부여한다든지, 전공과 직종의 관련성을 완화해 재류자격을 변경할 수 있도록 하는 등 유학생이 일본에서 취직할 수 있는 길을 확대하였다.

2) 지방자치단체의 지원활동

외국인이 다수 거주하는 지역에서는 이들 외국인들이 거주하면서 직면하게 되는 여러 문제를 해결하기 위해 다양한 노력을 기울여왔다. 지방자치단체는 지역주민에게 행정서비스를 제공하는 당사자로서 현장에서 구체적인 문제에 부딪치기 때문이다. 앞에서도 언급한 바와 같이 이러한 문제를 해결하기 위해 2001년 외국인집주도시회의가 결성되었고, 여기에서는 외국인 거주자의 실태를 파악하고 문제해결을 위한 다양한 방안을 제시하고, 중앙정부를 상대로 구체적인 제언을 해왔다. 이러한 시도는 많은 성과를 거두어 외국인 정책의 변화를 이끌어냈다.

이하에서는 이들 외국인집주도시회의의 회원도시를 중심으로 각 지방자치단체에서 시행하고 있는 외국인 주민 지원활동을 살펴본다.[8]

첫째, 커뮤니케이션 지원활동이다. 외국인 거주자의 일본어 능력이 부족한 점을 감안해 각 지자체에서는 일본어 교실을 운영한다든지, 일본에서 생활하는 데 필요한 정보를 제공하고 일본사회에 대한 전반적인 이해를 돕기 위한 학습기회를 제공하고 있다. 나아가 각종 행정서비스나 생활에 관한 정보를 다양한 언어로 발신하고 있다. 지역마다 다언어생활정보센터 등을 설치해 다양한 언어로 정보를 제공하고 있으며, 통역할 수 있는 시민을 배치해 외국인 거주자에게 도움을 주고 있다.

둘째, 주거에 대한 지원활동이다. 각 지자체에서는 외국인에 대한 입주 차별이 있는 점을 고려해 부동산업자 등을 상대로 입주 차별로 인한 손해배상 판결 사례를 소개하는 등 계도활동을 벌이고 있다. 또한 외국인이 임대에 필요한 연대 보증인을 구하기 어려운 점을 고려해 지자체가 중간에 나서서 문제해결에 도움을 주기도 한다. 그리고 쓰레기나 일반 폐기물 취급을 둘러싸고 외국인 주민과 일본인 주민간의 갈등이 발생하는 점을 고려해 이를 주지시키기 위한 안내활동을 실시하는 지역도 있다. 나아가 지역의 시민단체와 연계해 외국인주거지원센터를 설치하고, 주택 관련 정보를 다양한 언어로 제공한다든지 상담창구를 개설해 운영하는 지역도 있다.

셋째, 외국인 자녀의 교육에 대한 지원활동이다. 많은 지자체에서

8 / 이하에서 소개하는 다양한 지원활동은 総務省의 『多文化共生の推進に関する研究会報告書─地域における多文化共生の推進に向けて』(2006)와 『多文化共生の推進に関する研究会報告書─災害時のより円滑な外国人住民対応に向けて』(2012), 外国人集住都市会議의 『東京2012報告書』를 주로 참고하였다.

는 외국인 아동을 대상으로 일본어 교실을 운영하고 학습에 대한 지원 활동을 하고 있다. 또한 취학과 관련된 정보를 여러 언어로 제공해 취학을 독려하고, 취학하지 않는 아동의 실태조사에 나서고 있다. 그리고 외국인 자녀의 고교 및 대학 진학 지도를 실시하는 지자체도 있다.

넷째, 외국인 거주자의 고용에 대한 지원활동이다. 외국인 노동자의 대다수가 단순기능직으로 불안정한 고용상황에 놓여 있는 점을 고려해 외국인 노동자의 취업실태 파악에 나서고 있는 지자체가 많다. 그리고 지역의 상공회의소 등과 연계해 사업주에 대해 외국인 노동자의 적정 임금과 노동조건 개선, 사회보험 가입을 촉구하는 지자체도 있다. 나아가 각 지역의 공공취업지원센터와 연계해 정보제공이나 알선 등을 통해 취직을 지원하는 활동을 하기도 한다.

다섯째, 의료·보건·복지분야에서의 지원활동이다. 지자체가 나서서 사회보험 가입을 촉구하고, 외국인을 상대로 다양한 언어로 의료 정보를 제공한다든지 의료통역시스템을 구축해 통역자를 병원에 파견하기도 한다.

여섯째, 동일본대지진 이후 각 지역에서는 방재에 역점을 두고 있다. 특히 재해시 외국인이 정보부족으로 인해 신속히 대피하기 어려운 점을 고려해 정보 전달의 다언어화, 통역지원, 외국인 주민의 소재 파악에 역점을 두고 있는 지자체가 많다.

5. 과제와 전망

최근 일본에서는 외국인 노동자가 일본에 정착해 장기간 거주하는 정주화(定住化)가 진행되고 있다. 외국인 노동자가 본격적으로 유입되기 시작한 1990년대 이래로 20여 년의 세월이 흐르면서, 가족을 동반해 일본에 정착하는 정주화가 진행되고 있는 것이다. 이런 점에서 사실상 외국인 노동자의 이민화가 진행되고 있다고 할 수 있다. 일본정부도 매년 수만 명에게 영주자의 자격을 부여하는 등 외국인 노동자의 정주화에 적극적이다. 지방자치단체에서도 지역 활성화를 위해 외국인 거주자를 지역사회의 일원으로 받아들이고 이들의 정착을 돕는 데 적극적으로 나서고 있다.

그런데 외국인 노동자를 둘러싸고 가장 문제가 되는 것은 노동시장에서 상대적으로 열악한 지위에 있는 단순기능직 노동자이다. 일본 정부가 전문적, 기술적 능력을 갖춘 고급인력은 적극적으로 받아들이고 단순직 노동자는 받아들이지 않는다는 입장을 취해온 것과는 대조적으로 외국인 노동자의 압도적 다수는 단순기능직이다. 이들은 일본인들이 일하기 꺼려하는 분야에서 일본경제를 지탱해왔다. 현재에도 제조업뿐만 아니라 농림어업이나 건설업, 개호나 간호 분야 등에서 인력 부족은 심각한데, 이들 분야에서 외국인 노동자는 저임금과 장시간 노동에 시달리면서 묵묵히 일하고 있다.

단순기능직 노동자가 겪는 가장 큰 문제는 불안정한 지위이다. 이들은 청부업자나 파견업자를 통해 간접적으로 고용되어 있어 경기상황에 따라 가장 먼저 해고되는 불안정한 위치에 있다. 고용보험이나 의료보험, 연금보험에도 가입되어 있지 않는 등 사회보장제도로부터도 소외되어 있다. 따라서 해고와 더불어 빈곤층으로 전락할 위험성이 크다. 이를 방지하기 위해서는 이들이 일본사회에서 안정적으로 생활할 수 있는 기반을 마련하는 조치가 시급하다.

이런 가운데 급속한 고령화와 더불어 일본사회의 활력을 유지하기 위해서는 더욱 많은 외국인을 받아들여야 한다는 주장이 제기되고 있다. 매년 인구가 감소하는 규모만큼 외국인을 받아들여야 한다는 주장에서부터 인구의 10%에 해당하는 1,000만 명의 외국인을 받아들여야 한다는 주장도 제기되고 있다. 또한 고급인재뿐만 아니라 중장기적으로 노동력 부족이 심각할 것으로 예상되는 분야에서 단순기능직 노동자를 적극적으로 받아들여야 한다는 주장도 제기되고 있다.

한편 이에 대한 반대론도 만만치 않다. 일본이 중장기적으로 인구 감소시대를 맞는 것은 어쩔 수 없으며, 이를 전제로 외국인 노동자에 의존하지 않는 산업구조를 만들어야 한다는 주장이 제기되고 있다. 젊은이와 여성, 고령자를 잘 활용하는 것이 외국인 노동자의 유입보다 우선되어야 한다는 주장도 널리 제기되고 있다. 나아가 외국인을 받아들이게 되면 치안이 악화되고 범죄가 증가하게 될 것이라는 주장도 제기된다.

이에 대해 일본정부는 노동력 부족과 같은 당장의 상황을 타개하기 위한 유입의 필요성은 어느 정도 인정하면서도 단순기능직 노동자의 본격적인 유입에는 신중한 입장이다. 또한 고급인력에 대해서는 1990년대부터 적극적으로 받아들인다는 원칙을 표명해왔지만 이를 추진하기 위한 구체적인 정책은 내놓지 않고 있다. 일본정부 산하의 산업경쟁력회의 고용·인재분과회가 2013년 12월에 발표한 중간 정리에서는 "저출산, 고령화에 따른 노동인구 감소 등을 고려해 지속가능한 경제성장을 달성해나가기 위해 필요한 외국인 인재활용 방식에 대해 필요분야·인원 수 등을 고려하면서 국민적인 논의를 진행해간다."라는 어중간한 입장을 내놓고 있다(産業競争力会議雇用·人材分科会, 2013).

이처럼 외국인의 유입을 둘러싸고 찬반론이 팽팽한 가운데 일본이 어떤 선택을 할 것인지는 지켜보아야 할 것이다. 일본정부가 강한 위기의식을 가지고 고령화를 극복할 대안으로 외국인 노동자의 유입을 적극적으로 추진할 것인지, 아니면 반대 여론에 부딪쳐 미온적으로 대처할 것인지 아직은 알 수 없다. 근본적인 대책을 제시하기까지 앞으로도 많은 시간이 걸릴 것으로 예상된다.

참고문헌

〈일본어 문헌 및 주요 참고 자료〉
간토변호사회연합회(関東弁護士会連合会)(2012) 『외국인의 인권(外国人の人権―外国人の直面する困難の解決をめざして)』明石書店
내각부(内閣府)(2013) "우리나라 재정의 현황과 과제(我が国財政の現状と課題)" 내각부 홈페이지 (http://www5.cao.go.jp/keizai-shimon/kaigi/minutes/2013/0422/sankou_04.pdf) (검색일:2014.2.10.)
다나카 히로시(田中宏)(2013) 『재일외국인(在日外国人―法の壁, 心の溝)』岩波新書
다지마 준코(田嶋淳子)(2006) "세계화와 에스니스티(グローバル化とエスニシティ: エスニック·コミュニティの形成)", 쇼지 히로시·김미선(庄司博史·金美善) 편, 『다민족 일본의 표현방식(多民族日

本のみせかた)』国立民俗学博物館報告

법무성(法務省)(2013) 『출입국관리(出入国管理)』(2013年版) 법무성 홈페이지
　　　(http://www.moj.go.jp/nyuukokukanri/kouhou/) (검색일:2014.2.10).

법무성(法務省)(2012년도 통계) "재류외국인통계(在留外國人統計)" 법무성 홈페이지
　　　(http://www.moj.go.jp/housei/toukei/toukei_ichiran_touroku.html) (검색일:2014.2.10).

산업경쟁력회의 고용인재분과회(産業競争力会議雇用・人材分科会)(2013) "고용인재분과회 중간정리안
　　　(雇用人材分科会 中間整理案)〉" 수상관저 홈페이지
　　　(http://www.kantei.go.jp/jp/singi/keizaisaisei/bunka/koyou/dai6/siryou2.pdf)
　　　(검색일:2014.2.10.)

야스다 고이치(安田浩一)(2010) 『르포 차별과 빈곤의 외국인 노동자(ルポ差別と貧困の外国人労働者)』
　　　光文社

오쿠다 미치히로(奥田道大) 편(1997) 『도시 에스니시티의 사회학(都市エスニシティの社会学)』ミネル
　　　ヴァ書房

외국인집주도시회의(外国人集住都市会議)(2012) 『외국인집주도시회의 도쿄2012 보고서(外国人集住都
　　　市会議 東京2012 報告書)』외국인집주도시회의 홈페이지
　　　(http://www.shujutoshi.jp/2012/pdf/2012houkoku.pdf) (검색일:2014.2.10)

외국인실습생편집위원회(外国人実習生編集委員会) 편(2013) 『외국인 실습생(外国人実習生—差別・抑
　　　圧・搾取のシステム)』学習の友社

일본경제조사협의회(日本経済調査協議会)(2008) 『외국인 노동자 수용정책의 과제와 방향(外国人労働
　　　者受入れ政策の課題と方向)』일본경제조사협의회 홈페이지
　　　(http://www.nikkeicho.or.jp/report/kono080916_all.pdf) (검색일: 2014.2.10.).

총무성(総務省)(2006) 『다문화공생 추진에 관한 연구회 보고서(多文化共生の推進に関する研究会報告
　　　書—地域における多文化共生の推進に向けて)』총무성 홈페이지
　　　(http://www.soumu.go.jp/main_content/000198586.pdf) (검색일: 2014.2.10.).

총무성(総務省)(2012) 『다문화공생 추진에 관한 연구회 보고서(多文化共生の推進に関する研究会報告
　　　書—災害時のより円滑な外国人住民対応に向けて)』총무성 홈페이지
　　　(http://www.soumu.go.jp/main_content/000194629.pdf) (검색일: 2014.2.10)

후생노동성(厚生労働省)(2012) "외국인 고용상황의 보고상황(外国人雇用状況の届出状況)"
　　　후생노동성 홈페이지
　　　(http://www.mhlw.go.jp/stf/houdou/2r9852000002ttea-att/2r9852000002tthv.pdf) (검색
　　　일: 2014.2.10)

후생노동성(厚生労働省)(2012) 『후생노동백서(厚生労働白書)』(2012年版) 후생노동성 홈페이지
　　　(http://www.mhlw.go.jp/wp/hakusyo/kousei/12/) (검색일:2014.2.10)

'3.11 동일본대지진'과 새로운 學知로서의 '역사지진학'

송완범 | 宋浣範 Song, Whan-bhum

고려대 사학과와 연세대 대학원을 거쳐, 일본 도쿄대학(東京大学) 대학원에서 문학박사(일본역사 전공) 학위를 받았다. 이후 고려대학교 일본연구센터 연구조교수를 역임하고, 2008년 11월부터 동 센터의 HK교수로 재직 중이다.

전공 분야는 동아시아세계 속의 일본 역사와 문화이며, 최근의 주요 연구 관심사는 동아시아 속의 일본 율령국가 연구, 동아시아 고대론, 역사 속의 재난과 안전, 한·일 관계사 등이다.

최근의 주요 연구업적으로는, ≪일본의 재해부흥-3.11 동일본 대지진과 인간-≫(인문사, 2014, 공저), ≪동일본대지진-부흥을 위한 인문학적 모색-≫, (고려대학교출판부, 2013, 공역), ≪문화유산의 보전과 부흥 철학-자연과의 창조적 관계 재생≫(고려대학교출판부, 2013, 역서), ≪저팬리뷰2012—3·11 동일본대지진과 일본≫(도서출판문, 2012, 공저), ≪검증 3·11동일본대지진≫(도서출판 문, 2012, 공역), ≪전근대 일본의 영토인식≫(동북아역사재단, 2012, 공저), ≪동아시아의 종교와 문화≫(경인문화사, 2012, 공저), ≪일본의 술≫(인문사, 2011, 공역), ≪근대 동아시아 담론의 역설과 굴절≫(소명, 2011, 공저), ≪삼국지의 세계≫(사람의무늬, 2011, 공역), ≪한·일 상호간 集團居住地의 역사적 연구≫(경인문화사, 2011, 공저), ≪동아시아 국제관계사≫(아연출판부, 2010, 공저), ≪동아시아 속의 한·일 관계사(상)≫(제이앤씨, 2010, 공저), ≪고대 동아시아의 재편과 한·일 관계≫(경인문화사, 2010, 공저), ≪교양으로 읽는 일본사상사≫(논형, 2010, 공역), ≪동아시아세계의 일본사상≫(동북아역사재단, 2009, 공저) 등 외 다수가 있다.

1. 개관

금년 3월로 '3.11 동일본대지진'이 일어난 지 벌써 3년째를 맞았다. 주지하는 것처럼 '3.11 동일본대지진'은 일본은 물론이고, 일본의 인국인 한국과 중국, 더 크게는 범세계적으로 충격과 공포를 안겨주었다. '3.11 동일본대지진'이 이토록 세계사적인 사건이 된 데에는 다름 아닌 인류가 직면한 미증유의 사건이었기 때문일 것이다.

다시 말해, 매그니튜드 9.0이라는 거대지진에 의해 발생한 거대쓰나미는 최고 높이가 40.1미터에 까지 차올랐고, 이로 말미암아 후쿠시마(福島) 제1원자력발전소의 1,2,3호기의 냉각장치가 정전으로 고장을 일으키게 되고, 그 와중에 발생한 원자로의 노심 용융(melt down)상태는 수소 폭발사고로 이어지면서 원자로 격벽이 붕괴돼 다량의 방사성 물질이 누출됐다. 또 4호기는 가동 중단 상태였지만, 화재가 발생하면서 건물 지붕이 붕괴됐다.

이 상황에서 사용 후 핵연료인 폐연료봉을 저장한 수조의 냉각시스템이 중단되게 되고, 핵분열 연쇄반응이라는 최악의 상황까지 우려됐나. 이후 냉각수 대신 바닷물의 대량 투입에 의해 노심 온도를 낮추는데 성공했지만, 그 대신 방사성 물질을 머금은 오염수가 대량으로 발생하여 근해로 흘러나갔다. 이를 천재(天災)와 인재(人災)가 결합한 3중의 '복합연쇄재난'이라 부르고 있다. 한편으로, 지진과 쓰나미를 천재로, 원전사고와 풍평(風評)피해를 인재라고 부르기도 한다.[1]

이에 자극받은 한국학계, 그 중에서도 고려대학교 일본연구센터는 『저팬리뷰2012』의 부제를 '3.11 동일본대지진과 일본'으로 정하고, 18항목에 걸쳐 18인의 국내 일본 전문가들이 일본의 전반을 정치/경제/사회/문화의 네 덩어리로 나누어 분석하였다. 나아가 본 센터 내에『포스트 3.11과 인간-재난과 안전, 동아시아』연구를 목적으로 하나의 독립적인 연구팀을 만들었는데, 이 연구팀은 설립 이래 모두 16권의 역서와 3권의 저서를 출간하였다.[2]

1 / トム・ギル, ブリギッテ・シテーガ, デビッド・スレイター 編『東日本大震災の人類学 —津波, 原発事故と被災者たちの「その後」—』, 人文書院, 2013, 12–18쪽 참조.

2 / 고려대학교 일본연구센터 [포스트3.11과 인간] 연구팀 역, 『제언 3.11 동일본대지진』, 2013 송완범·김영근·라경수·전성곤 역, 『동일본대지진, 부흥을 위한 인문학적 모색』, 2013 전성곤 역, 『재해에 강한 사회를 만들기 위하여 —과학자의 역할과 대학의 사명』, 2013 김영근 역, 『일본 원자력 정책의 실패 —후쿠시마 원전사고 대응과정의 검증과 안전규제에 대한 제언』, 2013 김선희 역, 『동일본대지진과 환경오염 —환경공학자의 진단』, 2013 김유영 역, 『신문은 대지진을 바르게 전달했는가 —학생들의 신문지면 분석』, 2013 홍윤표 역, 『빠르고 적절한 구조와 지원을 위하여 —초동체제 가이드라인 제언』, 2013 정유경 역, 『대규모 재해 극복을 위한 자치체 간 연계 —현장에서의 보고와 제언』, 2013 김정민 역, 『피해지역 아이들의 마음에 다가서기 —임상심리학의 시점』, 2013 송완범 역, 『문화유산의 보전과 부흥철학 —자연과의 창조적 관계 재생』, 2013

박미현 역, 『동일본대지진과 헌법 -일본에 직언하다』, 2013
김효진 역, 『확대되는 방사능 오염과 법규제 -구멍투성이 제도의 현황』, 2013
양민호 역, 『3.11 쓰나미로 무엇이 일어났는가 -피해조사와 감재전략』, 2013
김유영 역, 『재해에 강한 전력 네트워크 -스마트그리드 기초 지식』, 2013
이상은 고려대학교출판부 홈페이지: 동일본대지진과 핵재난시리즈 (http://www.kupress.com / 2013.12.01 검색) 참조. 그 외에도 역서로는 김영근 역, 『일본대재해의 교훈』, 도서출판문, 2012 과 고려대학교 일본연구센터 [포스트3.11과 인간] 연구팀 역, 『검증 3.11 동일본대지진』, 도서출판문, 2012 등이 있다. 또한 저서로는, 송완범 외, 『저팬리뷰2012-3.11 동일본대지진과 일본-』, 도서출판문, 2012 이 있는데, 이 책은 일본 関西学院大学出版会에서, 2013년5월에 『東日本大震災と日本-韓国からみた3.11-』로 번역 출판되었다. 또 최근에 『일본의 재해부흥-3.11 동일본대지진과 인간-』이 인문사 에서 2014년4월에 출간되었다.

3/ 아베수상의 야스쿠니신사 참배에 대한 한·일 주요언론의 기사 참조.

4/ 박근혜 정부의 대일관 《연합뉴스》2012.12.20, 〈박근혜당선 韓日 외교대립 개선될까〉

특히 『저팬리뷰2012』는 일본의 간세이가쿠인(関西学院)대학출판회로부터 출판조성금을 지원받아, 2012년5월18일에 오사카(大阪)에서 간세이가쿠인대학의 재해방지제도연구소와 본 연구센터가 공동개최한 국제학술포럼(전체주제; 『한국의 일본 연구자는 3.11을 어떻게 보았는가- 고려대학교 일본연구센터의 활동으로부터 -(韓国の日本研究者は、3.11をどのように捉えたか—高麗大学校日本研究センターの研究活動から—)』)의 성과를 묶어서, 2013년5월에 『동일본대지진과 일본-한국에서 본 3.11(東日本大震災と日本-韓国からみた3.11)』로 현지에서 번역 출판되었다. 이와 같은 성과는 일본을 연구 필드로 삼는 지역학 연구소의 입장에서 매우 고무적인 일이 아닐 수 없다. [그림 1 참죄]

[그림 1]

이 여세를 몰아 2013년11월6일, 국회의 의원회관 제2층 제1소회의실에서 한·일 국제학술대회를 개최하였다. 이 국제학술대회(전체주제; 『3.11 후쿠시마 원전사고가 한국사회에 미친 영향』)는 민주당 최재천 의원실과 공동개최한 것이다. 이 학술대회는, 미래창조과학부·산업통상자원부·원자력안전위원회·한국연구재단의 후원을 얻어 개최된 것으로, 2013년 7월17일, 본 연구팀의 성과를 눈여겨본 최 의원과의 면담이 그 계기가 되었다. 이 자리를 빌려 최재천 의원과 관련 기관에 심심한 사의를 표하고 싶다. [그림 2 참죄]

그런데, 최근 한국학계에서 '3.11 동일본대지진'을 통한 일본 연구의 열기는 많이 식은 감이 있다. 이는 아마도 2012년 8월 이명박 대통령의 독도방문과 '천황' 관련 발언을 계기로 냉각된 한·일관계가 2012년 12월26일 출범한 제2차 아베 신조(安倍晋三) 내각의 '한국 경시(輕視)'[3]와 2013년 2월25일 출범한 박근혜 정부의 '대일(對日) 원칙론'[4]에 얽매여 아직 합을 못 맞추고 있는 것도 영향이 크리라 생각한다. 하지만 이러한 정치와 외교적 사정이 있더라도, '3.11 동일본대지진' 이후의 일본의 변화에 대한 학문적 관심은 중요한 것으로, 계속 견지되어야 할 것이다.

그래서 본고는 『저팬리뷰』 원래의 편제에 의거하면서, 개관으로는 작년도 『저팬리뷰』의 전망을 언급하고, 쟁점 분석에서는 '3.11 동일본대지진' 이후 새로운 학지(學知)의 개발이라는 주제로 '역사지진학'의 존재에 대해 서술한다. 그리고 마지막으로 내년의 전망을 미력하나마 다루는 것으로 소임을 다하고자 한다.

작년의 『저팬리뷰』의 역사편은 아베정권의 빈발하는 독도에 대한 언급에 대해 '영토문제'에 주

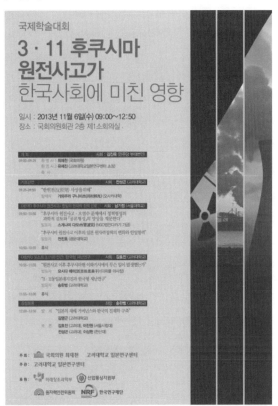

[그림 2]

요 관심을 두고, '경계 · 국경 · 영토'을 키워드로 내세워 역사적인 분석을 시도하였다.[5] 그리고 그 전망은 다음과 같다.

5/ 서승원·김영근 엮음, 『저팬리뷰2013』, 고려대학교출판부, 2013, 204–219쪽 참조.

"박근혜 대통령 당선인의 외교공약에 대해, 내로라하는 전문가들은 전반적으로 '한 · 미 간에 포괄적 동맹전략을 강화하되, 한 · 중 간에는 전략적 동반자 관계를 강화하는 다각적 외교를 펼칠 것으로 보인다.'고 했다.......하지만 이상의 예측은 불과 몇 달 만에 북한의 핵위협과 대두하는 일본의 우경화바람에 묻혀 희미해져가고 있다.......북한의 핵위협과 일본의 우경화가 별개의 문제인 것 같이 보여도, 실은 상당한 연쇄성이 있다고 보인다. 그 이유는 역사적으로 한반도가 분열되어 있을 때 후방의 일본은 그것을 지렛대 삼아 분열된 수만큼의 경우의 수를 써서 자신의 입장을 강화해 나갔던 전사(前史)가 있기 때문이다. 문제의 출발은 그

리 오래된 것이 아니라는 것이다."

　　이상의 현상을 종합해 보면 한·중·일 간에 발생하는 영토문제의 해결은 난망하다는 상황인식에 이르게 된다. 더 나아가 각국의 어떤 정권이 들어서더라도 영토문제의 해결은 불가능한 것이 아닌가 여겨지게 된다. 그렇다면 영토문제를 해결 불가능한 문제로 삼아 다투기보다는 유연한 대처가 필요한 것이 아닐까. 이러한 이해를 위해서는 영토문제가 근대 이후의 문제임을 자각하고, 그 이전은 경계와 국경 형성의 기나긴 시기가 있었음을 잊지 말아야 한다. 다시 말해 한·중·일의 영토문제의 출발은 그리 오래된 것이 아니라는 것이다……"

　　이와 같은 주장, 즉 영토문제든, 다른 문제든 한·일 양국이 상호 간에 감정을 자제할 줄 알아야한다는 입장이 설 자리는 미약해 보이지만, 금년도 몇 마디 고언을 보탤까 한다.

2. 쟁점 분석

1) 2013년의 자연재해/재난

　　작년 2013년의 자연재해로 말미암은 대륙별 피해액의 규모를 보면 아시아가 다른 대륙에 비해 압도적으로 많다. 즉, 아시아가 600억 달러(이하 단위 동일), 북미 375, 유럽 225, 오세아니아 35, 남미 13, 아프리카가 2이다. 또한 자연재해 중의 종류로 따지자면, 중유럽의 5-6월 홍수로 152, 필리핀의 11월 태풍 하이옌은 100, 중국 4월 지진이 68, 캐나다 6월 홍수가 57, 중국과 일본을 강타한 10월 태풍 피토가 50으로 랭크된다.[6]

　　이 통계를 보자면, 2013년 아시아에서 일어난 가장 대규모 자연재해는 11월8일에 필리핀 중부 레이테섬을 강타한 초대형 태풍 하이옌이다. 하이옌은 전 세계에서 발생한 열대저기압 중의 최대급으로, 상륙 시의 순간 최대풍속이 무려 380km/h를 기록했다. 필리핀 국가재해위기관리위원회(NDRRMC)는 2013년12월 현재, 5천680명이 숨지는 등 약 7

6 / 중앙일보 2014년1월9일자(독일 뮌헨재보험 자료 인용) 참조.

천400명이 사망·실종된 것으로 공식 집계했다.

그런데 이번 필리핀 태풍은 '3.11 동일본대지진'을 연상케 한다. '3.11 동일본대지진'은 당일 일본시간으로 14시46분18초 미야기(宮城)현 오시카(牡鹿)반도의 동남동 130km, 센다이(仙台)시의 동방 70km 지점의 태평양 해저를 진원으로 발생했다. 지진의 규모는 매그니튜드 9.0으로 일본 주변에서 발생한 지진 중 관측사상 최대였다. 지진으로 인한 피해 범위는 이와테(岩手)현에서 이바라키(茨城)현까지의 남북 약 500km, 동서 약 200km의 거의 10만 평방km에 미치는 광범위한 것이었다.

이 지진의 특색인 거대 쓰나미는 파도 높이가 보통 10m 이상, 최대 파고가 무려 40.1m에 달했다. 지진에 의한 사망과 행방불명자는 2013년11월 현재 18,534인이며, 건축물의 전파와 반파는 39만9,028호이다. 피해액은 일본정부에 의하면 16조에서 25조 엔으로 시산된다. 이 피해액은 피해가 컸던 이와테(岩手)·미야기(宮城)·후쿠시마(福島) 세 현의 현 내 총생산의 합계와 거의 일치하는 것이며, 세계은행의 추계에 의하면 자연재해에 의한 경제손실액의 크기로는 역사상 1위에 해당한다고 한다.[7]

이상의 인식을 배경으로 '재해/재난'으로 의한 상정외의 엄청난 피해는 국가 기반을 흔드는 것이며, 국가는 시대를 넘어 그 충격의 해소에 매달리게 되고, 그 피해를 최소화하기 위한 노력을 경주하게 되는 것을 알 수 있다. 아울러 '3.11 동일본대지진'은 지금까지의 재해론(災害論) 전체에 광범위한 충격을 주었고, 재해/재난을 역사적으로 돌아보려는 움직임도 나타나고 있다. 나아가 자연적인 현상인 지진을 역사적으로 생각하며, 재난을 막는다는 방재(防災)에서 어떻게 하면 그 피해를 줄일 수 있을까 하는 감재(減災)로의 전환이라는, 재난에 대한 원천적인 사고의 변환까지 초래하고 있다.[8]

2) '역사지진학'의 대두

그런 점에서 '3.11 동일본대지진' 이후 왕성하게 주목받기 시작한 새로운 학지로서의 '역사지진학'에 주목할 필요가 있다. 우선, 역사학적

7 / 〈일본판 위키디피아〉 2013.12.01 검색. "月例経済報告等に関する関係閣僚会議 震災対応特別会合資料". 内閣府(2011年3月23日). 2011年5月23日閲覧

8 / 고려대학교일본연구센터[포스트3.11과 인간:재난과 안전연구팀] 역,「검증 3.11 동일본대지진」, 도서출판문, 2012, 52-55쪽 참조.

지진연구는 연구 성과를 방재에 이용한다는 것 보다는, 재해와 사회의 관계성을 밝히는 것에 의해, 그 시대를 충실히 설명하고자하는 데 있다. 그런 점에서 지진학은 자연과학임과 동시에 역사학의 측면을 갖고 있다고 할 수 있다.

그런데, 원래 지진에 대한 역사학의 사회적 책임 문제는 지진의 주기성(周期性)을 둘러싼 논의로 시작되었다. 지진의 주기성에 주목한다고 하는 것은, 과거의 지진의 사례를 기록을 통해 통시적으로 분석하는 것에 의해, 언제 어디에서 지진이 발생할 것인가에 대해 예측이 가능하지 않을까 하는 욕구가 반영되어 있다. 하지만 '3.11 동일본대지진'은 그동안 일본이 과학의 힘을 빌려 전력을 기울여왔던 지진의 주기성을 알아내기 위한 노력이 아직 기대에 미치지 못하고 있음을 여실히 보여주었다. 이러한 실망감은 '3.11 동일본대지진' 이후 도처에서 쏟아져 나왔다.

과거 30년간 쌓아온 지진학이 붕괴되었다.[9] 지진학이란 것은 과거의 경험치에 근거하는 것이다. 그런데 고대부터 일본의 중심지였던 교토(京都) 중심의 지진 기록은 잘 보전된데 비해, 교토서 멀리 떨어진 도호쿠(東北)지방의 기록은 헤이안(平安)시대부터 에도(江戶)초기까지는 기록이 거의 없어 '3.11 동일본대지진'에 예측이 어려웠다는 오카자키 구니히코(島崎邦彦)[10]의 발언은 허탈하기까지 하다. 또한 원래 매그니튜드 9.0 같은 대규모 지진은 한정된 곳에서만 일어난다는 믿음이 있었는데 이도 폐기될 운명이다.

한편, '3.11 동일본대지진' 같은 대규모 지진에 전조현상은 없었던 것일까에 대한 논의도 한창이다. 지금까지 대규모 지진이 발생하기 직전에 지각 플레이트의 경계가 미세하게 미끄러지는 현상이 있는 것을 알고 이를 포착하는 노력을 해왔는데, 이도 도움이 되지 않았다는 것이다. 운이 좋으면 예지할 수 있다지만, 가능성은 겨우 2,3할 정도 혹은 그 이하로 생각해야 하며, 지진을 예지할 수 있다고 생각하는 것은 아직 위험천만한 것임을 알아야한다는 것이다.[11]

일본 사회에 지진의 주기성을 일깨워준 선구자는 이마무라 아키쓰네(今村明恒; 1870-1948년)이다. 이마무라는 일본지진연구에 큰 획을

9 /
MSN産経ニュース(崩れた
地震学、学者ら予測できず
「歴史の空白」盲点に;
2011.4.14) 참조.

10 / 일본정부의
지진조사위원회에서
장기예측 부분을
담당했으며,
원자력규제위원회
위원장대리이자
도쿄(東京)대 명예교수.

11 / 방재과학기술
연구소의 오카다
요시미쓰(岡田義光)
이사장의 인터뷰. 科学技術
全てを伝えます。Science
Portal 홈페이지
(http://scienceportal.jp/H
otTopics/interview/intervi
ew63/03.html 2014.01.15
검색)

그은 인물이다. 그는 1899년에 쓰나미는 해저의 지각변동을 원인으로 한다고 발표했는데, 지금은 당연한 것이지만 당시에는 별 호응을 얻지 못했다. 1911년 이마무라식 지진계 계발, 1928년 난카이(南海)지동연구소를 사비로 설립, 그의 예언대로 1944년 도난카이(東南海)지진, 1946년 난카이지진이 발생했다. 1929년 해산하고 있던 일본지진학회를 재설립하고, 1933년 산리쿠오키(三陸沖)지진이 발생하자 쓰나미 피해를 막기 위해서는 주민들을 고지대로 이주시켜야 한다고 주장하는 등 현재 일본 지진연구의 초석을 놓았다.

이마무라는 과거의 지진에 관한 기록으로부터, 20세기 초인 1905년에, 앞으로 50년 이내에 간토(關東)지방에 큰 지진이 있을 것임을 예고했다.[12] 잡지 『태양(太陽)』에 기고한 『시가지의 지진에 의한 생명 및 재산에 대한 손해를 경감하는 간단한 법(市街地に於る地震の生命及財産に對する損害を輕減する簡法)』[13]은 당시의 신문지상에 크게 다루어졌고, 이는 사회를 혼란시킨다는 비난을 받기도 했다. 하지만 1923년에 발생한 '간토(關東)대지진'[14]으로 그 평가가 일전해 '지진의 신'으로 칭송받기까지 했다. 또한 1933년의 쇼와산리쿠(昭和三陸)지진[15]의 쓰나미에 의한 피해를 받은 산리쿠(三陸)해안지역[16]에서는 그의 조언에 의해 쓰나미 내습의 기억이 잊히는 것을 막기 위한 계몽적 수단으로서 쓰나미 기념비의 건설에 힘쓰기도 했다.

3) '역사지진학'의 실태

근대적인 관측기기가 없던 시대의 과거 지진을 알 수 있는 것은 고문서(古文書)와 재해기념비(災害記念碑) 등의 기록에 남아있는 것으로 이를 '역사지진'이라 부른다.[17]

그럼 '역사지진'의 의미와 그 실태에 대해 좀 더 알아보자.[18] 먼저 일본에서의 '역사지진'은 1885년경에 지진계 등 관측망의 정비가 개시되기 때문에, '역사지진'이라 하면 일반적으로 1884년 이전에 발생한 것을 가리킨다. '역사지진'의 조사연구는 장래 일어날 것이라고 상정되는 지진의 예측 등 방재 상에서는 빠트릴 수 없는 것으로 플레이트 간의

12 / 山下文男,
『地震予報の先駆者:今村明恒の生涯』, 青磁社, 1989 참조.

13 / 『太陽』11, 1905, pp162~171 참조.

14 / 1923년9월1일 11시58분에 가나가와(神奈川)현 사가미(相模)만 북서쪽 80km를 진원으로 한 매그니튜드 7.9의 지진이다. 가나가와현, 도쿄부를 중심으로 치바(千葉)현·이바라키(茨城)현부터 시즈오카(静岡)현 동부까지의 내륙과 연안에 광범위한 피해를 입혔다. 2004년경까지는 사망과 행방불명자 합해서 약 14만인이라고 추정했다. 그러나 최근의 조사를 반영한 이과연표(理科年表)에서는 약 10만5천여 명으로 집계되고 있다. 武村雅之, 『関東大震災 − 大東京圏の揺れを知る』, 鹿島出版会, 2003; 文部科学省国立天文台 編, 『理科年表』, 丸善, 2006 참조.

15 / 1933년3월3일 오전2시30분48초, 이와테(岩手)현 가미헤이(上閉伊)군 가마이시(釜石)정(현·가마이시(釜石)시)의 동쪽 먼 바다 약 200 km지점을 진원으로 발생한 지진. 추정 규모는 매그니튜드 8을 상회하는 대규모 지진이었으며, 피해는 사망 1522명, 행방불명 1542명, 부상 1만2053명, 가옥 전파가 7009호, 유실 4885호, 침수 4147호, 소실 294호에 이르렀다.

16 / 일반적으로, 아오모리(青森)현

남동부의 사메카도
(鮫角)부터 이와테(岩手)현
연안을 거쳐 미야기
(宮城)현 동부의
만고쿠우라(万石浦)까지의
총연장 600km 남짓의
해안을 이룬다.

17 / 한편으로 기록에
남아있지 않은 유적
발굴이나 조사 등으로
판명한 유사이전의 지진은
선사지진이라고 부른다.
또 이들 지진을 포함하여
근대적 지진관측
개시이전의 지진은
고지진(古地震)이라고도
한다. 나아가 고지진은
어제까지 일어난 모든
지진을 이르기도 한다.

18 / 일본 위키디피아
'歷史地震'(2013.12.10 검색)
참조.

19 / 일본지진학회
홈페이지
(http://www.zisin.jp/
2013.12.01 검색) 참조.

20 / 島村英紀,
『ポケット図解 最新
地震がよ～くわかる本』,
秀和システム, 2005년; 동,
『巨大地震はなぜ起きる
これだけは知っておこう』,
共栄書房, 2011 참조.

21 / 1891년 10월 28일
6시에, 기후(岐阜)현
노비지방에서 발생한
매그니튜드 8.0으로
추정되는 일본사상 최대의
내륙지각내지진이다.

22 / 데라다(1878년-
1935년)는 전전일본의
물리학자이자 수필가로
하이쿠(俳句)에도 조예가
깊었다. 데라다는
자연과학자이면서 문학 등
자연과학 이외의 분야는
물론이고, 과학과 문학을
조화시킨 수필도 남기고
있다. "천재(天災)는

거대지진의 발생주기 등을 논하는 지진학의 한 분야이다. 그런 점에서 계기관측이 시작된 이래의 지진만으로는 데이터의 축적이 불충분하다. 그래서 고지진학의 도움을 빌릴 필요성이 생긴다.[19]

'역사지진' 연구는 고문서의 조사부터 시작한다. 고문서는 국가의 역사를 기록한 정사부터 개인의 일기 등 다종다양하며, 오기와 오식 그리고 과장과 전해들은 이야기, 혹은 정치적인 판단으로 왜곡된 기록 등을 포함하여 신뢰성에 의문점이 있는 것도 많다. 그러기에 가능한 한 여러 종류의 다양한 사료를 모아서 검증하는 작업이 요구된다.[20]

근대일본의 고지진 연구를 위한 사료조사는 1891년의 노비(濃尾)지진[21]이 계기가 되어, 1892년에 진재예방조사회가 설치된 이후 시작되었다. 기초자료로서 도쿄(東京)대학 사료편찬소의 전신인 사료편찬괘(史料編纂掛)가 10년 세월을 거쳐 고문서 등의 지진 관련 사료를 수합하였다. 이것이 바로 『대지진개요(大地震槪要)』이다.

그 후 데라다 도라히코(寺田寅彦)[22]의 지도를 받은 무샤 긴키치(武者金吉)[23]가 이후 수합된 사료를 더하여 『일본지진사료(日本地震史料)』와 『증정대일본지진사료(增訂大日本地震史料)』(1-3권)로 집대성했는데, 모두 6,000건 이상의 고지진에 대한 사료를 모은 것으로 1941-49년에 간행되었다. 다시 무샤는 1951년에 일본의 지진관련 사료를 『일본지진사료(日本地震史料)』로 재정비하고 있다.

이후의 새로운 자료의 수집은, 우사미 다쓰오(宇佐美龍夫)[24]가 이어받았다. 1981년부터 1991년에 걸쳐 도쿄대학 지진연구소의 편찬으로, 『신수일본지진사료(新收日本地震史料)』(본 1-5권, 별권과 그 분책, 보유(補遺)와 보유별권, 속(續)보유와 속보유별권 등 모두 21권의 구성)가 간행되었다. 또한 1998년부터 2012년에 걸쳐, 우사미 등에 의해 『일본의 역사지진사료습유(日本の歷史地震史料拾遺)』(1-8권)가 모두 도쿄대학 지진연구소에서 간행되었다. 이상의 자료들은 전자화작업을 거쳐 공개되고 있다.[25]

이러한 옛 지진, '역사지진'의 선구자는 역시 무샤이다. 다만, 초기의 연구란 것이 무샤에 의해 집성된 사료집을 그대로 암기하는 대상으

로 여기고, 과학적인 입장에 의한 지진학적 분석은 더뎠다는 점도 지적할 수 있다.[26]

또한 역사연구의 일부를 담당할 고고학의 일종으로 '지진고고학'의 분야도 개척되고 있다.[27] '지진고고학'은 지진학과 고고학을 합한 학문으로 유적에 있는 지진흔적의 조사와 역사자료의 지진에 관한 기술과의 대조에 의해, 발생연대의 추정과 앞으로의 지진의 예측을 하는 새로운 학문분야이다. 제창자는 산가와 아키라(寒川旭)이며, 이 새로운 학문 분야가 제창된 시기는 비교적 최근인 1988년 5월에 열린 일본문화재과학회와 일본고고학협회에서였다.

그럼, 이상의 역사적 지식을 바탕으로 한다는 '역사지진학'에 대한 접근이라는 시각에서 '3.11 동일본대지진'에 대해 살펴보자. 역사지진의 분야를 포함해 근대지진학으로 찾아낼 수 없었던 고지진의 실례에 대해 몇 가지 언급하기로 한다.[28]

먼저 최근에 3.11 '동일본대진재'와 맞먹는 규모의 지진이 과거 3,500년 동안 일곱 차례나 발생했다는 주장이 나왔다. 홋카이도(北海道)대 특임교수인 히라카와 가스오미(平川一臣)[29]는 홋카이도에서 산리쿠(三陸)앞 태평양지역에 걸쳐 과거 3,500년 동안 일곱 번 이상 지진과 쓰나미가 연안을 반복해 덮쳤다고 한다.[30]

히라카와의 전공분야는 빙하의 생성과 소멸, 그리고 하류 평야부의 형성사에 관한 연구, 일본의 지형발달사연구 등인데, 2000년경부터는 쓰나미의 퇴적물의 연구에 주목하고 있다. 그는 2007년에 산업기술총합연구소 그룹(시시쿠라 마사노부(宍倉 正展)를 책임자로 하는 활단층연구센터/해구형지진이력연구팀)과 중부전력의 하마오카(浜岡)원자력발전소 부근 토지의 보링 조사를 하여, 과거 5,000년 사이에 국가가 상정한 도카이(東海)지진의 약 3배 정도의 지각변동을 가져오는 엄청난 도카이지진이 적어도 3회는 있었다고 발표했다.[31] 이후 2011년의 '3.11 동일본대지진'에 의해 히라카와의 연구는 새삼 주목을 모으게 되었다.

또 히라카와에 따르면, 홋카이도의 네무로(根室)시로부터 이번 대지진의 피해가 가장 컸던 미야기(宮城)현의 게센누마(気仙沼)시 사이

잊어버릴 즈음에 찾아온다."는 말로 유명하지만, 실제로 그의 저서 중에는 보이지 않는다.

23 / 무샤(1891–1962년), 다이쇼(大正), 쇼와(昭和)시대의 저명한 지진학자로 독학으로 지진학을 연구, 도쿄(東京)제국대학 지진연구소에 근무하면서 지진사료를 광범위하게 수집하였다.

24 / 그의 최근 자료집으로 宇佐美龍夫, 『日本被害地震総覧』, 東京大学出版会, 2013 참조.

25 / http://www.eri.u-tokyo.ac.jp/tosho/documents/jishinshiryo.pdf(2013년12월1일 검색) 참조.

26 / 石橋克彦, 「歴史地震研究で感じたこと」, 東京大学地震研究所 『歴史地震』第1号, 1985 참조.

27 / 寒川旭, 『地震考古学：遺跡が語る地震の歴史』, 中央公論社, 1992; 寒川旭, 『地震の日本史：大地は何を語るのか』, 中央公論新社, 2007 참조.

28 / 본절의 내용은 다음의 논문 제Ⅱ장. 154–159쪽을 저본으로 몇 가지 첨삭을 가하였다. 참조를 바란다. 송완범, 「일본율령국가의 天災異変과 정책의 전환」, 『일본사상』, 25호, 2013 참조.

29 / 平川一臣, 『asahi.com：地殻変動3倍の「超」東海地震, 千年周期で発生か－社会』朝日新聞社, 2007.09.04 참조.

30 / 共同通信,
2012년1월26일;
헤럴드경제,
2012년1월26일자 참조.

31 / MSN産経ニュース
(研究成果を生かせなかっ
た…, 貞観地震の研究者;
2011.3.28) ; 宍倉正展・
澤井裕紀・行谷佑一,
「平安の人々が見た巨大津
波を再現する-西暦869年
貞観津波-」, AFERC
ニュース(活断層・
地震研究センターの広報誌)
2010年8月号, 1~10쪽 참조.

32 / 朝日新聞,
2011년5월18日자.

33 / 朝日新聞,
2011년5월20日자;
朝日新聞,
2011년8월22日자;
宍倉正展・澤井裕紀・
行谷佑一,「平安の人々が
見た巨大津波を再現する-
西暦869年貞観津波-」,
AFERCニュース(活断層・
地震研究センターの広報誌)
2010年8月号, 1~10쪽 참조.

34 / 石碑の語る治水・利水
・災害の歴史 홈페이지
http://www.kasen.net/ishi
bumi.htm#03 (검색
2014.01.12)

의 400곳 이상에서 확인된 지진과 해일에 의해 생긴 퇴적물의 연대비교를 통해, 치시마(千島) 해구와 일본 해구에 진원지역이 네 군데 있었던 것으로 추정하고, 일곱 차례의 대지진 가운데 특히 2,400년 전과 3,500년 전의 두 번의 대지진은 복수의 진원이 동시에 활동했을 가능성이 크다고 분석했다.

다음으로 도호쿠(東北)학원대의 마쓰모토 히데아키(松本秀明)교수 등의 지질조사에 의하면, 구체적인 시기를 특정할 수 있는 동일본 지역에 발생한 지진의 예가 다수 있다고 한다.[32] '3.11 동일본대지진'에 의해 쓰나미에 피해를 입은 센다이 평야는 약 2천 년 전의 야요이(彌生)시대의 쓰나미와 이번 '3.11 동일본대지진'에 의한 쓰나미에 의해 운반된 모래와 진흙의 범위가 유사하다고 한다. 결국, 센다이 평야는 '3.11 동일본대지진'과 거의 같은 규모라 말해지는 869년의 조간(貞觀) 쓰나미에서도 같은 규모의 침수가 발생하고 있는 것으로 보아, 거의 동일한 규모의 쓰나미가 약 1,000년 주기로 반복되고 있음을 알 수 있다.

그리고 '조간연간의 대지진'을 엿볼 수 있는 또 다른 증거로는, 지진과 쓰나미에 의해 해안이 침강하는 사실이 지적된다. 산업기술총합연구소의 사와이 유키(澤井祐紀) 주임연구원에 따르면, 후쿠시마현 미나미소마(南相馬)시에서 해안에서 1.8킬로 내륙에 위치한 밭의 지하에 퇴적하고 있던 모래에 섞인 규조가 담수에 사는 것인지, 아니면 해수에 사는 것인지를 조사했더니, 1,100년전의 '조간 쓰나미' 후에 오랫동안 해수에 담겨져 있었던 것을 알았다.[33] 이상과 같이 '3.11 동일본대지진'을 계기로 과거의 지진들의 사례가 여러 연구영역에서 재조명되고 있는 것을 알 수 있다.

다음으로는 재해기념비(災害記念碑)의 존재이다.[34]

재해기념비를 세우는 목적은, 기록으로서 피해상황에 관한 정보를 후세에 전달, 특정 피해가 일어나기 쉬운 곳이라는 경고, 재난의 발생과 피해 확대를 막기 위해 해서는 안 되는 일의 알림, 방재와 감재, 구제에 힘쓴 사람의 현창, 희생자의 영혼을 달래는 위령 등의 의미가 있다.

특히 "여기 보다 아래로는 집을 짓지 말라"는 경구로 유명한 재해

기념비가 있다.[그림 3 참조] '3.11 동일본대지진'으로 연안부가 쓰나미로 뒤덮인 이와테현 미야코(宮古)시였지만, 오모에(重茂)반도의 아네요시(姉吉)지구에서는 모든 가옥이 피해를 면했다. 이 지역은 과거 1869년의 메이지(明治), 1933년의 쇼와의 산리쿠지진과 쓰나미에 의해 궤멸적인 피해를 받았는데, 당시 생존자가 각각 2인과 4인에 지나지 않았던 곳이다.

[그림 3]

大津浪記念碑　　1933 昭和 三陸大津波の碑

쇼와 대지진 직후에, 앞에서 언급한 이마무라 아키쓰네의 권유에 의해 주민들이 석비를 건립하였는데, 그 후로는 모든 주민들이 석비보다 높은 장소에서 살게 되었다고 한다. 그 덕분에 '3.11 동일본대지진'에도 전 가옥이 무사하였다고 하니, 이 재해기념비의 덕을 톡톡히 본 셈이다. 다만, 일을 보러 해안가로 나갔던 마을 주민 중 네 사람이 행방불명이었다고 한다.[35]

4) '역사지진학'의 금후의 활용

2013년12월 연말의 분위기에 취해있던 일본 사회에 악몽 같은 대지진 시나리오가 소개된다.[36] 이 시나리오의 제공처는 일본정부 방재회의의 보고서였다. 이 보고서의 내용은 참담하다. 일본의 수도 도쿄(東京)도 근처의 중심지를 진앙으로 하는 이른바 '수도 직하형 지진'을 상정한 것으로, 그 피해는 '3.11 동일본대지진'을 훨씬 능가하는 것이었다.

지진의 규모는 매그니튜드 7.3, 사망자와 행방불명자는 2만3천명, 건물의 전파와 반파는 61만동, 인프라를 포함한 직접 피해액은 47조4천억 엔(경제적 전체 추정피해액은 무려 95조3천억 엔)으로, 추정 GDP의 약 10퍼센트에 이른다는 것이다. 특히 도쿄도 만의 사망자 수가 1만3천

35 / 読売新聞
「此処(ここ)より下に家を建てるな」2011년3월30일자
참조: 岩手日報
2011년4월3일자 참조.

36 / 朝日新聞
2013년12월20일자;
중앙일보
2013년12월24일자 참조.

명이며, 건물의 파괴가 33만3천동에 이르러, 수도권 피해의 태반을 차지하고 있는 것으로 추정된다.

물론 가상의 시나리오였지만, 일본의 수도권인 도쿄도/가나가와 (神奈川)/사이타마(埼玉)/지바(千葉)현을 강타하는 대지진의 가능성이 매우 높다고 할 때, 현실감 있는 시나리오의 하나로 생각해 볼 수 있다. 전철망이 마비되어 당일 집으로 돌아가지 못하는 사람들이 8백만 명이 생겨나고, 화력발전소가 멈춰서 수도권 전체가 일주일간 송전 불능상태에 빠지며, 휴대전화 기지국 절반이 망가지고, 하네다(羽田) 국제공항의 활주로의 절반이 기능을 상실한다는 세부적 보고 내용은, 2000년도의 추산결과를 대폭 상향 조정한 것으로 '3.11 동일본대지진'의 피해 규모를 반영한 것이다.

이렇듯 대지진의 문제는 일본 사회에 언제 발생해도 이상하지 않은 매우 현실적인 문제이므로 앞으로의 '역사지진학'에 관련된 논의는 계속되어질 수밖에 없다. 게다가 후쿠시마 제1원전의 원전 오염수 문제는 현재진행형인 재난이다.

2011년 4,5월에 원전2호기와 3호기의 고농도 오염수가 땅 속 갱도를 타고 바다로 유출된 것이 확인되자 도쿄전력은 즉시 방수공사를 했다고 발표했다. 이후 2년 동안 오염수의 바다 유출은 없다는 게 일본정부의 공식적 대응이었다. 그런데 2013년6월, 2호기 주변에서 오염수 유출이 확인되었고, 급기야는 같은 해 7월에 오염된 지하수를 바다로 유출하는 것을 막을 수 없다는 발표에 이어, 8월에는 오염 지하수를 펌프로 뽑아내어 따로 보관한다고 발표했다. 결국, 일본정부는 후쿠시마의 원전 오염수가 지하수와 합체되면서 매일 같이 바다로 300톤씩 빠져나가고 있는 것을 인정하기에 이르렀다.[37]

또한 2013년7월22일 도쿄전력은 후쿠시마 제1원전 3호기 주변 지하수 샘플을 채취해 조사한 결과, 발암 물질인 세슘의 농도가 며칠 새 100배 이상 급증했다고 밝혔다. 도쿄전력 대변인은 이날 "오염된 지하수가 바다로 흘러간 것 같다"고 말했다. 그는 "세슘이 급증한 원인에 대해서는 정확히 파악되지 않았으며, 일시적 현상이기 때문에 오염된 지

37 / 중앙일보 2013년8월9일자 참조.

하수가 바다에 끼치는 영향은 제한적"이라고 밝혔다. 하지만 그로부터 나흘 뒤 또 한 번 방사능 공포가 불거졌다. 제1원전 3호기 원자로 건물 5층 부분에서 수증기와 유사한 물질이 흘러나오는 것이 포착됐다. 이날 3호기 원자로 주변 방사능 수치는 최대 2170mSv(밀리시버트)까지 올라 후쿠시마 원전 사고 발발 2개월 후인 2011년 5월 측정치와 유사했다. 이 소식이 전해진 다음 날 도쿄전력은 수증기가 더는 발생하지 않는다고 밝혔다.

두 소식에 우려의 목소리가 커지자 도쿄전력은 직접 원자로 주변 바다의 방사능 오염물질 수준을 측정했다. 그 결과 2013년 7월26일 도쿄전력은 제1원전 주변 바다에서 리터당 23억5000만베크렐(bq)의 세슘이 검출됐다고 밝혔다. 이는 지난 2011년 3월 동일본 대지진 당시 검출량인 18억bq 세슘보다 많은 수치다. 세슘의 일본 정부 기준치는 60bq~90bq다. 스트론튬 등을 포함한 방사능 물질도 7억5000만bq나 발견됐다.[38]

이상과 같은 현재적 고민인 재난에 대한 접근은 종래의 방법론을 탈피해 좀 더 개방적인 사고를 요구하고 있다. 모두에서 언급한 바이지만, 지진과 쓰나미를 천재라고 한다면, 후쿠시마 원전사고와 그로 인한 소문에 의한 피해 즉 풍평피해는 인재라는 정의가 고착화되어 가는 실정이다. 그렇다면 이제부터는 재해/재난 이라고 해도 같은 재해/재난이 아닌 것이다. 다시 말해 천재와 인재를 나누어 분석하고 그에 맞는 대응 논리를 구하지 않으면 안 되게 되었다. 그런 의미에서도 이제 재해/재난 연구는 종합적이고 통섭적인 학문 영역의 벽을 넘어선 접근이 되어야 한다.[39] 요컨대 지진학은 과학이자 역사의 종합인 것이다.

한편 최근의 '3.11 동일본대지진' 이후의 연구는 '3.11 동일본대지진'의 아카이브 구축이라는 논의로 전개되어 가고 있다. 아카이브 구축의 집대성은 고베(神戸)대학의 명예교수인 이시바시 가쓰히코(石橋克彦)[40]를 중심으로 한 그룹에 의해 진척되고 있는데, 그 성과는 『고대·중세지진·분화사료 데이터베이스β판』을 참고로 하면 좋다.[41]

이상으로 과거의 지진의 기록으로부터 지진이 반복적으로 일어난

38 / 조선일보 「日 후쿠시마 방사능 우려 재발·NYT 「日 대응 능력 의심」 2013년7월30일자 참조.

39 / 송완범, 「일본율령국가의 天災異變과 정책의 전환」, 『일본사상』25호, 2013 참조.

40 / 이시바시는 1976년의 일본지진학회 및 지진예지연락회에서 도카이(東海)지진설의 근거인 '쓰르가(駿河)만 지진설'을 발표하여 유명해졌다.(石橋克彦, 「東海地方に予想される大地震の再檢討 -駿河湾大地震について-」, 『地震学会講演予稿集』, No.2, 1976, pp30-34 참조; 同, 「東海地方に

予想される大地震の再検討
―駿河湾地震の可能性―」,
『地震予知連絡会会報』17,
1977, pp126~132 참조)
1997년에는「原発震災―
破滅を避けるために」,
『科学』10월호에서
대지진에 의해
원자력발전소가
노심용융사고를 일으키고,
지진재해와 방사능오염의
피해가 복합적으로
일어나는 재해를 '원발진재'
라 불렀다. 그의 염려는 '3.11
동일본대지진'에 의해
현실로 되었다.

41 / 古代中世地震史料
研究会, 静岡大学防災総合
センター公開(http://sakuy
a.ed.shizuoka.ac.jp/erice
/ 2013.09.07 검색) 참조.

42 / 財団法人日本再建
イニシアティブ
『日本最悪のシナリオ
9つの死角』, 新潮社, 2013
참조.(→ 조진구 역, 『일본
최악의 시나리오―9개의
사각지대―』, 나남,
2014.03)

43 / 중앙일보,
2013년3월14일자 참조.

다는 지진의 주기성을 확인하고 예측하는 작업은 아직도 현재진행 중인 것을 알 수 있다. 또한 지진의 주기성을 논하기에는 종래의 학문영역인 문과와 이과의 구분은 무의미하다고 생각한다. 앞으로는 지진학, 역사학, 고고학의 여러 학문분야가 서로 협력하는 데서 지진의 주기성의 예측이 조금이라도 앞당겨지는 것은 아닐까.

3. 전망

2014년의 전망 겸 해서 다음의 두 가지 사례를 언급하기로 한다.

'3.11 동일본대지진' 이후 성립된 일본의 싱크탱크인 '재단법인 일본재건 이니셔티브'(이사장 후나바시 요이치(船橋洋一) 전 아사히신문 주필)는 2013년3월『일본 최악의 시나리오 아홉 가지(日本最悪のシナリオ-9つの死角)』라는 보고서를 출판했다.[42]

일본을 덮치는 '상정 외'의 국가적위기는 대규모 지진이나 쓰나미만이 아니라고 하면서, 위기관리, 안전보장, 군사, 외교, 의료, IT 등 각 분야에서의 일본중추와 현장에서 활약하는 전문가들의 제언을 담았다. 여기에 의하면, 최악의 시나리오는 북한정권붕괴와 통일 한국의 핵보유에 따른 일본의 핵무장, 센카쿠열도 충돌로 인해 중국이 실효지배, 국채 금리 폭등으로 인해 재정 파탄, 수도 직하형 대지진의 발생, 사이버 테러로 인한 사회 마비, 정체불명의 전염병 대유행, 중동 분쟁으로 인해 에너지 대위기, 핵 테러에 의한 일본 중추부 마비, 인구 감소에 따른 2050년의 인구 40퍼센트가 고령자화 등의 아홉 가지이다.[43]

이상의 아홉 가지 시나리오는 일면 공상같이도 보이지만, 각론을 잘 읽어보면 그렇지도 않다. 한국에 있어서도 북한의 붕괴에 따른 중국군의 북한 지역 진출과 이를 견제하기 위한 러시아와 미국, 일본의 통일 한국의 승인이라든가, 통일 한국이 일본에 대한 전후 배상금으로서의 100억 달러 요구와 이에 대한 일본 내의 내셔널리즘의 고양, 그리고 통일 한국 대통령의 핵보유선언과 핵확산금지조약(NPT)의 탈퇴, 한·

미 안전보장조약의 파기, 이에 맞서는 일본의 핵무장까지 등등은 우리와 매우 밀접한 이야기라 경각심을 일깨워준다. 더 나아가 사이버 테러와 전염병, 에너지 위기, 핵 테러, 인구의 심각한 고령화 등에 관한 제언은 우리의 처지에도 유익하다.

한편 2014년의 지구촌은 선거가 많다. EU는 5월22일-25일 의회선거, 헝가리 3-4월 총선, 스웨덴 9월14일 총선, 콜롬비아 3월9일 총선과 5월22일 대선, 미국 11월4일 중간선거, 한국은 6월4일 지방선거, 태국은 2월2일 조기총선, 인도네시아 4월9일 총선과 7월9일 대선, 인도 5월 총선, 남아프리카공화국 4-7월 총선 등이다.

결과가 불안한 선거는 거의 반드시라고 해도 좋을 만큼 "경제위기로 인한 정치 불안, 정치 불안으로 인한 자본유출 확대, 자본유출로 인한 경제위기의 심화"라는 악순환의 가능성을 안고 있다. 시장은 선거의 불확실성에 예민하게 반응하는 법이다. 미국의 양적완화정책은 신흥국으로 유입되었던 핫머니를 회귀시킬 가능성이 있고, 이에 따라 신흥국에 위기 상황이 도래할 가능성이 커진다는 것이다.[44] 이러한 설명을 '선거 리스크'라고 부르는데, 한국에서 '선거 리스크'가 일어나지 말란 법은 없을 것이다.

이상의 두 케이스를 갖고서 금년의 전망을 한다는 것은 지난한 과제이다. 요컨대, 일본과 한국에서 전자의 아홉 가지 나쁜 시나리오 중의 어느 하나가 발생할지, 아니면 한국에서는 6월 지방선거가 끝나고 정치 불안에 따른 경제 불안이 가속화될 '선거 리스크'가 출현할지는 알 수 없다. 더 나아가 일본의 경우를 한정하자면, 아베노믹스의 순풍이 역풍으로 변해[45], 갑자기 일본에서 승승장구하던 아베의 고전에 따른 생각지도 않았던 일본발 '선거 리스크'가 생겨날지 한 치 앞을 내다보기 힘들다. 마치 중국발 '회색재앙'인 초미세먼지가 가득 덮은 하늘처럼 말이다.

44 / 중앙일보, 2014년1월7일자 참조.

45 / 문화일보, 2014년1월16일자에 따르면, "데이비드 필링 파이낸셜타임스(FT) 아시아 편집장은 15일, '올해가 일본 경제의 중대국면(crunch)'이라는 제목의 칼럼을 통해 아베노믹스의 '미래'에 대해 ▲2년간 본원통화를 2배 늘리겠다는 목표가 흐지부지되고 물가상승률이 '제로'로 떨어지거나 ▲물가가 통제 불가능한 수준으로 급등하고 금리가 상승하면서 자금이 이탈하는 상황을 우려했다. 특히 물가 급등 상황을 '아마겟돈(종말)'에 비유한 '아베겟돈(Abegeddon)'이라고 표현하면서, "2014년에 아베겟돈이 될지 '아베석세스(Abesuccess)'가 될지 판가름 날 것"이라고 썼다."

참고문헌

トム・ギル, ブリギッテ・シテーガ, デビッド・スレイター 編 『東日本大震災の人類学 −津波、原発事故と被災者たちの「その後」− 』, 人文書院, 2013

고려대학교 일본연구센터 [포스트3.11과 인간] 연구팀 역, 『제언 3.11 동일본대지진』, 고려대학교출판부, 2013

송완범·김영근·라경수·전성곤 역, 『동일본대지진. 부흥을 위한 인문학적 모색』, 고려대학교출판부, 2013

전성곤 역, 『재해에 강한 사회를 만들기 위하여 −과학자의 역할과 대학의 사명』, 고려대학교출판부, 2013

김영근 역, 『일본 원자력 정책의 실패 −후쿠시마 원전사고 대응과정의 검증과 안전규제에 대한 제언』, 고려대학교출판부, 2013

김선희 역, 『동일본대지진과 환경오염 −환경공학자의 진단』, 고려대학교출판부, 2013

김유영 역, 『신문은 대지진을 바르게 전달했는가 −학생들의 신문지면 분석』, 고려대학교출판부, 2013

홍윤표 역, 『빠르고 적절한 구조와 지원을 위하여 −초동체제 가이드라인 제안』, 고려대학교출판부, 2013

정유경 역, 『대규모 재해 극복을 위한 자치체 간 연계 −현장에서의 보고와 제언』, 고려대학교출판부, 2013

김정민 역, 『피해지역 아이들의 마음에 다가서기 −임상심리학의 시점』, 고려대학교출판부, 2013

송완범 역, 『문화유산의 보전과 부흥철학 −자연과의 창조적 관계 재생』, 고려대학교출판부, 2013

박미현 역, 『동일본대지진과 헌법 −일본에 직언하다』, 고려대학교출판부, 2013

김효진 역, 『확대되는 방사능 오염과 법규제 −구멍투성이 제도의 현황』, 고려대학교출판부, 2013

양민호 역, 『3.11쓰나미로 무엇이 일어났는가 −피해조사와 감재전략』, 고려대학교출판부, 2013

김유영 역, 『재해에 강한 전력 네트워크 −스마트 그리드 기초 지식』, 고려대학교출판부, 2013

김영근 역, 『일본대재해의 교훈』, 도서출판문, 2012

고려대학교 일본연구센터 [포스트3.11과 인간] 연구팀 역, 『검증 3.11 동일본대지진』, 도서출판문, 2012

송완범 외, 『저팬리뷰2012−3.11 동일본대지진과 일본−』, 도서출판문, 2012

高麗大学校日本研究センター·関西学院大学災害復興制度研究所(共編) 『東日本大震災と日本−韓国からみた3.11−』関西学院大学出版会, 2013

서승원·김영근 편, 『저팬리뷰2013』, 고려대학교출판부, 2013

山下文男, 『地震予報の先駆者:今村明恒の生涯』, 青磁社, 1989

武村雅之, 『関東大震災−大東京圏の揺れを知る』, 鹿島出版会, 2003

文部科学省国立天文台 編, 『理科年表』, 丸善, 2006

島村英紀, 『ポケット図解 最新 地震がよ〜くわかる本』, 秀和システム, 2005

동, 『巨大地震はなぜ起きる これだけは知っておこう』, 共栄書房, 2011

石橋克彦, 「歴史地震研究で感じたこと」, 東京大学地震研究所『歴史地震』第1号, 1985

寒川旭, 『地震考古学：遺跡が語る地震の歴史』, 中央公論社, 1992

寒川旭, 『地震の日本史：大地は何を語るのか』, 中央公論新社, 2007

송완범, 「일본율령국가의 天災異変과 정책의 전환」, 『일본사상』25호, 2013

財団法人日本再建イニシアティブ『日本最悪のシナリオ 9つの死角』, 新潮社, 2013

MSN産経ニュース

중앙일보

朝日新聞

読売新聞
産経新聞
조선일보
문화일보

헌법개정을 향한 아베내각의 정치 이벤트와 일본 신문의 보도경향:

집단적 자위권·특정비밀보호법· 야스쿠니신사 참배를 중심으로

김관규 | 金官圭 Kim, Kwan-kyu

일본 게이오대학(慶應義塾大学)에서 사회학박사(매스커뮤니케이션전공) 학위를 받았다. 이후 계명대학교 신문방송학과 조교수를 역임하고 2004년 3월부터 동국대학교 신문방송학과에서 교편을 잡고 있다.

전공분야는 방송과 뉴미디어, 인터넷 커뮤니케이션이며, 최근의 주요 연구 관심사는 모바일 커뮤니케이션과 정치참여이다.

주요 연구업적으로는 『서양광고문화사(역)』(도서출판한나래, 2006) 등이 있다.

1. 개관

　2013년의 한국·일본, 중국·일본의 외교관계는 수교 이래 최악의 상황이라고 우려되고 있다. 2012년에는 독도와 댜오위다오를 둘러싼 영토분쟁으로 한국·중국과의 관계가 극도로 악화된데 이어, 2013년에는 아베(安部)내각의 우경화 행보가 본격적으로 가시화됨으로써 한국과 중국을 중심으로 우려를 넘어 분노의 목소리가 고조되고 있다. 집단적 자위권(集団的自衛権)행사를 위한 헌법해석 변경 시도, 특정 정보의 유출자를 처벌하는 특정비밀보호법(秘密保護法) 제정, 그리고 아베 총리의 야스쿠니(靖国)신사 참배로 이어진 일련의 행위는 일본 사회에서 오랫동안 금기시되어 온 행위임에도 불구하고 아베내각은 한 순간에 실행하였다. 이는 집권 자민당이 2014년 주요 목표로 내건 헌법 개정을 위한 수순이다. 헌법 개정을 통해 패전국에서 벗어난 군사적 행동을 할 수 있는 보통국가로 일본을 바꾸는 것이 아베정권과 자민당이 달성하고자 하는 궁극적인 목표이다.

　이른바 평화헌법이라고 불리는 1946년 제정된 일본 헌법 제9조 1항에 '일본국민은 징의와 질서를 기조로 하는 국제평화를 성실하게 희구(希求)하며, 국권이 발동되는 전쟁과, 무력에 의한 위협 또는 무력행사는 국제분쟁을 해결하는 수단으로서는 영원히 이를 포기한다.'고 명시하고 있다. 이는 무력을 사용하는 모든 전쟁을 포기한다는 전쟁포기 선언으로 일본 방어를 위한 자위권 행사 외에 타국에 대해 어떠한 무력도 사용하지 못하도록 헌법에 명시해 놓은 것이다. 또한 무기수출금지 3원칙을 공표하고 이를 준수하여 국제무기 시장에서 일본산 무기는 거의 거래되지 않았다(박영준, 2012).

　2013년을 뜨겁게 달군 집단적 자위권(集団的自衛権) 행사를 위한 헌법해석 변경 시도, 특정 정보의 유출자를 처벌하는 특정비밀보호법(秘密保護法) 제정, 그리고 아베총리의 야스쿠니(靖国)신사 참배는 일본 사회의 정치세력 간의 큰 갈등이 예상됨에도 불구하고 헌법개정을 위한 분위기를 조성하기 위해 실행된 고도로 계산된 정치적 행위라고 규정할 수 있다. 이 3가지 정치 이벤트에 대해 한국과 중국은 일본이 군국주의로 재부활하는 수순이라고 거세게 반발하고 있으며, 일본 국내에서는 옹호세력인 보수파와 반대세력인 진보파 사이의 치열한 여론싸움이 전개되었다.

헌법개정을 옹호하는 세력은 현행 헌법이 태평양전쟁에서 패전한후 국가와 국민의 주권이 인정되지 않았던 미군점령기에 제정된 [점령헌법(占領憲法)]으로 일본의 무력화가 주요 목적 중 하나라고 인식하고있다. 1951년 샌프란시스코 조약으로 주권은 회복되었지만 헌법 조항이 하나도 개정되지 않아 국가기능이 불완전하게 이루어지는 상황이계속되고 있으며, 이로 인해 센카쿠(중국명 댜오이다오)열도를 둘러싼영토분쟁에서 중국 측의 도발에 강력하게 대응하지 못하고 있다고 비난한다(産経新聞, 2013년 4월 26일). 이러한 이유가 현행헌법 9조 1항(무력행사포기)과 2항(군대보유금지 및 교전권 비인정)에 있다고 보고, 이 9조를 개정하여 군대도 보유하고 교전권을 갖는 보통국가로 일본이바뀌어야 한다고 주장하는 것이다.

이에 대해 현행헌법 개정에 반대하는 세력은 헌법 9조의 개정을통해 이루고자 하는 '보통국가'는 일본을 전쟁이 가능한 국가로 만드는위험한 발상이라고 강하게 비판한다. 전후 70년 동안 일본이 국제분쟁에 군사적으로 관여하지 않고 인적 희생이 거의 전무한 그야말로 평화체제를 구축하게 된 것이 바로 현행 헌법 9조가 있기 때문이라고 역설하다. 전쟁에 대한 반성을 기반으로 제정되었지만 일본이 국제 사회의평화와 안정에 공헌해 온 포기할 수 없는 가치라고 주장하면서 헌법개정에 대한 반대여론을 지속적으로 결집시켜 왔다.

헌법 9조 개정은 자민당이 1955년 창당하면서 지속적으로 주장해왔지만 50년 이상 집권하면서도 이루지 못했고 현재로서도 개정에 대한 반대의견이 우세한 상황이다. 이러한 현실을 고려하여 아베내각은여당이 중의원과 참의원의 과반수를 넘게 차지하고 있는 것을 발판으로 헌법 9조의 개정 대신 헌법 96조의 개헌 발의 요건 조항 개정으로정책방향을 변경했다. 하지만 헌법개정이 국회의원 과반수의 동의로 이루어지는 것에 대한 반대의견과 궁극적으로 9조의 개정을 목적으로 한 헌법개정이라는 비판 여론에 밀려 아직 실현하지 못했다.

2013년에 아베정권이 감행한 일련의 행동은 2014년에 헌법개정을 시도하기 위한 기반다지기로 볼 수 있다. 집단적 자위권 행사에 대한 헌법해석 변경을 위한 시도, 그리고 야스쿠니신사에 대한 참배로 우익 세력을 결집시키고 이를 발판으로 헌법 96조에 규정된 헌법개정 발의를 위한 국회의원 찬성을 3분의 2에서 과반수로 개정하여, 궁극적으로 헌법 9조의 개정을 달성하겠다는 것이다.

헌법개정을 반대하는 세력은 아베정권의 이러한 의도를 저지하기 위해 반대세력을 결집시키고 반대의견을 개진하고 있다. 집단적 자위권의 허용은 자위대가 정식 군대가 되는 것을 의미하며 방위차원을 벗어나 국제분쟁에 군사적으로 개입하는 것이 된다며 반대의견을 개진하였다. 나아가 안보관련 기밀을 누설한 공무원을 처벌할 수 있도록 한 특정비밀보호법에 대해서는 국민의 알권리가 심각하게 침해된다고 주장하며 민주당, 공산당, 사민당, 시민단체가 철폐운동을 전국적으로 전개하고 있다. 아베총리의 야스쿠니 신사참배에 대해서도 경솔했다는 비판의 목소리기 고조되고 있다.

이처럼 일본 사회는 헌법보호 vs. 헌법개정의 갈등이 점점 격화되는 과정에 있다. 2013년 아베정권이 헌법개정을 전제로 실행한 정치 이벤트를 둘러싸고 헌법보호 세력과 헌법개정 세력이 첨예하게 부딪혔다. 일본 국내와 한국과 중국을 중심으로 한 주변국만이 아니라 전세계적으로도 일본의 집단적 자위권, 특정비밀보호법, 아베총리의 야스쿠니신사 참배는 많은 논란과 우려를 불러 일으키고 있다. 아베정권과 자민당이 궁극적으로 달성하고자 하는 헌법개정이 성공할 수 있을지는 아직 불투명하다. 하지만 일본 사회가 주변국이 우려를 넘어 현실로 받아들일 정도로 헌법개정을 위한 수순이 한단계 한단계 진행하고 있는 것은 사실이다. 한국, 중국의 반발이나 외교적 마찰에 대해서 아베정권과 자민당은 크게 개의치 않겠다는 태도를 보이고 있다.

이러한 점에서 이제 일본의 국가 모습을 일본 국민이 선택해야 하는 시기가 왔다고 볼 수 있다. 그 과정은 이미 시작되었으며 두 세력이 일본 사회 전체를 양분하여 자신들의 여론 공간을 확보하기 위한 치열한 싸움을 전개하고 있다. 2013년에 아베정권의 주요 정치 행보였던 집단적 자위권 행사에 대한 헌법해석변경, 특정비밀보호법, 아베총리의 야스쿠니신사 참배를 둘러싸고도 여론공간에서의 싸움이 격렬하게 전개되었다. 이러한 여론 싸움의 결과가 최종적으로는 헌법보호 VS. 헌법개정 싸움의 향배를 결정하게 될 것이다.

본 연구에서는 이러한 문제의식 하에 2013년 일본 사회의 주요 갈등 이슈였던 집단적 자위권 행사에 대한 헌법해석 변경, 특정비밀보호법, 아베총리의 야스쿠니신사 참배에 대하여 일본의 신문이 취급한 보도 경향을 분석해 보고자 한다. 이 3가지 핵심 이슈에 대한 일본 신문의 보도 경향은 일본 국민의 여론을 간접적으로 반영하고 있다고 보아도 무방하다. 주지하다시피 일본의 신문들은 보수와 진보의 스펙트럼을 분명하게 보여주고 있으며 이 연구에서 다루고 있는 2013년의 3가지 핵심 이슈에 대해서도 신문의 가치에 따라 서로 상이한 주장을 개진할 것으로 예상된다. 신문 간에 나타나는 주장의 주요 입장 차이를 비교분석함으로써 향후 아베정권과 자민당의 헌법개정 행보에 대해 일본 사회가 어떠한 논의를 전개할 것인지를 예상할 수 있을 것이다.

2. 집단적 자위권(集団的自衛権) 행사를 둘러싼 일본의 신문 보도 경향

집단적 자위권이란 어떤 나라가 무력 공격을 받을 경우, 그 나라와 긴밀한 유대 관계를 가진 다른 나라들이 그 나라를 원조하여 공동으로 반격할 수 있는 권리를 의미한다. 집단적 자위권은 유엔의 집단적 안전보장을 취하고 있는 유엔이 유엔 헌장에 인정하고 있는 것이다(박영준, 2012). 유엔의 집단적 안전보장이란 「국제사회 또는 일정한 국가집단이 자신이 속하는 국가가 상호 다른 국가를 향해 불가침을 약속하고 그 약속을 반하여 무력을 행사한 국가에 대해서는 제3국과 협력하여 피해국을 돕고 가맹국에 대해 경제적 압박 혹은 군사행동의 강제초치를 취하며, 각국이 결집한 힘에 의한 위압으로 전쟁을 방자·억지하는 제도」를 의미한다. 유엔헌장 제51조에 「이 헌장의 어떤 규정도 유엔 가맹국에 대해 무력공격이 발생할 경우에 안전보장이사회가 유엔의 평화 및 안전 유지에 필요한 조치를 취하는 사이, 개별적 혹은 집단적 자위의 고유 권한을 침해하는 것은 아니다」고 규정하여, 유엔가맹국에 의한 잠정적 조치로서 개별적 자위권 및 집단적 자위권의 행사를 인정하고 있다(鈴木尊紘, 2011년).

일본은 유엔 가맹국이므로 집단적 자위권을 가지고 있지만 이 권한 행사는 헌법 상 허용되지 않는 것으로 스스로 해석해 왔다. 1981년 5월 정부답변서에서 집단적 자위권을 「자국과 밀접한 관계에 있는 외국에 대한 무력공격을 자국이 직접 공격받지 않음에도 불구하고 실력으로 저지하는 권리」로 정의한 뒤, 「우리나라가 국제법상 이러한 집단적 자위권을 보유하고 있는 것은 주권국가인 이상 당연하지만, 헌법 제9조 하에서 허용되고 있는 자위권의 행사는 우리나라를 방위하기 위한 필요최소한도의 범위에 머무는 것이라고 해석하고 있어 집단적 지위권을 행사하는 것은 그 범위를 넘는 것으로 헌법상 허용되지 않는다」고 설명하고 있다(鈴木尊紘, 2011).

집단적 자위권 행사에 대해서는 주로 미국과의 동맹관계에서 발생하는 일본의 군사적 행동범위와 관련한 논쟁을 불러 일으켰다. 1991년 페르시아만 전쟁에서 자위대의 다국적군 참가를 둘러싸고 논란거리가 되었고, 이후 유엔평화유지군이라는 이름으로 자위대 해외파병을 둘러싸고도 논쟁이 일어났다. 1990년대에는 미군의 전투작전행동을 위해 일본에 있는 미군기지가 이용되는 것, 미국 등의 후방지원으로서 무기 수송을 하는 것 및 미군에 대한 무력행사에 관한 정보를 제공하는 것 등은 무력행사에 해당하지 않는 것이라는 수준에서 집단적 자위권을 해석하였다.

2000년대에 들어서 전 세계적으로 테러가 발생하고 이라크 파병 등 미국의 군사 행동에 협조하는 상황이 발생하자 또 다시 집단적 자위권의 행사라는 비판이 제기되었다. 이에 대해 아베1차 내각에서 「대량파괴무기와 미사일의 확산, 테러와의 전쟁 등 국제정세의 변화와 무기 기술의 진보, 그리고 우리나라의 국제공헌에 대한 기대의 고조 등을 고려하고, 일미동맹이 더욱 효과적으로 기능하고 평화가 유지되기 위해서 어떤 경우가 헌법에 금지되어 있는 집단적 자위권 행사에 해당하는지를 개별적으로 구체적으로 사례에 직면하여 충분히 연구해 가겠다」고 답변하였다(鈴木脅紘, 2011). 이는 헌법 상 집단적 자위권 행사는 금지되어 있지만 집단적 자위권 행사의 범위를 축소해 가겠다는 의미로 볼 수 있다.

최근 들어 북한의 핵실험과 미사일개발, 중국의 군비확대 등 일본을 둘러싼 안보보장환경이 악화됨에 따라 주변국의 유사시를 대비하여 미국과의 군사적 동맹을 더욱 강화하고 협조하려는 의도에서 집단적 자위권의 행사를 헌법 9조의 제약으로부터 자유롭게 하려는 움직임이 활발해 졌다.

2012년 아베정권이 들어서면서 헌법9조의 개정이 당장은 어렵다고 판단하고 대신에 들고 나온 게 집단적 자위권 행사를 위한 헌법해석 변경이다. 아베는 이를 위해 헌법해석을 담당하는 내각법제국 장관을 자신의 입맛에 맞는 인물로 교체하고 자신의 의견에 동조하는 인물들로 회의를 꾸리게 한 뒤 그들에게 집단적 자위권 헌법해석의 범위를 정하도록 했다. 아베의 시간표를 보면 헌법해석 변경은 올 상반기중 이뤄질 것으로 보인다. 미국도 집단적 자위권 헌법해석 변경을 지지했다. 한국, 중국 등 주변국가의 반발이 예상됐지만 미국은 아시아태평양 전략상 일본의 군비 증강을 기대하면서 일본 편을 들었다. 그러나 집단적 자위권에 대한 반대 여론은 여전하다(한국일보, 2013년 12월 16일).

2차 아베내각이 출범하면서 집단적 자위권 행사와 관련한 헌법해석 변경 이슈가 정국의 핵심 이슈로 부상하였고 일본의 신문들도 이에 대해 적극적으로 찬반의견을 개진하였다. 헌법해석 변경에 대해 반대하는 의견은 진보적 신문인 아사히(朝日)신문과 마이니치(毎日)신문 이 개진하였고, 찬성하는 의견은 니혼게이쟈이(日本経済)신문, 요미우리 (読売)신문, 산케이(産経)신문이 전개하였다. 진보적 성향의 2개 신문은 반대, 보수적 성향의 3개 신문은 찬성의 의견을 개진하여 진보와 보수의 반대와 찬성이 나누는 형태를 보였다.

헌법해석 변경에 반대하는 아사히(朝日)신문과 마이니치(毎日)신문의 주장 요지는 헌법9조 아래서 필요최소한도의 자위권만 허용한다는 전후 일본의 방위정책 근간을 지켜야 하며, 헌법해석을 변경할 정도로 긴급성이 있는 것도 아니며, 이라크 전쟁의 반성도 없이 집단적 자위권 행사를 용인하는 것은 무책임하다는 것이다. 또한 미군이 공격을 받아도 일본 자신에 대한 위기라고 받아들여 현행 헌법에서도 용인하고 있는 「개별적 자위권」의 범위 내에서 대응하는 것이 가능하므로 집단적 자위권의 행사는 불필요하다고 주장한다. 특히 아사히(朝日)신문은 아베수상이 내건 「적극적 평화주의」가 집단적 자위권 행사에 대한 해석 변경을 염두에 두고 사용한 용어임을 지적하면서 헌법해석 변경의 위험성을 지적하고 있다.

아베수상이 뉴욕에서의 유엔총회 일반토론연설에서 「새로운 적극적 평화주의 깃발을 내걸자」라고 표명했다. 유엔평화유지활동(PKO)에 적극적으로 참가를 도모한다는 것이다. 수상이 내건 「적극적 평화주의」란 무엇을 가리키는 것일까. 염두에 있는 것이 유엔의 「집단안전보장」적 조치라면 방향성은 이해할 수 있다. 그 대표적인 것이 PKO이며 일본도 90년대 이후 실적을 쌓아오고 있다. 유엔이 충분하게 그 기능을 발휘하고 있지 못하다는 현실은 있지만 국제공헌을 더욱 진전시키는 길이 될 것이다. 자위대가 임무 폭을 넓혀 더욱 적극적으로 PKO에 참가하는 것도 있을 수 있다. 전투에 참가하지 않는 방침을 명확하게 천명하고 유엔의 승인 하에 자위대가 중립적이고 공평한 입장에서 평화구축에 임하는 것은 의미 깊은 일이다.

하지만 수상이 말하는 「적극적 평화주의」가 거기에 머무를 것인가? 우려가 되는 것은 수상이 전날 미국 보수계 싱크탱크에서 연설했을 때, 「집단안전보장」만이 아니라 「집단적 자위권」도 언급하면서 적극적 평화주의를 주창한 것이다. 일본에서 집단적 자위권은 주로 일미동맹과 관련한 개념이다. 국제사회가 일치하여 임하는 집단안전보장과는 성격이 다르다. 연설에서 수상이 강조한 것은 미국주도의 안전보장 틀 속에서 일본이 동맹국에 걸맞는 역할을 해야 한다는 결의였다.

아베정권이 집단적 자위권을 둘러싼 헌법해석의 변경을 추진하는 것은 중국의 군사대국화에 대응하고, 일미동맹의 억지력을 강화하려는 목적이 있다. 이는 세계에 전개되어 있는 미군과 하나가 되어 자위대가 지원하는 길을 열 것이다. 나아가 다국적군에 대한 참가도 시야에 넣고 있을 지도 모른다.

그러나 미국주도의 군사개입에 깊이 관여하는 것이 과연 평화주의라고 부를 수 있는가? 헌법 제9조 아래서 일본은 분쟁에 직접 개입하지 않고 거리를 두는 평화주의를 내걸어 왔다. 그 조건 하에서 자위대는 PKO에 참가하여 높은 평가를 받고 있다. 이러한 평화주의와 집단적 자위권 행사를 포함한 적극적 평화주의는 전혀 다른 것이다.

지금 수상이 평화주의라는 용어를 사용하는 것은 집단적 자위권에 대한 이해를 구하고 헌법해석의 변경을 실현하기 위한 방편처럼 보인다. 집단적 자위권 행사를 용인하면 안전보장정책의 대전환이 되는 것이다. 이 논의를 적극적 평화주의라는 용어로 애매하게 사용하여 끌고 나가서는 안된다.(朝日新聞, 2013년 9월 28일)

니혼게이쟈이(日本経済)신문, 요미우리(読売)신문, 산케이(産経)신문은 헌법해석 변경을 통해 집단적 자위권 행사를 용인해야 한다는 주장을 피력했다. 북한의 핵개발과 미사일 개방 그리고 중국의 군사대국화가 우려되는 수준으로 진행되고 있으며 일본 주변에서 일본의 안보를 위협하는 충돌이 일어날 가능성이 고조되고 있어, 미·일 협력을 강화하여 대응해야 한다. 또한 테러와 사이버 공격 등 국경을 넘은 위협도 확대되고 있어 일본만 공격받지 않으면 안전이라는 일국평화주의 발상으로는 일본을 지킬 수 없다. 이를 위해 헌법을 개정해야 하는데 개정에는 시간이 걸리므로 일단 집단적 자위권의 행사가 용인되도록 헌법해석의 변경으로 대응하는 것이 현실적이라고 주장하고 있다. 이 가운데 중도 보수의 요미우리(読売)신문은 집단적 자위권의 행사가 필요하면 헌법적으로도 가능하다고 주장하면서, 현재 헌법해석 변경 작업을 추진하고 있는 아베수상의 사적자문기관 「안전보장의 법적기반 재구축에 관한 간담회」의 성과를 기대한다는 의견을 제시하고 있다.

　　현행 헌법 하에서도 집단적 자위권 행사는 가능하다는 견해가 늘어나고 있다. 이러한 견해의 근거로서 1959년 12월 砂川事件에 대한 최고재판소의 판결을 들 수 있다. 최고재판소는 헌법조문의 「평화스럽게 생존할 수 있는 권리」(평화적 생존권)를 인용하여 「자국의 평화와 안전을 유지하고 이 존립을 완수하기 위해서 필요한 자위를 위한 조치를 취할 수 있는 것은 국가 고유의 기능 행사로서 당연한 것이다」고 말하고 있다. 현재 정부의 헌법해석은 집단적 자위권 행사는 「필요최소한도」를 넘기 때문에 불가능하다고 하지만, 최고재판소 판결은 「필요한 자위를 위한 조치」를 넓게 인정하고 있어 집단적 자위권 행사를 용인할 수 있는 가능성도 있다.
　　현재 아베수상의 사적자문기관 「안전보장의 법적기반 재구축에 관한 간담회」가 집단적 자위권 행사에 대해 논의하고 있다. 이 간담회는 제1차 아베정권 하에서 2007년 5월에 설치되었지만, 아베수상이 2007년 참의원선거 패배와 건강문제로 퇴진했기 때문에, 헌법9조는 집단적 자위권 행사를 금지하고 있지 않다는 해석을 내 놓은 08년 6월의 보고서는 빛을 보지 못했다. 수상은 이 간담회를 재결집하여 이 문제에 대해 결착을 보겠다는 결의를 보이고 있다. 집단적 자위권을 둘러싼 헌법해석의 변경은 국내만이 아니라 해외에 대한 주의도 뺄 수 없는 문제이지만 일미동맹의 강화 등 일본의 장래 안전보장도 염두에 둔 논의가 바람직하다 (読売新聞, 2013년 10월 17일).

　　2013년 12월 22일, 23일 양일에 걸쳐 일본 쿄도(共同)통신사가 실시한 여론조사에 따르면 헌법해석의 변경에 의한 집단적 자위권 행사 용인에 반대하는 응답이 53.1%, 찬성하는 응답이 37.0%로 일본 국민 가운데 반대하는 의견이 여전히 우세하다(東京新聞, 2013년 12월 23일). 하지만 아베 정권은 헌법해석을 변경하여 집단적 자위권 행사를 용인하는 새로운 정부견해의 초안을 2014년 4월에 마련한다는 방침을 굳혔다. 연립여당인 자민당과 공명당에게 보이고 행사 용인의 범위 등을 협의할 것이다. 정권은 연립여당의 이해를 구한 다음에 통상국회 중에 각의결정과 아베수상의 답변 등으로 행사용인을 명확하게 밝히려고 한다.

행사용인에 이은 관련법 개정은 가을 임시국회 이후에 착수할 생각이다. 집단적 자위권 행사 용인과 관련해서는 수상의 사적자문기관 「안전보장의 법적 기반 재구축에 관한 간담회」가 논의를 계속 진행하고 있으며 조만간에 행사용인을 위한 보고서를 완성할 방침이다(朝日新聞, 2014년 1월 13일).

3. 비밀보호법(秘密保護法)

2013년 12월 6일 기밀정보를 누설한 사람에 대한 처벌을 강화한 특정비밀보호법이 일본 참의원 본회의에서 자민당과 공명당의 찬성다수로 가결되어 성립됐다. 야당측이 좀 더 심의하자고 요구하는 가운데 여당은 표결을 감행하여 찬성 130표, 반대 82표로 채택되었다. 이에 따라 방위, 외교, 스파이활동방지, 테러방지의 4분야에서 국가의 안전보장에 현저하게 지장을 줄 우려가 있는 정보를 각료 등 행정기관의 장이 「특정기밀」을 지정하고 이 정보를 누설한 공무원, 민간인은 최고 10년 징역형에 처할 수 있게 되었다(時事通信, 2013년 12월 7일).

이 법안에 대해서도 일본의 신문은 진보 VS. 보수의 여론전 양상을 보였다. 아사히(朝日)신문, 마이니치(每日)신문, 토쿄(東京)신문은 반대의 의견을 적극적으로 개진했고, 요미우리(読売)신문과 산케이(産経)신문은 찬성 의견을 피력하면서 날선 공방을 벌였다.

아사히(朝日)신문은 2013년 9월 19일에서 2013년 12월 13일까지 28회의 걸쳐 특정비밀보호법에 대한 사설을 게재하였다. 이 법안에 통과되면 행정부의 정보독점이 허용되고 국민의 알권리와 취재보도의 자유가 크게 제약을 받아 민주주의 근간을 훼손시킨다는 근거를 들어 반대의견을 피력하고 있다. 사설의 제목은 그 어느 때보다 직설적인 표현으로 이 법안에 대한 아사히(朝日)신문의 태도가 명확하게 드러나고 있다. 사설 제목 몇 가지를 소개하면 다음과 같다. 「알권리는 곁들인 반찬인가(2013년 9월 19일)」, 「특정비밀보호 이 법안에 반대한다(2013년

10월 26일)」, 「특정비밀보호법안 시민의 자유를 좀 먹는다(2013년 11월 8일)」, 「특정비밀보호법안 이 수정은 속임수다(2013년 11월 20일)」, 「비밀보호법안 국회가 무너뜨린 삼권분립(2013년 12월 4일)」, 「비밀보호법안 민주주의에 화근을 남기지 마라(2013년 12월 6일)」, 「비밀보호법안 설립 헌법의 뼈를 빼버린 어리석은 행동(2013년 12월 7일)」, 「비밀보호 국회 이상한 광경의 끝은(2013년 12월 8일)」 등이다.

진보적 성향을 갖고 있는 도쿄(東京)신문은 특정비밀보호법안이 갖고 있는 문제점을 6가지로 구분하여 연재하였다.

■ 엄벌화 징역 10년 시민이 위축

특정비밀보호법안의 최대 특징은 정보를 누설했을 때 벌칙이 엄격한 것이다. 이번 법안에서는 비밀의 대상을 방위와 외교에 한정하지 않고 「국가의 안전보장에 현저하게 지장을 줄 우려가 있는 정보」로 확대하였고 일률적으로 최고 10년의 징역에 처한다. 정부가 갖고 있는 정보에 넓은 망을 걸치고 벌칙은 10배로 강화했다. 공무원 등에 대한 협박이나 부정 액세스 등 「특정비밀의 보유자 관리를 침해하는 행위」로 정보를 얻었을 경우도 최고 징역 10년. 공무원에게 문서를 가져 나오라고 부축이기만 해도 처벌대상이 된다.

이 벌칙은 타국에 비해 과중하다. 구미제국도 스파이 등 「외국세력에 대한 누설」에 한해서는 매우 엄격한 벌칙을 설정하고 있다. 그러나 그 이외의 경우에는 최고형이 징역 10년인 것은 미국밖에 없다. 영국은 징역 2년에 머물고 있다. 일본에서는 국민의 알권리가 보다 크게 영향을 받는다. [중략] 정부는 미국으로부터 비밀보전의 철저를 반복해서 요구받아 NSC에서 긴밀한 정보공유를 하기위해서는 규제의 강화가 필요하다고 판단했다. 알권리보다도 미국의 주문을 우선시하고 있는 인상을 지울 수 없다(東京新聞, 2013년 10월 4일).

■ 특정비밀 제한없이 확대될 우려

「특정비밀」이란 무엇인가. 정부원안에서는 (1)방위 (2)외교 (3)특정유해활동(스파이행위 등을 말함) (4)테러의 방지 4분야의 정보 가운데 「국가의 안전보장에 현저한 지장을 줄 우려가 있는 것」으로 규정하고 있다. 원안에는 4분야별로 항목도 기술되어 있는데, 「방위」의 최초 항목은

「자위대의 운용, 그와 관련된 견적, 계획, 연구」라고 되어 있다. 이러한 추상적인 표현이 많아, 폭넓은 정보를 「특정비밀」로 지정할 수 있는 여지를 남긴다. 「국가의 안전보장에 현저한 지장을 줄 우려」라는 조건도 「국가의 안전보장」에는 여러 가지 정의가 있어 광범위한 해석이 가능하다.

더욱 문제가 되는 것은 어느 정보를 특정비밀로 할지를 대신 등 「행정기관의 장」의 판단에 맡겨놓는 것이다. 정부의 대략적인 판단으로 엄벌의 대상이 되는 정보가 결정된다. 예를 들어 원자력발전은 사고가 일어나면 「국가의 안전보장」을 흔드는 사태를 초래하며, 테러조직에 목표가 될 가능성도 부정할 수 없다. 이를 구실로 원자력발전에 관한 정보가 「특정비밀」로 지정되지 말라는 법이 없다. 외교에서도 환태평양연대협정(TPP) 등 국민생활에 영향이 큰 정보가 지정될 가능성도 있다. 미국에서는 국립공문서관의 정보안전감찰국이 적절한 기밀지정인지를 감시한다. 국장은 대통령의 승인을 받아 임명되고 감찰권과 기밀 해제청구권을 갖고 있다. 그런데 비밀보호법안에는 그런 구조가 없다.(東京新聞, 2013년 10월 5일)

■ 알권리 시민도 처벌대상에

특정비밀보호법안이 성립되면 광범위한 정보가 「비밀」이 될 가능성이 있고 누설한 공무원만이 아니라 취득한 측도 처벌대상이 된다. 국민의 「알권리」가 훼손된다는 지적이 있다. 정부 입장에서 꺼려지는 정보를 숨기고 이것을 폭로하는 것이 죄가 되면 국민이 정부의 진짜 모습을 알 수 없게 되어 민주주의 근간이 흔들린다.

정부는 「통상적인 취재행위는 처벌대상 외」라고 강조하고 있지만, 어디까지가 통상 취재인지 확실하지 않다. 신문기자가 오키나와 반환을 둘러싼 일미의 밀약 정보를 입수하여 보도한 후, 외무성의 여성사무관이 누설에 관여되었다고 해서 1972년 국가공무원법 위반으로 체포되어 유죄가 된 사건이 있었다. 최고재판소는 처벌대상이 되는 것은 「사회관념 상 용인할 수 없는」 취재수법이라고 판단을 내렸고, 정부도 이 기준을 하나의 참고로 들고 있지만, 「사회관념 상」이라는 용어 자체가 애매하다.

처벌대상이 되는 것은 기자에 한하지 않는다. 조사활동을 하는 시민과 연구자, 정보공개를 요구하는 민간단체 등도 죄를 묻는 대상이 될 수 있다. 문자 그대로 국민의 「알권리」와 관계된다(東京新聞, 2013년 10월 6일).

■ 적성평가 음주 · 부채 · 가족도 조사

특정비밀보호법안에서는 비밀을 취급하는 공무원이 정보를 누설할 우려가 없는가를 판단하기 위해 「적성평가」를 의무화하고 있다. 방위산업 등 비밀을 취급하는 계약업자 민간인도 대상이 된다. 조사하는 개인정보는 여러 가지로 프라이버시를 침해할 수 있다는 지적이 있다. 조사 항목은 (1)스파이테러활동과의 관계 (2)범죄, 징계 이력 (3)정보의 위법한 취급 이력 (4)약물남용과 영향 (5)정신질환 (6)음주의 절도 (7)부채 등 경제상황이다. 병력, 음주. 부채 등 아주 개인적인 내용이 포함되어 있다.

가족의 국적까지 조사할 필요가 있는 것일까. 법안을 담당하는 내각정보조사실은 「국적만으로 판단하지는 않는다」고 하면서도 「국적에 따라서는 외국에 말려들 수 있는 요소가 있을지도 모른다」고 언급했다. 예를 들어 정부는 방위백서에서 중국의 동향을 「우리나라를 포함한 지역, 국제사회의 우려 사항」이라고 언급하고 부모나 배우자가 중국국적이라면 「말려들 수 있는 요소」라고 판단하는 걸까. [중략]

실제로 정부가 시민을 감시했던 사례가 밝혀지고 있다. 2002년에는 방위청(현 방위성)이 자위대에 정보공개를 청구한 시민의 신원을 조사하고 리스트를 작성한 것이 발간되었다. 2007년에는 육상 자위대의 정보보전대가 이라크에 대한 부대파견에 반대하는 시민운동을 감시하고 있던 것이 밝혀졌다. 이번 법안에서는 특정기밀로 부정하게 취득하는 행위와 그것을 부추긴 시민도 처벌대상으로 삼는다. 정부가 정보를 요구하는 시민에 대해 지금보다 훨씬 감시를 강화할 우려가 있다(東京新聞, 2013년 10월 7일).

■ 정보공개 영구히 비밀도 가능

정부가 지정한 「특정비밀」을 국민은 알아야 하지 않을까. 특정비밀보호법안의 정부원에서는 특정비밀은 재판소도 확인할 수 없고, 장래 공개된다는 보장도 없다. 정부는 자신의 입장을 나쁘게 하는 정보도 「비밀」로 하여 영구히 국민의 눈이 닿지 않게 묻어 버릴 가능성도 있다.

정부가 갖고 있는 정보를 국민이 얻기 위한 방법은 몇 가지가 있다. 첫 번째는 정보공개법에 따른 청구다. 그런데 정부가 「국민의 안전에 해가 된다」등으로 판단한 정보는 공개하지 않는다. 「비밀정보」가 미공개되는 것은 확실하다.

이 법률에서는 국민이 제소해도 재판소는 정보의 내용을 확인할 수 없다. 정부의 비공개 판단이 정말로 타당한 것인지 판단하는 것이 어렵

211

다. 민주당 정권 당시인 2011년에 법률의 개정안을 제출하여 재판소가 정보를 확인할 수 있는 구조를 만들려고 했지만, 국회에서 심의되지 못하고 폐기됐다. 아베정권에서는 논의조차 되지 않았다. [중략]

미국에서는 비공개 기밀이라고 해도 원칙적으로 10년, 예외로서 25년 이내에 해제된다. 안전보장상 문제가 있는 경우에도 50년, 75년이라는 기간을 정해 그것을 초과하는 경우는 특별 위원회의 승인이 필요하다. 국가기밀도 장래에 공개를 전제로 하고 있는 데 비해 비밀보호법안은 이러한 지정이 없다. 아베정권은 비밀의 관리와 누설의 엄벌화에는 열심이지만, 정부정보의 공개에는 소극적이다.(東京新聞, 2013년 10월 8일)

■ 국회 정부감시 스스로 방기

정부가 지정한 「특정비밀」은 헌법에서 「국가 최고기관」으로 명시된 국회와 국민의 대표인 국회의원이라도 원칙적으로 내용을 알지 못하고 논의도 할 수 없다. 국회에는 헌법에서 정한 국정조사권이 있고, 정부는 「정당한 이유」 없이 자료제출요구 등을 거부할 수 없는데, 이번 법안은 국정조사권보다 「국가의 안전보장에 현저하게 영향을 준다」고 하며 비밀보전을 우선시하고 있다.

각료 등 정무3역은 특정비밀을 취급하지만, 누설하면 벌칙 대상이 되며 공무원과 동일하게 최고 징역 10년을 받는다. 동시에 정당의 각료 의원에 알려 줄 수도 없고, 논의조차도 할 수 없다.

법안에서는 예외로서 비공개 위원회 등(비밀회의)에 제공할 수 있다고 정하고 있다. 출석한 국회의원이 그 정보를 누설하면 최고 징역 5년이다. 다만 의원의 조사활동을 보좌하는 비서와 정당직원에게 전달한 경우는 위법인지 아닌지 정하고 않고 있다. 더욱 문제를 복잡하게 하는 것은 「양의원의 의원은 의원에서 행한 연설, 토론에 대해서 원외에서 책임을 묻지 않는다」고 규정한 헌법 51조와의 관계이다. 예를 들어 비밀회에서 특정비밀을 안 의원이 국민에게 전달해야 한다고 판단하여, 본회의와 위원회에서 밝힌다면 죄가 되지 않는다. 정부측에서 보면 비밀회의 의미가 없고, 처음부터 특정비밀을 제공하지 않을 우려가 있다. 중요한 정보가 「특정비밀」이 돼 버리면, 국민의 대표가 정부를 감시하는 국회의 기능은 삭제되고, 정부의 견제 역할을 하지 못하게 된다. 국회가 이 법률을 성립시키는 것은 스스로 헌법에 부여된 역할과 권리를 방기하는 것이 될 수밖에 없다.(東京新聞, 2013년 10월 9일)

진보 성향의 신문들이 특정비밀보호법안이 갖고 있는 위험성에 대해 조목조목 지적하는 것에 대응하여 보수성향의 신문들도 조목조목 반론을 전개하고 있다. 요미우리(読売)신문과 산케이(産経)신문이 선두에 서서 반대 여론에 맞서서 국회 가결의 필요성을 역설하면서 반대의견에 대한 반박을 전개하고 있다. 요미우리(読売)신문은 반대론자의 주장이 과도하게 과장되어 있다고 반박하면서 안전보장 상 특정비밀보호법이 반드시 필요하다고 역설하고 있다.

　　　미디어, 학자, 종교단체 등에서는 법안에 반대하는 목소리가 뿌리 깊다. 노벨상 수상자 益川敏英, 白川英樹씨 등이 결성한 「비밀보호법안에 반대하는 학자의 모임」은 「사상과 보도의 자유를 빼앗고 전쟁으로 돌진한 전쟁 이전의 정부를 방불케 한다」는 성명을 발표하고, 그 가운데 1인은 동 법안을 나치 독일의 전권위임법에 비유하고 있다. 텔레비전에서 「전쟁으로의 길을 여는 것이다」고 비판하는 저널리스트도 적지 않다.
　　　우려를 갖고 있는 기분은 이해하지만, 반발의 언사는 역시 과장됐다. 그들 대부분이 지적하고 있는 것처럼, 또 아베수상도 명백하게 말하고 있는 것처럼 특정비빌보호법안은 이번 국회에서 이미 성립된 국가안전보장회의(일본판NSC)설치법과 세트이다. 미국 등으로부터 기밀정보의 제공을 받기 위해서 비밀보호법제를 강화하는 것이 본래의 목적이다. [중략]
　　　비밀정보가 누설되기 쉬운 점은 언론통제하에 있던 옛날이나 헌법에 언론의 자유가 보장된 지금도 본질적으로 변하지 않았다. 동맹국으로부터 「일본은 정보가 누설되기 쉽다」고 주의를 받고 있는 점도 동일하다. 특정비밀보호법안이라는 것은 반대론자의 「전쟁의 시대로 회귀하는 것」이 아니라, 당연한 안전보장 상의 준비를 하려고 하는 것에 불과하다.(読売新聞, 2013년 12월 5일)

　　산케이(産経)신문은 비밀보호법이 참의원를 통과한 다음 날인 12월 7일자에 '[單刀直言] 아베수상 특정비밀보호법을 말한다'는 제목으로 비밀보호법을 둘러싼 진보세력의 공격에 대해 조목조목 반박해명하는 특집을 게재하였다. 국익을 지키기 위한 법률이며 비밀관리의 투명성이 높아지고, NSC의 역할이 중요해 진다는 점을 강조하는 동시에 정부가 관리하는 비밀이 늘어나지 않을 것이며 전쟁과 연결하는 야당과 진보적 성향의 미디어를 비판하고 있다. 그리고 칸나오토(菅直人)전 수상에 대한 비난을 개진하고 있다.

■ 국민을, 영토를, 국익을 지키기 위한 법률이다.

현재, 비밀이라고 하면 특별관리비밀과 방위비밀, 그리고 일미상호방위원조협정(MDA) 비밀 3종류가 있는데, 특별관리비밀은 법률로 정해놓지 않고 있다. 통일된 룰도 없고 책임자도 명확하지 않다. 세계 어디에나 제대로 된 룰이 있는데.

이번에 국가안전보장회의(NSC)을 만들었다. 그리고 이 NSC에서 각국의 NSC와 정보교환을 하면서 국민을 지키기 위해 올바른 정책입안을 해 나갈 것이다. 정보가 보전되어야 비로써 정보교환이 가능해 지고 깊이 있는 논의가 가능해 진다. 그런데 지금까지 그것을 위한 비밀보전이 충분하지 않은 동시에 비밀 룰은 없었다. 이를 제대로 법률로 정해가게 되었다.

■ 투명성이 오히려 증가한다.

공무원에 의한 정보누설의 위험성은 급격하게 감소하고, 비밀 취급의 투명성은 오히려 증가한다. 그리고 문제가 장기간 방치되는 것이 없어지게 된다. 왜냐하면, 비밀 관리에 수상을 비롯한 복수의 서로 다른 입장을 가진 사람들이 관여하며, 게다가 일정기간 별로 체크하여 매년 국회에 보고해 갈 것이기 때문이다.

핵반입을 둘러싸고 일본과 미국의 밀약 문제가 있었다. 민주당 정권시대에 조사한 결과 몇 가지 사실이 밝혀졌다. 일미동맹의 중요성을 고려하여 이러한 밀약을 하지 않을 수 없었던 사정은 이해한다. 문제는 그것이 언제까지나 밀약인 채로 남아 있었다는 것이다. 내가 관방장관이었을 때도 제1차 아베정권시대에도 그에 대한 설명을 받지 못했다.

특정비밀보호법에 의해 확실하게 전체를 파악할 수 있게 되었다. 수상은 국민이 선출한 의원이며, 의원 가운데서 선출된 행정부의 장이다. 그 책임으로 비밀지정을 해제해야 하는 것은 당연히 해제 판단을 할 수가 있다. 다시 말해 새로운 법률에서는 똑같은 문제가 발생할 수 없게 된다.

■ NSC에서 정보를 교환

1월 알제리아 인질사건에서도 일본 자체가 정보를 수집하는 것은 매우 어려웠다. 그 때에는 카메론 영국 수상과 대화하여 여러 가지 정보

를 제공받았는데, NSC가 있으면 영국의 NSC와 정책대화를 하고 정보제
공을 받는 것도 가능해 졌다. 그것도 당연히 비밀의 보전이 전제가 된다.
물론 북조선과 중국에 대해서도 일본이 그 속에 들어가서 정보를 수집하
는 것은 매우 어렵다. 최근 중국이 센카쿠제도를 포함한 동지나해 상공
에 방공식별권을 설정했다. 상대의 지상 레이더는 어느 정도의 고도에서
어느 범위를 커버하고 있을까. 또 상대의 전투기에 탑재되어 있는 레이
더의 유효 탐지거리, 미사일의 사정거리, 명중정확도, 유도하는 전파의
주파수 등은 매우 중요한 정보이다.

　　상대가 어디까지 접근하면 위험한 것인가, 미사일을 피하기 위한
연구 등에 관련되어 있다. 이러한 정보를 갖고 있는 나라로부터 정보제
공이 더욱 원활해지고, 정보교환이 더욱 강화되어 갈 것임이 틀림없다.
이 법률은 국민을, 일본의 영토·영해·영공을 그리고 국익을 지키기 위
한 것이다. 정보기관 간의 정보제공에는 제3자에게는 이 정보를 넘기지
않겠다는 「3rd party rule」이 있고 이것은 정보의 세계에서는 상식이다.
따라서 그것이 지켜지지 않으면 많은 정보가 들어오지 않는다.

■ 비밀이 늘어나는 일은 없다

　　미디어 보도에서는 알권리를 뿌리째 빼앗겼다는 비극적인 헤드라
인도 있다. 그렇지만 지금도 특별관리비밀이 있고 방위비밀이 있으며,
MDA비밀이 있다. 이것이 늘어나는 일은 일단 없을 것이다. 지금도 특별
관리비밀이 42만건 있다고 설명하면, 「그렇게 많이 수상이 볼 수 없지 않
은가」라고 말하지만, 그 가운데 9할은 위성사진이다. 이는 해상도 그 자
체가 상대에게 알려져서는 안되는 비밀이다. 사진을 한 장 한 장 체크하
는 것은 아니다. 그리고 그 밖에 많은 암호가 있다. 오래 된 것도 포함해
서 암호 그 자체는 전부 비밀이다. 이렇게 되면 나머지는 아주 적은 양이
된다. 다시 말해 알권리의 보장은 법률이 생긴 후도 지금도 전혀 변화하
지 않는다. 지금까지와 다른 점은 국회의원에게도 처음으로 명확한 비밀
의무와 벌칙이 부여된 것이다. 이것이 큰 변화라고 해도 좋다.

■ 전쟁과 연결시키는 버릇

　　미디어와 야당이 전쟁과 연결시키는 것은 1956년 일미 안전보장조
약을 개정할 때도 그랬고, 1991년 유엔평화유지활동(PKO)법안 심의 때도
그랬고 언제나 그런다. 제1차 아베정권에서 방위청을 「성(省)」으로 승격
시킬 때 그랬는데, 우려했던 변화가 일어났는지 말하고 싶다. 예를 들어
PKO법안 때에 칸나오토(菅直人) 전 수상이 발언석에 달라붙어서 국회경

비에 의해 배제되었다. 육체적으로 저항을 하려고 했지만은, 그 자신도 수상시대에 자위대의 PKO파견을 용인하였다.

2011년 중국어선충돌사건에서 충돌영상을 유출한 전 해상보안관에 대해서 당시 마이니치(每日)신문은 「국가공무원이 정권의 방침과 국회의 판단에 공공연하게 이견을 제기한 『도각운동(倒閣運動)』이다」고 격렬하게 비난하였고, 아사히(朝日)신문은 「정부와 국회의 의사에 반한 것으로 용서받을 수 없다」고 쓰고 있다. 현재의 자세와 다른 이중 스탠스에 아연질색한다.

■ 칸(菅)정권의 치명적 미스

문제는 누가 어떤 룰로 비밀을 결정할 것인가로, 충돌영상은 본래 비밀로 하지 말아야 했다. 일본의 국익을 위해서는 오히려 국제사회에 제시해야 했다. (칸(菅)정권은) 매우 잘못된 치명적인 미스를 했다.

비밀로 지정한 것은 칸나오토 수상인지 당시 관방장관인지는 알 수 없다. 저널리즘은 오히려 이러한 점을 추궁해야한다고 생각한다. 앞으로는 비밀로 지정하는 기준을 결정하기 때문에 이러한 것은 더 이상 일어나지 않는다. 어느 나라인지는 말할 수 없지만, 한 국가의 정보기관 수장은 NSC가 생기고 비밀보호 법률이 생겨 일본에 대한 정보 제공은 더욱 원활하게 될 것이라고 분명히 말했다.(産経新聞2013년 12월 7일)

특정비밀보호법이 참의원에서 채택되어 성립되자 야당인 민주당, 사민당, 공산당이 격렬하게 반대했으며 민주당이 무효법안을 제출했지만 부결되었다. 이 법안을 둘러싸고 진보와 보수의 갈등이 증폭되고 있으나 아사히(朝日)신문이 법안 통과 직전이 12월 1일에 발표한 조사결과에 따르면 국민의 여론은 반대가 50%이상이고 찬성은 25% 정도에 불과하였다. 이 법안 역시 앞서 살펴본 집단적 자위권 행사를 둘러싼 논쟁에서처럼 일본 전체 국민은 반대하는 비율이 높으나 아베정권이 감행한 것이다. 이 법안은 정보누설을 엄격히 처벌하는 것이므로 언론의 자유 그리고 국민의 알권리와 상충되는 특징을 갖고 있다. 그러한 이유로 진보성향의 신문들이 민주주의 후퇴라고 표현하면서 그 위험성을 강조하고 있는 것이다. 정권과 언론의 갈등은 어느 국가나 있을 수 있다. 특히 국가의 안보와 국민의 알권리를 둘러싼 갈등은 항시적으로 발생한다. 하지만 세계적 조류는 국가의 안보보다는 국민의 알권리를 우선시하는 방향으로 점진적으로 나아가고 있다. 일본의 비밀보호법 성립은 이러한 세계적 조류를 역행하는 정치적 행동이다. 미국과의 군사정보 교환을 원활하게 하기 위해서 감행했지만 향후 일본 사회에서 국민의 알권리와의 논쟁을 끊임없이 발생시키는 법안이 될 것으로 예상된다.

4. 아베총리의 야스쿠니(靖国)신사 참배

아베총리의 예측하지 못한 정치적 행보는 취임 1주년인 2013년 12월 26일 야스쿠니(靖国)신사를 전격적으로 참배하면서 정점을 찍었다. '중국인과 한국인의 감정을 상하게 할 의도는 없다'고 언급하면서 한국과 중국이 일본외교관계에서 넘지 말아야 할 선으로 설정하고 있는 야스쿠니 신사의 참배를 감행하였다.

전후에서 지금까지 총리를 비롯한 내각각료의 야스쿠니신사참배에 대해서 일본 국내에서 찬반의견이 뚜렷하게 갈린다. 나라를 위해서 목숨을 바친 희생자를 기리는 것은 당연하다는 찬성론이 있는 반면, 반전평화의 관점에서 참배에 반대하는 의견도 강력하게 제기되고 있다. 또한 일본 헌법에서 규정한 정교분리의 원칙에 어긋난 것이라는 반대의견도 개진되는데 야스쿠니신사는 종교법인이므로 각료가 참배하는 것은 그 원칙에 어긋난 것이라는 주장이다. 나아가 한국과 중국 등 주변국은 야스쿠니신사에 토쿄전범재판에서 사형을 받고 처형된 이른바 A급전범 14인이 합사되어 있는 것을 들어 일본 수상을 비롯한 각료의 참배는 과거 전쟁에 대한 진정한 반성을 하지 않고 부정하는 것으로 받아들이고 있다. 이러한 복잡한 상황이 과거 정권에서는 참배를 자제하는 제어요인으로 작용했지만, 아베총리는 이를 단호하게 거부하고 참배를 감행한 것이다(ジャ・ページ)

아베총리는 야스쿠니(靖国)신사 참배에 대해 자신의 개인적인 신념 문제라고 강하게 역설했다. 2006년 총리 취임 기간 중에 야스쿠니신사를 참배하지 못한 것에 대해 후회하고 있다고도 밝혔다. 아베총리는 야스쿠니신사참배를 일본의 자부심과 애국심의 부활이라고 생각하고 있으며, 전범을 재판하였던 토쿄전범재판이나 연합국 점령에 관련된 과거의 역사적 사실을 부정하는 행위로 볼 수 있다.

일본 신문들도 아베총리의 야스쿠니신사 참배를 예측하지 못했다. 마이니치(每日)신문은 참배 전날이 12월 25일자 신문에 '아베수상: 연내 야스쿠니신사 참배 그냥 넘기는가…외교에 대한 영향 고려인가, 26일 정권발족 1년을 맞이하는 아베수상이 연내 야스쿠니신사참배를 미룰 전망이다'고 보도하는 등의 해프닝도 있었다. 결국 이러한 오보를 낸 마이니치(每日)신문은 아베총리의 참배전경을 상세하게 묘사하면서 오보를 만회하려고 애를 썼다.

수상은 오전 11시 반 경에 수산관저에서 공용차로 야스쿠니신사로 향했다. 봉납금(玉串料) 3만엔을 사비로 지불하고 현관홀에 해당하는 도착전에서 「내각총리대신 아베신죠」라고 기장하고 본전 앞에는 수상명의의 꽃도 첨부되었다. 수상은 참배에 앞서서 「항구평화에 대한 맹세」라는 제목의 담화를 영어통역과 더불어 발표했다. 「귀중한 목숨을 희생당하신 영령에 대해 애도의 마음을 바치며, 존숭의 마음을 표하고, 영령의 안식과 명복을 비는 바입니다」고 말했다.

참배 후에 기자단에게 26일 참배한 이유를 「정권이 발족하진 1년이 됐다. 이 1년간 아베정권의 걸음을 보고하고 다시는 전쟁 참화로 사람들이 고통을 겪는 일이 없는 시대를 만들겠다고 맹세하고, 결의를 전달하기 위해 오늘을 택했다. 중국, 한국의 반발에 대해서는 '전쟁을 숭배하는 행위라고 오해에 근거한 비판이 있다'고 지적한 다음, '중국, 한국 사람들의 감정에 상처를 줄 의도는 없다」고 강조했다.

수상은 본전에서의 참배 외에도 야스쿠니신사 내부에 있는 '진령사(鎭靈社)'에도 현직 수상으로서는 처음으로 참배했다. 진령사(鎭靈社)에는 야스쿠니신사에 합사되어 있지 않은 전몰자들을 위령하기 위해 1965년에 지어졌고, 외국인도 기리고 있는 점에서 주변국의 반발을 완화하겠다는 의도가 있는 것으로 보인다.

수상은 작년 12월 취임 직후에도 야스쿠니신사참배를 모색했다. 다만 정권기반이 안정되지 않은 기간에 참배하면 주변국만이 아니라 당시 참의원에서 다수를 점하고 있는 야당과 여당 내부에서도 반발의 목소리가 고조될 가능성이 있어 자민당간부 등이 뒤로 미루는 것을 진언하여 수상이 받아들였다.(每日新聞, 2013년 12월 26일)

아베 총리의 야스쿠니신사의 참배에 대해서 한국과 중국 등 일본 제국주의의 침략을 당한 주변국의 비난이 고조된 것은 자명한 사실이다. 일본의 신문들도 아베총리의 참배를 보도하면서 한국과 중국의 반발을 예상하고 한국과 중국의 반응을 신속하게 전달하였다. 하지만 미국측이 예상하지 못한 비난성명을 발표하자 이에 대해 당혹감을 감추지 못하는 아베내각의 반응을 심도있게 다루고 있다.

중국과 한국 정부의 반응도 예상했던 것처럼 격렬한 것이었다. 중국정부의 대변인은 아베씨가 「침략전쟁을 미화하고 있다」고 비난하면서 야스쿠니신사에서 기려지고 있는 전범들을 「아시아의 나치」라고 불렀다. 한국은 「탄식과 분노」의 기분을 표현했다. 아베총리의 야스쿠니신사참배는 동남아시아에서도 동요를 불러일으키고 있다. 이러한 문제는 좀처럼 발언을 하지 않는 싱가포르에서도 유감을 뜻을 표현하게 했다.
미국도 이번 도발행위에 당혹해 하고 화를 냈다. 일본에 가장 가까운 동맹국인 미국의 정부고관이 아베수상에게 야스쿠니신사 참배를 하지 말 것을 몇 번이나 호소했기 때문이다. 아베씨로서는 다음 날 12월 27일에 오키나와 후텐마비행장을 같은 도내의 인구가 보다 적은 지역으로 이전하겠다는 오래된 계획의 진전을 보여 주는 것으로, 미국 측의 화를 완화시킬 수 있다고 기대했을 지도 모른다.(日本経済新聞, 2014년 1월 17일)

산케이(産経)신문은 참배 직후에 호외를 발간하여 「영령에게 존경의 마음을 표하는 것은 당연한 것이다」고 계속 주장해 온 수상이 참배에 반발하는 내외의 압력을 물리치고 참배를 실행한 의의는 크다」고 찬성하는 의견을 피력하고 있다(J-CAST, 2014년 1월 7일).
앞에서 언급한 것처럼 미국정부의 실망이라는 공식적인 언급은 일본 정부를 당혹하게 만들었다. 일본의 신문들은 미국의 반응을 사실 위주로 전달하면서 의견 개진에는 조심스러운 자세를 보였다.

미국 오바바 정권은 26일 아베수상이 야스쿠니신사에 참배한 것에 대해 재일미국대사관을 통해 「일본은 주요한 동맹국이며 우방국이지만 일본의 지도자가 주변국과의 관계를 악화시키는 행동을 취한 것에 대해 미국정부는 실망하고 있다」는 성명을 발표했다. 미국 정부가 지금까지 고이즈미(小泉)수상을 포함한 일본 수상의 야스쿠니신사참배에 공식적으로 반대한 적은 없어서 이번에 성명을 발표하고 비판한 것은 매우 이례적인 대응이다.(朝日新聞, 2013년 12월 26일)

아베내각은 야스쿠니신사참배에 대해 미국이 공식적으로 비난성명을 발표하리라고는 예측하지 못한 것 같다. 일본과 미국 사이에는 이 문제보다 더 주요한 전략상의 현안이 있다고 생각했을 수도 있다. 오키나와 후텐마에 있는 미국해병대기지의 이전문제를 추진하고, 환태평양전략적 경제연대협정에 대한 일본의 참가, 일본경제의 성장 회복 등 여러 가지 주요 문제를 해결했다. 아베내각은 이러한 성과를 얻은 것으로 야스쿠니신사 참배에 대한 비난은 억제될 것이라고 생각했을 수도 있다. 점점 세력을 증가시키고 아시아지역의 지배를 획책하는 중국에 대항할 수 있는 강한 일본을 미국은 필요로 하고 있다. 이러한 상황이 야스쿠니신사참배에 대해 호의적이지는 않아도 미국정부가 최종적으로는 참배를 용인할 것이라는 예측을 아베정권이 했을 수도 있다(週間東洋経済, 2014년 1월 18일).

미국의 '실망하고 있다'는 매우 이례적인 부정적인 반응만이 아니라 러시아와 EU 그리고 타이완, 인도네시아, 인도, 오스트레일리아, 베트남 등 일본제국주의의 피해국에서도 일제히 과거사를 직시하고 피해자의 마음을 진정으로 위로해야 한다는 등의 반응과 지역의 긴장완화와 일본의 주변국과의 관계개선에 도움이 되지 않는 우려를 표시했다.
일본 국내의 반응은 아베총리의 야스쿠니신사 참배에 우려하는 여론이 우세하지만 주변국의 반발에는 다소 부정적인 반응을 보이는 것으로 나타났다. 산케이(産経)신문과 FNN이 2014년 1월 4일과 5일 전국 성인남녀 1000명을 대상으로 실시한 전화조사에서 「아베수상의 야스쿠니신사 참배를 평가하는가」라는 질문에 대해 「평가한다」가 38.1%, 「평가하지 않는다」가 53.0%로 부정적인 목소리가 많았다. 일본 국내에서는 부정적인 목소리가 많은 반면, 외국의 비판에 대해서는 반발하는 목소리가 많아 복잡한 국민 감정이 보인다. 중국한국의 자세에 대해서는 「납득할 수 없다」가 67.7%, 「납득할 수 있다」가 23.3%로 큰 차이가 났다. 미국이 「실망했다」는 성명을 발표한 것에 대해서도 「납득할 수 없다」가 59.2%, 「납득할 수 있다」가 31.6%였다.(J-CAST, 2014년 1월 7일)

5. 맺음말

2013년에 아베총리가 보여준 정치적 행보는 일본 제국주의의 피해를 겪었던 주변국과의 관계에서 돌아올 수 없는 강을 건너버린 것으로 보일 정도 이다. 무력사용을 금지하는 현재의 헌법을 개정하여 일본을 보통국가로 만들겠다는 우익세력의 오랜 숙원을 이루기 위해 아베총리가 선두에 서서 돌파하고 있는 형세이다. 일본 국내에서 보수층의 결집이라는 정치적 의도가 결합되어 있으므로 아베정권이 지속되는 기간 동안에는 주변국과의 마찰을 고조시키는 행동이 지속될 것으로 예상된다.

이러한 점에서 본 글에서 조명하였던 집단적 사위권 행사를 위한 헌법해석 변경, 특정비밀보호법, 총리대신의 야스쿠니신사참배는 주변국과의 갈등이 끝이 아니라 본격적인 시작을 알리는 신호라고 보는 것이 적절하다. 아시아에서의 지배력을 강화하려는 중국의 세력확장과 일본을 지금보다 군사적으로 강하게 만들어 아시아에서의 부담을 분담하려는 미국의 의도가 결합되어 동아시아의 역학관계가 변화하고 있다. 일본의 아베정권은 동아시아 역학관계가 변화하는 시기에 보수세력의 오래된 숙원을 실현하기 위한 정치적 행위를 본격적으로 시작하였고 향후 더욱 강도가 강해질 것으로 예상된다.

2014년에 들어서자마자 아베 총리가 이끄는 집권 자민당의 본격적인 활동이 개시되었다. 자민당은 도쿄에서 아베 총리와 당원 등 3천명이 참석한 가운데 당대회를 열고, 부전(不戰)의 맹세 삭제와 야스쿠니신사 참배 계승, 헌법 개정을 위한 전국 집회 개최 등을 주요 내용으로 하는 당의 올해 활동 방침을 결정했다. 아베 총리는 적극적 평화주의의 기치 아래 일본의 영토와 영공을 단호히 지켜나가겠다며 개헌을 통한 집단적 자위권 허용 의지를 강조했다(KBS뉴스, 2014년 1월 19일).

　아베정권과 자민당이 내건 올해 목표는 주변국과의 외교마찰을 더욱 강하게 만들어 동아시아에서의 긴장을 고조시킬 것이 틀림없다. 야스쿠니신사참배에 대해 이미 미국은 주일미국 대사를 통해 실망스럽다는 표현으로 아베정권의 자제를 요구하였고, 국무부 부대변인도 지난해 12월 30일 정례 브리핑에서 '실망스럽다'는 표현을 다시 언급한 뒤 우리가 선택한 단어를 감안하면 메시지는 매우 명확하다고 강조했다. 중국은 일본과 마치 외교전쟁을 치루는 것과 같은 자세로 대처하고 있다. 주요국의 대사들이 이미 대응에 나섰으며, 영국 BBC 대담 프로그램에 일본대사와는 자리를 같이할 수 없다는 주장을 관철시켜 주목을 받는 영상을 만들어 내기도 했다. 한국은 박근혜대통령이 아베총리와의 정상회담을 개최하지 않고 국제사회에서 아베총리와의 어떤 접촉도 시도하지 않는 것으로 항의의 감정을 표현하고 있다.

　한국, 중국, 일본 모두에게 현재의 상황은 불편하고 이익이 되지 않는 것은 분명하다. 하지만 현재의 상황을 타개할 수 있는 뚜렷한 방안도 부재한 실정이다. 시민차원이나 경제계에서는 대립을 계속하기보다는 새로운 협력 관계를 지향하려는 움직임이 확산되는 반면 정치와 외교분야에서의 갈등은 당분간 해소되기 어려울 것으로 예상된다. 민간차원의 우호적인 관계에도 외교마찰의 영향을 완전히 배제하기는 어렵지만, 문화교류, 경제협력 등 민간차원에서의 협력관계를 강화하여 우호적인 관계를 유지 발전시키는 것만이 사태의 악화를 막을 수 있을 것이다. 한국과 일본 언론이 정치외교와 민간차원의 교류를 분리하여 취급하는 의도적 노력이 동아시아에서의 갈등을 해소하는데 절실하게 필요한 시기이다.

참고문헌

〈한국어 문헌 및 주요 참고자료〉
박영준(2012) "집단적 자위권 논의와 일본 안보정책 변화 평가"『정세와 정책』, 8월호, 세종연구소
한국일보(2013년 12월 16일) "[아베 집권 1년]〈하〉'극우 본능' 노골화"
KBS뉴스(2014년 1월 19일) "일 자민당, '전쟁 않겠다' 맹세 삭제…우경화 노골화"

〈일본어 문헌 및 주요 참고자료〉
더페이지쟈・페이지, http://thepage.jp/detail/20130815-00010000-wordleaf(검색일: 2014. 1. 30)
동경신문東京新聞(2013년 10월 4일) "【点検秘密保護法案】＜1＞厳罰化 懲役10年 市民が萎縮"
동경신문東京新聞(2013년 10월 5일) "【点検秘密保護法案】＜2＞特定秘密 際限なく広がる恐れ"
동경신문東京新聞(2013년 10월 6일) "【点検秘密保護法案】＜3＞知る権利 市民も処罰対象に"
동경신문東京新聞(2013년 10월 7일) "【点検秘密保護法案】＜4＞適性評価 飲酒・借金・家族も調査"
동경신문東京新聞(2013년 10월 8일) "【点検秘密保護法案】＜5＞情報公開 永久に秘密も可能"
동경신문東京新聞(2013년 10월 9일) "【点検秘密保護法案】＜6＞国会 政府監視 自ら放棄"
동경신문東京新聞(2013년 12월 23일) "憲法解釈見直し反対53％ 内閣支持6ポイと回復で５４％"
마이니치신문每日新聞(2013년 12월 25일) "安部首相: 年内靖神社参拝見送るのか…外交に対する影響への配慮か"
마이니치신문每日新聞(2013년 12월 26일) "安部首相：靖国神社に参拝中韓が猛烈に反発、米「失望」"

아사히신문朝日新聞(2013년 9월 28일) "首相国連演説―平和主義というのなら"
아사히신문朝日新聞(2013년 9월 19일) "知る権利はつけだしか"
아사히신문朝日新聞(2013년 10월 26일) "秘密保護法案 この法案に反対する"
아사히신문朝日新聞(2013년 11월 8일) "秘密保護法案 市民の自由をむしばむ"
아사히신문朝日新聞(2013년 11월 20일) "秘密保護法案 この修正はまやかしだ"
아사히신문朝日新聞(2013년 12월 4일) "秘密保護法案 国会が崩す三権分立"
아사히신문朝日新聞(2013년 12월 6일) "秘密保護法案 民主主義に禍根を残すな"
아사히신문朝日新聞(2013년 12월 7일) "秘密保護法成立 憲法を骨抜きにする愚挙"
아사히신문朝日新聞(2013년 12월 8일) "秘密保護国会 異様な光景の果てに"
아사히신문朝日新聞(2013년 12월 26일) "米政権「失望している」首相靖国参拝で異例の批声明"

요미우리신문読売新聞(2013년 10월 17일) "憲法解釈の見直しが議論されている集団的自衛権とは何ですか？"
요미우리신문読売新聞(2013년 12월 5일) "特定秘密保護法案が意味するもの"
일본경제신문日本経済新聞(2014년 1월 17일) "靖国参拝、安部首相の危険な賭け"

주간동양경제週間東洋経済(2014년 1월 18일) "靖国参拝は日本の戦略的利益にとって無意味 ダニエル・スナイダー氏に聞く"
지지통신時事通信(2013년 12월 7일) "特定秘密保護法が成立＝漏えい懲役10年―「知る権利」侵害の危惧"
J-CAST(2014년 1월 7일) "首相の靖国神社参拝、朝日産経でにた傾向"

산케이신문産経新聞(2013년 4월 26일) "本紙「国民の憲法」要綱 戦後体制との決別と急げ"
산케이신문産経新聞(2013년 12월 7일) "安部晋三首相 特定秘密保護を語る"

산케이신문産経新聞(2013년 12월 7일) "朝日・毎日への反論(3) 特定秘密保護法案に反対するほご取材し
　　　ているか！"
스즈키다카히로(鈴木尊紘)(2011)　"憲法第９条と集団的自衛権―国会答弁から集団的自衛権解釈の変遷
　　　を見る―"『レフアレンス 』, 11月号

대중 문화

'재일'과 '재일특권'의 해부

-표박과 정주 그리고 '재일고령화'-

전성곤 | 全成坤 JUN, SUNG-KON

일본 오사카대학(大阪大学)에서 문학박사(일본학 전공)학위를 받았다. 현재 고려대학교 일본연구센터 HK연구교수로 재직 중이다.

전공분야는 일본 민속학, 문화교류사이며, 최근의 주요 연구 주제는 일본의 재난과 재해, 그리고 마이너리티론이다. 특히 중심과 주변 개념의 재설정 속에 보이는 국가와 개인의 문제를 중첩시켜 보고 있다.

최근의 주요 연구업적으로는 ≪재해에 강한 사회를 만들기 위하여≫(고려대학교출판부, 2013)(역서), ≪동일본대지진, 부흥을 위한 인문학적 모색≫(고려대학교출판부, 2013)(공역), ≪내적 오리엔탈리즘 그 비판적 검토≫(소명, 2012), ≪문학 민족 국가 재일 문학과 제국 사이≫(지금여기, 2012), ≪근대 동아시아 담론의 역설과 굴절≫(소명, 2011)(공저), ≪삼국지의 세계(역사의 이면을 보다)≫(사람의 무늬, 2011)(공역), ≪고류큐의 정치≫(지만지, 2010)(역서), ≪일본인류학과 동아시아—도리이 류조, 최남선, 이하 후유의 제국의식≫(한국학술정보(주), 2009) 등이 있다.

1. 만들어진 국가주의자 '재특회'

　　일본의 '국가주의자'로서 새롭게 등장한 재특회(在特会, 재일특권을 용납하지 않는 시민모임)[1]의 헤이트 스피치와 가두행진은 '한·일 관계'의 〈역사적〉 사건이었다. 역사적 사건이라는 의미는 재특회가 한·일 관계의 향방을 결정하는데 한몫을 했고, 그것이 일본제국주의의 체현이라는 점에서 '역사적 요동'이었다.

　　그렇지만 그 재특회에 내재된 위험성을 읽어내기 이해 필요한 것은 시대적 배경이 갖는 공동체적 특징이다. 첫째 시대적 트랜드인 인터넷 게시판에 등장하던 그룹이 실제 활동가로 등장했다는 점이다. 둘째는 재특회의 리더라든가 주요 활동가들이 겪은 일본의 사회적 맥락이다.

　　전자의 네트워크 사회의 특징은 주체적이고 개방적인 공간이라는 이미지도 있지만, 다른 한편으로는 '타자들'을 종속화를 조작하고 은폐시키는 작용을 한다는 점이다.[2]

　　사상 최악이라고 일컫는 '넷 우익상(右翼像)'의 탄생과 완성, 그리고 리베럴(liberal)에 대한 욕망[3] 니찬네루가 가진 일본 사회의 '내셔널리즘'[4]은 아베(安倍)정권을 탄생시키고 신우익의 등장 시대를 맞이했다. 다시말해서 다중(Multitude)의 제국화에 개재한다는 측면이다.

　　그리고 후자의 재특회 리더들이 가진 공통분모의 역사적 경험적 측면이다.

　　재특회 대표인 사쿠라이 마코토는 일본이 도쿄올림픽을 개최하면서 국제적으로 지위가 상승하고 고도성장을 통해 도시화가 이루어진 사회적 배경 속에서 자랐다.[5] 흔히 말하듯이 도시민들의 생활양식도 균질화되고 계급대립도 느끼지 않을 정도로 자본주의 국가의 국민으로 바뀌던 시기에[6] 사쿠라이 마코토는 태어나고 성장한 것이다.

　　특히 1900년대는 일본내부에서 역사인식 논쟁이 가장 뜨거웠던 시대로 재특회는 '역사수정주의'적 패러다임의 형성이라는 컨텍스트와 무관하지않았다. 그것은 다분히 일본이라는 내적 공동체가 가진 '역사수정주의' 문제의 인식과 연결되지 않을 수 없었던 것을 의미한다. 그러

1 / 야스다 고이치(安田浩一), 김현욱역(2013)『거리로 나온 넷우익』후마니타스 p.12

2 / アントニオ·ネグリマイケル·ハート著水嶋一憲他(2013)『帝国』以文社 pp.218-223.

3 / 古谷経衡(2013)『ネット右翼の逆襲──「嫌韓」思想と新保守論』総和社 pp.1-26

4 / 김효진(2011) "기호(嗜好)로서의 혐한(嫌韓)과 혐중(嫌中) : 일본 넷우익(ネット右翼)과 내셔널리즘『日本學研究』제33집, 檀國大學校 日本研究所 pp.31-56

5 / 2007년 1월 20일에 설립된 재특회의 회장 사쿠라이 마코토(桜井誠)는 1972년생으로 본명은 다카다 마코토(高田誠)이다. 야스다 고이치(安田浩一), 김현욱역(2013), 앞의 책, p.23와 p.44

6 / 武田晴人(2008)『高度成長』岩波書店 pp.74-88

한 의미에서 재특회의 활동과 담론에 대한 분석은 '구역사인식과 미래 역사인식의 향방'이 맞부딪치는 순간이기도 한 것이다. 그러한 의미에서 재특회와 관련한 움직임은 새로운 '일본읽기'인 것이다.

재특회(在特会)는 2009년 12월에서 2010년 3월 3회에 걸쳐 '교토조선제일초등학교'(교토시 미나미구(南区)) 앞에서 '일본에서 쫓아내자', '스파이 아이들' 등등을 확성기를 사용해 외치며 수업을 방해했다. 재특회는 '표현의 자유'라고 주장했지만, 교토지방법원 재판장은 '현저하게 모멸적인 발언으로 인종차별 철폐조약이 금하고 있는 인종차별에 해당한다'며, 교토지방법원(京都地裁)은 2013년 10월 7일 재특회에게 '인종차별'을 인정하고 가두선전 금지와 1226만엔을 지불할 것을 명령했다.[7] 이것이 계기가 되어 2013년에 재특회 문제는 '새로운 국면'으로 접어들었다.[8] 재특회의 행동을 '표현의 자유'로 보고 이를 인정해야 하는가 아니면 '표현의 자유'에 대한 규제인가라는 논쟁으로 확대되었다. 물론 '자유'의 의미를 심급해서 자유의 허용인가 규제인가를 효과와 범위의 문제로 확대시켜 가는 것도 하나의 '논리적'·'이성적' 판단 근거가 될 수 있지만, 역시 이 재특회가 일본사회를 진감시킨 '구조적' 문제를 역사적 문맥 속에서 찾아봐야 한다고 본다.

헤이트 스피치(hate speech) 자체가 가진 내용적인 문맥이 가진 재일코리안의 특권, 그리고 재특회 멤버들이 경험한 역사적 흐름의 문제로서 일본 사회의 '역사적 구조의 문제'로 살펴보아야 한다는 의미이다. 여기서 말하는 구조적 문제란, 〈전제성〉의 문제이다. 다시 말해서 '재특회'가 그려낸 일본 사회의 분단이 '가공된 대립'이라는 점이다. 즉 가공된 대립이란 '재일'이 존재하고, 그 재일이 '국가의 내부'에서 향유하는 특권이 '존재'한다고 전제한 상태에서 '탈 특권화' 주장이 생성된 것이기 때문이다. 다시 말해서 재특회가 가진 '재특회 아이덴티티'는 이미 '탈특권화를 주장'하면서 자기 모순에 빠지게 되는 것이다.

이를 위해서는 '역사적 배경'을 먼저 이해해야 한다고 본다. 역사적 배경이란, 넷 우익은 그들이 '진실이라고 믿는' 역사적 특징이 '역사수정주의' 이론이나 '자유주의 사관'과 연속선상에서 나타난 것이고, '초

7/ 「人はなぜヘイトスピーチをするのか」「朝日新聞」 2013년 10월 19일.

8/ 새로운 국면이란, 재특회의 행동에 대한 반향이 커지고 있다는 의미와 재특회의 행동을 둘러싼 견해가 '확대'되고, 세분화되어 간다는 것을 의미한다. 그리고 더 중요한 것은 재특회의 행동이나 주장의 '근거'에 대한 '문제점' 지적과 논의라기보다는 '재특회'의 행동에 대한 '해석'에 대한 입장차이로 '문제의 중심축'이 이동하면서, '초점 자체'가 '변용'되는 것이 더 큰 문제라고 본다.

월자 타자'에 대한 〈권력 헤게모니〉 투쟁에서 나온 것으로 그것이 얼마나 연약한 기반위에 서 있는 것인지 깨달아야 하는 부분이다.

앞에 〈권력 헤게모니〉라고 표현한 것은 두 개의 권력을 의미한다. '규율 훈련형 권력'과 '환경관리형 권력'이다.[9] 전자는 개인의 내면에 규범과 규율을 '이식하는 것'이다. 후자는 개인의 다양한 가치관을 유지하면서 물리적인 제한 두는 권력을 가리킨다. 그런데 문제는 '개인의 내면에 규범과 규율을 이식 당한 자'들은 '다양함을 인정받으면 받을수록' 그 규율성에 대해 눈뜨기가 어렵다는 점이다. 리지티미시 (legitimacy, 정당성 합법성) 이름 아래 '자유'의 의사를 국가적 동일성에 '동일화 해가는' 것으로 주체 '단독성'이 소멸되는 것이다.

오히려 이에 대한 '이의 신청'을 끊임없이 제안해 온 것은 내부의 타자들인 것이다. 그중에서 재특회가 타켓으로 삼은 '재일'은 끊임없는 일본사회의 리트머스였으며, 현재도 그러하다. 그리고 2011년 3월 11일에 동북지방태평양 연안에서 발생한 동일본대지진이 그것이기도 했다. 이에 대한 날카로운 지적은 사사키 슌조(佐々木俊三)의 논고에서 읽어낼 수 있다. 사사키는 「재액과 경험(災厄と経験)」에서 경험을 나타내는 영어 '익스피리언스(experience)'가 패럴(peril) 즉 위험과 관련되어 있고, 라틴어 페리큘럼(Periculum)(시련, 위험, 위기)에서 유래한 것임을 밝히면서, 체험과는 다른 경험의 '무게감'을 논한다. 그러니까 경험은 '받아들이기 어려운 상황'을 의식하면서 갖게 되는 일종의 의식인 것이다. 사사키는 동일본대지진을 경험하면서, 일본인으로서의 공동체적 인식에 함몰된 자신을 인식의 납치라고 표현했다.[10]

이러한 인식의 납치문제를 재일의 문제와 연결하여 좀 더 구체적으로 보자면 '재일'이 일본 사회에서 겪게 된 '식민지 지배'와 '일본사회에 대한 동화'의 강요가 가진 폭력의 역사와 동일한 문맥을 갖게 된다는 것이다. 실체적 존재성에 대해 '국민국가 일본'은 '이름이나 주거'라는 일상에 대해 '규율 훈련형 권력'과 '환경관리형 권력'를 통한 '기민(棄民)'화 정책의 연속선상에 있으며, 이를 '진실이라고 믿는' 재특회는 국가일체형 '내셔널리스트들'인 것이다.

9 / 東浩紀・
大澤真幸(2003)
『自由を考える』
NHKブックス pp.32~37

10 / 중요한 것은 사건이나 사실에 대해 '받아들이기 어려운' 부분을 스스로가 갖는 것이 중요하다는 것이다. 특히 후지타 쇼조(藤田省三)의 『전체주의의 시대경험(全体主義の時代経験)』을 제시하며, '경험하는 능력을 잃어버렸음'을 강조한다. '나는 자유이면서 주체적이라고 할 수 있다. 그렇지만 내가 무언가 알 수 없는 현실에 휘둘리고, 이해할 수 없는 매커니즘에 의해 움직이고, 정체를 알 수 없는 무엇인가에 의해 지배받는다고 한다면, 나는 납치를 당한 것이라고 말해도 좋다고 생각한다' 佐々木俊三(2012) "災厄と経験『震災学』vol,1, 荒蝦夷 pp.26~28

'재일'과 '재일특권'의 해부 / 전성곤

이는 국가의 '국민 관리' 시스템에 동화된 입장의 '피구속적 자유'로서 아이덴티티 폴리틱스에 감염된 '무지각적 자유' 체험이라고 본다. 그것은 곧 '일본사회 공동체'의 내부 자장에서 머문 "공동체에 사장(死藏)된 협력자로"에 납치된 상황이라고 볼 수 있을 것이다. 결국, 재특회는 사회내부에서 '사회 공동체 시스템'이 갖는 정치적 행위에 대해 '자각없는 내적 인식론 형식화에 매몰된 책임회피용 고안책으로서의 '폭력인식 표출'임이 드러날 것이다.

2. 일본내부의 식민지지배

'재일'[11]은 특별한 기원을 가진 이주자로서, 일본사회의 마이너리티라는 '이미지'를 갖고 대하는 경향이 있다. 그러나 '재일 조선인' 당사자인 서경식의 지적처럼 "처음부터 '일본의 마이너리티'라는 주제를 정해버리는 것에 저항감을 갖고 있다. 그것은 도대체 누가, 누구를, 어떤 장소에서 '정의'내릴 것인가 하는 문제 말하자면 '자기 정의의 권리'와 관련된 저항감이다. '타자를 일방적으로 분류·규정하는 행위는 분류하는 쪽에서 '보편' '권위' '정당성' 위치를 부여하여 권력을 장악하게끔 만든다'고 생각하기 때문이다"[12]는 지적은 재일연구에 대한 '비판적 견해'를 제시해 준다.

다시 말하면 '일본' 대 '재일', '한국' 대 '재일'이라는 대립 구조를 강조하는 것처럼 보이지만, 호스트 사회에서 '발견한' 마이너리티 개념이라는 의미에서 상징적이다. 이것은 오리엔탈리즘의 이론적 사정거리에 속하는 것으로 실제로도 일본과 한국 모두에게 적용되는 논리일지도 모른다. 그러나 마찬가지로 '재일' 또한 '재일의 바깥'을 보아야 하는데, 그렇지 못하고 '재일'의 특수성을 강조하면, 바깥의 내부에 존재하는 '외부 히키코모리(引き籠もり)'일 수도 있다는 점이다.

다시 말해서 디아스포라라는 의미로 해석하여, 재일이 겪은 역사적 상황, 일본사회에서의 희생자, 약자, 피해자로 그려지고 '재일코리안

11/ '재일'에 대한 명칭이 재일한국인·재일조선인·재일코리안·조선인이라는 호칭으로 사용되기도 한다. 필자는 남북의 어느 쪽에 대한 충성심을 나타내는 의미가 아니라 '조선 국적', '한국 국적' 그리고 귀화하여 일본국적을 취득한 귀화자까지 시야에 넣고 '재일'이라고 부른다. 그러나 참고저서나 인용저서에서 만약 '재일조선인'이라는 용어를 사용했다면, 그 부분은 그것은 그대로 사용했다. 재일코리안이나 다른 호칭도 마찬가지이다.

12/ 徐京植(1998) "재일조선인이 나아갈 길 -'에스닉 마이너리티'인가 '네이션'인가」『창작과 비평』102, 창작과비평사 pp.353-354

터부'가 생긴 것을 두고 재일이 다시 일본사회에서 '필요이상으로 우대 받는 입장'[13]으로 바뀌었다고 주장하게 된 점과 연결된다. 앞서 사사키 슌조의 표현을 빌리면, '일본·한국사회 공동체, 재일 공동체'의 내부에 납치된 상황이며, 그 자장에서 나올 수 있는 방법은, 가라타니 고진(柄谷行人)이 제안 한 외부의 시좌를 갖는 것이다. 가라타니는 "'외부의 시좌'는 초월적인 시점이나 입장(포지션)이 아니라, 그 반대로 초월적인 입장을 무너뜨리는 것인데, 그것은 초월적인 주체의 외부성이며"[14]이라고 간주한 부분이다. 디아스포라는 호스트 사회(host society)에 동화하는 것을 방해하고, 혹은 홈랜드(homeland) 내셔널리즘에 일체화하는 것을 방해한다[15]는 '시선이나 입장'에서 '외부성'을 가질 수 있다는 의미이다.

일본 내부에 약 526,575명[16]의 재일이 활동하고 있는데, 일본 사회는 일본인이라는 주체성 안에 '내부의 타자'를 접하는 기회가 있었지만, 주체안의 내부 분열이 일어나지는 않고 있다는 것이다. 그리고 재일 또한 '무의식적 재일'로 남아있는 경우도 있다. 이는 재일 3세 4세가 일본에서 태어나고 일본 '문화'에 익숙하기 때문에 일본에 '동화'된 주체를 갖고 있다고 보는 견해에서 오는 판단이다.[17] 그렇지만 이처럼 재일이 일본사회에 '동화'된 상황에서 '한국어를 사용할 수 있다거나 한국어에 관심을 갖고 있다'는 의견이 나오는 것을 통해 '일본인화'에서 벗어난 주체를 갖게 되는 '경향과 가능성이 나오기도 하는 것이다.[18]

반복하자면, 일본사회 공동체 안에서 생겨나는 '일본인 주체' 속에 재일을 바라보는 '시각'이 갖는 '공동체 내적 인식'에 납치되지 않고, 동시에 재일 공동체 내부의 피식민자적 입장에 갇히지 않는 새로운 유동성을 발견하는 방법이 필요한 것이다. 이것은 다시 동일본대지진의 '피재민'을 바라보는 인식 속에서도 발견된다.

특히 구(舊)식민지 종주국에 이질적인 존재로 삶을 영위하는 피식민자로써 일본 식민지 지배를 경험했던 고령자(재일1세에 해당)의 문제를 먼저 보기로 하자. 그렇지만 여기서 다시 '재특회'가 주장하는 것처럼, 식민지주의 폭력의 연속성으로 주장한다면 재일을 일본 내에 거주

13 / 야스다 고이치(安田浩一), 김현욱역(2013) 『거리로 나온 넷우익』후마니타스 p.216

14 / 집柄谷行人(1997) 『言葉と悲劇』講談社 pp.377-382. 디컨스트럭션이 형식화되고, 누구에게도 가능한 방법으로서 아카데미즘에 수용되었을 때, 그 외부성을 잃는 것과 마찬가지가 된다. '주체(主体)'의 비판은 오히려 여전히 유효하다.

15 / 野口道彦他(2009) 『批判的ディアスポラ論とマイノリティ』明石書店 p.5

16 / 일본 법무성(法務省) 입국관리국 2013년 6월 발표 자료 참조.

17 / '재일'의 문제를 디아스포라(Diaspora)론으로 다루는 '연구 자세'에 대해 기존 이론들을 정리한 것으로, 戴エイカ(2009) "ディアスポラ―拡散する用法と研究概念としての可能性" 『批判的ディアスポラ論とマイノリティ』明石書店 pp.16-90

18 / 박일저, 전성곤역(2005) 『재일한국인』범우사 pp.156-159

하는 마이너리티들 중에서 '다시 특권화' 하는 것이 아닌가하는 생각이 들 수도 있다. 그러나 그것은 너무나 단순 논리이다. 차별이나 억압이라는 문제는, 어쩌면 각각의 개별성에 따른 것으로 보아야 그 구조가 드러나고, 다시 주변 문제와의 연관성도 보이게 되는 것이라고 생각한다. 이 문제는 바로 '재특회'가 잊고 있는 문제의 근본을 묻게 된다. 재특회는 왜 타자를 비방하고 방출하려는 것일까? 자신의 입장에서 선 '안락'의 입장에서 타자를 창출하면서까지 '방출'하려는 것일까라는 의문이다.

이것은 재일을 낳은 일본의 식민지주의, 그 연장선상에서 일본 사회/문화 공동체의 '논리 구조 속에 함몰되어' 현재 상황 속에서도 벌이는 폭력성이 중첩된다는 의미이다. 일본 외부의 식민지지배와 일본내부의 식민지지배를 중첩시켜 생각해보면, 현재 유행하는 '포스트 콜로리얼니즘(식민주의)'이라는 용어가 식민주의 상태가 지금도 계속되어지고 있음을 일깨워 줬다면, 다는 것을 포함하고 있다면, 그 유산으로서의 일본 국가 제도가 가진 '식민지지배'의 연속성을 밝히는 작업은 재일을 통해서, 동일본 대지진의 피재민을 통해서 고찰해야 만이, '재특회'가 가진 '일본 공동체'에 대한 인식론적 탈식민지화가 달성될 수 있을 것이라고 본다.

특히 재특회가 주장하는 것은 ①특별영주자격, ②조선학교보조금, ③생활보호우대, ④통명제도 네 가지가 중심이다. 물론 이에 대해 야스다 고이치(安田浩一)가 정리하기도 했지만[19], 이 문제를 재고하기 위해 일본 사회에 착종되어 있는 재일의 문제를 구체적으로 묻기 위해 하나의 '지역'의 생활 속에 근거를 둔 '실체성'에 바탕을 두면서 ㉠역사적 시선, ㉡현실 대응, ㉢상상력을 통한 상대화의 노력 가능성을 제시한다. 이것을 2013년의 재특회가 주장하는 재일의 특권과 동일본대지진 피재민이 겪는 3년차 문제를 중첩시키면서, 호스트 사회를 초극하기 위해 끝나지 않은 식민지로서 '재일 특권'과 '피재민 특권'의 문제를 통해 그 '바깥'으로 나아갈 수 있는 방법론을 제시하려고 한다.

19/ 야스다 고이치(安田浩一), 김현욱역(2013), 앞의 책 pp.199-229

3. 인권적 문제로서의 생활보호와 재일 고령화

일본이 고령화 사회로 진출하면서, 일본 내부에 존재하는 재일도 고령자가 증가하는 것은 당연한 것이었는지도 모른다.

전국 도도부현(都道府県)별 재일의 숫자를 나타낸 것이 [표 1]이다. 오사카지역이 가장 높은 수치를 보이듯이, 오사카는 재일이 다수 거주한다.

[표 1] 일본 법무성(法務省) 입국관리국 2013년 6월 발표 자료

전국 도도부현(都道府県)별 재일의 숫자			
도도부현 (都道府県)	총수(명)	남	여
	526,575	241,299	285,276
홋카이도(北海道)	5,103	2,497	2,606
아오모리(青森)	976	455	521
이와테(岩手)	1,034	446	588
미야기(宮城)	3,990	1,521	2,469
아키타(秋田)	688	327	361
야마가타(山形)	1,838	275	1,563
후쿠시마(福島)	1,771	723	1,048
이바라키(茨城)	5,214	2,154	3,060
도치기(栃木)	2,834	1,176	1,658
군마(群馬)	2,839	1,182	1,657
사이타마(埼玉)	17,767	7,734	10,033
치바(千葉)	16,614	6,767	9,847
도쿄(東京)	100,610	46,281	54,329
가나가와(神奈川)	31,047	13,625	17,422
니가타(新潟)	2,100	835	1,265
도야마(富山)	1,221	533	688
이시카와(石川)	1,857	863	994
후쿠이(福井)	2,951	1,287	1,664
야마나시(山梨)	2,171	1,014	1,157
나가노(長野)	4,255	1,694	2,561
기후(岐阜)	5,113	2,444	2,669
시즈오카(静岡)	5,901	2,503	3,398
아이치(愛知)	37,026	17,407	19,619
미에(三重)	5,494	2,633	2,861
시가(滋賀)	5,408	2,639	2,769

전국 도도부현(都道府県)별 재일의 숫자			
도도부현 (都道府県)	총수(명) 526,575	남 241,299	여 285,276
교토(京都)	29,656	13,951	15,705
오사카(大阪)	119,847	55,909	63,938
효고(兵庫)	48,778	22,758	26,020
나라(奈良)	4,278	1,952	2,326
와카야마(和歌山)	2,576	1,100	1,476
돗토리(鳥取)	1,190	564	626
시마네(島根)	817	405	412
오카야마(岡山)	5,890	2,732	3,158
히로시마(広島)	9,792	4,614	5,178
야마구치(山口)	7,017	3,395	3,622
도쿠시마(徳島)	368	173	195
가가와(香川)	1,004	484	520
에히메(愛媛)	1,447	666	781
고치(高知)	636	333	303
후쿠오카(福岡)	17,896	8,567	9,329
사가(佐賀)	827	384	443
나가사키(長崎)	1,288	605	683
구마모토(熊本)	1,113	523	590
오이타(大分)	2,358	1,191	1,167
미야자키(宮崎)	630	293	337
가고시마(鹿児島)	537	244	293
오키나와(沖縄)	775	358	417
미정·미상	2,033	1,083	950

20 / 杉原達(1998)
『越境する民』新幹社
pp.76-77. 이 비율이 전국
평균에 비해 높은 비율인
것은 제주도 출신자의
3분의 2부터 4분의 3이
오사카에 집중적으로
거주하고 있기 때문이다.
오사카부에서 오사카시로
좁혀 가면 이 비중은 더
커져간다. 즉 오사카부에
살고 있는 제주도출신의
압도적인 대다수는
옛날에도 지금도 이쿠노구
오사카시의 이쿠노구,
히가시나리구에 있는
조선인 밀집지역 지구에
살고 있기 때문이다.

그 이유는 오사카와 제주도를 잇는 정기항로가 1923년에 개설되어 1945년까지 제주도민을 도항시켰기 때문이다.

이 분야에 전문적 분석을 제시한 것이 스기라하 도오루(杉原達)의 『월경하는 서민(越境する民)』이다. 스기하라는 제국주의의 심벌로서 특별한 의미를 가진 이 연락선은, 일본 제국주의에 의한 식민지지배로 인해 민생고를 해결하기 위해 고향을 떠나 오사카에 도항한 역사적 사실과 그 상징성을 보여주는 것이라고 보고, 오사카에 제주도 출신 거주자가 높은 비율을 차지하는 이유를 설명해 내고 있다.[20]

이러한 역사적 실증성을 갖는 재일 고령자들은 '과연 생활보호 우대를 받고 있는 것일까. 생활보호법은 '지급대상'을 〈국민〉이라고 특정

[표 2] 일본 법무성(法務省) 입국관리국 2013년 6월 발표 자료 참조하여 필자 새로 작성

전국 재일한국·조선인 수			
연령 (세)	남 67,419	여 87,386	계 154,805
60	3,800	4,559	8,359
61	3,930	4,575	8,505
62	3,878	4,247	8,125
63	4,098	4,475	8,573
64	4,133	4,451	8,584
65	4,129	4,470	8,599
66	3,731	4,014	7,745
67	3,227	3,440	6,667
68	3,065	3,617	6,682
69	3,064	3,767	6,831
70	2,793	3,503	6,296
71	2,797	3,448	6,245
72	2,700	3,540	6,240
73	2,413	3,270	5,683
74	2,212	2,930	5,142
75	2,006	2,841	4,847
76	1,896	2,631	4,527
77	1,714	2,607	4,321
78	1,538	2,443	3,981
79	1,223	2,077	3,300
80	9,067	16,475	25,542
불명	5	6	11

[표 3] 일본 법무성(法務省) 입국관리국 2013년 6월 발표 자료 참조하여 필자 새로 작성

오사카재주 재일한국·조선인 수			
나이 (세)	남 55,909	여 63,938	계 119,847
60	988	1,070	2,058
61	1,063	1,144	2,207
62	1,022	1,053	2,075
63	1,037	1,101	2,138
64	1,037	1,130	2,167
65	1,082	1,094	2,176
66	987	1,057	2,044
67	866	873	1,739
68	817	969	1,786
69	824	1,023	1,847
70	720	972	1,692
71	758	934	1,692
72	740	1,000	1,740
73	632	981	1,613
74	610	832	1,442
75	555	763	1,318
76	548	693	1,241
77	480	728	1,208
78	414	661	1,075
79	328	557	885
80	2,158	4,339	6,497
불명	1	1	2

하게 기록하고 있기 때문에, 외국구적을 가진 '재일'은 국민개념에 들어가지 않을 수도 있다. 바로 이점이 정부타 지자체의 '판단'에 맡기게 된다는 애매성을 갖기 때문에, 재일이 생활보로지원금을 지급받는 것이 '특권'으로 여겨진다고 해석될 수도 있는 것이다.

그런데 문제를 다시 한번 돌려보면, 여기서 아주 특수한 '일본적 아이덴티티 해석론'이 등장하게 된다. 일본 식민지시기에 '일본인이었던 재일'이 패전 후 곧바로 '외국인'으로 치부하고, 1966년 1월 17일부터 1971년 1월 16일 사이에 영주권신청 기간을 두어 협정영주권을 허가했다. 식민지시기 '왕래 이주자(불법도항도 포함한다하더라도)'를 '기민(棄民)'화 하는 정책을 편 것이다.

실제로 오사카에서 '재일한국인 노인홈'이 생겨나고, 사카이시(堺市), 고베의 나가타구(長田区), 교토시(京都市) 미나미구(南区) 등으로 확대되었다. 재일의 고령자들을 위한 '복지시설의 하나'인 것으로, 재일 지원단체에 의해 확대·개편해 나가고 있다. 또한 '재일한국 노임 홈을 만드는 모임'(회장, 아베 시로〈阿部志郎〉)이 형성되면서, 일본 복지의 '문제점이나 발전 방안' 속에 '재일'의 사회복지 대응을 고려하고 있다.[21] 일본 사회에서 새롭게 재일 고령자 문제를 해결하려는 새로운 커뮤니티의 전개라고도 볼 수 있을 것이다.

이것은 1970년 12월 8일, 요코하마(横浜) 지방 재판소에서, 히타치의 재일'코리언에 대한 취직 차별의 부당성에 대한 재판과도 비슷한 정황이라고 본다. 결국 1974년 6월 19일 요코하마 지방 재판소는, '재일한국조선인의 일본 명을 사용했다고 한 것으로는 해고 이유가 되지 않는다'라고 히타치 측 주장을 인정하지 않고 해고 무효판결을 내렸다. 여기서 중요한 것은 박종석씨는 승리했다는 것이 아니라, 4년동안 히타치 투쟁을 지원한 민단이나 조총련등 기존의 민족단체가 아니고, 한·일의 젊은이들이 결성한 시민그룹 ('박군을 위한 모임')과 크리스트교 단체였다는 점이다. 그것은 '일본인 자신 스스로 사회 모습을 자문하는 투쟁임과 동시에 일본사회의 변형'을 지향한 투쟁이었던 것이다.[22] 여기서 나타나듯이 국가의 산하기관인 '민단이나 조총련, 혹은 일본 정부 지원단체' 가 아니라 한·일 젊은이들의 쌍방향 역할이 커다란 힘이 되었고, 일본 사회를 움직인 '초국가적 정치공간'이 형성되었다는 점이다.

이것은 다시 재일 고령자문제 해결에 있어서 동시에 중첩되어지는 물음이기도 한 것이다. 때때로 국가 내부에 감춰진 '이방인'은, 이민과 망명자를 포함해 모두가 디아스포라(diaspora)로서, 국가의 정책이나 제도에 '위협적'인 존재로 나타나기도 하는 것이다. 그와 더불어 출신국가의 '인연'도 재구성되면서 관계를 맺는 다양한 타입으로 나타난다는 점이다. 이러한 양면 네트워크는 '내적 변용'에 직접적 영향을 준다는 의미를 갖고 있다는 점에서 '디아스포라적' 공통성을 찾을 수 있다는 의미이다.

21 / 재일한국·조선인 고령자가 일본에서 생활보호지원금을 받는 것은 '재일의 특별 대우'가 아니라 경제적, 사회적 기반이 약하고, 실제로 '주민으로서 생활 곤란자'에 해당하기 때문이다. 이는 국민연금제 도입 시기에는 국적조항에 의해 가입할 수도 없었고, 현재는 생활보호에 의존해야만 생활이 가능하기 때문이다. 야스다 고이치(安田浩一), 김현욱역(2013), 앞의 책 p.211

22 / 박일저, 전성곤역(2005), 앞의 책 pp.171-174

[표 4] 고령재일한국·조선인의 개호 의식. 쇼야 레이코(庄谷怜子)와 나카야마 도오루(中山徹)의 저서 참조 작성

	전체	자택에서 가족이 돌보아 주기를 바란다	자택에서 공적 복지 서비스를 이용하고 싶다	노인 홈에 들어가고 싶다	어떻게 하면 좋을지 모르겠다	기타	불명
전체(명)	982	346	176	76	292	29	120
%	100	35.2	17.9	7.7	29.7	3	12.2

일본에서 재일의 고령자문제를 다룬 선구적 연구로는 일찍부터 쇼야 레이코(庄谷怜子)와 나카야마 도오루(中山徹)의 『고령재일한국·조선인(高齡在日韓国·朝鮮人)—오사카「재일」의 생활구조와 고령복지의 과제(大阪における「在日」の生活構造と高齡福祉の課題)』가 있었다. 이를 보면 재일도 시대적 흐름과 연동하면서, 개호에 대한 의식이 바뀌고 있음을 보여준다.[23]

이처럼 '공적 복지서비스를 이용하고 싶다'고 하는 '의견과 노임 홈에 들어가고 싶다'는 의견도 나타나는 것을 보면, 재일 고령자의 인식도 변화해 가고 있다는 것이다.

재일은 대부분이 '연금을 받지 못하는 상황'이다. 외국 국적자는 연금 가입에 제한이 있었기 때문인데, 무연금자(無年金者)인 재일 고령자는 생활보호에 의지할 수밖에 없는 현실이다. 생활보호는 생활이 곤란한 고령자에게 지급되는 생활비 원조정책이다. 그러한 의미에서 재일에게 생활보호나 연금제도에 대해 '열린' 정책을 요구하는 것도 주민 상호부조 및 국가 부조의 의미로서, 사회보장제도의 '재편'을 묻는 '인권적' 요구인 것이다.[24]

물론 재일 고령자는 '일본인들'의 고령자는 또 다른 문제점을 내포하고 있다. 국적문제로서의 '아이덴티티'의 문제이다. 일본의 사회복지 서비스가 재일동포에게 적용되는 과정 속에는 민족문제라는 역사적 맥락이 얽혀있다. 전후 처리와 재일동포의 법적, 제도적으로 보장되지 못한 상황도 있었다. 그뿐만 아니라 재일 고령자는 일본사회에 대해 느끼는 문화적 사회적 거리가 아직 존재하며, 제도와 현실사이의 괴리가 존재한다는 점이다.[25]

23 / 庄谷怜子·中山徹 (1997) 『高齡在日韓国·朝鮮人—大阪における「在日」の生活構造と高齡福祉の課題』御茶の水書房 pp.148-151

24 / 金美卿·黃止玧(2007) "在日コリアン高齡者福祉の現狀と課題"『日本近大学研究』18권, 한국일본근대학회 p.149

25 / 이종구(2003) "재일동포 고령자의 복지와 지역운동"『국제·지역연구』12권3호, 서울대학국제학연구소 p.3

또 하나는 '일본인과 한국인 사이(間)'라는 '경계인'이라고 표현되는 이방인적 내면이다. 재일 고령자 문제는 '재일 특권'을 누리는 상황이 아니라, 일본 식민지 종주국이 해결해야 할 '인권적' 문제로 남아있게 된 것이며, 재일 고령자는 "두 개의 경계를 왕래하는 그들에게, 시간은 민감한 것이다. '순수한 일본인'이라는 것을 '스스로 이해하고 있는' 사람들의 '고령화(老い)'와는 질적으로 다른 것이다. 그것에서 그들은 '자신다움'을 갖가지 형태로 이야기하기 시작한다. 재일조선인이라는 것, 조선인과 일본인의 혼혈이라는 것, 그리고 이러한 것들의 교차 속에서 각자의 독자적인 고령화 형태가 나타나고 있다는 것"[26]이라고 본 지적은, 현재도 유효하다.

4. 국민국가 시스템 극복을 위한 재일고령자의 도전

일본에서는 사회복지법의 하나로 고령자를 위한 복지 시설중의 하나로 특별양호노인홈(特別養護老人ホーム)을 통해 개호보호법(介護保険法)에 근거하여, 개호보험이 적용된 개호 서비스의 일종으로 재택(在宅) 개호가 곤란한 고령자를 개호하는 시설이다.[27] 특별양호 노인홈이 일본에서 등장한 것은 1963년으로, '노인복지법'이 성립되면서, 제2조에 '노인은 다년에 걸쳐 사회의 진전에 기여해 온 자로서 경애(敬愛)받고 동시에 건전하며 편안한 생활을 보장받아야 한다'[28]라고 규정했다.

고령자의 인권 보장이라는 문제의식에서 도입된 최초의 사례이다. 생활보호에 의해 규정된 '양로원'은 제도상의 정비가 이루어져 경비(輕費) 노인홈, 양호 노인홈, 특별양호 노인홈, 기타, 고령자 클럽, 유료(有料) 노인홈 등의 시설로 창설되었다.[29] 고령자가 증가함에 따라 생활이 어려워지는 빈궁자(貧窮者) 대책 일환으로서의 복지시설에서 고령자를 비롯한 사회적 약자 문제에 논점이 이행한 것이다.

이러한 특별양호 노인홈에 대한 데이터나 개호 종류에 대한 것은 다루지 않고 실제 필자가 조사한 지역을 3군데 소개하기로 한다. 먼저

26 / 天野正子(1999)
『老いの近代-境界を生きる
老い: 在日朝鮮人の
選択』岩波書店 p.137

27 / 사회보장심의회
(2013) "시설 서비스 등에
대해(施設サービス等につ
いて)" 『厚生労働白書』
(資料2), pp.1-59

28 / 원어를 보면,
기본이념을 다음과 같이
제시한다. 第二条 老人は,
多年にわたり社会の進展に
寄与してきた者として,
かつ, 豊富な知識と
経験を有する者として敬愛
されるとともに, 生きがい
を持てる健全で安らかな生
活を保障されるものとする.
노인복지법(1963년 7월
11일 법률 제 133호) 이후
최종개정은 2011년 12월
14일(법률 제122호)
이루어졌다. 노인복지법
법령 데이터 제공
시스템판 참조.

29 / 田代国郞編(1994)
『高齢社福祉の諸問題』
相川書房p.12

〈K재원(K齋院)〉특별양호 노인홈이다.[30] 대부분의 특별양호노인홈이 그렇듯이 〈K재원〉특별양호 노인홈도 신체적으로 혹은 정신적(치매)인 이유로 상시개호를 필요로 하는 고령자가 재택개호를 받을 수 없는 고령자들로 이루어져있다. 그 내용을 보면, 식사, 옥내(屋內)보행, 옥내 행사, 옥외(屋外) 활동 보조, 여가의 방법을 고안하여 이용자에게 맞는 처우로 대응하고 있다.[31] 그럼 〈K재원〉의 연령별입소자 숫자를 보기로 하자.

숫자를 보면, 75세 이상의 후기 고령자의 비율이 꽤 높음을 알 수 있고, 여성 쪽이 후기 고령자로 가면 더 비율이 높다. 편균 연령이 83.3세이며, 남성은 80.4세, 여성은 84.8세이다. 이 시설에서는 주로 개호(介護)와 개조(介助) 서비스로 나누어지는데, 개호는 혼자서 움직일 수 없는 고령자로 일상생활이 곤란한 고령자에게 기거, 배설, 입욕, 식사, 이동, 옷 갈아 입히기 등의 생활원조 활동이며, 개조는 신체적 핸디캡에 대한 보조적인 원조를 가리킨다.

특별양호노인홈은 크게 4개로 나뉘는데, 식사의 개조, 입욕 개조, 보행개조, 배설개조이다. 이러한 개조는 전문가의 손에 의해 이루어진다. 실제 볼런티어 활동을 해보면, 입욕이나 배설개조는 상당히 전문적 손이 필요함을 절실하게 느끼게 된다. 볼런티어는 'S리 타운'에 거주하는 주부들로 조직된 '화요회'와 '손자노회(孫子老会)'가 일주일에 한번 방문하고 있었다. 주로 의류 수선이나 차모임, 쇼핑 보조 등등이었다. 특별양호노인홈에서 입소중인 고령자의 실제 인터뷰 내용을 하나 소개하기로 하자.

[표 5] 〈K재원〉 특별양호노인홈 자료를 근거로 필자 작성

연령	남	여	계
60–64	4	2	6
65–69	9	3	12
70–74	9	14	23
75–79	13	20	33
80–84	14	30	44
85–89	22	38	60
90	9	43	52
계	80	150	230

사례① 81세, 여성: 간호사로 근무했다. 결혼은 하지 않았다. 언니 부부가 일찍 돌아가셔서 그 아이들을 키우느라 결혼하지 못했다. 그 시대에는 또 그렇게 최선을 다해 살았다. 후회하지는 않는다. 조카들은 모두 결혼해서 따로 산다. 자신들의 생활이 따로 있어

30 / 공적시설이라는 것과 프라이버시의 존중이라는 의미에서 공개를 꺼려하는 점도 있어서, 〈K재원〉으로 표기한다.

31 / 주로 꽃꽂이, 음악 활동, 서예(서도) 활동, 옥내 레크레이션 등의 활동이 많고, 볼런티어들이 찾아와 산보나 쇼핑 등을 도와준다. K齋院特別養護編(1996) 『第一特別養護老人ホーム』 p.5.

가끔 면회를 오는 정도이다. 그것에 대해서 크게 실망하거나하지 않는다. 지금의 시대가 그렇다면 그것을 받아들이고 생활해야 한다고 생각한다.

사례② 79세, 여성: 결혼을 했지만, 아이가 없었다. 그래서 양자를 맞이 했다. 양자는 결혼해서 따로 살고, 남편은 돌아가셨다. 양자는 거의 찾아 오지 않는다.

[표 6] 'Y엔' 자료를 근거로 필자 작성

연령	남	여	계
70-74	2	0	2
75-79	1	3	4
80-84	0	5	5
85-89	0	4	4
90이상	1	2	3

[표 7] K특별양호노인홈 자료를 근거로 필자 작성

연령	남	여	계
60세이하	0	0	0
60-64	0	0	0
65-69	0	1	1
70-74	3	1	4
75-79	4	15	19
80-84	1	18	19
85-89	4	19	23
90이상	1	13	14

단편적이기는 하지만, 이 두 사례를 보아도, 전형적으로 특별양호노인홈이 '가족과의 이별'을 의미하는 것이다. 특별양호노인홈에 가족을 맡기면서 '생활'해야만 하는 가족들의 숫자가 증가하면서, 가족 관념의 변화와 국가에 대한 '사회복지' 시스템에 대한 제도적 정비를 요구하지 않을 수 없는 딜레마를 내포하고 있었다.

그렇다면, 이번에는 이러한 특별양호노인홈에서 '일본인과 함께 생활하는 재일'은 어떠할까 살펴보기로 하자. 필자는 '재일대한기독교 〈N〉교회'에서 운영하는 사회복지법인인 'M원(M苑)'을 찾아가 보았다. 교회가 지역사회를 위해 봉사하는 의미에서 1973년 8월에 'M보육원'을 만들었고, 이후 1985년 10월에 특별양호노인홈을 병설하게 되었다. 모태가 종교적 색채에서 나온 것이기 때문에 그 기본 이념은 역시 '크리스트교 정신에 근거'한다고 밝히고 있다.[32] 고령자의 숫자를 보면 아래 [표]와 같다.

이 중에서 재일 고령자는 남성4명, 여성14명으로 합계 18명이었다. 이곳에서는 특별하게 재일이라는 점을 드러내서 강조하기 보다는 식단 메뉴도 '일본적 음식'으로 통일되어 있었고, 다른 특별양호노인홈과 특

32 / 'M엔'은 1951년 재일대한기독교〈N〉교회 부속 'Y유치원'을 설립했고, 1982년 법인이사회에서 건물을 증축했으며, 그와 함께 '특별양호노인홈'을 병설했고, 법인명을 'Y회'라 결의하고, 1985년에 준공되었다.

[표 8] 한반도 출신지별 수. 필자작성

남녀	제주도	전라남도	경상도	충청도	황해도	불명	계
남	3	0	3	1	1	5	13
여	31	4	30	2	0	0	67
계	34	4	33	3	1	5	80

별하게 다르지 않게 '생활'하고 있었다. 주로 볼런티어는 교회 관계자들이었고, 차모임, 레크레이션 등이 주를 이루었다.

개호와 개조내용은 순수 일본인이 입소해 있던 〈K재원〉특별양호 노인홈과 다르지 않았다. 그럼 이번에는 재일(한국·조선인)이 입소해있던 'K특별양호노인홈'을 살펴보자. 이곳은 재일고령자들을 위해 만든 노인홈으로, 일본과의 역사적 배경을 달리하는 재일 고령자들만을 위한 시설로서, 한반도에서 느꼈던 생활양식을 갖춰 만든 시설이다. 오사카에 'S시'에 설립된 이 K특별양호노인홈은 1989년 10월에 준공했고, 1989년에 K특별양호노인홈이 개설되었다. 그 연령별 비율을 보면 아래와 같다. 재일 고령자들은 65세 이상이었으며, 남녀별로 구분하지 않고 본다면 79세까지가 24명이고, 80세이상이 56명으로 그 비율이 높음을 알 수 있다.

먼저 출신지역을 보기로 하자.

[표 9] K특별양호노인홈 자료를 바탕으로 필자 작성

지역		남성	여성	계
오사카시(大阪市)	이쿠노쿠(生野)	5	23	28
	나니와(浪速)	0	1	1
	아사히(旭)	0	2	2
	니시나리(西成)	1	5	6
	히가시나리(東成)	1	0	1
	히라노(平野)	1	1	2
	아베노(阿倍野)	0	0	0
	히가시요도가와(東淀川)	0	3	3
	니시요도가와(西淀川)	0	1	1
	조토(城東)	0	1	1
	스미요시(住吉)	0	1	1
	요도가와(淀川)	1	2	3
	다이쇼(大正)	0	1	1
	기타(北)	1	0	1
	쓰루미(鶴見)	0	1	1
	스미노에(住之江)	0	1	1
	소계	10	43	53
사카이시(堺市)		0	13	13
히가시오사카시(東大阪市)		0	2	2
스이타시(吹田市)		0	1	1
마쓰바라시(松原市)		1	1	2
이바라키시(茨木市)		0	1	1
가와치나가노시(河內長野市)		1	0	1
교토시(京都市)		0	1	1
히메지시(姫路市)		0	2	2
고베시(神戶市)		1	2	3
도쿄도(東京都)		0	1	1
계		13	67	133

전체적으로는 제주도, 전라남도, 경상도, 충청도, 황해도, 불분명으로 분포되어있는데, 남녀를 구분해서 보기로 하자. 이를 보면 제주도와 경상도 출신 고령자가 34명, 33명으로 높은 비율을 차지한다. 이것은 역시 오사카부(大阪府)에 재주하는 조선인 중 제주도 출신자가 높은 비율을 차지하던 것과 연결된다. 그렇다면 오사카의 어느 지역에 거주했는가를 살펴보면, 오사카의 이쿠노(生野)가 가장 높은 비율을 차지한다.

이것은 곧 재일의 이주 역사에 비춰보아도 그 이유를 이해할 수 있으며, 고령자의 비율도 높음을 이해할 수 있는 것이다.

일본이라는 국가의 행정 시스템 속에서 '재일'은 '지역사회'와 절충 속에서 '의지와 자립'의 딜레마를 안고, '일본사회에서 공생'하려고 노력하는 '사회복지 자립형'이었던 것이다.

일본사회의 고령화 문제와 연동되면서, 재일 고령자들은 식민지시기의 이주, 생활 정착을 거치면서 한국도 아니고 일본아닌 새로운 제3의 '재일 고령화 아이덴티티'를 해결하고 있는 것이다.

바로 이러한 문제는 구식민지지배에 대한 '책임'의 문제를 추궁하는 '가해자-피해자' 이분법적 도식을 넘어, 재일고령자가 고령사회를 맞이하면서, 새로운 '사회복지를 통한 삶'을 살면서, '일본 국가의 이방인' 문제에 대해 커다란 파장을 일으키고 있는 것임에 틀림이 없다.

이는 다시한번 재일 아이덴티티와, 일본인, 한국인의 '국민국가' 시스템에 대한 '사회적, 인권적' 문제점을 제시하고 있는 것이다. 정치적 의미에서 네오 콘서버티브(Neo-conservative)의 '갈등'과 등장이라는 논리보다도, 일본제국주의에 의해 생겨난 피해자로서의 '재일 고령자'의 처우를 어떻게 풀어나갈지는, 일본의 국가적 성격과 재특회와 같은 '국가 일체형' 아이덴티티 소유자의 '정체성' 문제와 연결되어 있는 것이다.

5. 행동하는 보수와 역사수정주의의 바깥으로

야스다 고이치의 표현처럼 '거리로 나온 재특회'는 '우익'의 새로운 패턴 즉 행동하는 보수였다. 특히 재특회가 새로운 시대의 '매개체'인 인터넷을 통해 등장했고, 거리에서 가두행진을 하며 헤이트 스피치를 '표현의 자유'라고 주장하면서, 한·일의 역사인식 논쟁이나 역사기억의 문제, 영토 문제 등으로 연결되면서 재일한국·조선인에게 특권이 존재한다는 '담론(discourse)'를 만들어가고 있는 것이다.

특히 재일한국·조선인이 '생활보호 우대'를 받고 있는 항목을 만들어, '국민보호'의 논리가 잘못 적용된 것이라고 주장하는 것이다. 바로 이러한 부분에서 재특회의 인식에 '국가주의와 일체화' 된 '남치'의 문제가 존재한다는 것이다. 재일한국·조선인은 식민지지배의 역사속에서 '이주와 정착'을 경험하면서 고령이 된 생생한 '전전(戰前)의 기억'이다. 그러한 재일 고령자가 '생활보호 우대'의 대상이라고 비난하는 것은 재특회가 '일본 사회 내부에서 발생하는'의 백래쉬(Backlash) 흐름 속에 매몰되어 있다는 것을 의미한다. 그것은 재특회 리더인 사쿠라이를 비롯해 멤버들이 '자신들의 성장 배경'과 거리를 두지 못하고, 특히 역사수정주의(history revisionism)의 등장과 아주 밀접하게 연결되어 있었음을 자각하지 못하는 선택인 것이다. 다시말해서 사쿠라이와 재특회는 '재일 고령자'와의 사이에 생기는 역사수정주의 논리를 '국가주의'로 환원'되는 실패를 껴안게 된 것이다.

원래 역사수정주의는 '절대화 된 역사'를 재고하기 위해 등장한 개념으로 역사는 항상 수정되고 재고될 가능성을 갖고 있다는 의미에서 사용되었다. 그러나 일본에서는 스스로의 역사를 수정한다는 의미로 해독되면서 1990년대 자학사관의 비판, 자유주의 사관 제창을 내걸고 등장한 것이다. 일본판 역사수정주의자 중에서도 가장 영향력이 강렬했던 것은 '새로운 역사교과서를 만드는 모임'으로, 자학사관의 극복과 악의 역사 부정관을 내세웠다.[33]

그와 함께 대만이나 조선의 식민지지배에 대한 실체성과 범죄에 대해 논의되기 시작했고, 일본 내부의 오키나와, 아이누 차별문제도 함께 다루어지면서 차별의 문제, 마이너리티의 문제가 급속하게 퍼져나갔던 것이다. 본격적인 역사인식의 상대화 작업이 진행된 것이다. 이러

33 / 永原慶二(2011)『歷史敎科書をどうつくるか』岩波書店 p.135. 다시 말해서 자학적인 역사 기술을 피하고, 일본 찬미 역사를 기술하자는 것이었다. 이에 대한 논쟁은 나가하라 게이조(永原慶二)가 1960년대의 역사인식까지 거슬러 올라가며, 수정주의 역사관에 대해 비판적으로 지적했다. 그러니까 1960년대 후반부터 1970년대에 걸쳐 전후역사학에 대한 비판적 검토가 유행했고, 일본역사 재고(再考)라는 신조류가 나타나면서, 전후의 역사관이 다양화되었던 것이다. 그렇지만 한편으로는 전후 민주주의 재검토도 함께 일면서 태평양전쟁시기의 일본인의 가해성이 전경화 되고, 제1차 자료의 발견과 실증주의적 역사연구 방법론이 활기를 띠게 된 것이다.

한 시대 속에서 역사수정주의가 등장하고, 역사인식이나 일본 내부의 마이너리티를 바라보는 시각의 다양화 과정에서 버블에 의한 경제 파탄이 일어나고, 일본사회는 불황을 맞이한다. 사회자체가 침체된 것이다. 대기업의 도산이나 재정계의 부패, 비정규직고용자의 증가 등등으로 이어졌다. 고도경제성장이나 경제대국이라는 '허상'을 다시 부르짖었지만, 경제적 침체와 사회의 불안, 불만 등이 만연해져갔다. 그러한 상황에서 자국의 역사에 긍지를 갖는 사회를 제공하는 역사수정주의는 전후 제2세대 즉 재특회의 등의 젊은 세대를 끌어들인 것이다. 그것은 '수정주의적 내셔널리즘'인 것이다.

바로 여기서 새롭게 촉발된 국가의 역사수정주의로 촉발한 것이 재특회의 '공동환상론'의 등장이라고 여겨진다. 새롭게 등장한 단일민족국가 이론이며, 다문화시대의 견해도 비판되는 새로운 가해자로 등장하게 된 것이다.

일본 사회가 개인에 의한 공공 해체 논리가 만연하고, 새로운 사상으로서 개인을 우선하는 신인류 사상은 '역사주정주의의 재편'과 함께 출현했던 것이다. 이러한 재특회의 '국가주의' 사상은 과격해지기도 하면서, 일본 젊은이들에게 공명한 것이다. 공공성에 대한 관심이 약자에 대한 공격형으로 나타나고, 일본 내부의 타자인 재일을 둘러싼 '특권'에 초점을 맞추는 '인권'을 초월한 궁극의 '공동체 우월주의자'의 논리를 구축하고 있는 것이다.

일본 내부의 재일은 하나가 아니며, 지역적 차이, 연령, 성별, 개인사 등등의 '삶'을 무시하는 '소비사회' 속에 도착된 정치운동인 것이다. 일본 사회가 재일에 대해 특히 재일 고령자의 삶에 대한 착취를 통해 동아시아에 대한 전쟁책임에 대한 반성이나, 일본 내부 공동체의 폭력성을 죄책감 없이 선동하는 것을 신(新)자유주의자 모습이라고 생각하는 것은, 처음부터 설정되고 발견된 재일 의식을 자각하지 못하는 한 사상도 영향력은 해체될 것이다.

그것은 '재일 고령자'에 대한 일본 사회의 책임 방식에서 나타나며, 적극적 혁신내셔널리즘이 쇠퇴하는 세계적 조류에 동참하는 새로운 윤리기반을 정립하는 계기가 될 것이다. 개인을 우선하는 것이 민주주의라는 인식과 국가에 귀속되어 국가 내부의 마이너리티를 착취하고 폭력을 가하는 행위가 광범위하게 유포될수록 재특회가 주장하는 애국은 다문화주의 시대의 기민(棄民)화 상황으로 밖에 비춰지지 않을 것이다.

참고문헌

〈한국어〉
김미경, 황지윤(2007) "在日コリアン高齢者福祉の現狀と課題"『일본근대학연구』18권, 한국일본근대학회
김효진(2011) "기호(嗜好)로서의 혐한(嫌韓)과 혐중(嫌中) : 일본 넷우익(ネット右翼)과 내셔널리즘"『日本學研究』제33집, 檀國大學校 日本研究所
박일저, 전성곤역(2005)『재일한국인』범우사
야스다 고이치(安田浩一), 김현욱역(2013)『거리로 나온 넷우익』후마니타스
이종구(2003) "재일동포 고령자의 복지와 지역운동"『국제·지역연구』12권3호, 서울대학국제학연구소

〈일본어〉
고바야시 마사오(小林真生)편(2013)『レイシズムと外国人嫌悪』明石書店
기무라 유키히코(木村元彦)외(2013)『ナショナリズムの誘惑』ころから
노구치 미치히코(野口道彦)외(2009)『批判的ディアスポラ論とマイノリティ』明石書店
노마 야스미치(野間易通)(2013)『「在日特権」の虚構 : ネット空間が生み出したヘイト・スピーチ』河出書房新社
마에다 아키라(前田朗)편(2013)『なぜ,いまヘイト・スピーチなのか―差別, 暴力, 脅迫, 迫害―』三一書房
　　　　(2013)『ヘイト・クライム 憎悪犯罪が日本を壊す』三一書房
모로오카 야스코(師岡康子)(2013)『ヘイト・スピーチとは何か』岩波書店
모리 다쓰야(森達也)(2013)『クラウド 増殖する悪意』dZERO(インプレス)
사카모토 가즈에(坂本佳鶴恵)(2005)『アイデンティティの権力―差別を語る主体は成立するか』新曜社
서경식(徐京植)(1996)「多文化主義を超えて」『インパクション』99, インパクト出版会
쇼야 레이코·나카야마 도오루(庄谷怜子·中山徹)『高齢在日韓国·朝鮮人―大阪における「在日」の生活構造と高齢福祉の課題』御茶の水書房
스기하라 도오루(杉原達)(1998)『越境する民』新幹社
쓰다 다이스케(津田大介)외(2013)『安倍政権のネット戦略』創出版
아리타 요시후(有田芳生)(2013)『ヘイトスピーチとたたかう!―日本版排外主義批判』岩波書店
아마노 마사코(天野正子)『老いの近代―境界を生きる老い:在日朝鮮人の選択』岩波書店
야마구치 유지로(山口祐二郎)(2013)『奴らを通すな!』ころから
야스다 고이치(安田浩一)외(2013)『ヘイトスピーチとネット右翼』オークラ出版
에릭 블라이치·아케도 다카히로(明戸隆浩)역(2014)『ヘイトスピーチ 表現の自由はどこまで認められるか』明石書店
이시카와 준(石川准)(1996)「アイデンティティの政治学」『差別と共生の社会学』岩波書店

2013년 일본 엔터테인먼트 동향과 트렌드

김영덕 | 金泳德 Kim, Yung-duk

일본 조치대학에서 박사과정(신문학 전공)을 수료하였고 이후 한국방송영상산업진흥원 연구원, 한국콘텐츠진흥원 수석연구원을 거쳐 2010년 7월부터 한국콘텐츠진흥원 일본사무소 소장으로 재직하고 있다.

전공분야는 한국내 일류, 일본내 일류, 드라마 제작환경이며 최근의 주요 연구관심사는 한·일 음악산업 비교 및 뮤지컬 비즈니스 등이다.

주요 연구업적으로는 '한류 FOREVER'(국제문화산업교류재단, 2009, 공저), '한류 아시아를 넘어 세계로'(국제문화산업교류재단, 2010, 공저), '한류 포에버 일본편'(한국문화산업교류재단, 2012, 공저) 등이 있고 그 밖에 '일본대중문화와 일한관계'(2002, 일본어, 공저), '한류핸드북'(2007, 일본어, 공저), '미디어 문화와 상호 이미지형성'(2010, 일본어, 공저), '일중한의 전후미디어사'(2012, 일본어, 공저) 등의 일본어 저술이 있다.

연구보고서로는 '일본방송개방과 전략'(2005, 한국방송영상산업진흥원), '국내 드라마제작산업 경쟁력 강화연구'(2007, 한국방송영상산업진흥원)등 다수 있다.

2013년도 일본 엔터테인먼트 트렌드를 관통하는 주된 흐름은 드라마의 부활과 복수 아이돌시대의 개막이라고 할 수 있다. 2013년은 평균 시청률 20%이상의 빅히트 드라마가 다수 등장했고 국민 아이돌 AKB48의 인기가 공고해진 반면, AKB48 자매 아이돌의 활약도 두드러졌다. 본고에서는 2013년 일본 엔터테인먼트 시장 동향 및 트렌드를 방송과 음악업계를 중심으로 정리하고 분석함으로써 일본시장의 다양한 소비적 특성과 구조를 파악하고자 한다.

1. 방송업계 동향과 트렌드

1) 동향

(1) 시청률 부진과 뉴미디어 진출

방송매체는 스스로는 물론 다른 문화 영역을 소개하면서 트렌드와 유행, 인기를 태생시키고 증폭시키며 반대로 소멸시키는 힘을 갖고 있다. 일본의 방송매체 역시 엔터테인먼트 시장에서 대중문화에 미치는 사회적 영향력은 강력하다고 할 수 있다. 인터넷을 비롯 다양한 뉴미디어의 등장으로 그 지위가 예전만은 못하지만, 여전히 엔터테인먼트 시장을 좌우하는 중심축임에는 틀림없다.

방송업계의 최대 이슈는 멈추지 않는 시청자 이탈이다. 최근에는 스마트폰 등 뉴미디어의 급속한 보급 등으로 그런 흐름에 더욱 박차가 가해지고 있다.

정보미디어백서 2014에 따르면, 2012년의 총가구 시청률은 41.6%로 전년에 이어 과거 최저를 기록했다. 오전 9시대의 총가구 시청률을 살펴보면, 2002년 36.9%에서 2012년에는 34.4%로 10년 사이에 2.5포인트 하락했고 정오시간의 총가구 시청률도 2002년 41.3%에서 2012년 36.4%로 4.9%가 줄었다[1].

TV시청자의 이탈에 따른 시청률 부진은 방송국을 대표하는 장수

1 / 電通総研編,
『情報メディア白書2014』,
2014년 2월

프로그램의 종영으로 나타나고 있다. 1996년부터 방송이 개시되어 TBS의 오전 프로그램을 대표해왔던 〈하나마루 마켓〉, 1982년부터 계속되어온 후지TV의 장수프로그램 〈와랏테 이이토모〉(평일 정오)모두 2014년 3월로 종영되었다. 방송국의 간판격인 두 프로그램의 종영은 계속되는 시청률 부진이 원인인 것으로 알려지고 있다.

시청자의 이탈이 계속되고 있는 상황에서, 기존의 방송업계는 뉴미디어 영역에서 새로운 수익원 찾기에 혈안이 되어 있다. 그 동안 지상파방송국의 전송사업은 방송국마다 자체 구축한 사이트와 더불어 '아쿠토비라', 'GyaO!', 'TSUTAYA TV', 'J:COM 온디멘드' 등 일본내 영상전송 서비스업체를 중심으로 전개해왔다. 그러나 2013년 10월부터 NHK 및 도쿄 키스테이션은 유튜브에서 유료프로그램 전송서비스를 개시했고 11월부터는 미국의 아마존사가 지상파 방송국 각국의 프로그램을 전송하고 있다.

이러한 지상파방송국의 행보는 프로그램 전송사업을 통해 새로운 수입원과 더불어 시청자 확보를 염두에 둔 것으로 풀이된다. 2014년에도 시청자의 이탈이 예상되고 있는 가운데, 뉴미디어 영역에서 새로운 수익원을 찾기 위한 지상파방송사의 모색과 시도는 더욱 분주해질 것으로 보인다.

2) TV아사히의 약진

매년 지상파 방송국의 연간성적을 총결산하는 지표가 시청률 3관왕[2](종일, 골든, 프라임타임)이다. 2013년은 이를 둘러싸고 TV아사히와 니혼TV가 마지막까지 치열한 각축을 벌였다. 그 결과 TV아사히가 골든과 프라임에서 1위를 차지해 2관왕을, 니혼TV는 종일부문에서 1위를 획득했다. TV아사히는 2012년 개국[3]이래 처음으로 프라임 타임대 1위를, 2013년에는 더욱 약진을 거듭해 2관왕을 거머쥐었다. 한편 지난 30여년 간 항상 톱을 유지해왔던 후지TV는 2012년과 2013년 2년간 무관으로 끝났다.

이런 시청률은 곧바로 광고수입으로 직결된다. TV아사히의 경우,

2 / 시청률 3관왕이란 종일(오전 6시부터 심야 12시), 골든(오후 7–10시), 프라임(오후 7시–11시)에서 모두 연간 평균 시청률 1위를 차지한 것을 의미한다.

3 / 1959년 니혼교육TV라는 이름으로 개국했으며 1977년에 현재의 TV아사히로 사명을 바꿨다.

248

2013년도 중간기(4월~9월) TV광고수입이 924억 엔으로 전년 동기대비 2.9%가 늘어났다. 니혼TV는 1,092억 엔으로 전년 동기대비 1.4% 증가해 TV아사히를 밑돌았다. 한편 후지TV의 광고수입은 1,144억 엔으로 전년 동기대비 6.5% 감소했다.

TV아사히가 후지TV와 니혼TV의 아성을 무너뜨리고 시청률 2관왕까지 차지하게 된 요인은 무엇일까? 가장 큰 요인은 항상 15% 전후의 안정된 시청률을 기록하고 있는 뉴스 프로그램 〈보도스테이션〉(평일 오후 10시)의 존재이다. TV아사히는 이러한 강점을 최대한 활용하는 편성전략을 구사해 2관왕이란 값진 성과를 거두었다.

구체적으로 설명하자면, 오후 7시부터 10시까지의 골든타임을 강화하면, 그 다음은 10시부터 시작되는 〈보도스테이션〉에서 안정적으로 15% 전후를 유지할 수 있다는 전략이다. 타 방송국에서는 오후 10시대에 〈보도스테이션〉을 능가할 만한 간판프로그램이 없기 때문에 15% 정도의 시청률을 올리기란 쉽지 않은 것이 현실이다. TV아사히 입장에서 골든 타임대의 편성을 보강하면, 자연스레 11시까지의 프라임타임 정상도 노려볼 수 있다는 계산이다. 여기에 〈아이보〉, 〈닥터 X~외과의 다이몬미치코~〉와 같은 인기드라마, 월드컵 축구 예선 중계 등이 가세해 TV아사히의 2관왕을 끌어냈다고 볼 수 있는 것이다.

한편 TV아사히는 아침 정보 프로그램에서 후지의 〈메자마시 테레비〉나 니혼TV의 〈ZIP!〉와의 시청률 경쟁에서 열세를 면치 못하고 있다. 결과적으로 종일부문에서는 니혼TV의 벽을 넘지 못했다.

3) 트렌드

(1) 드라마

① 한자와 나오키

일본에서 TV방송이 시작된 지 60주년을 맞이한 2013년은 드라마를 중심으로 화제가 풍성했던 한 해였다. 2013년 TV방송국발 최대 히트작이라고 한다면, 단연 드라마 〈한자와 나오키〉[4]라고 할 수 있다. 이전 드라마 왕국으로 불렸던 'TBS'에서 일요일 오후 9시에 방송된 〈한자

4 / 버블말기 대형도시 은행에 입사한 한자와 나오키가 일본안팎의 인간 및 조직에 의한 수많은 압력과 시련에 맞서 싸워나가는 모습을 그린 드라마

와 나오키〉는 마지막회 시청률이 무려 42.2%를 기록하며 2000년대 이후 민간방송에서 방송된 역대드라마 가운데 당당히 시청률 1위를 기록했다.[5]

〈한자와 나오키〉의 주연을 맡은 사카이 마사토의 박력 넘치는 연기는 물론 중후하면서 명확한 대결구도에 의한 권선징악적 스토리라인, 조연급 연기·개성파 배우의 눈부신 활약 등 다양한 요소들이 조합되어 시너지 효과를 내었고 결과적으로 사회현상이 되었다.[6]

버블시대를 경험한 중년층이나 현대를 사는 회사원이라면, 각종 음모와 계략을 꾸미는 상사들을 통쾌하게 깨부수는 한자와 나오키의 모습에 커다란 카타르시스와 공감을 느꼈을 것이다. 만약 2014년에 '속편'이 나온다면, 다시금 '한자와 나오키 열풍'이 이어질 것으로 보인다.

참고로 〈한자와 나오키〉에서 나온 대사인 '2배로 돌려주기!'[7]는 2013년도 유행어 대상으로 뽑혔으며 사카이 마사토 주연 작품의 〈리걸하이〉[8] 시즌2도 〈한자와 나오키〉의 여파로 21.2%라는 높은 시청률을 기록했다.

〈한자와 나오키〉는 새로운 드라마제작모델을 제시한 것으로 평가받고 있다. 지금까지 주로 인기배우 캐스팅하고 나중에 각본을 만드는 제작방식이 일반적이었으나 〈한자와 나오키〉의 경우는 반대로 양질의 각본을 전제로 나중에 개성적인 연기자를 캐스팅하는 방식을 취했다. 선각본, 후캐스팅의 화학적 반응으로 〈한자와 나오키〉와 〈아마짱〉이 폭발적인 인기를 얻은 만큼, 이와 같은 제작모델은 2014년 이후에도 가속될 것으로 보인다.

② 아마짱

〈한자와 나오키〉에 이어 최대 히트 드라마라고 한다면, NHK 아침 소설 드라마 〈아마짱〉이다. 〈아마짱〉[9]은 뒤를 이어 방송된 〈고치소오상〉보다 0.3% 낮은 27%로 3위[10]를 차지했지만, 히트면에서는 〈고치소오상〉을 능가했으며 〈한자와 나오키〉에 뒤지지 않는 대대적인 붐을 불러일으켰다. 〈아마짱〉의 히트로 NHK 아침드라마의 '브랜드 파워'가 회

5/ 〈한자와 나오키〉의 평균시청률은 28.7%를 기록.

6/ ORICON STYLE(2014) http://www.oricon.co.jp/ entertainment/special/ page/715/(검색일 2014.4.10)

7/ 원어는 倍返し

8/ 민완변호사와 정의감에 불타는 변호사의 대결을 축으로 한 코미디 터치의 드라마. 수요일 오후 10시 후지TV에서 방송되었다.

9/ 〈아마짱〉은 NHK에서 매주 월요일부터 토요일까지 매일 아침 8시부터 15분 동안 방송되는 연속드라마. 일본 동북지방의 시골이 무대로 주인공 아키가 해녀가 되기 위해 분투하는 모습을 그리고 있다.

10/ 〈고치소오상〉은 〈아마짱〉의 후속드라마로 아마짱의 히트에 의한 후광효과로 시청률이 상승했다.

복되었고, '일본의 아침을 밝게 한다!!'는 찬사를 받기도 했다.

히트 요인은 주연을 맡은 노넨 레나를 필두로 개성파 배우들이 다수 출연한 점과 더불어 1980년대 아이돌 컬처와 같은 향수어린 소재, 국민 아이돌 AKB48의 오마쥬 등 다양한 볼거리를 제공한 구도 간쿠로우의 치밀한 각본, 그리고 드라마 OST 등을 꼽을 수 있다[11].

〈아마짱〉은 높은 시청률(평균시청률 20.6%)과 더불어 사회적 붐으로 확대되었는데, 극중의 대사인 '제제제'[12]가 2013년 유행어 대상으로 선정되었고 현(縣)차원에서는 '해녀문화'의 유네스코 세계문화 유산 등록 움직임까지 일었다.

특히 인터넷이나 SNS 등을 중심으로 〈아마짱〉의 매력이 널리 확산되면서 '아침드라마'를 보지 않았던 젊은 층이 시청하기 시작한 것은 아마짱 인기에 크게 한몫했다.

앞서의 〈한자와 나오키〉는 물론 〈아마짱〉에서도 마찬가지로 하나의 붐이나 트렌드가 확산되는 과정에서 인터넷이나 SNS와 같은 뉴미디어의 영향력은 더욱 더 커져가고 있다.

2013년은 〈한자와 나오키〉, 〈아마짱〉 등을 포함 탑 10 작품 모두가 시청률 20%를 넘는 등, '일본 드라마의 부활'을 강렬하게 각인시킨 결과를 보였다. 참고로 2012년의 경우, 드라마 시청률 1위가 25.0%, 10위는 18.6%를 기록했다.

11 / ORICON STYLE(2014) http://www.oricon.co.jp/entertainment/special/page/724/(검색일 2014.4.10)

12 / 제제제(じぇじぇじぇ)란 놀라움을 의미하는 동북지방의 사투리이다.

[표 1] 2013년/2013년 드라마 최고 시청률 TOP 10 랭킹(회 단위)

(단위 : %)

NO	2013년			2012년		
	프로그램명	시간대	시청률	프로그램명	시간대	시청률
1	한자와나오키	TBS/9.22	42.2	카네이션	NHK/1.28	25.0
2	연속TV소설 '고치소우상'	NHK/10.16	27.3	우메짱 선생	NHK/8.11	24.9
3	연속TV소설 '아마짱'	NHK/9.16	27.0	Doctor-X 외과의/다이몬 미치코	TV아사히/12.13	24.4
4	Doctor-X 외과의/다이몬 미치코	TV아사히/12.19	26.9	휠체어로 나는 하늘을 날다	니혼TV/8.25	23.8
5	24시간테레비드라마스페셜, 오늘 햇님은 안녕	니혼TV/8.24	23.4	춤추는 대수사선 THE LAST TV 샐러리맨 형사와 최우의 난(難)사건	후지TV/ 9.1	21.3

	2013년			2012년		
NO	프로그램명	시간대	시청률	프로그램명	시간대	시청률
6	갈릴레오	후지TV/4.15	22.6	파트너 시즌 10	TV아사히/3.21	20.5
7	DOCTORS	TV아사히/9.5	21.7	PRICELESS~있을리 없지 그런 게!~	후지TV/12.10	20.1
8	대하드라마 '야에즈의 사쿠라'	NHK/1.6	21.4	ATARU	TBS/4.15	19.9
9	리걸하이	후지TV/10.9	21.2	순과 애	NHK/10.1	19.8
10	파트너 시즌 11	TV아사히/3.20	20.7	뜨거운 공기	TV아사히/12.22	19.6

출처: ビデオリサーチ 관동지구 조사
주) 연속드라마, 시리즈물 등은 최고시청률만을 채용

2013년 10월 드라마에서 26.9%의 최고치를 기록한 요네쿠라 료코 주연의 〈Doctor-X ~외과의 다이몽 미치고~〉가 4위에 랭크되었고 2013년 상반기 최고 인기드라마였던 후쿠야마 마사하루 주연의 〈갈릴레오 2〉는 22.6%로 6위를 차지했다. 또한 TV아사히를 대표하는 인기드라마인 〈파트너 season11〉도 20.7%의 시청률을 기록했다.

시청률 탑 10 중 인기 드라마의 후속편이 무려 5개나 진입한 점은 특기할 만하다. 이런 현상은 상징적으로 '속편제작 드라마'의 안정적 인기를 바탕으로 한 것으로 TV방송국의 시청률 중시 편성전략과 시청자의 관성적 시청관행이 맞물린 결과라고 볼 수 있을 것이다.

(2) 버라이어티 프로그램

일본 방송에서 가장 인기있는 장르라고 한다면, 드라마와 버라이어티 프로그램이다. 다만, 2013년 드라마는 시청률이 회복된 반면, 버라이어티 프로그램은 전체적으로 다소 부진했던 한해였다.

2013년 버라이어티 시청률 랭킹 탑 10에서 1위를 차지한 것은 니혼TV의 〈세계 끝까지 잇테Q!〉이다. 참고로 2012년은 2개의 버라이어티 프로그램이 15% 이상의 시청률을 보였지만, 2013년은 〈세계 끝까지 잇테Q!〉 작품뿐이었다.

이처럼 버라이어티 시청률이 감소한 요인으로는 1시간짜리 버라이어티 프로그램을 지나치게 2시간, 3시간으로 늘리면서 스페셜감을 남발한 점이 컸다고 분석되고 있다. 특히 TV아사히의 경우, 〈오타메시카〉, 〈런던하츠〉등은 스페셜편성을 하고 특별 게스트를 대거 초청하면서 고정 출연자에 익숙해 있던 시청자들이 프로그램에서 멀어졌다는 것이다.

반면 고정 출연자 주도의 버라이어티는 시청률에서 선전했다. 14.6%를 기록해 시청률 2위를 차지한 TBS의 〈핏탄코 칸칸〉의 경우, 고정 출연자와 게스트의 명확한 역할구분으로 버라이어티 프로그램 본래의 모습을 잘 살렸다는 평가를 받고 있다. 5위를 차지한 NHK의 〈츠루베의 가족에 건배〉도 고정 출연자인 츠루베가 만들어내는 분위기 속에서 게스트와 일반 출연자의 구분이 잘 녹아들었다.

한편 탑 10 프로그램 가운데 무려 5개가 니혼TV의 버라이어티였다. 니혼TV는 전통적으로 버라이어티에 강할 뿐만 아니라 TV아사히와 달리 스페셜편성보다 버라이어티 프로그램별로 고정출연자에 대한 로열티를 우선하면서 안정적으로 시청률이 추이한 것으로 보인다.

한편 후지TV는 베스트 30에 4개 프로그램만이 랭크되었다. 게다가 〈SMAP×SMAP〉와 〈메챠이케〉와 같은 오래된 프로그램이 메인으로 신선감이 떨어진다는 지적도 있다.

2013년도는 전반적으로 버라이어티 프로그램의 시청률이 저조했다. 이는 특히, 30~40대의 버라이어티 프로그램 외면이 주된 요인으로 지적되고 있다. 현재의 30~40대는 인터넷이 아닌 TV가 보급되던 시대에 어린 시절을 보냈던 세대이다. 그런 만큼, 이들로부터 지지를 끌어내지 않으면, 버라이어티 프로그램의 장래는 불안할 수밖에 없을 것이다.

[표 2] 2013년/2012년 버라이어티 프로그램 평균시청률 TOP 10 랭킹

No.	2013년		2012년	
	프로그램명	시청률	프로그램	시청률
1	니혼TV, 세계 끝까지 잇테Q	16.0	니혼TV, 세계 끝까지 잇테Q	15.6
2	TBS, 핏탄코 칸칸	14.6	니혼TV, 춤추는 산마 어젠!!	15.0
3	니혼TV, 구루구루 나인티나인	14.3	니혼TV, 줄서는 법률상담소	14.9
3	니혼TV, 데! 철완 DASH!	14.3	니혼TV, 구루구루 나인티나인	14.7
5	NHK, 츠루베의 가족에 건배	14.2	TBS, 핏탄코 칸칸	14.4

	2013년			2012년	
No.	프로그램명	시청률		프로그램	시청률
6	니혼TV, 줄서는 법률상담소	14.1		니혼TV, 더 세계 경악 뉴스	14.3
7	니혼TV, 춤추는 산마 어젠!!	14.0		TV아사히, 퀴즈 프레젠 버라이어티 Q 사마!!	14.1
8	TV아사히, 만약의 시뮬레이션 버라이어티 해볼까!	13.0		TV아사히, 만약의 시뮬레이션 버라이어티 해볼까!	14.0
8	TBS, 나카이마사히로의 금요일의 스마들에게	12.9		NHK, 츠루베의 가족에 건배	13.9
10	후지TV, 혼마뎃카!? TV	12.7		TV아사히, 런던 하츠	13.4

출처: ビデオリサーチ

2. 음악업계 동향과 트렌드

1) 동향

일본의 음악시장은 디지털음원 시장이 주도하는 미국이나 한국과 달리 여전히 CD등의 음악패키지 매출이 전체 음악시장의 약 80%를 차지하고 있다. 음악패키지가 주역이라고 하지만, 2012년[13]을 제외하고 매년 축소되고 있는 실정이다.

일본레코드협회의 2013년 음악소프트 통계에 따르면, 오랫동안 일본음악산업의 주축이었던 CD중심의 비즈니스모델이 커다란 기로에 직면해 있음을 알 수 있다. 2013년도 싱글, 앨범, 뮤직비디오 등 음악소프트 매출이 2012년보다 수량은 15%, 매출은 13%나 감소한 것으로 나타났다. 이러한 패키지 시장 축소는 1998년 이래 계속되어온 경향이나 특히 2010년 이후 피처폰이 스마트폰 체제로 급속도로 교체되면서 심화되고 있으며 미국이나 한국처럼 일본에서도 시장의 무게중심이 CD에서 디지털 음원으로 이행되고 있는 산업구조적 변화라는 점에서 의미가 크다.

이러한 여파는 패키지 주도의 음반사를 중심으로 코스트 삭감, 신사업 진출, 수익구조 강화, 흡수합병 등의 형태로 나타나고 있다.

대형 음반사인 유니버설 뮤직은 2013년 4월 업계 EMI 뮤직 재팬[14]

13 / 2011년 동일본 대지진에 따른 감소의 반동 특수와 더불어 AKB48의 5작품과 Mr. Children의 베스트 앨범 2작품 등이 밀리언셀러를 기록한 것이 견인차가 되었다.

14 / 2012년 기준 매출액 195억 엔으로 업계 5위를 기록.

을 흡수합병했으며 소니뮤직 엔터테인먼트[15]도 2014년 4월 산하의 '에픽', '큔', '뎁스타' 등 8개의 레벨을 '소니 뮤직 레벨스'로 묶었다. 또한 일본의 주요 음반사도 음반사별로 독자적인 온라인 숍을 정비하거나 '레코초크 베스트[16]'나 '뮤직 언리미티드[17]'와 같은 정액제 서비스를 강화하는 등 변화하는 시장에 적극 대응하고 있다.

15 / 2013년 기준 매출액 401억 엔으로 업계 2위

16 / 일본의 주요음반사 출자에 설립한 정액제 온라인유통 서비스

17 / 소니뮤직 엔터테인먼트가 운영하는 정액제 온라인유통 서비스

18 / 電通総研編, 『情報メディア白書2014』, 2014년 2월

한편 일본의 음악업계는 CD 패키지시장 축소를 막기 위한 다양한 판촉을 전개하고 있다. 이전에는 CD자체가 음악을 듣기 위한 청취용도에서 머물렀다면, 최근에는 각종 부가가치 특전을 부여해 프로모션을 전개하는 방식으로 일반화되고 있다. 가령 동일한 타이틀로 복수 음반을 발매하거나 음반과 뮤직비디오를 세트로 한 한정판, 악수회, 참가티켓 추첨권, 라이브 선행예약 특전 등을 제공하는 것이다[18].

일본의 음반사는 종전의 CD와 다운로드서비스 중심의 음악을 판매하는 '음악사업'에만 의존하지 않는 이른바 360도 비즈니스 모델로 크게 방향을 선회하고 있다.

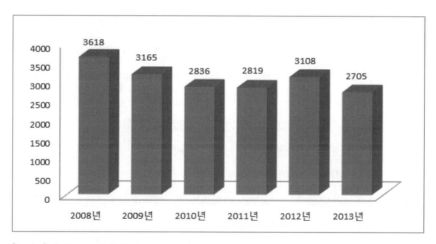

[그림 1] 음악소프트매출 추이

금액 : 억 엔
출처 : 日本レコード協会

음반사 가운데 가장 발빠른 움직임을 보이고 있는 것이 에이벡스 그룹 홀딩스이다. 2013년 4월~9월의 사업별 매출을 살펴보면, 그 동안

주력사업이었던 음악사업은 3분의 1에 불과하며, 오히려 '매니지먼트/라이브사업'과 '영상사업'의 셰어가 늘어나고 있는 상황이다. 매니지먼트/라이브 사업은 아티스트 발굴, 라이브제작, 상품제작/판매, 팬클럽 운영 등, 이른바 '360도 비즈니스 전략'을 전개하며 사업을 확장시키고 있다.

구체적으로는 라이브는 제 2/4분기까지 전년 동기 대비 42.8% 증가한 300편을 제작했으며 영상사업분야에서는 2009년 NTT도코모와 합작으로 휴대폰용 정액제 영상 서비스 'BeeTV', 2011년에는 스마트폰용 'd비디오', 2013년 2월에는 소프트뱅크와 합작으로 'UULA'를 개시했다. 음악/영화/오리지널 드라마 등 폭넓은 장르의 영상을 볼 수 있는 'd비디오'는 2013년 7월 시점 446만 명의 회원을 보유하는 등, 수익의 중심 축으로 성장하고 있다[19].

19 / 日本経済新聞(2014) http://www.nikkei.com/article/DGXNASFK12013_S3A211C1000000/?df=2(검색일 2014.4.10)

소니뮤직 엔터테인먼트도 에이벡스와 마찬가지로 이전부터 관련 회사에서 매니지먼트사업과 출판/방송 미디어사업 등을 전개해오고 있다. 소니는 특히 작년부터 라이브사업을 강화하고 있는데, 관련회사인 Zepp라이브 엔터테인먼트는 2013년 5월 이후, 홍콩, 한국, 대만에서 음악 페스티벌을 주최 또는 공동제작했고, 9월과 11월에는 인도네시아와 싱가포르에서 열린 '애니메 페스티벌 아시아'에 출자하기도 했다. 8월에는 '하츠네미쿠' 등 보컬로이드 제품을 판매하는 Crypton Future Media와 공동으로 컨셉CD를 제작했고, 요코하마 아리나에서 하츠네미쿠의 라이브 이벤트도 실시했다.

11월에는 동영상 사이트에서 탄생한 아티스트가 집결한 이벤트 '초류 APPEND FES. 2013'를 개최하는 등, 애니메이션과 인터넷 계열 장르에 대한 어프로치도 강화하고 있다.

음악패키지산업의 점진적 축소라는 기로에서 일본의 음반사는 종합엔터테인먼트 기업으로 탈바꿈하고 있다.

2) 음악시장

1) CD싱글

2013년 싱글 연간 랭킹도 2012년과 거의 유사한 경향을 보이며 국민 아이돌 AKB48이 1위에서 4위까지 독차지했다. 이로써 AKB48은 2011년 이래, 3년 연속 TOP5에 진입하는데 성공했다[20].

AKB48의 싱글가운데 1위를 차지한 〈사요나라 크로루〉는 195.5만 장 판매되었다. 이 숫자는 2010년 〈Beginner〉의 95.4만 장, 2011년의 〈플라잉겟〉의 158.7만 장, 2012년의 〈한 여름의 Sounds good！〉의 182.0만 장을 뛰어넘는 역대 최고 판매량이다. 또한 2013년에 발매한 4개 싱글의 판매량 합계도 582.8만장을 기록해 2011년의 579.2만 장과 2012년의 577.5만 장을 웃돌아 이 또한 역대 최고를 달성했다. 해가 갈수록 AKB48의 지명도와 인기가 높아지고 있음을 알 수 있다.

이처럼 AKB48의 인기가 최고조에 오르고 있는 한편, AKB48 자매그룹 등의 인기도 크게 높아지고 있다. 2013년에도 나고야시를 거점으로 활약하는 'SKE48'의 연간 탑 10 진입과 더불어 오사카시를 거점으로 활약하는 'NMB48'도 싱글 랭킹 탑 10에 처음으로 랭크되었다. 그리고 '선발총선거'[21]에서 1위를 차지한 사시하라 리노가 이끄는 'HKT48[22]'의 데뷔 싱글과 세컨드 싱글도 잇따라 연간 탑 30에 진입했다. 게다가 AKB48의 '공식라이벌'인 '노기자카 46'도 탑10 진입을 목전에 두고 있는 등 여성아이돌 그룹의 신진대사가 매우 활발했던 한 해였다고 할 수 있다.

여성그룹의 활약이 활발한 가운데, 남성그룹으로는 'EXILE'과 '아라시' 등의 활약이 두드러졌다. 인기정상의 남성 댄스보컬그룹인 EXILE은 'EXILE PRIDE-이런 세계를 사랑하기 위해서-'가 싱글로는 자체기록에서 처음으로 100만 장 이상을 판매했다.

인기정상의 아라시는 발매한 앨범 〈Calling / Breathless〉이 88.1만 장 판매되어 6위를 차지했다. 2011년, 2012년에 이어 탑 10에 2개 작품을 랭크시킨 아라시는 2013년에는 특히 정상으로서의 안정감과 높은 잠재력을 보여주고 있다.

그밖에 'SMAP', 'Kis-My-Ft2', '간쟈니 에이트' 등도 서로 경쟁하듯

20 / ORICON STYLE(2014) http://www.oricon.co.jp/music/special/2013/musicrank1215/index.html(검색일 2014.4.10)

21 / AKB48의 뉴싱글에 참가하는 선발멤버를 결정하는 개표이벤트를 말한다.

22 / HKB48은 후쿠오카시를 거점으로 활동하는 여성아이돌 그룹.

상위권에 랭크되어 있는데, 모두 자니스 소속의 아이돌 그룹이다.

10위권 밖의 동향을 살펴보면, 결성 35주년을 맞이해 활동을 재개한 '사잔 올스타즈'의 활약도 빠뜨릴 수 없는 큰 화제였다. 약 34만장을 판매한 〈피스와 하이라이트〉가 관록의 17위를 차지했다.

[표 3] 2013년 싱글판매랭킹

(단위: 만장)

순위	2013년			2012년		
	판매량	타이틀	아티스트	판매량	타이틀	아티스트
1	195.5	사요나라 크로루	AKB48	182.0	한 여름의 SOUNDS GOOD!	AKB48
2	147.9	고이스루 포츈쿠키	AKB48	143.7	GIVE ME FIVE!	AKB48
3	126.1	하트 에레키	AKB48	130.3	깅가무 체크	AKB48
4	113.3	So long!	AKB48	121.5	ULA	AKB48
5	101.2	EXILE PRIDE	EXILE	107.3	영원 프레셔	AKB48
6	88.1	Calling/Breathless	아라시	64.9	와일드 앳 하트	아라시
7	67.1	초코의 노예	SKE48	62.0	FACE DOWN	아라시
8	66.2	우츠쿠시이이나즈마	SKE48	59.3	짝사랑 파이널	SKE48
9	55.8	보쿠라노유리이카	NMB48	58.8	키스도 왼쪽	SKE48
10	55.7	Endless Game	아라시	58.2	아이시테라브루	SKE48

출처: 오리콘

또한 애니메이션이나 드라마의 히트로 덩달아 관련 음악도 인기가 상승했다. 원작 코믹의 대히트로 이어진 애니메이션 〈진격의 거인〉에서는 오프닝테마곡 2곡을 포함한 'Linked Horizon'의 〈자유로의 진격〉이 30위를, 그리고 80년대의 아이돌 신까지 곁들이며 일본전국을 뜨겁게 달군 NHK연속텔레비전 소설 〈아마짱〉에서는 고이즈미 교우코가 극중의 인물 '아마노 하루코'라는 이름으로 발매한 〈시오사이노 메모리〉가 39위를 차지했다.

뿐만 아니라 〈아마짱〉은 앨범 랭킹에서도 극중에서 사용된 오리지널 곡을 모아 만든 〈아마짱 노래 앨범〉이 35위, 드라마의 배경으로 사용된 〈연속 텔레비전 소설 '아마짱'오리지널 사운드 트랙〉도 연주곡이지만, 탑 100에 진입했다.

[표 4] 아마짱 관련 CD매출 현황

관련작품명	추정치 누계 매출	순위
연속TV소설 '아마짱' OST	5.2만장	5위
시오사이노 메모리	14.8만장	2위
취주악 아마짱 곡집	0.7만장	63위
아마짱 노래 앨범	12.3만장	1위
하루코노 방 아마짱 80's HITS–빅터	1.5만장	10위
하루코노 방 아마짱 80's HITS–소니뮤직	1.1만장	12위
음력으로는 디셈버	1.7만장	6위
연속TV소설 '아마짱' OST 2	1.1만장	12위

출처 : オリコン

2) CD앨범

2011년 제로였던 앨범분야 밀리언셀러가 2012년에는 3작품이나 탄생하며 호조를 보였으나 2013년에는 다시금 제로로 회귀했다. 2013년 앨범분야 1위는 인기정상의 아이돌그룹 아라시로 앨범 〈LOVE〉가 약 80만장을 판매했다[23].

아라시의 〈LOVE〉는 그들에게 있어 통산 12번째 오리지널 앨범으로 아라시의 오리지널 작품으로 역대 1위는 2011년의 〈Beautiful World〉, 2010년의 〈보쿠노 미테이루 후우케이〉에 이어 3번째 성과이다. 2009년 1위의 〈All the BEST! 1999-2009〉와 함께 앨범분야에서 통산 4번째 1위를 차지했다. 4번째 연간 앨범 1위는 남성 아티스트로는 최초이다.

싱글과 비교하면 장르도 방향성도 다채로운 작품군이 존재하는 것이 앨범 시장이다. 게다가 아이돌 아티스트의 이미지로는 '앨범 중심'으로 음악중시의 어프로치를 하는 것이 여의치 않다는 점에서 아이돌 그룹으로서는 의미있는 성과라고 할 수 있다.

2013년에도 변함없이 베스트 앨범 판매가 호조를 보였다. 25주년 기념으로 발표된 〈B'z The Best XXV 1988-1998〉와 〈B'z THE BEST XXV 1999-2012〉가 2, 3위로 나란히 랭크되었고 2013년 6월에 아쉽게도 해산한 FUNKY MONKEY BABYS의 발자취를 종합한 〈FUNKY MONKEY BABYS LAST BEST〉가 4위를 차지했다.

약 4년 만에 발표한 EXILE의 베스트 〈EXILE BEST HITS-LOVE SIDE

23 / ORICON STYLE(2014) http://www.oricon.co.jp/music/special/2013/musicrank1215/index.html(검색일 2014.4.10)

/SOUL SIDE-〉가 8위, Superfly 첫 베스트 앨범 〈Superfly BEST〉가 9위를 차지했다.

2012년에 높은 판매기록을 올린 구와타 게이스케, 마츠도야 유미, 야마시타 다츠로등 중년 아티스트의 베스트 앨범 인기는 2013년에도 이어져, 유미의 베스트 앨범이 17위, 야자와 에이키치, 사다 마사요시의 올타임 베스트도 각각 26위, 39위에 랭크인되었다.

NMB48의 퍼스트 앨범 〈뎃팽돗단데〉가 자신들의 싱글 성적을 크게 웃도는 연간 랭킹 5위를 기록했다. 가장 크게 판매가 늘어난 쟈니스 아이돌그룹 간자니에이트도 〈JUKE BOX〉로 처음으로 연간 TOP 10에 진입했다.

또한 인기곡의 커버 앨범도 크게 주목을 받았다. 간자니에이트가 사회를 담당하고 있는 예능 프로그램 〈간자니 에이트의 시와케 에이트〉(TV아사히, 매주 토요일 오후 7시)의 가라오케 대결 기획 '노래 자랑 연예인 대회'에서 압도적인 가창력을 자랑하며 주목을 받은 May J.의 〈Summer Ballad Covers〉는 28위에 랭크인되었다. 또한 외국인 가라오케 프로그램 〈노래 자랑 더! 월드〉의 제3회 대회 우승자인 크리스 하트는 데뷔 앨범 〈Heart Song〉이 29위를 차지했다. 이처럼 방송을 통해 커버송에 대한 관심이 높아지면서 이를 즐기는 사람들의 저변도 확대된 한 해였다고 할 수 있다.

[표 5] 2013년 앨범판매 랭킹

순위	판매량(장)	타이틀	아티스트
1	796,525	LOVE	아라시
2	583,230	B'z The Best XXV 1988-1998	B'z
3	573,050	B'z The Best XXV 1999-2012	B'z
4	431,984	FUNKY MONKEY BABYS LAST BEST	FUNKY MONKEY BABYS
5	419,231	뎃팽돗탄데!	NMB48
6	382,684	FEEL	아무로나미에
7	373,019	JUKE BOX	간자니에이트
8	330,721	EXILE BEST HITS -LOVE SIDE / SOUL SIDE-	EXILE
9	322,204	Superfly BEST	Superfly
10	298,389	TIME	동방신기

출처: オリコン 집계기간 : 2012/12/24~2013/12/16(실질집계기간 : 2012/12/10~2013/12/08)

한편 2013년 초반부터 Bruno Mars에 이어, 연말에 Avril Lavigne, 레이디 가가 등 해외 대형 가수의 일본 방문이 잇따르면서 팝시장도 활황을 누렸다. 그 중에서도 영국의 인기 그룹 One Direction의 첫 일본 공연은 커다란 화제를 불러 모았다. 2012년 11월에 발매된 One Direction의 〈Take Me Home〉은 18위를 기록해 크게 히트했다.

2013년 토탈매출 랭킹과 관련 아라시는 2013년에는 1위를 획득했다. 반면 2위는 작년에 1위를 차지했던 AKB48가 차지했다. 2012년의 AKB48이 올린 191억 엔에 비해 2013년에는 아라시가 약 59억 엔이 줄어든 142억 엔을 달성했다. 대부분 아이돌이 상위권에 진입한 가운데, 오랜만에 B'z가 잇따라 발매한 베스트 앨범이 크게 히트하면서 54억 엔의 매출을 올렸다.

[표 6] 2012년/2013년 아티스트별 토탈매출 랭킹

순위	2012년 매출	2013년 매출
1	190,98(AKB48)	14,192 (아라시)
2	12,177(EXILE)	13,254 (AKB48)
3	10,454(아라시)	5,379 (B'z)
4	9,947(Mr.Children)	5,245(모모이로크로바Z)
5	4,916(간쟈니에이트)	4,738(간쟈니에이트)

주) 단위 : 백만 엔

출처: オリコン, 집계기간 : 2012/12/24~2013/12/16(실질집계기간 : 2012/12/10~2013/12/08)

3. 맺으며

지금까지 방송과 음악업계를 중심으로 주요 동향 및 트렌드를 정리했다. 이하는 주된 히트나 유행 속에 잠재해있는 특성 등을 설명하고자 한다.

2031년 일본 엔터테인먼트 업계의 트렌드는 크게 여섯 가지로 요약할 수 있다[24]. 하나는 이전 스타가 주도했던 엔터테인먼트시장이 최근에는 작품중심의 흐름으로 바뀌고 있다는 점이다. 최근 몇 년 간 정

2013년 일본 엔터테인먼트 동향과 트렌드 / 김영덕

상을 차지했던 것은 아이돌그룹 아라시와 AKB48 였지만, 작년은 이런 흐름이 작품 위주로 바뀌어가는 징조들이 나타났다.

앞에서 언급했듯이 2013년은 〈한자와 나오키〉, 〈아마짱〉 등의 방송 드라마가 가장 뜨거운 주목을 받았고 최고의 히트작이었다고 할 수 있다.

탤런트나 배우는 작품 등을 통해 한 번 인기를 얻으면 그 인기는 쉽게 사라지지 않는다. 가령 탤런트나 배우는 동적인 존재이기 때문에 얻은 인기를 관리나 전략을 통해 확대재생산할 수 있는 것이다.

반면 작품은 '유통기한이 있는 상품'이기 때문에 인기가 한정된다. 게다가 사전에 작품내용을 알 수 없기 때문에 공개되지 않는 한 히트 여부를 알 수 없는 단점이 있다.

그런 만큼, 작품성을 갖고 스타에 의존하지 않은 드라마 〈한자와 나오키〉, 〈아마짱〉이 크게 히트는 매우 중요한 의미를 갖는다.

[표 7] 2013년 엔터테인먼트 히트 순위

순위	청	백
1	한자와나오키	아마짱
2	아라시	AKB48
3	바람이 분다	후쿠야마 마사하루
4	모모이로크로바Z	골덴봄바
5	아리요시 히로유키	후낫시
6	하야시오사무	오오쿠보가요코
7	원 디렉션(One Direction)	진격의 거인
8	ＥＸＩＬＥ	사잔올스타즈 (Southern All Stars)
9	구도칸쿠로	단미츠
10	요네쿠라료우코	캐리파뮤파뮤
11	베네딕트 컴버배치(Benedict Cumberbatch)	크리스 하트(Chris Hart)
12	19금 테드(Ted)	색채가 없는 다자키 쓰쿠루와 그가 순례를 떠난 해
13	퍼즐 & 드래곤즈	후쿠시소타
14	간자니에이트	노기자카46
15	함대콜렉션 ~함콜레~	햐쿠타나오키
16	라스트 ♡ 신데렐라	핼로! 프로젝트
17	리얼 탈출게임	킨타로
18	MAN WITH A MISSION	대왕오징어
19	TRF 댄스사이즈	극장판 마법소녀 마도카 ☆ 마기카
20	하야시마리코	워킹데드(Walking Dead)

출처 : 日経BP社, 『日経エンタテインメント』, 2014년 1월호

두 번째는 자연스러움보다 과장스러움이 주목을 받았다는 점이다. 최근 많은 히트 작품에서 공통적으로 엿보이는 것이 '화려함'과 '과장스러움'이다. 드라마 〈한자와 나오키〉의 대사였던 '2배로 돌려주기'와 무릎꿇기, 〈아마짱〉의 대사였던 '제제제', '난, 실패하지 않으니깐', 유명 학원강사가 유행시킨 '지금이죠'의 포즈 등은 모두 오버하는 느낌을 주는 말과 행동이다. 자연스러운 연기와 차분한 태도가 호감을 끌었던 시대를 지나 일부러 과장스럽게 보일 정도의 허풍스러움이 인기를 모았다.

세 번째는 일본 국내 지향에서 글로벌 지향으로 나아가고 있는 점이다. 이번에 발표된 히트 순위에서는 One Direction과 Benedict Cumberbatch 등 해외 아티스트들의 활약이 두드러졌다. 작품으로는 영화의 흥행성적에서 〈레 미제라블〉과 〈19곰 테드〉 등의 외화가 상위에 랭크되었다. 그리고 월드투어에 나선 캐리 파뮤파뮤와 노벨 문학상 수상이 기대되었던 무라카미 하루키(村上春樹) 등, 세계적으로 호평을 받은 사람들의 인기가 더욱 높아졌다. 게다가 일본 문화의 해외진출전략인 쿨재팬[25]과 동경 올림픽 유치 등, 지금은 세계를 의식하지 않을 수 없게 된 상황도 한몫했다.

25 / 쿨재팬이란 영어의 'COOL JAPAN'이 어원. 의미는 일본 문화의 소프트적인 측면이 국제적으로 평가받고 있는 현상 또는 일본정부의 대외문화 수출정책에서 사용되는 용어를 가리킨다.

네 번째는 일본의 부활을 연상시키는 '일본적인 것'이 큰 관심을 끌었다. 동경올림픽 유치를 위해 IOC위원들 앞에서 일본의 전통과 매력을 표현한 유치 프레젠테이션은 크게 주목을 받았다. 당시 프레젠테이션에서 언급한 '오모테나시'(일본의 대접문화)라는 용어는 널리 유행어가 되었다.

가미가제 특공대의 전투기를 개발자 시점에서 그린 극장용 미야자키 하야오의 애니메이션 〈바람이 분다〉, 후지산의 세계문화유산 등록, 드라마 〈아마짱〉의 영향으로 사라질 위기에 있던 일본 전국 각지의 해녀가 커다란 관심을 받았다.

'무릎 꿇기'라는 구태(舊態)가 〈한자와 나오키〉에서 주목을 받으며 무릎 꿇기를 키워드로 한 〈사죄의 왕〉까지 히트 영화가 되었다. 이전이라면 그냥 지나쳤을 일본의 전통적인 모습이 옛날에 대한 향수와 프라이드로 되살아나고 있다.

새로운 인기는 색다른 곳에서 등장하는 히트패턴도 생겨났다. 오랫동안 계속된 안정지향에 조금씩 식상하기 시작한 사람들이 약간 색다른 것에 관심을 갖기 시작하고 있는 것이다. 헬로 키티나, 포케몬 등과 같은 정통파 캐릭터가 아니라 그 동안 별다른 관심이 없었던 지역의 홍보 등에 사용되는 마스코트 캐릭터 '유루캐라'에 커다란 관심이 모아졌다. 또한 2년 연속 NHK '홍백노래대항전'에 출연하는 골덴봄바는 라이브와 인터넷 동영상으로 인기를 모았지만, 지금도 인디밴드로 남아있다. 잡지에서 출발한 모델 단미츠는 보통 아이돌과는 다른 직장경력이 화제가 되었고, '지금이죠'로 유명한 하야시 오사무 선생님은 입시학원 강사 출신이다. 색다름은 '임팩트'가 있다는 증거이기도 하다.

수수함보다는 화려함이 대세임을 반영한 히트도 잇따랐다. 아이돌 모모이로 클로버z, 가수 캐리 파뮤파뮤, 스마트폰게임 〈퍼즐&드래곤〉, 무라카미 하루키 소설 〈색채가 없는 다자키 쓰쿠루와 그가 순례를 떠난 해〉의 공통점은 모두 컬러풀하다는 점이다. 수수한 색깔을 선호해왔던 이전과 달리 밝고 경쾌한 색을 사용하는 것이 매력으로 느껴지고 있는 것이다. 모모이로 클로버 z는 멤버 각자의 색깔이 있고, 캐리 파뮤파뮤는 미술 연출을 통해 화려하고 귀여운 색감을 어필하고 있다. 〈퍼즐 & 드래곤〉은 색깔을 맞추어서 퍼즐 블록을 지우는 게임이다.

심플하고 자연스럽고 화려하지 않은 것이 인기를 모았던 시기가 지나가고 알기 쉽고 경쾌한 색깔을 이용하는 것이 확대되고 있다는 방증이다. 단순한 화려함을 뛰어넘은 새로운 감각이 사람들을 매료시키고 있다.

참고문헌

〈참고자료〉
닛케이 BP사(日経BP社), 『日経エンタテインメント』, 2014년 1월호
닛케이 BP사(日経BP社), 『日経エンタテインメント』, 2014년 2월호
닛케이 BP사(日経BP社), 『日経エンタテインメント』, 2013년 12월호
덴츠소켄(電通総研編), 『情報メディア白書2014』, 2014년 2월

〈웹사이트〉

－日本レコード協会(2014)

http://www.riaj.or.jp/issue/industry/pdf/RIAJ2014.pdf(검색일 2014.4.14)

－ORICON STYLE(2014)

http://www.oricon.co.jp/entertainment/special/page/715/(검색일 2014.4.10)

－ORICON STYLE(2014)

http://www.oricon.co.jp/entertainment/special/page/724/(검색일 2014.4.10)

－日本経済新聞(2014)

http://www.nikkei.com/article/DGXNASFK12013_S3A211C1000000/?df=2(검색일 2014.4.10)

－ORICON STYLE(2014)

http://www.oricon.co.jp/music/special/2013/musicrank1215/index.html(검색일 2014.4.10)

－ORICON STYLE(2014)

http://www.oricon.co.jp/music/special/2013/musicrank1215/index.html(검색일 2014.4.10)

일본영화산업의 정체와
'새로운' 모색

강태웅 | 姜泰雄 Kang, Tae-woong

일본 도쿄대학(東京大学)에서 학술박사(표상문화론 전공)학위를 받았다. 현재 광운대학교 일본학과 및 동북아문화산업학부 부교수로 재직 중이다.

전공분야는 일본 영상문화론, 표상문화론이며, 최근의 주요 연구 주제는 동아시아 속의 일본영화, 일본의 문화정책, 만주국 영화 등이다.

최근의 주요업적으로는 『가미카제 특공대에서 우주전함 야마토까지』(소명출판, 2013)(공저), 『월경의 기록』(어문학사, 2013)(공저), 『복안(複眼)의 영상』(소화, 2012)(역서), 『복원과 재현』(선인, 2012)(공저), 『키워드로 읽는 동아시아』(이매진, 2011)(공저), 『일본영화의 래디컬한 의지』(소명출판, 2011)(역서), 『일본과 동아시아』(EAI, 2011)(공저), 『교차하는 텍스트, 동아시아』(창비, 2010)(공저), 『전후 일본의 보수와 표상』(서울대학교 출판문화원, 2010)(공저), 『제국의 지리학 만주라는 경계』(동국대학교 출판부, 2010)(공저), 『동아시아의 오늘과 내일』(논형, 2009)(편저), 『세계박람회와 지역문화』(심미안, 2008)(공저), 『제국의 교차로에서 탈제국을 꿈꾸다』(창비, 2008)(공저) 등이 있다.

1. 개관

2013년 일본에서는 처음으로 1,000편이 넘는 영화가 개봉되었다. 그리고 국제영화제에서는 일본영화 거장감독들의 회고전이 줄이어 개최되었고, 현재 활동 중인 감독들의 수상도 많았던 '풍성한' 한 해였다. 오즈 야스지로(小津安二郎) 감독의 경우 칸느 국제영화제에서 유작 〈꽁치 맛(秋刀魚の味)〉(1962)이 상영되었고, 베를린 국제영화제에서는 그의 대표작 〈동경 이야기(東京物語)〉(1953)가, 그리고 베니스 국제영화제에서는 그의 최초 컬러작품 〈피안화(彼岸花)〉가 상영되었다. 한 감독의 작품들이 같은 해에 3대 국제영화제에서 모두 회고전이 열리는 경우는 극히 드물다. 그러나 2013년에는 이러한 드문 일이 또 한 번 있었다. 기노시타 게이스케(木下恵介) 감독 역시 칸느에서 〈나라야마 부시코(楢山節考)〉(1958)가 상영되었고, 베니스에서는 〈카르멘 고향에 돌아오다(カルメン故郷に帰る)〉(1951), 베를린에서는 〈환호의 마을(歓呼の町)〉(1944) 등 다섯 편이 상영된 것이다. 이뿐만 아니라 나카무라 노보루(中村登) 감독의 〈밤의 편린(夜の片鱗)〉(1964), 오시마 나기사(大島渚) 감독의 〈전장의 메리크리스마스(戦場のメリークリスマス)〉(1983)도 베니스 국제영화제에서 상영되었다. 국제영화제에서의 거장들의 잇따른 회고전 개최는 일본영화의 유산이 방대하고 영향력이 있음을 다시금 확인시켰다.

현재 활동하고 있는 감독들의 국제영화제 수상도 연이었다. 칸느 국제영화제에서 고레에다 히로카즈(是枝裕和) 감독의 〈그렇게 아버지가 된다(そして父になる)〉가 심사위원상을 받았고, 모스크바 국제영화제에서 오모리 다츠시(大森立嗣) 감독의 〈안녕 계곡(さよなら渓谷)〉이 심사위원 특별상을 받았다. 로마 국제영화제에서 구로사와 기요시(黒澤清) 감독이 걸그룹 AKB48의 리더였던 마에다 아츠코(前田敦子)를 주연으로 러시아 블라디보스톡에서 촬영한 〈Seventh Code〉가 최우수감독상과 최우수 기술공헌상을 받았다.

그렇지만 한국에는 일본영화계의 이러한 '풍성함'이 잘 전달되지 않

일본영화산업의 정체와 '새로운' 모색 / 강태웅

았다. 그보다는 한국에서 대중들의 관심을 끈 뉴스는 애니메이션 감독 미야자키 하야오(宮崎駿)의 은퇴였다. 그동안 많은 작품으로 전 세계의 관객들을 매료시켜왔기에 그의 은퇴는 아쉬움을 남겼지만, 〈바람이 분다(風立ちぬ)〉에서 드러낸 안이한 역사관으로 인하여 그의 마지막 작품에 한국 관객들은 등을 돌리고 말았다. 그리고 일본영화산업규모가 북미시장 다음으로 컸으나, 2012년 자료로 볼 때 중국시장에 밀려 세계 제3위로 내려갔음도 밝혀졌다. 미국영화협회의 발표에 의하면 캐나다를 포함한 미국시장이 108억 달러이고, 그 다음으로 중국이 27억 달러, 일본은 24억 달러로 뒤를 이었다. 몇 년 전까지만 해도 한국보다도 더 작았던 중국 시장이 이제는 일본을 제치고 세계 제2위의 시장이 된 것이다(相良智弘, 2013). 이 자료는 영화관에서의 상영을 통한 1차 수입만을 따졌을 경우이고, 2차시장의 규모는 들어가 있지 않다. 하지만 일본영화산업이 더 이상 커지지는 않고 정체되고 있음은 사실이고, 이웃국가에 그다지 영향력이 없음도 사실이다. 그렇다면 2013년의 일본영화는 무엇을 그려내었고, 일본영화산업은 이러한 정체를 어떻게 풀어나가려 하는가. 이 두 가지 의문점을 가지고 2013년의 일본영화계를 살펴보도록 하자.

1) 영화개봉편수와 스크린 수의 변화 : 1,000편 개봉의 이면

2013년 일본에서 극장 개봉된 영화의 총 편수는 1,117편이다. 2012년의 983편에 비하면 무려 134편이 증가하였다. 일본영화가 2012년 554편에서 2013년 591편으로 37편 증가한 반면, 외국영화가 429편에서 526편으로 97편이나 증가하였다. 한 해 1,000편이 넘는 작품이 개봉되었다는 사실은 일본영화사상 최초이기에 언뜻 보기에 업계의 활황으로 생각될 수 있으나, 그 내역을 살펴보면 그렇게 고무적인 일만은 아니다. [그림 1]을 보면 2011년까지 한 해 개봉작이 700편대였다. 그런데 2012년에는 983편, 그리고 2013년에는 1,117편으로 엄청난 신장을 보이고 있는 것이다. 거기에는 ODS가 존재한다.

ODS는 'Other Digital Stuff'의 약자로, 영화가 아닌 영상물을 말한다. 일본의 극장에서는 영화윤리위원회의 심사를 거친 영화만을 개봉한다는 원칙이 있었으나, 멀티플렉스로 인하여 스크린 수가 증가하였고, 디지털화로 인하여 영화필름이 아닌 영상물의 상영이 가능해졌다는 등의 이유로 ODS의 극장상영이 빈번해졌다. ODS에는 독립영화, TV드라마, 연극, 오페라, 발레, 뮤지컬, 가부키, 그리고 뮤지션들의 라이브 영상들이 있다. 이러한 변화에 따라 2012년부터 영화개봉편수와 흥행수입추산에 라이브 중계를 제외한 ODS가 포함되었다. 2013년에는 ODS 98편이 일본영화로, 49편이 외국영화로 개봉영화편수에 합산되었다. 영화관으로서는 스크린의 가동율을 높이고, 영화만을 목적으로 하지 않는 새로운 관객을 확보할 수 있기에, ODS 상영에 힘을 기울이고 있는 것이다.

참고로 한국영화산업과 비교해보도록 하자. 2013년 한국에서 개봉된 영화는 905편으로, 한국영화는 183편, 외국영화는 722편에 달한다. 2010년 286편, 2011년 289편이었던 것이, 2012년 631편, 그리고 2013년에는 905편까지 증가한 것이다. 이러한 한국의 개봉편수 변화에는 일본과 같이 ODS가 존재하지는 않는다. IPTV와 같은 부가시장의 규모가 커지면서, 매우 짧은 기간 동안 극장에서 상영되고 '극장개봉작'이라는 선전문구를 붙이고 유통되기 위한 영화들이 많아지고 있기 때문이다(영화진흥위원회 2014).

[그림 1] 최근 5년간 개봉영화편수

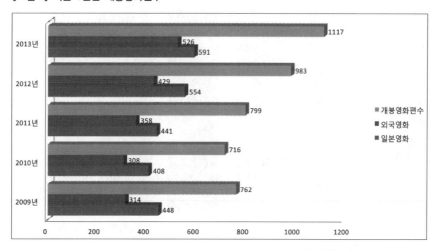

출처: 日本映畵製作者連盟(2014)

하나의 극장이 여러 스크린을 보유하는 멀티플렉스는 2000년대 들어서 급격히 건설되었으나, 2010년을 정점으로 감소세에 들어섰다. ([그림 2] 참조) 2013년에는 감소세가 꺾이며 스크린 수가 3년 만에 증가하여 3,318개를 기록하였다. 이러한 증가에는 멀티플렉스 업계의 재편이 자리한다. 타임워너그룹이 경영하던 '워너마이카루 시네마즈(ワーナー·マイカル·シネマズ)'를 이온그룹이 인수하여, 종래 경영하던 극장과 합병하여 새로이 '이온시네마'를 만들어냈다. 이온시네마는 74곳에 609개의 스크린을 보유함으로써 업계 1위가 되었다. 2위인 토호, 3위 유나이티드, 4위 쇼치쿠는 모두 영화회사이나, 이와는 달리 이온은 유통업이 중심이다. 이온시네마가 앞으로 영화제작에도 뛰어든다고 발표하고 있어 일본영화계에 어떠한 변화를 가져올지가 주목된다.(日本経済新

[그림 2] 최근 5년간 스크린수 변화

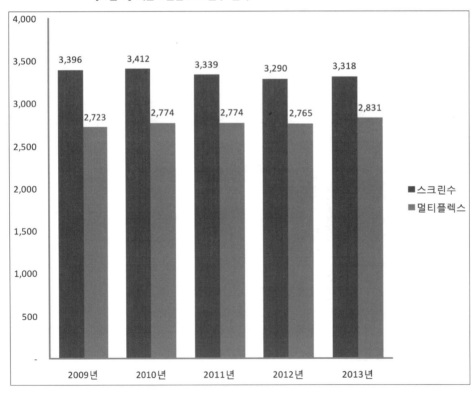

출처: 日本映画製作者連盟(2014)

聞, 2013년 4월4일자) 참고로 한국의 경우도 2009년2,055개를 정점으로 스크린 수가 감소세로 돌아서 2011년에는 1,974개로 줄어들었으나, 2012년 2,081개, 2013년은 2,184개로 다시금 증가하고 있는 추세이다. 지방극장이 멀티플렉스 체인으로 전환되면서 스크린이 증설되었기 때문이다(영화진흥위원회 2014).

2) 흥행수입

개봉편수와 스크린 수가 증가하였고, ODS 상영으로 인한 수입도 합산되었음에도 불구하고, 2013년의 흥행수입은 1,942억 3,700만 엔으로 2012년 1,951억 9,000만 엔보다 줄어들었다.([그림 3] 참조) 입장자수는 2012년의 1억 5,515만9천명에 비하여 조금 증가한 1억5,588만8천명이었다. 전체 흥행수입에서 일본영화는 1,176억 8,500만 엔을 기록하여 차지한 비율은 60.6%이었다([그림 4] 참조). 2012년의 65.7%에 비하면 무려 5.1%가 줄어들기는 하였으나, 1970년 이래 일본영화가 60%대를 넘어선 것이 2012년이 처음인 점을 감안하면 60%대 유지도 낮은 수치는 아니고, 2010년 이래 감소세였던 외국영화의 흥행이 늘어난 점이 영향을 미쳤다. 참고로 한국영화산업은 2012년 1조 4,551억 원보다 6.6% 증가한, 1조 5,512억 원을 벌어들여 역대 최고치를 매년 갱신해나가고 있다. 한국영화의 시장점유율은 59.7%로 일본과 거의 비슷하였고, 입장자수는 2억 1,332만 명에 달해 인구수를 감안치 않더라도 일본관객수 1억5,588만8천명을 월등히 능가하였다. 영화인구가 5,400만 명 많음에도 불구하고 한국영화의 흥행수입이 적은 이유는 1인당 평균 관람요금의 차이로, 일본은 1,246엔이고 한국은 7,271원이었다(영화진흥위원회 2014).

[그림 3] 최근 5년간 흥행수입 변화 (단위 : 100만엔)

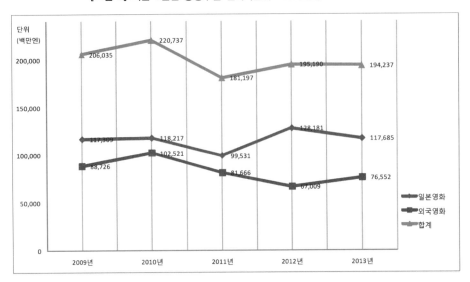

출처: 日本映画製作者連盟(2014)

[그림 4] 최근 5년간 일본영화와 외국영화의 점유율

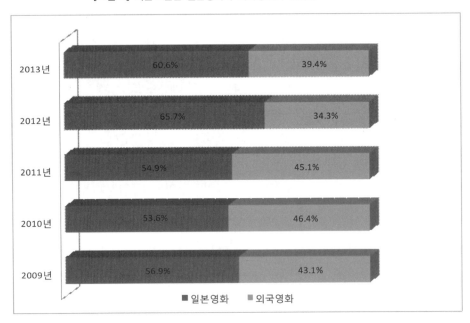

출처: 日本映画製作者連盟(2014)

3) 2차시장·부가시장의 변화

중국이 일본을 제치고 세계 2위의 영화시장이 되었다고는 하지만, 그것은 어디까지나 영화관에서의 상영을 통한 1차적 수입에 한정하였을 때만이다. 일본 영화시장의 가장 큰 특징은 DVD 및 Bluray Disc의 판매 및 렌탈이라는, 방대한 2차시장 또는 부가시장의 존재이다. 물론 그 시장규모가 점점 축소되고 있기는 하지만, 일본영상소프트협회의 발표에 따르면 2012년도 영상소프트웨어 시장규모는 4,802억 엔에 달한다([그림 5] 참조). 영화상영을 통한 1차시장 수익의 두 배를 훨씬 뛰어넘는 규모는, 일본의 영상산업시장을 세계적으로 독보적인 존재로 만든다.

[그림 5] 영상 소프트웨어 시장규모의 변화(단위: 억 엔)

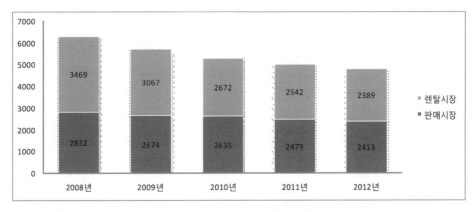

출처: 日本映像ソフト協会(2014)

그렇다고 점점 줄어들어가는 시장규모에 대한 위기감이 없지는 않다. 이미 미국, 한국을 비롯한 전 세계 대부분의 국가가 렌탈과 판매가 아닌, 인터넷이나 케이블을 통한 VOD(Video On Demand) 형태로 바뀌었기 때문이다. 일본에서도 이미 이에 DMM.com이 2004년부터 인터넷을 통한 VOD를 시작하였고, 2008년부터 렌탈업계 1위인 TSUTAY가 참여하였으나, 그 영향력은 미비하였다. 2013년 11월 아마존 재팬이 인터넷을 통한 영상 배급 서비스를 시작하여 시장판도의 큰 변화를 예상케

하였다.

　노무라 종합연구소(NRI)에 따르면 일본의 VOD 시장규모는 2012년도 988억 엔, 2013년도 1,159억 엔으로 추산하였다(野村総合研究所, 2013). 1,159억 엔은 렌탈과 판매라는 기존의 시장규모인 4,802억엔에 비해서는 미비하지만, 영화관 상영을 통한 1차수입에 육박하는 수치이기에, 앞으로의 성장이 주목된다. 참고로 2013년 한국의 2차시장ㆍ부가시장은 총 2,676억원을 기록하였다. 일본시장에 비하면 매우 작기는 하지만, 2009년부터 매년 20%씩 성장률을 보이고 있다. 그 중 DVD나 Bluray Disc의 렌탈에 대한 수치는 없고, 판매는 210억 원이었다. 그리고 IPTV 및 디지털 케이블은 1,737억 원, 인터넷 VOD는 729억 원을 차지하였다(영화진흥위원회 2014).

2. 영화흥행 경향

1) 애니메이션의 강세

　2013년 일본영화 흥행경향은 흥행수입 10위 중 여섯 편을 차지한 애니메이션의 강세라 요약될 수 있다([표 1] 참조). 미야자키 하야오(宮

[표 1] 2013년 흥행순위

순위	제목	흥행수입
1	바람이 분다(風立ちぬ)	120억 2천만 엔
2	원피스 극장판 제트 (ONE PIECE FILM Z)	68억 7천만 엔
3	극장판 도라에몽 : 진구의 비밀도구 박물관 (映画ドラえもん のび太のひみつ道具博物館)	39억 8천만 엔
4	명탐정 코난 : 절해의 탐정 (名探偵コナン 絶海の探偵)	36억 3천만 엔
5	한 여름의 방정식(真夏の方程式)	33억 1천만 엔
6	극장판 수수께끼 풀는 저녁식사 후에 (映画 謎解きはディナーのあとで)	32억 5천만 엔
7	그렇게 아버지가 된다 (そして父になる)	32억엔
8	극장판 포켓몬스터 베스트위시 : 신의 속도 게노세크트, 뮤츠의 각성 (劇場版ポケットモンスター ベストウィッシュ 神速のゲノセクト ミュウツーの覚醒)	31억 7천만 엔
9	드래곤볼Z : 신들의 전쟁 (ドラゴンボール Z 神と神)	29억 9천만 엔
10	기요스 회의 (清須会議)	29억 6천만 엔

출처: 日本映画製作者連盟(2014)

崎駿) 감독의 〈바람이 분다(風立ちぬ)〉는 해외에서의 비판적인 평가와는 달리, 일본 내에서는 120억 엔을 넘는 좋은 성적을 거두어, 2013년도 흥행수입 1위 및 역대 일본영화 흥행수입 6위까지 차지하였다. 이로써 미야자키 하야오는 역대 일본영화 흥행수입 상위 열 편 중에 여섯 편을 감독하였다는 전무후무한 기록을 세웠다(상위 10위에 들어있는 미야자키 하야오의 작품은 1위 〈센과 치히로의 행방불명〉, 2위 〈하울의 움직이는 성〉, 3위 〈모노노케 히메〉, 5위 〈벼랑 위의 포뇨〉, 그리고 6위 〈바람이 분다〉이다).

그 밖의 다섯 편의 애니메이션은 〈바람이 분다〉와는 달리, 모두 텔레비전 애니메이션을 바탕으로 만들어진 소위 '극장판'이다. 흥행수입 3위, 4위, 8위를 차지한 〈도라에몽〉과 〈명탐정 코난〉, 그리고 〈포켓몬스터〉는 매년 제작되고 있고, 개봉될 때마다 거의 대부분 흥행 10위 안에 들고 있다. 1980년부터 시작한 〈도라에몽〉의 극장판은 지금까지 34편이 제작되었다. 2013년에 개봉한 〈극장판 도라에몽 : 진구의 비밀도구 박물관 (映画ドラえもん のび太のひみつ道具博物館)〉이 180만 명이 넘는 관객을 모았기에, 시리즈 34편의 총 관객 수가 1억 명을 넘었다. 이는 〈고지라〉 시리즈 총 28편이 가지고 있던 9,900만 명이라는, 지금까지 일본영화 시리즈 총동원 관객 수 기록을 뛰어넘는 수치이다.(〈朝日新聞〉 2013년 3월26일자) 〈원피스〉의 경우도 최근 매년 제작되고 있기는 하나, 매번 10위 안에 들 정도의 흥행작은 아니었다. 이번 〈원피스 극장판 제트 (ONE PIECE FILM Z)〉가 시리즈 최고 흥행기록을 기록하며 2위를 차지하였다. 〈드래곤볼〉의 극장판도 1986년부터 매년 만들어졌으나, 흥행부진으로 인하여 1996년을 끝으로 제작이 중지되었다. 2013년 17년 만에 만들어진 〈드래곤볼Z : 신들의 전쟁 (ドラゴンボール Z 神と神)〉이 9위를 기록하는 인기를 끌어, 앞으로 시리즈 재개의 가능성을 높였다.

2) 방송사 주도 제작과 소재의 한계

흥행순위 10위중에서 애니메이션을 제외한 네 작품이 극영화이나,

이들 역시 애니메이션과 마찬가지로 텔레비전 방송사와 관련이 깊다. 흥행순위 5위를 차지한 〈한 여름의 방정식(真夏の方程式)〉은 후지텔레비전의 드라마 〈갈릴레오(ガリレオ)〉의 극장판에 해당하고, 6위를 한 〈극장판 수수께끼 풀이는 저녁식사 후에(映画 謎解きはディナーのあとで)〉 역시 후지텔레비전의 동명의 드라마를 바탕으로 한다. 7위 〈그렇게 아버지가 된다 (そして父になる)〉와 10위 〈기요스 회의(清須会議)〉의 각본 자체는 텔레비전 드라마와 관련이 없으나, 후지텔레비전이 제작했다는 공통점을 지닌다. 결국 1위 〈바람이 분다〉를 제외한 아홉 편의 영화가 방송사 제작 작품인 셈이다. 한국과 달리 일본영화의 흥행에 있어서 방송사의 영향력이 막강함을 알 수 있다.

흥행순위 7위를 차지하고 칸느 국제영화제에서 심사위원상을 받은 〈그렇게 아버지가 된다〉는 흥행면에서 좋은 성적을 거두었고 평론가들 사이에서도 호평이 많아, 2013년 일본영화의 수준을 판단할 수 있는 영화이다. 현재의 일본을 배경으로 하는 이 영화는 초등학교 입학을 앞둔 아들이 출생 시 병원에서 다른 사람의 자식과 바뀌었음이 밝혀지는 것으로 시작한다. 아들이 서로 바뀐 한 쪽 집은 대기업을 다니는 부유한 가정이고, 또 한 쪽은 시골의 전파사를 운영하는 가정이다. 칸느 국제영화제가 열린 프랑스에서는 〈인생은 길고 조용한 강물(La vie est un long fleuve tranquille)〉(1988)이라는 프랑스영화와의 유사성을 지적하는 목소리가 많았다. 두 작품 사이에는 빈부차이가 나는 두 집안의 아이가 뒤바뀌었다는 점과 바뀌게 된 원인 등 유사한 요소가 꽤 많다. 하지만 표절이냐 아니냐를 따지기이전에 〈그렇게 아버지가 된다〉가 과연 현재 일본사회에 무슨 의미를 던져줄 수 있는지가 문제이다. 21세기의 일본에서 태어난 신생아가 그렇게 쉽게 뒤바뀔 수 있을까라는 의문이 들고, 가난한 집 가정과 부유한 가정을 포착하는 감독의 시선도 새롭지 못하여, 분명 21세기 일본의 풍경을 보여주고 있음에도 옛날 영화같이 느껴진다.

호평을 받은 〈배를 엮는다(舟を編む)〉라는 영화에서도 〈그렇게 아버지가 된다〉와 동일한 느낌을 받았다. 영화는 일본어사전을 새로이

편찬하기 위해 12년간 노력하는 출판사 직원을 다루고 있다. 동적인 움직임이 없는 사전편찬이라는 소재를 두 시간이 넘는 상영시간동안 지루하지 않게 연출한 이시이 유야(石井裕也) 감독의 연출력은 뛰어나다. 하지만 이 영화도 〈그렇게 아버지가 된다〉와 마찬가지로 21세기의 관객에게 과연 이러한 소재가 와닿을까라는 똑같은 의문이 들게 한다. 종이사전의 수명이 거의 다하여 전자사전이나 인터넷사전으로 대체되었고, Wikipedia처럼 사용자가 사전을 만들고 실시간으로 업데이트 가능한 이 시점에서, 시대의 변화에 대해서 전혀 언급이 없는 〈배를 엮는다〉는 역시 옛날 영화를 보고 있는 느낌을 던져준다.

3. 영화텍스트에 대한 논점

1) 일본영화는 동일본대지진을 어떻게 그려내었나?

동일본대지진이 일어나서 어느 정도의 시간이 흐르자, 적지 않은 영화들이 그 기억을 담기 시작하였다. 후나하시 아츠시(舩橋淳) 감독의 다큐멘터리 〈후타바로부터 멀리 떨어져(フタバから遠く離れて)〉는 2012년 개봉되어 2013년 1년 내내 일본 전역에서 독립상영회라는 형태로 상영되었다. 후쿠시마 원전이 위치한 후타바(双葉) 마을 사람들은 사고 후, 250km나 떨어진 사이타마현의 고등학교에서 피난 생활을 하게 된다. 후타바 마을은 사고 직전까지도 새로운 원자력발전소 건설을 유치할 정도로 원자력발전소와 더불어 발전하고 생활해왔다. 하지만 이제 후타바 주민들은 자신들의 마을로 돌아갈 날을 기약할 수 없는 피난생활을 계속하고 있다. 한 명 두 명씩 일본 전역으로 일자리를 찾아 뿔뿔이 흩어져감으로써, 후타바라는 마을의 정체성도 희미해져가는 모습이 스크린에 담겨진다.

한국에서는 〈차가운 열대어(冷たい熱帯魚)〉(2011년)라는 작품으로 이름을 알린 소노 시온(園子溫)이 감독하였고, 마이너 영화사인 비터즈 엔드(ビターズ·エンド)에 의해서 제작된 〈희망의 나라(希望の

国))는 극영화로서는 가장 고발성이 높은 작품이다. 영화는 후쿠시마의 사건이 있고나서, 또 한 번 나가시마(長島)현이라는 가상의 지역에서 대지진과 원자력발전소 사건이 똑같이 일어난다는 상상력을 바탕으로 한다. 나가시마현이라는 가상의 지역을 빌리고 미래라는 가정을 두었지만, 결국 스크린에서 그려지는 사건들은 동일본대지진 그대로이다. 정부나 그곳 주민으로부터의 반발을 미리 차단하기 위한 감독 나름대로의 예방책이었을지 모르나, 관객으로서는 후쿠시마를 연상치 않을 수 없다. 대지진이 발생하자 원전으로부터 20km 이내에 살고 있는 주민들에게 대피령이 내린다. 마을의 모든 주민들은 강제로 퇴거당하지만, 주인공 4인 가족의 집은 20km 경계선의 바로 바깥쪽에 위치하여 대피하지 않아도 된다. 노부부는 아들 부부만을 피난 보내고 아무도 남지 않은 마을에 남아, 정부가 정해놓은 20km 경계선을 넘나들며 평소의 생활을 유지할 따름이다. 실제 있었던 웃지 못 할 촌극으로 시작하여 카메라는 피난한 곳으로 옮겨간다. 그곳에서는 피난 온 아이들이 원자력발전소가 있던 마을에서 왔다고 이지메를 당하고 있다. 피난 온 며느리는 임신했음을 알게 되자 방사능을 차단하기 위하여 방호복을 입은 채로 병원을 가기도 하고 장을 보기도 한다. 주변사람들은 그러한 여주인공에게 손가락질을 할 뿐이다. 왜 방사능을 이야기하면 이지메 당해야 하냐고 이웃들에게 화를 내는 남편의 대사가 감독의 의도를 대변하고 있다. 소노 시온 감독은 방사능 문제를 거론하거나 원전반대를 외치면 안 되는 일본사회의 분위기를 꼬집고 있는 것이다. 그러한 닫힌 구조로는 미래에 대한 희망이 없음을, 〈희망의 나라〉가 보여주고 있다.

우치다 노부테루(内田伸輝)감독의 〈평온한 일상(おだやかな日常))〉도 〈희망의 나라〉와 같이 반어적이다. 겉으로는 평온해 보이지만 그 안에 숨어있는 일본인들의 불안을 포착해내고 있는 것이다. 방사능의 위험을 겉으로 드러내지 않고 '평온'하게 살고 있는 도쿄에서 방사능 측정기를 들고 다니고 아이를 밖에서 놀지 못하게 하는 주부가 주인공이다. 이웃주민들은 불안을 조장한다고 주인공을 이지메하고 고립시킨다. 영화제작을 위한 자금마련이 매우 힘들었다고 토로하는 우치다 노부테루 감독은 다음과 같이 말한다.

> "대지진 후, 방사능이 무섭다고 직설적으로 말할 수 없는 분위기가 생겨, 불안을 입에 담으면 '말조심해라', '유언비어다'라며 비판당한다. 나는 모두가 앞으로나란히를 강요당하는, 또 다시 이 나라가 군국주의로 돌아가려는 징조를 보았다"(內田伸輝, 2013)

결국 〈희망의 나라〉와 〈평온한 일상〉은 연출 스타일과 내러티브는 달라도 같은 주제를 말하는 것이다. 사태를 풀어나가기 보다는 회피하려고만 하는 일본사회의 문제점에 대한 지적인 셈이다.

〈후타바로부터 멀리 떨어져〉, 〈희망의 나라〉 그리고 〈평온한 일상〉은 모두 한정된 개봉으로 인하여 일본 관객들이 쉽게 찾아볼 수 있는 영화들이 아니었다. 그렇다면 전국 규모로 개봉된 영화에서는 동일본대지진이 어떻게 다루어지고 있을까. 흥행에 성공한 영화 중에서 거의 유일하게 〈탐정은 BAR에 있다 2(探偵はBARにいる2)〉가 원자력발전 문제를 언급한다. 그러나 그 시각은 앞의 세 영화와 사뭇 다르다. 사건의 중심이 되는 살인사건에 원자력발전에 반대하는 거물 정치인이 관련되었음을 주인공 탐정이 밝혀낸다. 그러자 그 정치인을 지지하며 원자력발전반대를 주장하는 시민단체회원들이 탐정의 입을 막으려고 폭력을 휘두른다. 자신들의 목적을 위해서는 살인과 폭력을 일삼는 이들이, 공적인 자리에서 원자력발전에 반대한다는 시각이 이 영화에는 깔려있는 것이다. 또 다른 대중적인 영화의 예를 찾아보자. 후지텔레비전이 제작하고, 〈춤추는 대수사선(踊る大搜查線)〉 시리즈의 각본가로 유명한 기미츠카 료이치(君塚良一)가 감독한 〈시신-내일로의 10일간(遺体-明日への十日間)〉은 대지진 발생 직후 이와테(岩手)현의 시체안치소를 배경으로 한다. 주인공은 퇴직한 장의사로, 시체안치소에 갑작스럽게 몰려드는 시체들을 물건 치우듯이 대하는 직원들의 태도를 꾸짖고, 시신 하나하나에 말을 걸며 공을 들여 처리해나간다. 이 영화에선 원자력발전소나 방사능 유출에 대해서는 단 한마디도 언급되지 않는다. 대신 죽은 이를 잘 모시고 죽은 이와의 대화를 중시하는, 일본인

들이 선호하는 내러티브로 수렴된다. 그것이 바로 제목에서 제시하는 '내일(明日)'의 모습인 것이다. 이처럼 제작주체에 따라서 동일본대지진과 원자력발전소 문제를 보는 시각이 판연히 다름을 알 수 있다.

2) '일본적' 태마로의 경도

부처와 예수가 도쿄도(東京都) 다치카와시(立川市)에 내려와 단칸방에서 동거하며 서민생활을 즐긴다는 만화 〈세인트 영맨(聖☆おにいさん)〉이 2013년 극장판 애니메이션으로 만들어졌다. 이 작품은 성인(成人)과 성인(聖人)의 발음이 같다는 언어적 유희부터 시작하여, 일본 관객들에게 부처와 예수라는 '외국인'의 눈으로 자신들이 사는 모습이 재발견되는 재미를 선사한다. 하지만 종교에 대한 보다 깊은 이해나 종교간 갈등 등과 같은 이야기는 이 애니메이션에서 기대할 수 없다. 종교가 주류문화가 아니라 서브컬처의 일환으로, 그리고 하나의 미디어로서 다루어지고 있는 독특한 일본적 상황에서 빚어 나온 작품이라 하겠다(宮台真司, 2007).

SABU 감독이 만든 흑백영화 〈미스 좀비(Miss Zombie)〉도 보편적 테마를 일본적으로 해석하였다. 좀비가 택배로 도착하는 장면으로 시작하는 이 영화에서, 여자 좀비는 공격성이 없어 마당 청소를 하거나, 심부름을 가는 등 하녀 역할을 한다. 어느 날 주인의 아들이 익사하자 좀비는 목을 물어 아들을 좀비로 만들어 되살린다. 아들은 좀비를 엄마로 생각하고, 주인 또한 좀비에게 성적욕망을 품으면서 주인 가족이 붕괴해간다. 좀비를 뱀파이어로 착각한 듯한 구성 속에서, 좀비의 확산으로 인하여 세상의 종말로 치닫는 서구의 좀비영화와는 달리, 심부름 가는 좀비를 이지메하는 일본인들의 모습을 담은 이 영화도 일본적이라 할 수 있을 것이다.

이상의 두 작품과 같은 경우 보편적인 테마를 일본적으로 해석하여 다른 나라에서는 나오기 힘든 새로운 영상물을 만들어내었다고 평가할 수 있다. 그렇다면 최근 문제가 되고 있는 우경화된 작품들도 일본적 테마라는 단어로 수렴되어도 될까. 흥행수입 1위를 차지한 미야자

키 하야오의 작품 〈바람이 분다〉는, 그가 지금까지 주로 만들어왔던 소년과 소녀의 모험 이야기와는 거리가 먼, 2차대전시 일본해군의 주력기이고 가미가제 특공대가 이용하기도 하였던 소위 '제로센(ゼロ戦)'의 설계자 호리코시 지로(堀越二郎)를 주인공으로 하였다. 항간에는 '전쟁찬미' 애니메이션이라고 비판당하기도 하지만, 문제의 핵심은 전쟁이 오히려 거의 그려지지 않았다는 점에 있다. 관동대지진 장면이 공포스러울 정도로 세밀히 묘사되고 있는 반면, 전쟁에 대해서는 대사를 통한 언급만 있을 뿐, 영상으로 거의 등장하지 않는다. 따라서 일본 육군과 해군을 위해서 열심히 비행기 설계를 하였던 호리코시의 노력이 몰역사화된다. 호리코시는 전투기를 설계하면서 언제나 말한다. "아름다운 비행기를 만들고 싶다." 완성된 전투기 앞에서도 그는 "아름답다"라는 말을 연발할 뿐이다. 게다가 〈바람이 분다〉는 전쟁을 배경으로 하면서 2차 대전의 상대자인 미국인이나, 이미 침략을 받고 있던 중국인이 등장하지 않고 언급조차 되지 않는다. 작품 속에 등장하는 타자는 주인공의 심정을 동정하는 독일인들과 이탈리아인뿐이다. 즉 독일, 이탈리아, 일본, 추축국 국민간의 대화만이 재현되고 있을 뿐이다. 결국 이야기되는 것은 자신들의 피해이지 전쟁상대국이나 아시아의 이웃이라는 타자에 대한 인식은 결여되어 있는 것이다(강태웅 2014).

흥행순위 3위를 차지한 〈명탐정 코난 : 절해의 탐정 (名探偵コナン 絶海の探偵)〉은 주인공 코난이 일본 해상자위대의 이지스함에서 전시매뉴얼을 훔쳐간 범인을 찾는 내용이다. 특정하지는 않지만 범인은 주변국이라고 한다. 마지막 장면에서는 애니메이션이 아니라 실제 영상으로 바다 위를 항해하는 해상자위대가 등장하고, 그들을 향해 손을 흔드는 소녀가 나온다. 한국과 중국을 가상의 적으로 상정하고, 2차대전 때 만들어진 프로퍼갠더 영화를 연상시키는 장면으로 끝나는 이 애니메이션도 〈바람이 분다〉와 마찬가지로 이웃국가에 대한 인식이 부족하고, 자신들만의 '일본적' 논리에 빠져있다.

흥행순위 34위를 차지한 〈기적의 사과(奇跡のリンゴ)〉도 역시 '일본적'이다. 도쿄에서 전자회사를 다니는 주인공은 고등학교 동창과의

결혼을 계기로 아오모리(青森)현의 고향으로 귀농을 결심하고, 농약 살포 없이 10년간의 시행착오를 겪어 결국 무농약 사과재배에 성공한다. 이 영화가 유기농 농법이라는 최근 화두가 되는 보편적 테마를 다루고 있기는 하다. 하지만 벌레가 옮는다고 이웃들의 차가운 시선에도 불구하고 주인공을 버티게 한 근원에는, 2차대전 때 남태평양의 라바울에서 본국으로부터의 식량공급이 끊겨 농약 없이 농작물을 키웠다는, 일본군이었던 장인의 경험이 자리한다.

3) 헐리웃과 일본영화의 소재 교환

일본영화 역사상 가장 자주 만들어진 소재로 '츄신구라(忠臣蔵)'가 있다. 이는 주군의 복수를 하고 할복한 47인의 사무라이의 이야기로 에도시대 실화를 바탕으로 한다. 2013년 헐리웃에서 만들어진 〈47 Ronin〉에서는 키에누 리브스(Keanu Reeves)가 47명 중에 들어갔다. 또한 지구를 지키던 엑스맨의 리더 울버린이 일본에 가서 상속 문제에 얽히다가 로봇 사무라이와 싸우는 〈울버린(The Wolverine)〉이 만들어져서 한국에서 개봉되기도 하였다. 사무라이를 좋아하는 헐리웃의 취향에서 나온 작품들로, 헐리웃이 일본을 배경으로 하거나 일본작품을 리메이크하는 경우는 지금까지 많았다. 그런데 한국에서도 개봉되었던 SF 영화 〈퍼시픽 림(Pacific Rim)〉은 일본을 배경으로 하지 않았고 특정작품의 리메이크도 아니었지만, 일본의 평론가와 관객들을 흥분의 도가니에 빠뜨렸다. 왜냐하면 영화 구석구석까지 일본영상문화를 집대성한 작품이기 때문이다. 외계에서 온 정체불명의 '카이쥬'(Kaiju, 怪獣의 일본발음)가 나타나 도시를 파괴하고, 이를 퇴치하기 위하여 거대로봇이 만들어진다. 거기에는 로봇과 일체화되어 싸워나가는 조종사가 탑승하고, 로봇의 고통을 같이 느낀다. 이와 같은 〈퍼시픽 림〉의 내러티브에서는 안노 히데아키 감독의 〈에반겔리온〉의 영향을 가장 많이 발견할 수 있다. 하지만 〈에반겔리온〉도 일본영화의 '특촬(特撮)'을 애니메이션에 도입한 작품이기에, 그 원류를 '특촬(特撮)'에서 찾아야할 것이다.

'특촬'이란, 컴퓨터 그래픽이 나오기 이전부터 발달했던 '특수촬영'

의 줄인 말로, 1950년대 시작한 〈고지라〉 시리즈, 1960년대 시작한 〈울트라맨〉 시리즈처럼, 사람이 들어간 캐릭터가 미니어처로 만들어진 공간에서 거대하게 보이며 활약하는 장르를 가리킨다. 이러한 시리즈는 전 세계로 수출되어 많은 팬들을 확보하였다. 그러나 컴퓨터 그래픽의 등장으로 예전의 위상은 사라지고 이제는 '문화제, 미술품으로서의 특촬'이라는 단계에 접어들고 있다(庵野秀明·樋口真嗣, 2013). 이러한 특촬의 유산을 디지털 세계로 끌어온 것이 〈퍼시픽 림〉을 만든 멕시코 출신 길예르모 델 토로(Guillermo Del Toro) 감독이다. 그는 특촬을 바탕으로 하면서, 〈철인28호〉, 〈마징가Z〉, 〈기동경찰 패트레이버〉와 같은 일본 로봇애니메이션의 영향을 많이 받았다고 한다. 게다가 괴수와 로봇이 바다에서 만나 싸울 때에는 특수효과팀에게 호쿠사이(北斎)의 연작 우키요에(浮世絵) '부악삼십육경(富嶽三十六景)'중 하나인, 거대한 파도가 치는 그림을 참고로 만들라고 지시하기도 하였다(斎藤博照, 2013). 길예르모 델 토로 감독은 우라사와 나오키(浦沢直樹)의 만화 〈Monster〉를 HBO에서 TV드라마로 만들고 있다. 일본영상문화의 어떠한 요소를 가져갈지 기대된다.

이처럼 헐리웃에 소재를 제공하는 역할을 주로해왔던 일본영화가 거꾸로 아카데미 작품상을 받은 영화를 리메이크하였다. 클린트 이스트우드 감독의 〈용서받지 못한 자〉(Unforgiven))(1992)는 서부개척이 끝나고 예전의 전설적 영웅들이 모두 나이가 들어버린 시대를 배경으로 하여, 선과 악이 분명하고 죽어야할 사람이 죽는, 기존의 서부극 영웅에 대한 비판을 가하여 높게 평가받았다. 이 영화가 같은 제목으로 재일교포 감독 이상일(李相日)에 의하여 2013년 리메이크된 것이다. 이상일 감독은 서부극을, 막말혼란기에 이름을 날렸던 사무라이와 총을 가진 신정부의 경찰이 대립하는 메이지 초기 홋카이도로 가져왔다. 일본판 〈용서받지 못한 자(許されざる者)〉에 대해서 원작을 알고 있는 관객에게는 서부극을 일본역사물로 자연스럽게 바꾼 뛰어난 각색실력에 감탄하겠지만, 원작을 모르는 관객에게는 평범한 연출로 인하여 별다른 감흥을 주지 못하는 작품으로 만들어졌다. 그런데 대사부터 구체

적인 연기까지 원작을 충실히 따르고 있는 일본판에서, 원작에 전혀 없는 장면이 한군데 추가되어 있다. 아이누의 마을에서 여자가 죽으면 집을 불태우는 풍습을, 메이지 신정부에 대한 반항으로 여기고 군인들이 탄압하는 장면이 그것이다. 군인들은 남자 아이누의 귀걸이를 힘으로 빼버리기도 한다. 이 장면은 일본 속에서 자신들의 문화를 탄압받아왔던 재일교포 감독이기에 넣었다고 볼 수 있다.

4. 향후 전망

2014년 일본영화산업은 ODS의 증가로 2013년보다 개봉편수는 더욱 늘어나겠지만, 전체 시장규모가 커지기는 힘들어보인다. 기대되는 것은 VOD시장의 확대이다. 물론 이 경우에도 렌탈과 판매라는 기존 시장과 상쇄되어 그렇게 큰 영향력은 없어 보인다. 동일본대지진을 배경으로 한 영화들도 계속해서 만들어질 예정이다. 제작이 진행되고 있는 〈구하고 싶다! Doctor's Wish(救いたい! Doctor's Wish)〉는 자신의 병원을 닫은 채 피해지로 가서 사람들을 돕는 한 의사의 이야기로 영화화되고 있다. 초미의 관심사인 원자력발전소 사고에 대한 시각이 들어가기는 힘들어 보인다. 그리고 안이한 역사관을 드러내는 영화들도 2014년에 계속 유행할 것으로 보인다. 가미카제 특공대에 대한 기억을 다룬 〈영원의 제로(永遠0)〉가 2014년 상반기 일본영화계를 강타하고 있다.

2013년 흥행순위 13위를 기록한 〈사죄의 왕〉이라는 영화를 떠올려보자. 야쿠자와 문제가 생겼을 때 사죄하는 법, 어렸을 적 헤어진 딸에게 사죄하는 법 등 다른 사람들의 사죄를 도와주는 일을 직업으로 하는 이가 주인공이다. 어느 날 그에게 일본정부가 사죄를 의뢰한다. '만탄'이라는 가상의 국가와 일본의 관계가 사과를 하면할수록 악화되고 있다는 것이다. 주인공의 조사결과, 머리를 땅에 조아리고 사죄하는 일본식 사죄방법 '도게자(土下座)'가 만탄에서는 최대의 모욕적인 행동이었다. 이를 모르고 만탄에 찾아가 머리를 조아린 사람들 때문에 만탄과 일본은 국교 단절 상태까지 치달았던 것이다. 주인공은 이 사태를 해결하기 위하여 일본의 총리대신에게 그 나라 방식으로 사과하라고 조언한다. 최근 일본의 우경화된 행보에 이 영화의 대사를 들려주고 싶다. "사죄할 때, 누구라도 주인공이 된다."

참고문헌

〈한국어 문헌〉
강태웅(2014). "응답하라, 1990년대의 미야자키 하야오" 『BOON』 일본문화콘텐츠연구소, 2014.01 영화진흥위원회 "2013년 한국영화산업 결산" 영화진흥위원회 홈페이지(http://www.kofic.or.kr)

〈일본어 문헌〉
노무라 종합연구소(野村総合研究所)(2013) "これからICT・メディア市場で何が起こるのか" 株式会社野村総合研究所
미야다이 신지(宮台真司)(2007) 『増補 サブカルチャー神話解体』 筑摩書房
사가라 도모히로(相良智弘)(2013) "チャイナマネーがハリウッド映画を変える" 『日経エンタテインメント』
사이토 히로아키(斎藤博照)(2013) "ロングインタビュー ギジェルモ・デル・トロ" 『キネマ旬報』
안노 히데아키・히구치 신지(庵野秀明・樋口真嗣) 감수(2013) "平成24年度メディア芸術情報拠点・コンソーシアム構築事業：日本特撮に関する調査" 森ビル株式会社
우치다 노부테루(内田伸輝)(2013) "震災後の'日常'から見える現実" 『キネマ旬報』
일본영상소프트협회(日本映像ソフト協会)(2014) "ビデオソフトの市場規模の推計" 日本映像ソフト協会 홈페이지(http://www.jva-net.or.jp)
이시즈 후미코(石津文子)(2013) "インタビュー 栗村実 監督" 『キネマ旬報』
일본영화제작자연맹(日本映画製作者連盟)(2014) "日本映画産業統計" 日本映画製作者連盟 홈페이지(http://www.eiren.org)